国内资深税务律师对具体税务争议提供解决方案的指导用书

中国税法
疑难案件解决实务

第四版

LEGAL PRACTICE OF CHINA DIFFICULT TAX CASES

华税律师事务所　编

刘天永 主编

法律出版社 LAW PRESS·CHINA

序

2020年11月,中共中央全面依法治国工作会议将习近平法治思想确立为新时代全面依法治国的指导思想。习近平法治思想以建设中国特色社会主义法治体系为总目标,坚持全面推进科学立法、严格执法、公正司法、全民守法,加快形成完备的法律规范体系、有效的法治实施体系、严密的法治监督体系、有力的法治保障体系,着力建设和培育全社会办事依法、遇事找法、解决问题用法、化解矛盾靠法的法治文化环境,以良法善治保障新业态新模式健康发展,积极回应人民群众新要求新期待,不断增强人民群众获得感、幸福感、安全感。当前,在国家大力推进全面依法治国事业中,我国财税体制改革进一步深化,全面落实税收法定的立法进程加速推进,税收法定和依法治税理念深入贯彻和落实。截至2020年12月,我国18个税种中已经有11个税种完成立法,不断完善的税收法律体系更加注重对纳税人合法权益的保障。

近年来,伴随我国税收立法进程不断加快、财税体制改革不断深化,以及企业等纳税人维护自身合法权益的意识不断提高,税务行政处罚听证、税务行政复议、税务行政诉讼等涉税行政类的争议案件数量逐年增加。根据司法部公开数据显示,2018年全国各级税务机关共受理行政复议案件1078件,作为行政诉讼被告应诉案件822件;2019年全国各级税务机关共受理行政复议案件1063件,作为行政诉讼被告应诉案件817件。可以说,税务争议案件数量的增加是我国推进税收法治化建设进程中的必然现象。从西方发达国家的税收法治实践经验来看,国家的税收法治化程度越高,税务争议案件数量相对也就越多。可以预见,未来我国税务争议案件数量将会持续增长,原因是多方面的:在我国深化财税体制改革过程中征纳双方矛盾将会爆发或激化,且我国现行税收体系呈现出违法"低门槛"特征、纳税人维权意识逐步提高等都是导致争议多发的原因。而诸如听证、复议、诉讼等税务争议解决程序,作为化解税企矛盾的法定渠道和纳税人权益保护的法律武器,必将发挥越来越重要的作用。

在我国涉税行政争议纠纷案件数量不断增加的同时,企业及其相关人员,尤其是民营企业的涉税刑事案件数量也在持续增长,涉税刑事风险责任呈现类型化、行业化、高爆发、责任重四个显著特点。官方数据显示,仅2018年8月至2019年8月1年内,全国公安机关共立涉税犯罪案件多达2.28万起,涉案金额高达5619.8亿元。从中国裁判文书网的数据来看,涉税刑事案件主要集中在虚开、逃税和骗取出口退税三类案件,占危害税收征管秩序犯罪案件数量的90%以上。在2014年至2018年五年的整体统计数据中,虚开增值税专用发票案件数量高居民营企业家各类犯罪案件数量的第二位。可以说,涉税刑事风险防控已经成为中国民营企业家的必修课,更是立法机关、司法机关以及律师等法律共同体需要共同肩负的社会责任。改革开放40余年的风雨历程,以及国家税收法治化的艰难过程,使我们必然要从无数个企业家涉税刑事案件中深刻反省并吸取经验,尤其要重视近年来涉税刑事案件的特征和变化,从一个个生动的案例中体悟如何远离风险、识别风险、预防风险、处置风险。

在国内税务争议解决服务市场上,虽然注册会计师和税务师也部分地参与到税企争议协调中,但这两种专业人士往往较多地进入税务稽查咨询等前端的少量法律程序中,税务行政诉讼以及涉税刑事诉讼程序却鲜有进入。而在美国等发达国家,税务争议解决几乎全部由税务律师代理进行。应该说,税务律师在税务争议解决领域具有天然的优势。首先,由于税收的结果是纳税人财产的有偿“减损”,判定纳税人的纳税义务应从法律而非财务出发;其次,作为征税的依据,税收法律法规的效力须依据法律原理判定;再次,税务争议解决的基础是证据,证据规则和举证责任属法律范畴;最后,税务争议解决需要精准把握每个程序中的关键问题,程序法是纯粹的法律问题——尤其在涉税刑事案件的代理上,税务律师将税务与法律相结合的优势更为明显。有鉴于此,华税律师事务所将过去10多年来代理的部分涉税争议典型疑难案例予以编撰出版,以期对指导纳税人依法维权和引领更多的律师从事涉税专业法律服务有所裨益。

作为国内第一本依据税务律师代理的疑难案件编撰而成的税法案例集,本书具有鲜明的针对性与实务性。2014年本书第一版出版以后,在法律界和财税界引起了广泛的关注与好评;2016年、2018年我们对本书进行了两次修订、再版;2021年,我们应法律出版社的邀请和广大读者的呼声,再次对本书进行了第四版修订,对书中错漏之处加以改正,从时效性和典型性角度审校删除22篇案例并新增12

篇案例,最终精选了41篇我们在执业生涯中接触的真实税务争议案例编撰成书,并根据最新的税法规定对相应的法律分析部分进行了修正,以求本书的案例和观点对现实税务争议案件的解决更具针对性与指导性。可以说,这些案例汇集了目前税法和刑法领域存有争议的关键问题,具有代表性和典型性。为继续发扬本书前三版的成功做法,在展示案件经过时,我们有选择性地附入了部分法律文书和案件材料,并根据出版要求在保留涉案行政、仲裁、司法类文书核心内容的基础上加以规范处理,力求尽可能完整地呈现案件全貌。以此为基础,我们从税务律师的视角,对案件中的关键问题进行法律分析和论证,供各位读者参考。

最后,《中国税法疑难案件解决实务》第四版的面世得到了许多领导、学者和业界同人的关心和支持,在此一并表示衷心的感谢!

是为序。

刘天永

2021年1月于北京

目　录

第一章　企业所得税争议

第二章　增值税争议

第三章 | 个人所得税争议

第四章 | 税收征管争议

第五章 | 其他涉税争议

第一章

企业所得税争议

非金融企业资金拆借坏账损失税前扣除争议案[1]

【导读】

2011年3月31日,《关于发布〈企业资产损失所得税税前扣除管理办法〉的公告》(国家税务总局公告2011年第25号),对于企业资产损失所得税税前扣除相关问题作出了较为明确的规定,国家税务总局《关于印发〈企业资产损失税前扣除管理办法〉的通知》(国税发〔2009〕88号)同时废止。该新办法在扩大可扣除资产损失范畴的同时,也对申报资产损失税前扣除的要求进行了严格规定。企业在进行相关申报活动时,若不能按照该办法要求全面准备申报材料,则可能面临一定的税务风险。本节将通过一个案例,简单分析企业应如何应对国家税务总局公告2011年第25号下资产损失税前扣除的相关税务风险。

一、案情简介

(一)案件基本信息

案件类型:企业资产损失税前扣除;偷逃税款

涉案金额:税款33,360,000元

法律风险:税务机关拟认定本案当事人存在偷税嫌疑,并拟对当事人作出补缴税款、滞纳金及罚款的处罚决定

(二)案件详情

Y公司,成立于2002年8月,住所位于S市L区,经营范围系计算机产品开发及相关技术服务;投资兴办实业(具体项目另行申报);国内商业、物资供销业(不含专营、专控、专卖商品)。

2005年9月,S市H公司与Y公司签订《借款合同》,约定Y公司向H公司提供借款人民币1.8亿元,年利率为8%,借款期限为3年。此后,H公司出现经营困难,仅陆续偿还借款4100万元,无法按期归还剩余1.39亿元借款及利息(见图1)。

---

〔1〕 本书案例中引用的法律法规等规范性文件,涉及的机构名称、机关名称等,均以各案例发生时为准。全书同。

借款合同

甲 方：[redacted]（出借人）

住 所：[redacted]

法定代表人：[redacted]

乙 方：[redacted]

住 所：[redacted]

法定代表人：[redacted]

甲、乙双方就甲方向乙方提供借款一事，经平等友好协商，达成如下协议：

第一条　借款币种和金额

甲方向乙方提供借款人民币 壹亿捌仟万元 整 。

第二条　借款期限

借款期限为 三 年，自 2005 年 9 月 6 日 至 2008 年 9 月 5 日（本合同项下的借款起始日以甲方实际向乙方放款时的转款凭证所载日期为准）。

第三条　借款利息

乙方应按年息 8% 的标准向甲方支付借款利息。

第四条 甲方的权利义务

一、甲方的权利

（一）有权要求乙方提供与借款有关的资料（包括但不限于营业

第 1 页 共 4 页

执照、组织机构代码证、税务登记证、法定代表人身份证明书、法定代表人身份证、财务会计资料、生产经营状况资料）等甲方认为有必要留存的材料；

（二）在甲方认为必要的情况下，有权了解乙方对外投资、资产重组等重大事项或重大关联交易，落实有效担保以及还本付息事宜。

二、甲方的义务

（一）按照本合同的约定按期足额向乙方发放借款，但因乙方原因造成迟延的除外；

（二）对乙方提供的有关财务资料以及生产经营方面的商业秘密应予以保密。

第五条　乙方的权利义务

一、乙方的权利

（一）有权要求甲方按合同约定发放借款；

（二）有权要求甲方对乙方提供的有关财务资料以及生产经营方面的商业秘密予以保密。

二、乙方的义务

（一）借款期满后，一次性向甲方归还借款本金及利息；

（二）必须按照甲方的要求提供相关资料，并对所提供资料的真实性、完整性和有效性负责；

（三）应积极配合并自觉接受甲方对其生产经营、财务活动及本合同项下借款使用情况的检查、监督；

（四）乙方及其投资者不得抽逃资金或转移资产，以逃避对甲方的债务；

第 2 页 共 4 页

（五）在未还清甲方借款本息之前，未征得甲方同意，不得用本合同项下的借款形成的资产向第三人提供担保；

（六）本合同有效期间，乙方发生名称、法定代表人、股东、股权、住所、经营范围、注册资本金变更等事项，应及时通知甲方；

（七）本合同有效期间，乙方如发生承包、租赁、股改、合并、分立、申请停业整顿、申请破产等足以影响甲方债权实现的行为，应当提前 30 日书面通知甲方，征得甲方同意，并按甲方要求落实本合同项下债务的清偿及担保；

（八）本合同有效期间，乙方如发生停产、歇业、被注销登记、被吊销营业执照、涉及重大诉讼活动、生产经营出现严重困难、财务状况恶化等严重影响甲方债权实现的情形，均应立即书面通知甲方，并按甲方要求落实本合同项下债务的清偿及担保；

第六条 违约责任

如乙方违反本合同第五条第二款的规定，则甲方有权行使下述一项或几项权利：

一、宣布借款立即到期，要求乙方立即偿还全部借款本金、利息、费用；

二、按借款本金的 万分之五 向乙方收取违约金；

三、要求乙方对本合同项下债务提供符合甲方要求的担保；

四、解除本合同。

五、要求乙方承担甲方为实现本合同项下债权所支出的全部费用，包括但不限于律师费、差旅费等。

第 3 页 共 4 页

第七条 争议解决

甲、乙双方应通过友好协商的方式解决在因本合同履行过程中发生的争议，协商不成的，由本合同签订地人民法院管辖。

第六条 其他

一、本合同自甲、乙双方法定代表人签章并加盖公章后生效；

二、本合同一式贰份，甲、乙双方各执壹份，具有同等法律效力；

三、本合同未尽事宜，甲、乙双方可协商签订补充协议。补充协议视为本合同不可分割的组成部分，与本合同具有同等法律效力；

甲方：[redacted]

法定代表人：[redacted]

签约日期：2005年　9月　1日

乙　　方：[redacted]

法定代表人：[redacted]

签约日期：2005年　9月　1日

本合同签订地：[redacted]

第 4 页 共 4 页

补充协议

甲方：[redacted]

法定代表人：[redacted]

住所：[redacted]

乙方：[redacted]

法定代表人：[redacted]

住所：[redacted]

2005年9月1日，甲乙双方签订《借款合同》，约定甲方向乙方提供借款壹亿捌仟万元（￥180,000,000.00），期限三年，年利息8%。甲方如约放款。乙方未按约定履行还款义务。

因乙方资金紧张而暂时无法还款，甲乙双方经友好协商，达成如下协议：

一、还款期限展期

甲方同意将乙方还款期限延长6个月，至2009年3月1日。

二、借款利息优惠

为减轻乙方经营压力，甲方同意免除乙方自2005年9月1日至2009年3月1日内的利息。

三、变更管辖

双方同意如因《借款合同》或本协议产生纠纷，应先友好协商解决；协商不成的，本协议双方当事人均同意提交[redacted]仲裁委员会仲裁，依法成立仲裁庭按仲裁规则进行裁决，以仲裁法律文书的形式先行确定各方权利义务，在一方不履行时，另一方直接申请法院执行。

1

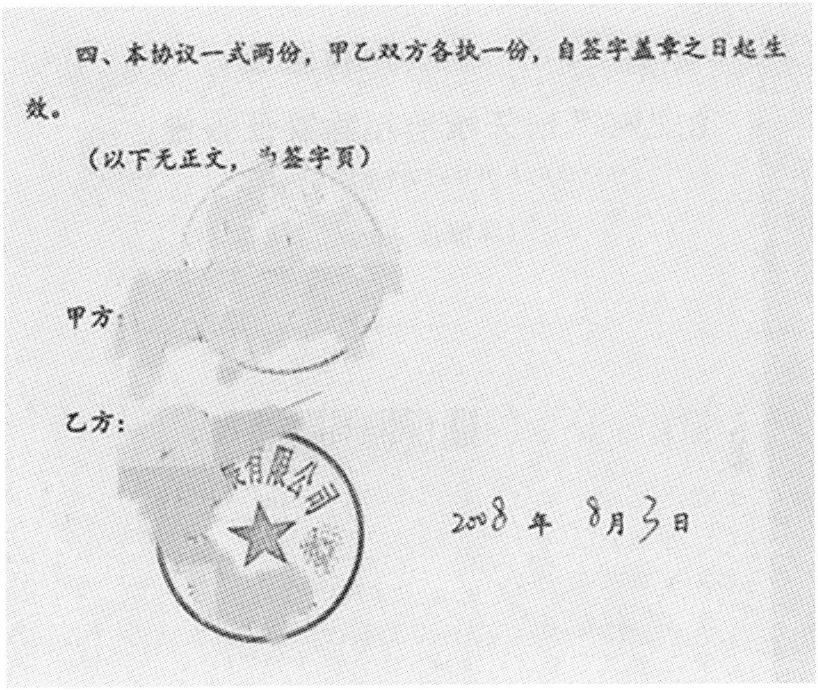
四、本协议一式两份，甲乙双方各执一份，自签字盖章之日起生效。

（以下无正文，为签字页）

甲方：

乙方：

2008年8月3日

图1　H公司与Y公司签订的《借款合同》

2012年5月，Y公司取得S市某税务师事务所出具的《财产损失税前扣除鉴证报告》（见图2），在2011年度将前述坏账损失在会计上作损失处理，并根据国家税务总局公告2011年第25号的规定，向S市L区国家税务总局进行专项申报。

有限公司

企业财产损失税前扣除鉴证报告

2011年01月01日-2011年12月31日

(坏账损失)

【防伪条形码】:

【企 业 名 称】: 限公司

【税务登记证号】:

【主送税务机关】: 家税务局

【事 务 所 名 称】: 事务所有限公司

【报告出具日期】: 2012年05月22日

【报告报备日期】: 2012年05月26日

【签名注册税务师】:

事务所电话:

传　　真:

通 信 地 址:

电 子 邮 件:

事务所网址:

防伪查询网址: http://zs.szgs.gov.cn/re_query.jsp

[redacted]限公司关于

[redacted]有限公司

（纳税人识别号：[redacted]）

财产损失所得税税前扣除鉴证报告

报告编号：[redacted]

目　　录

地址：[redacted]

电话：[redacted]

关于[redacted]有限公司的
财产损失所得税税前扣除鉴证报告

报告编号：[redacted]

[redacted]有限公司：

我们接受委托，对贵公司以2005年12月31日为基准日清理出应收[redacted]有限公司债务人的坏账损失情况进行了审核验证。建立健全内部控制制度，保护资产的安全完整，保证会计资料和清产核资资料的真实、合法、准确和完整是贵单位管理当局的责任，我们的责任是在贵公司资产清查的基础上，对贵单位申报的坏账损失的处理预案的真实性、合理性发表审核意见。

我们审核的依据是国家税务总局公告2011年第25号《企业资产损失所得税税前扣除管理办法》，按照《企业所得税财产损失税前扣除鉴证业务准则（试行）》的要求，并按照《[redacted]市税务代理机构代理企业所得税操作规程》的要求进行的。在审核过程中，我们本着独立、客观、公正和科学的原则，实施了包括在抽查的基础上检查支持此项坏账损失的金额和披露的证据以及评价此项坏账损失反映等我们认为必要的审核程序。我们相信，我们的审核工作为发表意见提供了合理的基础。

一、基本情况

贵公司于2002年8月23日正式成立，企业法人注册号：[redacted]，注册资本人民币12000万元，法定代表人：[redacted]，公司住所：[redacted]。税务登记证号：[redacted]

经营范围：计算机产品开发及相关技术服务；投资兴办实业（具体项目另行申报）；国内商业、物资供销业（不含专营、专控、专卖商品）。

二、企业财产损失审核结果

贵公司申报的应收账款形成的坏账损失金额共计139,000,000.00 元，经审核后确认财产损失金额为139,000,000.00元。上述财产损失，我们获取了贵公司的相关财务资料、申报此项坏账损失的股东会决议、该应收款项已逾期三年以上，并在此基础上实施了包括抽查支持此项债权的金额和披露的证据等我们认为必要的审核程序，根据《企业资产损失所得税前扣除管理办法》（国家税务总局公告2011年第25号）文件，结合贵公司的实际情况，我们认为，上述应收账款已形成坏账损失，可以在企业所得额前列支。

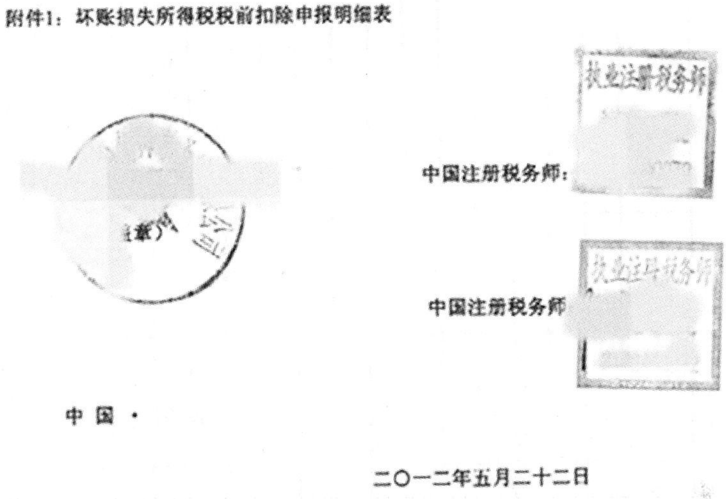
附件1：坏账损失所得税税前扣除申报明细表

执业注册税务师

中国注册税务师：

执业注册税务师

中国注册税务师

中国·

二〇一二年五月二十二日

图2　S市某税务师事务所向Y公司出具的《财产损失所得税税前扣除鉴证报告》

S市L区国家税务局向Y公司下达《企业资产损失专项申报受理通知书》（以下简称《受理通知书》）（见图3）予以受理。故Y公司根据《受理通知书》的要求在2011年度企业所得税税前扣除资产损失139,000,000元。

S市L区国家税务局

企业资产损失专项申报受理通知书

L税前扣〔2012〕0075号

Y公司：

你公司报来的企业资产损失税前扣除专项申报资料收悉，我局已受理，请按照《国家税务总局关于发布〈企业资产损失所得税税前扣除管理办法〉的公告》（2011年第25号）的规定进行税务处理。

资产损失税前扣除年度	2011年	资产损失金额合计（元）	139000000

资产损失项目	明细项目	金额（元）
非货币资产损失	应收及预付款损失	139000000

S市L区国家税务局

图3　S市L区国家税务局向Y公司下达的《企业资产损失专项申报受理通知书》

2013 年 8 月,S 市国家税务局稽查局向 Y 公司作出《税务检查通知书》(见图 4),决定对 Y 公司 2009 年 1 月 1 日至 2012 年 12 月 31 日的涉税情况进行检查。

S 市国家税务局稽查局
税务检查通知书

S 税检通一〔2013〕0025 号

Y 公司:

根据《中华人民共和国税收征收管理法》第五十四条规定,决定派某某等人,从2013 年 8 月 26 日起对你(单位)2009 - 01 - 01 至2012 - 12 - 31(如检查发现此期间以外明显的税收违法嫌疑或线索不受此限)涉税情况进行检查。届时请依法接受检查,如实反映情况,提供有关资料。

S 市国家税务局稽查局
二〇一三年八月二十三日

告知:税务机关派出的人员进行税务检查时,应当出示税务检查证和税务检查通知书,并有责任为被检查人保守秘密;未出示税务检查证和税务检查通知书的,被检查人有权拒绝检查。

图 4　S 市国家税务局稽查局向 Y 公司作出的《税务检查通知书》

S 市国家税务局稽查局与 Y 公司就 139,000,000 元资产损失能否在 2011 年度企业所得税前扣除问题存有异议。S 市国家税务局稽查局责令 Y 公司限期提供相关资料(见图 5),并对相关人员进行了询问(见图 6)。

S 市国家税务局稽查局
责令限期提供资料通知书

S 税稽责通〔2013〕0004 号

Y 公司:

根据《中华人民共和国税收征收管理法》第五十四条第(三)项的规定,现责成你Y 公司自收到本通知书之日起三日内向税务机关提供下列有关资料:

1. 各类借款合同的原件。2. 与其他应收款、其他应付款科目里各单位签订的协议或合同原件,以及情况说明。3. 关于起诉 H 公司的相关事宜说明。4. 关于支付建设银行某某单位 1350 万元咨询费的相关说明。

逾期不提供的,将按《中华人民共和国税收征收管理法实施细则》第九十六条规定处理。

S 市国家税务局稽查局
二〇一三年十月十五日

图 5 S 市国家税务局稽查局向 Y 公司下发的《责令限期提供资料通知书》

S 市国家税务局(稽查局)
询问通知书

S 税询〔2015〕B001 号

某某 1:

根据《中华人民共和国税收征收管理法》第五十四条第(四)项规定,请你于2015 年 5 月 5 日 10 时到S 市国税稽查局就涉税事宜接受询问。

联系人员:某某

联系电话:××××××××

税务机关地址:××××××

S 市国家税务局稽查局
二〇一五年四月三十日

S 市国家税务局(稽查局)

询问通知书

S 税询〔2015〕B002 号

某某2:

根据《中华人民共和国税收征收管理法》第五十四条第(四)项规定,请你于2015 年 5 月 5 日10 时到S 市国税稽查局就涉税事宜接受询问。

联系人员:某某

联系电话:××××××××

税务机关地址:××××××

S 市国家税务局稽查局

二〇一五年四月三十日

图 6 S 市国家税务局稽查局向 Y 公司下发的两份《询问通知书》

2016 年 4 月,Y 公司向 Z 仲裁委员会提出仲裁申请,请求仲裁 H 公司向 Y 公司归还欠款 139,000,000 元,并由 H 公司承担全部仲裁费用。Z 仲裁委员会作出《裁决书》(见图 7),裁决 Y 公司申请仲裁的时间已经超过法律规定的请求保护民事权利的仲裁时效期间,其仲裁申请不受法律保护,驳回 Y 公司的仲裁申请。

Z 仲裁委员会

裁决书

(2016)Z 仲字第 627 号

申请人:Y 公司

法定代表人:××

委托代理人:××

被申请人:H 公司

法定代表人:××

委托代理人：× ×

Z 仲裁委员会根据申请人 Y 公司 2016 年 4 月 18 日提交的《仲裁申请书》及其与被申请人 H 公司于 2008 年 8 月 3 日签订的《补充协议》中的仲裁条款，于 2016 年 4 月 18 日受理双方之间的“借款合同纠纷”案。

本案于 2016 年 4 月 18 日依法组成 × × 为首席仲裁员、× ×、× × 为仲裁员的三人仲裁庭，并指定 × × 担任秘书。

根据双方签订的简化仲裁程序协议书，仲裁庭于 2016 年 4 月 19 日在 × × 地对本案进行不公开开庭审理。申请人 Y 公司的特别授权委托代理人某某、被申请人 H 公司的特别授权委托代理人某某到庭参加庭审活动，本案现已审理终结。

现就本案案情、仲裁庭意见及裁决分述如下：

一、案　情

申请人称：2005 年 9 月 1 日，申请人与被申请人签订《借款合同》，申请人依约向被申请人提供借款壹亿捌仟万元，期限三年，年利息 8%。因被申请人经营困难，2008 年 8 月 3 日，申请人与被申请人协商达成《补充协议》，双方约定将《借款合同》中约定的还款期限延长至 2009 年 3 月 1 日，并免除被申请人自 2005 年 9 月 1 日至 2009 年 3 月 1 日内的利息，同时约定如产生纠纷由 Z 仲裁委员会仲裁。《补充协议》签订后，经申请人多次催告，被申请人陆续归还本金肆仟壹佰万元，之后被申请人再无归还任何本息。截至仲裁申请之日，被申请人尚欠申请人本金壹亿叁仟玖佰万元。据此，申请人提出仲裁请求：1. 裁决被申请人向申请人归还欠款壹亿叁仟玖佰万元；2. 裁决被申请人承担本案的全部仲裁费用。

申请人举证如下：

1.《借款合同》及合同补充协议，证明申请人与被申请人之间形成的借款合同关系；

2. 银行进账单，证明申请人依约向被申请人发放了借款；

3. 银行电子回单、汇兑凭证、委托付款书、收款收据等，证明被申请人偿还了部分借款；

4. 律师函，证明申请人多次催款的事实。

被申请人答辩称：申请人与被申请人的借款时间发生于 2005 年 9 月 1 日，

借款金额为壹亿捌仟万元,被申请人陆续归还被禁肆仟壹佰万元。后被申请人无力偿还该借款,双方于2008年8月3日达成《补充协议》。后因被申请人经营困难,无力归还借款,申请人也未积极向被申请人主张还款。被申请人最后一次收到申请人的催款函时间为2012年2月10日,截至申请人申请仲裁之时,已经远远超过法律规定的法定诉讼时效。故恳请Z仲裁委员会驳回申请人的所有仲裁请求。

被申请人未提交证据。

被申请人对申请人举证的上述四份证据真实性、合法性、关联性均无异议。

根据双方质证意见及答辩情况,经审查,被申请人对申请人出示的四份证据无异议,仲裁庭对申请人提交的证据真实性和证明力予以确认。

根据确认的证据,仲裁庭查明事实如下:

2005年9月1日,申请人与被申请人签订《借款合同》,约定申请人向被申请人提供借款人民币壹亿捌仟万元,期限三年,年利息8%。2005年9月6日申请人向被申请人发放了借款。

2006年7月26日被申请人向申请人偿还借款人民币伍佰万元,2006年12月22日被申请人向申请人偿还借款壹佰万元,2009年6月30日被申请人委托某某公司向申请人偿还借款伍佰万元,2009年10月24日被申请人委托某某公司向申请人偿还借款叁仟万元。

2008年8月3日,申请人与被申请人协商签订《补充协议》,约定将《借款合同》中约定的还款期限延长至2009年3月1日,并免除被申请人自2005年9月1日至2009年3月1日的利息。申请人委托某某律师事务所律师分别于2009年4月5日、2010年12月8日、2012年2月10日向被申请人发送《律师函》催还借款。

另查,2007年10月24日申请人企业名称发生变更,原某某公司变更为某某公司;2011年8月31日,被申请人企业名称发生变更,原某某公司变更为某某公司。

二、仲裁庭意见

1. 合同的效力问题

仲裁庭认为,申请人与被申请人签订的《借款合同》及补充协议,系双方当事人真实意思表示,其内容不违反国家法律、行政法规的强制性规定,不侵犯国家利益、社会公共利益和他人的合法权益,应认定合法有效,对双方当事人均具有约束力,仲裁庭予以确认。

2. 关于申请人的仲裁申请是否超过仲裁时效的问题

仲裁庭认为,根据《中华人民共和国仲裁法》第七十四条的规定:“法律对仲裁时效有规定的,适用该规定。法律对仲裁时效没有规定的,适用诉讼时效的规定。”及《中华人民共和国民法通则》第一百三十五条的规定:“向人民法院请求保护民事权利的诉讼时效期间为二年,法律另有规定的除外。”申请人提供的证据《律师函》最后一次催还借款的落款时间为2012年2月10日,除此之外,申请人未能提供其他证据证明在此后申请人向被申请人主张过权利。因此,申请人申请仲裁的时间已经超过法律规定的请求保护民事权利的仲裁时效期间,且不存在法律另有规定的情形。申请人的仲裁请求不受法律保护。

三、裁　决

基于上述事实和理由,依照《中华人民共和国民法通则》第六条、第一百三十五条及《中华人民共和国仲裁法》第五十一条、第七十四条之规定,仲裁庭裁决如下:

一、驳回申请人的仲裁请求;

二、本案仲裁费×××元由申请人承担。

本裁决为终局裁决,自作出之日起发生法律效力。

Z仲裁委员会

首席仲裁员　××

仲　裁　员　××

仲　裁　员　××

二〇一六年四月二十二日

秘　　　书　××

图7　Z仲裁委员会作出的《裁决书》

(三)各方观点

税务机关认为:Y公司就139,000,000元资产损失不应在2011年度企业所得税前扣除,故Y公司对这部分资产应缴而未缴税款,构成偷税的违法行为。

Y公司认为:其139,000,000元资产损失在2011年度企业所得税前扣除并无问题,其不存在偷税行为。

(四)争议焦点

1. Y 公司 139,000,000 元的资产损失是否应当认定为已经实际发生。

2. Y 公司是否可以在 2011 年度企业所得税前扣除资产损失 139,000,000 元。

3. Y 公司是否有偷逃税款的行为。

(五)争议解决

2016 年 8 月,华税律师事务所接受了 Y 公司的委托,成立了专项工作组,为 Y 公司就本案的税务争议提供了专项税务咨询。在此过程中,华税律师事务所组织了专家论证会,并结合专家意见对本案中争论的问题作出了专业的咨询意见。最后,税务机关认定企业不构成偷税,但不允许该损失在 2011 年扣除,需要补缴税款滞纳金,允许企业在 2016 年度及以后年度扣除。

二、税务律师点评

(一)Y 公司 139,000,000 元的资产损失确已实际发生

Y 公司 139,000,000 元的资产损失是否确已实际发生决定了该笔资产损失能否在企业资产损失所得税税前扣除。本案中,H 公司多年经营情况恶化,已事实上无力清偿其对 Y 公司的欠款。经多次催缴无果后,2016 年 4 月,Y 公司向 Z 仲裁委员会提出仲裁申请,请求仲裁 H 公司向 Y 公司归还欠款 139,000,000 元。Z 仲裁委员会作出《裁决书》,裁决 Y 公司申请仲裁的时间已经超过法律规定的请求保护民事权利的仲裁时效期间,驳回 Y 公司的仲裁请求。

《仲裁法》第 9 条规定:“仲裁实行一裁终局的制度。裁决作出后,当事人就同一纠纷再申请仲裁或者向人民法院起诉的,仲裁委员会或者人民法院不予受理。”可见,Z 仲裁委员会作出的《裁决书》使 Y 公司已经丧失了取得 H 公司欠款的法律救济途径。即 Y 公司已经不能通过法律途径主张其对 H 公司的债权,应当认定 Y 公司 139,000,000 元的资产损失已经实际发生。

(二)Y 公司可以在 2011 年度企业所得税前扣除资产损失 139,000,000 元

1. Y 公司申请税前扣除 139,000,000 元资产损失符合法定程序。Y 公司申请税前扣除 139,000,000 元资产损失时,依照国家税务总局公告 2011 年第 25 号的规定向 S 市 L 区国家税务局进行了专项申报,其申报材料通过了 S 市 L 区国家税务局的审查,并取得 S 市 L 区国家税务局出具的《受理通知书》。此后,Y 公司按照《受理通知书》的要求在 2011 年度企业所得税前扣除 139,000,000 元资产损失。

Y 公司对 139,000,000 元资产损失进行企业所得税前扣除，符合税法规定的税前扣除程序要求。

2. 允许 Y 公司在 2011 年度企业所得税前扣除 139,000,000 元资产损失符合税法规定。《企业所得税法》第 8 条规定："企业实际发生的与取得收入有关的、合理的支出，包括成本、费用、税金、损失和其他支出，准予在计算应纳税所得额时扣除。"《企业所得税法实施条例》第 32 条规定："企业所得税法第八条所称损失，是指企业在生产经营活动中发生的固定资产和存货的盘亏、毁损、报废损失，转让财产损失，呆账损失，坏账损失，自然灾害等不可抗力因素造成的损失以及其他损失。企业发生的损失，减除责任人赔偿和保险赔款后的余额，依照国务院财政、税务主管部门的规定扣除。"可见，我国《企业所得税法》规定的可以税前扣除的损失是企业实际发生的，且与取得收入有关的、合理的损失。

关于损失税前扣除应当提供哪些证据材料，国家税务总局公告 2011 年第 25 号第 40 条规定："企业债权投资损失应依据投资的原始凭证、合同或协议、会计核算资料等相关证据材料确认。下列情况债权投资损失的，还应出具相关证据材料……（五）债务人和担保人不能偿还到期债务，企业提出诉讼后被驳回起诉的、人民法院不予受理或不予支持的，或经仲裁机构裁决免除（或部分免除）债务人责任，经追偿后无法收回的债权，应提交法院驳回起诉的证明，或法院不予受理或不予支持证明，或仲裁机构裁决免除债务人责任的文书……"

Y 公司 139,000,000 元资产损失在 2011 年度已经实际发生，属于与取得收入有关的、合理的损失。并且，Y 公司已向税务机关提交了 139,000,000 元资产损失的款项往来原始凭证、《借款合同》、《2011 年度企业所得税汇算清缴纳税申报鉴证报告》、《仲裁委员会裁决书》等证据材料，符合《企业所得税法》及其实施条例、2011 年第 25 号公告规定的条件。

不仅如此，为确保企业实际发生的、与取得收入有关的、合理的资产损失可以在企业所得税前得到扣除这一税法规定和精神的落实，2011 年第 25 号公告第 6 条规定："企业以前年度发生的资产损失未能在当年税前扣除的，可以按照本办法的规定，向税务机关说明并进行专项申报扣除。其中，属于实际资产损失，准予追补至该项损失发生年度扣除，其追补确认期限一般不得超过五年，但因计划经济体制转轨过程中遗留的资产损失、企业重组上市过程中因权属不清出现争议而未能及时扣除的资产损失、因承担国家政策性任务而形成的资产损失以及政策定性不明确而形成资产损失等特殊原因形成的资产损失，其追补确认期限经国家税务总局批准后可适当延长。属于法定资产损失,应在申报年度扣除。”这一规定弱化了税前扣除的申报程序要求,将符合条件的扣除准予追补到损失实际发生的年度,更好地保护了纳税人的扣除权利。也就是说,在超过应当申报扣除年度后,企业补足税前扣除所需材料及程序的,仍可向前追溯扣除。属于实际资产损失的,可以追溯至损失实际发生年度;属于法定资产损失的,可以追溯至申报年度。本案中,Y 公司 139,000,000 元资产损失确已实际发生,且已经取得《2011 年度企业所得税汇算清缴纳税申报鉴证报告》《仲裁委员会裁决书》等证明材料,允许 Y 公司在申报年度,即 2011 年度企业所得税前扣除,符合我国税法的精神和规定。

(三)Y 公司没有偷逃税款的行为

从主客观统一的角度来看,Y 公司既没有偷逃税款的主观故意,亦没有偷逃税款的客观行为表现。首先,Y 公司没有偷逃税款的主观故意。因业绩不佳,H 公司多年来事实上资不抵债且无人经营,更被工商部门列入“经营异常名录”。Y 公司虽多次通过直接追索、发送律师函、向人民法院起诉、向仲裁庭申请仲裁等方式主动追索欠款,但仍未能追回 139,000,000 元欠款,到 2011 年进行税前扣除申报时已经超过 3 年未获清偿,按照 2011 年第 25 号公告第 23 条“企业逾期三年以上的应收款项在会计上已作为损失处理的,可以作为坏账损失”的规定,Y 公司在 2011 年度企业所得税申报时,进行了税前扣除 139,000,000 元资产损失的申报,并且得到了 S 市 L 区国家税务局的《受理通知书》,无欺骗、隐瞒、虚假等任何故意,不具有偷逃税的主观故意。其次,Y 公司没有偷逃税款的客观行为表现。如前论述,Y 公司 139,000,000 元资产损失企业所得税前扣除符合税法规定,不应认定为偷逃税的行为表现。

综上所述,从主客观各方面来看,Y 公司没有偷逃税款的行为。

(四)结论

本案中,Y 公司 139,000,000 元的资产损失确已发生,且 Y 公司在税法规定下,按照法定程序申请了税前扣除。因此,Y 公司可以对其 139,000,000 元的资产损失进行税前扣除。并且,Y 公司在主观上没有偷逃税款的故意,客观上没有偷逃税款的行为,也没有造成国家税收损失的结果,因此 Y 公司没有偷逃税款的违法行为。

三、本案启示

企业在进行资产损失税前扣除时应注意法律法规的具体要求,充分做好申报准备。国家税务总局公告 2011 年第 25 号对于资产损失所要求提供的证据规定得非常具体，由公司承担真实申报的责任，且税务机关保留追查的权力。这就要求企业从各方面对其作出回应。一方面，企业发生资产损失时，应建立一个相对健全的内部核销管理机制，及时收集整理、申报资产损失的内部和外部证据材料，并及时向税务机关申报。另一方面，企业要积极、有效地收集外部证据材料：对于应收账款等债权，应积极主动地行使债权权利，及时拿到司法机关判决、裁定或仲裁机构的仲裁文书等具有法律效力的文书；对于相关鉴定证明，应寻找专业技术部门、具有法定资质的中介机构出具。

除此之外，笔者针对国家税务总局公告 2011 年第 25 号下企业的涉税风险提出以下应对建议：首先，企业应当充分理解该办法对各项内容的规定。尤其是实际资产损失与法定资产损失在申报期限等方面的不同规定，以及清单申报和专项申报内容和要求的不同规定。其次，企业应按照企业会计准则和会计制度的规定，及时通过企业内部管理层审批，认定损失的存在，并进行会计处理。

总之，企业申报扣除坏账损失时，应充分理解税法要求，妥善准备资产损失确认证据，以保证资产损失税前扣除程序的顺利进行。

* * *

【链接】

企业资产损失税前扣除的所得税处理规定全解析

为进一步规范企业资产损失所得税前扣除政策，国家税务总局出台了国家税务总局公告 2011 年第 25 号，该办法自 2011 年 1 月 1 日起施行，国家税务总局《关于印发〈企业资产损失税前扣除管理办法〉的通知》（国税发〔2009〕88 号）同时废止。此后，国家税务总局陆续发布了《关于企业因国务院决定事项形成的资产损失税前扣除问题的公告》（国家税务总局公告 2014 年第 18 号）和《关于企业所得税资产损失资料留存备查有关事项的公告》（国家税务总局公告 2018 年第 15 号）对国家税务总局公告 2011 年第 25 号中的部分条款内容进行了修改和废止。与国税发〔2009〕88 号文相比，上述三个公告主要在资产和资产损失范畴、资产损失申报管理以及各项资产损失确认三方面规定上有所变化。

一、资产和资产损失范畴

首先，国家税务总局公告 2011 年第 25 号对于“资产”和“资产损失”范畴的规定更明确、外延更广泛。第一,在对“资产”范畴定义时,该文件除延续了国税发〔2009〕88号文中的内容,包含了现金、银行存款、应收及预付款项(包括应收票据)等货币资产,存货、固定资产、在建工程、生产性生物资产等非货币资产,以及债权性投资和股权(权益)性投资外,也对其进行了两处变化:一是将应收票据、各类垫款、企业间往来款项明确列举包含在应收及预付款项中,二是增添了无形资产。第二,国家税务总局公告2011年第25号在第45条中明确规定关联企业之间交易而发生的资产损失,在符合法定程序的情况下可在企业所得税前扣除。第三,国家税务总局公告2011年第25号首次区分了“实际资产损失”和“法定资产损失”,还扩大了“资产损失”的外延,在第50条中规定,该办法中未涉及的资产损失事项,只要符合企业所得税法及其实施条例等法律、法规规定的,也可以申报扣除。这些变化一方面可以在企业所得税前扣除问题上给企业更清晰明确的指引,也让企业可以更好地按照办法规定,完成资产损失税前扣除工作;另一方面第50条的规定避免了之后出现新情况时不必要的争议,也为日后的执法与立法留出了便利平台。

其次,国家税务总局公告2011年第25号对企业以前年度未扣除资产损失的处理有了更详细的规定。该办法规定,企业以前年度发生的资产损失未能在当年扣除的,可以向税务机关说明并进行专项申报扣除。与国税发〔2009〕88号文不同的是,国家税务总局公告2011年第25号规定,实际资产损失追补期限一般不得超过5年,但因计划经济体制转轨过程中遗留的资产损失、企业重组上市过程中因权属不清出现争议而未能及时扣除的资产损失、因承担国家政策性任务而形成的资产损失以及政策定性不明确而形成资产损失等特殊原因形成的资产损失,其追补确认期限经国家税务总局批准后可适当延长。

二、资产损失申报管理

国家税务总局公告2011年第25号对于旧政策改变的一大亮点,就是资产损失的申报管理制度。国税发〔2009〕88号文中规定,企业实际发生的资产损失按税务管理方式分为自行扣除的资产损失和经税务机关审批后才能扣除的资产损失,而国家税务总局公告2011年第25号将企业资产损失的税前扣除统一改为申报制,主要包括清单申报项和专项申报项。2018年,为进一步深化税务系统“放管服”改革,简化企业纳税申报资料报送,减轻企业办税负担,针对企业所得税资产损失资料留存备查有关事项,国家税务总局公告2018年第15号规定,企业向税务机关申报扣除资产损失,仅需填报企业所得税年度纳税申报表《资产损失税前扣除及纳税调整明细表》,不再报送资产损失相关资料。相关资料由企业留存备查。企业应当完整保存资产损失相关资料，保证资料的真实性、合法性。

国家税务总局公告 2011 年第 25 号以申报制度代替审批制度，是行政管理体制改革的一个重要举措，符合逐步减少简化行政审批项目的大趋势。这种改变既有利于规范企业所得税纳税申报，又有利于加强企业所得税征收管理。根据我国《企业所得税法》的规定，企业年度汇算清缴是由企业自行申报。而资产损失应是企业年度纳税申报的一部分内容，理应同样用申报方式。国税发〔2009〕88 号文中规定的审批制度实际上与企业纳税申报制度相矛盾，不利于规范企业纳税申报。另外，税务机关对企业资产损失进行审批确认时间紧、任务重，容易在实践中导致审查流于形式，亦造成税务机关有限资源的一种浪费。改审批为申报后，可以将税务部门有限资源集中起来，加强企业所得税征收管理，符合行政管理体制改革的大方向。

三、各项资产损失确认

新办法对货币资产损失、非货币资产损失及投资损失等方面都有较新的规定。

首先，对于可在税前扣除的存款类资产损失，对金融机构不再限于法定具有吸收存款职能的机构。在其他一些非法定具有吸收存款职能的金融机构，如期货公司，如果因期货公司清算而不能收回办理期货业务存入的保证金，则也可以作为存款资产损失在税前扣除。其次，当金融机构应清算而未清算超过 3 年的，只要法院或破产清算管理人出具未完成清算证明，企业也可将该笔款项作为资产损失扣除。这种限定超过 3 年即可扣除的做法相较以前更为公平，因为影响债务人清算事宜周期的因素通常都是债权人不可控制的，由于清算不能完结的原因导致债权人企业实质上已经损失的资产不能扣除显然是不公平的。最后，国家税务总局公告 2011 年第 25 号对应收及预付款项坏账损失作出了较多改变，如对于因债务重组、自然灾害及战争等不可抗力而发生的坏账损失的规定。其中，对于逾期 3 年以上的应收款项发生的坏账损失，新办法删除了旧办法中多项要求，明显放宽了条件。国税发〔2009〕88 号文中规定这类坏账要有企业依法催收磋商记录，并确认债务人已资不抵债、连续 3 年亏损或连续停止经营 3 年以上的，并能认定 3 年内没有任何业务往来。但实际上，款项逾期多年无法收回的理由多种多样，不一定都是因为债务人亏损；相比原规定中的要求，新办法中放宽的规定显得更合理。

非货币资产损失中，最大的变化就是明确规定无形资产损失的税前扣除。由于国税发〔2009〕88 号文中列举并不包括无形资产，实践中造成了很多问题，也有很多税务机关以此为由不允许扣除资产损失。

对于投资损失,首先,如上述“资产损失”范畴变化介绍中所述,新办法明确符合条件的关联方之间的债权损失可以在税前扣除。其次,对于债权投资损失确认,新办法强调企业应出具债务人的资产清偿证明。对于无法出具资产清偿证明,且相关事项发生已3年或3年以上,或债权投资余额在300万元以下的,在出具相关证明后,可税前扣除。另外,对于股权投资损失确认,对于因投资企业依法被宣告破产、关闭、被解散或撤销、被吊销营业执照、失踪或者死亡的,国家税务总局公告2011年第25号规定应首先出具资产清偿证明;但如果上述事项超过3年以上未能完成清算的,在出具被投资企业相关证明以及不能清算的原因说明后,可以税前扣除。

综上所述,国家税务总局公告2011年第25号对于企业资产损失税前扣除的规定更为明确、清晰,一方面扩大了资产损失的外延,扩充了纳税人的权利;另一方面又严格了申报的程序和限制,增加了纳税人的义务。从具体体制改变上来看,将原先的审批制改为申报制既利于企业的纳税申报,又利于税务机关的征税管理,符合限制行政管理体制改革的基本要求。对于各项资产损失的确认方面,新办法也作出了更为详尽、合理,对纳税人更公平的改变。

附:

企业资产损失所得税税前扣除管理办法

(国家税务总局公告2011年第25号)

部分失效依据:本篇法规中“第十二条”已被国家税务总局《关于企业因国务院决定事项形成的资产损失税前扣除问题的公告》(国家税务总局公告2014年第18号)废止,废止日期:2013年11月8日;本篇法规中“第四条、第七条、第八条、第十三条有关资产损失证据资料、会计核算资料、纳税资料等相关资料报送的内容”已被国家税务总局《关于企业所得税资产损失资料留存备查有关事项的公告》(国家税务总局公告2018年第15号)废止。

第一章　总　　则

第一条　根据《中华人民共和国企业所得税法》(以下简称企业所得税法)及其实施条例、《中华人民共和国税收征收管理法》(以下简称征管法)及其实施细则、《财政部　国家税务总局关于企业资产损失税前扣除政策的通知》(财税

〔2009〕57号）（以下简称《通知》）的规定，制定本办法。

第二条　本办法所称资产是指企业拥有或者控制的、用于经营管理活动相关的资产，包括现金、银行存款、应收及预付款项（包括应收票据、各类垫款、企业之间往来款项）等货币性资产，存货、固定资产、无形资产、在建工程、生产性生物资产等非货币性资产，以及债权性投资和股权（权益）性投资。

第三条　准予在企业所得税税前扣除的资产损失，是指企业在实际处置、转让上述资产过程中发生的合理损失（以下简称实际资产损失），以及企业虽未实际处置、转让上述资产，但符合《通知》和本办法规定条件计算确认的损失（以下简称法定资产损失）。

第四条　企业实际资产损失，应当在其实际发生且会计上已作损失处理的年度申报扣除；法定资产损失，应当在企业向主管税务机关提供证据资料证明该项资产已符合法定资产损失确认条件，且会计上已作损失处理的年度申报扣除。

第五条　企业发生的资产损失，应按规定的程序和要求向主管税务机关申报后方能在税前扣除。未经申报的损失，不得在税前扣除。

第六条　企业以前年度发生的资产损失未能在当年税前扣除的，可以按照本办法的规定，向税务机关说明并进行专项申报扣除。其中，属于实际资产损失，准予追补至该项损失发生年度扣除，其追补确认期限一般不得超过五年，但因计划经济体制转轨过程中遗留的资产损失、企业重组上市过程中因权属不清出现争议而未能及时扣除的资产损失、因承担国家政策性任务而形成的资产损失以及政策定性不明确而形成资产损失等特殊原因形成的资产损失，其追补确认期限经国家税务总局批准后可适当延长。属于法定资产损失，应在申报年度扣除。

企业因以前年度实际资产损失未在税前扣除而多缴的企业所得税税款，可在追补确认年度企业所得税应纳税款中予以抵扣，不足抵扣的，向以后年度递延抵扣。

企业实际资产损失发生年度扣除追补确认的损失后出现亏损的，应先调整资产损失发生年度的亏损额，再按弥补亏损的原则计算以后年度多缴的企业所得税税款，并按前款办法进行税务处理。

第二章　申报管理

第七条　企业在进行企业所得税年度汇算清缴申报时，可将资产损失申报材料和纳税资料作为企业所得税年度纳税申报表的附件一并向税务机关报送。

第八条 企业资产损失按其申报内容和要求的不同,分为清单申报和专项申报两种申报形式。其中,属于清单申报的资产损失,企业可按会计核算科目进行归类、汇总,然后再将汇总清单报送税务机关,有关会计核算资料和纳税资料留存备查;属于专项申报的资产损失,企业应逐项(或逐笔)报送申请报告,同时附送会计核算资料及其他相关的纳税资料。

企业在申报资产损失税前扣除过程中不符合上述要求的,税务机关应当要求其改正,企业拒绝改正的,税务机关有权不予受理。

第九条 下列资产损失,应以清单申报的方式向税务机关申报扣除:

(一)企业在正常经营管理活动中,按照公允价格销售、转让、变卖非货币资产的损失;

(二)企业各项存货发生的正常损耗;

(三)企业固定资产达到或超过使用年限而正常报废清理的损失;

(四)企业生产性生物资产达到或超过使用年限而正常死亡发生的资产损失;

(五)企业按照市场公平交易原则,通过各种交易场所、市场等买卖债券、股票、期货、基金以及金融衍生产品等发生的损失。

第十条 前条以外的资产损失,应以专项申报的方式向税务机关申报扣除。企业无法准确判别是否属于清单申报扣除的资产损失,可以采取专项申报的形式申报扣除。

第十一条 在中国境内跨地区经营的汇总纳税企业发生的资产损失,应按以下规定申报扣除:

(一)总机构及其分支机构发生的资产损失,除应按专项申报和清单申报的有关规定,各自向当地主管税务机关申报外,各分支机构同时还应上报总机构;

(二)总机构对各分支机构上报的资产损失,除税务机关另有规定外,应以清单申报的形式向当地主管税务机关进行申报;

(三)总机构将跨地区分支机构所属资产捆绑打包转让所发生的资产损失,由总机构向当地主管税务机关进行专项申报。

第十二条 企业因国务院决定事项形成的资产损失,应向国家税务总局提供有关资料。国家税务总局审核有关情况后,将损失情况通知相关税务机关。企业应按本办法的要求进行专项申报。

第十三条 属于专项申报的资产损失,企业因特殊原因不能在规定的时限内报送相关资料的,可以向主管税务机关提出申请,经主管税务机关同意后,可适当延期申报。

第十四条　企业应当建立健全资产损失内部核销管理制度,及时收集、整理、编制、审核、申报、保存资产损失税前扣除证据材料,方便税务机关检查。

第十五条　税务机关应按分项建档、分级管理的原则,建立企业资产损失税前扣除管理台账和纳税档案,及时进行评估。对资产损失金额较大或经评估后发现不符合资产损失税前扣除规定、或存有疑点、异常情况的资产损失,应及时进行核查。对有证据证明申报扣除的资产损失不真实、不合法的,应依法作出税收处理。

第三章　资产损失确认证据

第十六条　企业资产损失相关的证据包括具有法律效力的外部证据和特定事项的企业内部证据。

第十七条　具有法律效力的外部证据,是指司法机关、行政机关、专业技术鉴定部门等依法出具的与本企业资产损失相关的具有法律效力的书面文件,主要包括:

(一)司法机关的判决或者裁定;

(二)公安机关的立案结案证明、回复;

(三)工商部门出具的注销、吊销及停业证明;

(四)企业的破产清算公告或清偿文件;

(五)行政机关的公文;

(六)专业技术部门的鉴定报告;

(七)具有法定资质的中介机构的经济鉴定证明;

(八)仲裁机构的仲裁文书;

(九)保险公司对投保资产出具的出险调查单、理赔计算单等保险单据;

(十)符合法律规定的其他证据。

第十八条　特定事项的企业内部证据,是指会计核算制度健全、内部控制制度完善的企业,对各项资产发生毁损、报废、盘亏、死亡、变质等内部证明或承担责任的声明,主要包括:

(一)有关会计核算资料和原始凭证;

(二)资产盘点表;

(三)相关经济行为的业务合同;

(四)企业内部技术鉴定部门的鉴定文件或资料;

(五)企业内部核批文件及有关情况说明;

(六)对责任人由于经营管理责任造成损失的责任认定及赔偿情况说明;

(七)法定代表人、企业负责人和企业财务负责人对特定事项真实性承担法律责任的声明。

第四章　货币资产损失的确认

第十九条　企业货币资产损失包括现金损失、银行存款损失和应收及预付款项损失等。

第二十条　现金损失应依据以下证据材料确认:

(一)现金保管人确认的现金盘点表(包括倒推至基准日的记录);

(二)现金保管人对于短缺的说明及相关核准文件;

(三)对责任人由于管理责任造成损失的责任认定及赔偿情况的说明;

(四)涉及刑事犯罪的,应有司法机关出具的相关材料;

(五)金融机构出具的假币收缴证明。

第二十一条　企业因金融机构清算而发生的存款类资产损失应依据以下证据材料确认:

(一)企业存款类资产的原始凭据;

(二)金融机构破产、清算的法律文件;

(三)金融机构清算后剩余资产分配情况资料。

金融机构应清算而未清算超过三年的,企业可将该款项确认为资产损失,但应有法院或破产清算管理人出具的未完成清算证明。

第二十二条　企业应收及预付款项坏账损失应依据以下相关证据材料确认:

(一)相关事项合同、协议或说明;

(二)属于债务人破产清算的,应有人民法院的破产、清算公告;

(三)属于诉讼案件的,应出具人民法院的判决书或裁决书或仲裁机构的仲裁书,或者被法院裁定终(中)止执行的法律文书;

(四)属于债务人停止营业的,应有工商部门注销、吊销营业执照证明;

(五)属于债务人死亡、失踪的,应有公安机关等有关部门对债务人个人的死亡、失踪证明;

(六)属于债务重组的,应有债务重组协议及其债务人重组收益纳税情况说明;

(七)属于自然灾害、战争等不可抗力而无法收回的,应有债务人受灾情况说明以及放弃债权申明。

第二十三条　企业逾期三年以上的应收款项在会计上已作为损失处理的，可以作为坏账损失，但应说明情况，并出具专项报告。

第二十四条　企业逾期一年以上，单笔数额不超过五万或者不超过企业年度收入总额万分之一的应收款项，会计上已经作为损失处理的，可以作为坏账损失，但应说明情况，并出具专项报告。

第五章　非货币资产损失的确认

第二十五条　企业非货币资产损失包括存货损失、固定资产损失、无形资产损失、在建工程损失、生产性生物资产损失等。

第二十六条　存货盘亏损失，为其盘亏金额扣除责任人赔偿后的余额，应依据以下证据材料确认：

（一）存货计税成本确定依据；

（二）企业内部有关责任认定、责任人赔偿说明和内部核批文件；

（三）存货盘点表；

（四）存货保管人对于盘亏的情况说明。

第二十七条　存货报废、毁损或变质损失，为其计税成本扣除残值及责任人赔偿后的余额，应依据以下证据材料确认：

（一）存货计税成本的确定依据；

（二）企业内部关于存货报废、毁损、变质、残值情况说明及核销资料；

（三）涉及责任人赔偿的，应当有赔偿情况说明；

（四）该项损失数额较大的（指占企业该类资产计税成本10%以上，或减少当年应纳税所得、增加亏损10%以上，下同），应有专业技术鉴定意见或法定资质中介机构出具的专项报告等。

第二十八条　存货被盗损失，为其计税成本扣除保险理赔以及责任人赔偿后的余额，应依据以下证据材料确认：

（一）存货计税成本的确定依据；

（二）向公安机关的报案记录；

（三）涉及责任人和保险公司赔偿的，应有赔偿情况说明等。

第二十九条　固定资产盘亏、丢失损失，为其账面净值扣除责任人赔偿后的余额，应依据以下证据材料确认：

(一)企业内部有关责任认定和核销资料;

(二)固定资产盘点表;

(三)固定资产的计税基础相关资料;

(四)固定资产盘亏、丢失情况说明;

(五)损失金额较大的,应有专业技术鉴定报告或法定资质中介机构出具的专项报告等。

第三十条 固定资产报废、毁损损失,为其账面净值扣除残值和责任人赔偿后的余额,应依据以下证据材料确认:

(一)固定资产的计税基础相关资料;

(二)企业内部有关责任认定和核销资料;

(三)企业内部有关部门出具的鉴定材料;

(四)涉及责任赔偿的,应当有赔偿情况的说明;

(五)损失金额较大的或自然灾害等不可抗力原因造成固定资产毁损、报废的,应有专业技术鉴定意见或法定资质中介机构出具的专项报告等。

第三十一条 固定资产被盗损失,为其账面净值扣除责任人赔偿后的余额,应依据以下证据材料确认:

(一)固定资产计税基础相关资料;

(二)公安机关的报案记录,公安机关立案、破案和结案的证明材料;

(三)涉及责任赔偿的,应有赔偿责任的认定及赔偿情况的说明等。

第三十二条 在建工程停建、报废损失,为其工程项目投资账面价值扣除残值后的余额,应依据以下证据材料确认:

(一)工程项目投资账面价值确定依据;

(二)工程项目停建原因说明及相关材料;

(三)因质量原因停建、报废的工程项目和因自然灾害和意外事故停建、报废的工程项目,应出具专业技术鉴定意见和责任认定、赔偿情况的说明等。

第三十三条 工程物资发生损失,可比照本办法存货损失的规定确认。

第三十四条 生产性生物资产盘亏损失,为其账面净值扣除责任人赔偿后的余额,应依据以下证据材料确认:

(一)生产性生物资产盘点表;

(二)生产性生物资产盘亏情况说明;

(三)生产性生物资产损失金额较大的,企业应有专业技术鉴定意见和责任认定、赔偿情况的说明等。

第三十五条 因森林病虫害、疫情、死亡而产生的生产性生物资产损失，为其账面净值扣除残值、保险赔偿和责任人赔偿后的余额，应依据以下证据材料确认：

（一）损失情况说明；

（二）责任认定及其赔偿情况的说明；

（三）损失金额较大的，应有专业技术鉴定意见。

第三十六条 对被盗伐、被盗、丢失而产生的生产性生物资产损失，为其账面净值扣除保险赔偿以及责任人赔偿后的余额，应依据以下证据材料确认：

（一）生产性生物资产被盗后，向公安机关的报案记录或公安机关立案、破案和结案的证明材料；

（二）责任认定及其赔偿情况的说明。

第三十七条 企业由于未能按期赎回抵押资产，使抵押资产被拍卖或变卖，其账面净值大于变卖价值的差额，可认定为资产损失，按以下证据材料确认：

（一）抵押合同或协议书；

（二）拍卖或变卖证明、清单；

（三）会计核算资料等其他相关证据材料。

第三十八条 被其他新技术所代替或已经超过法律保护期限，已经丧失使用价值和转让价值，尚未摊销的无形资产损失，应提交以下证据备案：

（一）会计核算资料；

（二）企业内部核批文件及有关情况说明；

（三）技术鉴定意见和企业法定代表人、主要负责人和财务负责人签章证实无形资产已无使用价值或转让价值的书面申明；

（四）无形资产的法律保护期限文件。

第六章 投资损失的确认

第三十九条 企业投资损失包括债权性投资损失和股权（权益）性投资损失。

第四十条 企业债权投资损失应依据投资的原始凭证、合同或协议、会计核算资料等相关证据材料确认。下列情况债权投资损失的，还应出具相关证据材料：

（一）债务人或担保人依法被宣告破产、关闭、被解散或撤销、被吊销营业执照、失踪或者死亡等，应出具资产清偿证明或者遗产清偿证明。无法出具资产清偿证明或者遗产清偿证明，且上述事项超过三年以上的，或债权投资（包括信用卡透支和助学贷款)余额在三百万元以下的,应出具对应的债务人和担保人破产、关闭、解散证明、撤销文件、工商行政管理部门注销证明或查询证明以及追索记录等(包括司法追索、电话追索、信件追索和上门追索等原始记录);

(二)债务人遭受重大自然灾害或意外事故,企业对其资产进行清偿和对担保人进行追偿后,未能收回的债权,应出具债务人遭受重大自然灾害或意外事故证明、保险赔偿证明、资产清偿证明等;

(三)债务人因承担法律责任,其资产不足归还所借债务,又无其他债务承担者的,应出具法院裁定证明和资产清偿证明;

(四)债务人和担保人不能偿还到期债务,企业提出诉讼或仲裁的,经人民法院对债务人和担保人强制执行,债务人和担保人均无资产可执行,人民法院裁定终结或终止(中止)执行的,应出具人民法院裁定文书;

(五)债务人和担保人不能偿还到期债务,企业提出诉讼后被驳回起诉的、人民法院不予受理或不予支持的,或经仲裁机构裁决免除(或部分免除)债务人责任,经追偿后无法收回的债权,应提交法院驳回起诉的证明,或法院不予受理或不予支持证明,或仲裁机构裁决免除债务人责任的文书;

(六)经国务院专案批准核销的债权,应提供国务院批准文件或经国务院同意后由国务院有关部门批准的文件。

第四十一条 企业股权投资损失应依据以下相关证据材料确认:

(一)股权投资计税基础证明材料;

(二)被投资企业破产公告、破产清偿文件;

(三)工商行政管理部门注销、吊销被投资单位营业执照文件;

(四)政府有关部门对被投资单位的行政处理决定文件;

(五)被投资企业终止经营、停止交易的法律或其他证明文件;

(六)被投资企业资产处置方案、成交及入账材料;

(七)企业法定代表人、主要负责人和财务负责人签章证实有关投资(权益)性损失的书面申明;

(八)会计核算资料等其他相关证据材料。

第四十二条 被投资企业依法宣告破产、关闭、解散或撤销、吊销营业执照、停止生产经营活动、失踪等,应出具资产清偿证明或者遗产清偿证明。

上述事项超过三年以上且未能完成清算的,应出具被投资企业破产、关闭、解散或撤销、吊销等的证明以及不能清算的原因说明。

第四十三条　企业委托金融机构向其他单位贷款，或委托其他经营机构进行理财，到期不能收回贷款或理财款项，按照本办法第六章有关规定进行处理。

第四十四条　企业对外提供与本企业生产经营活动有关的担保，因被担保人不能按期偿还债务而承担连带责任，经追索，被担保人无偿还能力，对无法追回的金额，比照本办法规定的应收款项损失进行处理。

与本企业生产经营活动有关的担保是指企业对外提供的与本企业应税收入、投资、融资、材料采购、产品销售等生产经营活动相关的担保。

第四十五条　企业按独立交易原则向关联企业转让资产而发生的损失，或向关联企业提供借款、担保而形成的债权损失，准予扣除，但企业应作专项说明，同时出具中介机构出具的专项报告及其相关的证明材料。

第四十六条　下列股权和债权不得作为损失在税前扣除：

（一）债务人或者担保人有经济偿还能力，未按期偿还的企业债权；

（二）违反法律、法规的规定，以各种形式、借口逃废或悬空的企业债权；

（三）行政干预逃废或悬空的企业债权；

（四）企业未向债务人和担保人追偿的债权；

（五）企业发生非经营活动的债权；

（六）其他不应当核销的企业债权和股权。

第七章　其他资产损失的确认

第四十七条　企业将不同类别的资产捆绑（打包），以拍卖、询价、竞争性谈判、招标等市场方式出售，其出售价格低于计税成本的差额，可以作为资产损失并准予在税前申报扣除，但应出具资产处置方案、各类资产作价依据、出售过程的情况说明、出售合同或协议、成交及入账证明、资产计税基础等确定依据。

第四十八条　企业正常经营业务因内部控制制度不健全而出现操作不当、不规范或因业务创新但政策不明确、不配套等原因形成的资产损失，应由企业承担的金额，可以作为资产损失并准予在税前申报扣除，但应出具损失原因证明材料或业务监管部门定性证明、损失专项说明。

第四十九条　企业因刑事案件原因形成的损失，应由企业承担的金额，或经公安机关立案侦查两年以上仍未追回的金额，可以作为资产损失并准予在税前申报扣除，但应出具公安机关、人民检察院的立案侦查情况或人民法院的判决书等损失原因证明材料。

第八章 附 则

第五十条 本办法没有涉及的资产损失事项,只要符合企业所得税法及其实施条例等法律、法规规定的,也可以向税务机关申报扣除。

第五十一条 省、自治区、直辖市和计划单列市国家税务局、地方税务局可以根据本办法制定具体实施办法。

第五十二条 本办法自2011年1月1日起施行,《国家税务总局关于印发〈企业资产损失税前扣除管理办法〉的通知》(国税发〔2009〕88号)、《国家税务总局关于企业以前年度未扣除资产损失企业所得税处理问题的通知》(国税函〔2009〕772号)、《国家税务总局关于电信企业坏账损失税前扣除问题的通知》(国税函〔2010〕196号)同时废止。本办法生效之日前尚未进行税务处理的资产损失事项,也应按本办法执行。

国家税务总局关于企业因国务院决定事项形成的资产损失税前扣除问题的公告

(国家税务总局公告2014年第18号)

为贯彻落实《国务院关于取消和下放一批行政审批项目的决定》(国发〔2013〕44号),现对企业因国务院决定事项形成的资产损失税前扣除问题公告如下:

一、自国发〔2013〕44号文件发布之日起,企业因国务院决定事项形成的资产损失,不再上报国家税务总局审核。国家税务总局公告2011年第25号发布的《企业资产损失所得税税前扣除管理办法》第十二条同时废止。

二、企业因国务院决定事项形成的资产损失,应以专项申报的方式向主管税务机关申报扣除。专项申报扣除的有关事项,按照国家税务总局公告2011年第25号规定执行。

三、本公告适用于2013年度及以后年度企业所得税申报。

特此公告。

国家税务总局关于企业所得税资产损失资料留存备查有关事项的公告

（国家税务总局公告2018年第15号）

为了进一步深化税务系统“放管服”改革，简化企业纳税申报资料报送，减轻企业办税负担，现就企业所得税资产损失资料留存备查有关事项公告如下：

一、企业向税务机关申报扣除资产损失，仅需填报企业所得税年度纳税申报表《资产损失税前扣除及纳税调整明细表》，不再报送资产损失相关资料。相关资料由企业留存备查。

二、企业应当完整保存资产损失相关资料，保证资料的真实性、合法性。

三、本公告规定适用于2017年度及以后年度企业所得税汇算清缴。《国家税务总局关于发布〈企业资产损失所得税税前扣除管理办法〉的公告》（国家税务总局公告2011年第25号）第四条、第七条、第八条、第十三条有关资产损失证据资料、会计核算资料、纳税资料等相关资料报送的内容同时废止。

特此公告。

非金融企业资金拆借利息支出税前扣除争议案

【导读】

对企业而言,企业所得税的缴纳是企业众多税负中至为重要的一项。我国《企业所得税法》规定了企业应纳税额的计算、纳税范围以及税收减免的相关条件。其中,针对企业应纳税所得额的确定,《企业所得税法》第 5 条规定,企业每一纳税年度的收入总额,减除不征税收入、免税收入、各项扣除以及允许弥补的以前年度亏损后的余额,为应纳税所得额。根据《企业所得税法》第 8 条和《企业所得税法实施条例》第 27 条的规定,企业实际发生的与取得收入有关的、合理的支出,包括成本、费用、税金、损失和其他支出,准予在计算应纳税所得额时扣除。这里有关的、合理的支出如何界定?何种凭据可被认定为税前扣除的合法有效凭据?在实务中,企业之间合法资金借贷,在未取得发票的情况下是否有合法途径对借贷利息进行税前扣除?本节即以案例形式对这些问题进行探讨。

一、案情简介

(一)案件基本信息

案件类型:企业所得税利息支出税前扣除争议

涉案金额:企业所得税 7,041,937.50 元

法律风险:补缴税款共计 7,041,937.50 元,并加收滞纳金

(二)案件详情

Y 公司成立于 2007 年 6 月,经营范围系房地产开发及销售。

2008 年年初,Y 公司与 A 公司、Z 公司达成合作意向,欲以 Y 公司名义共同收购 J 国有资产管理公司所持有的 24 项债权资产包,其中 A 公司、Z 公司出资 2000 万元,Y 公司出资 5600 万元。2008 年 4 月,Y 公司与 A 公司、Z 公司签订《项目合作协议书》。

2008 年 6 月,Y 公司与 J 国有资产管理公司签订《债权转让合同》(见图 1)。并依约向国有资产管理公司支付了债权转让价款,获得了让与的债权。

营管理有限责任公司　　　　　　　　　　债权转让合同　200806001号

甲方：　　　　　　　　经营管理有限责任公司

乙方：　　　　　　　　公司

甲方、乙方合称为“双方”，单称为“一方”。

甲、乙双方经友好协商，就甲方向乙方转让不良贷款债权事宜，达成如下合同（以下简称“本合同”），以昭信守。

1　定义

除非本合同另有规定，下列词语应具有如下特定涵义：

1.1　主债权：指截至基准日，甲方对《标的债权明细》（本合同附件一）所列示的主债务人享有的并依法可向乙方转让的债权。

1.2　从权利：指与主债权相关的保证债权、抵押权、质权等附属权利。

1.3　标的债权：指截至基准日的主债权、从权利以及由此转化的其它相关权益的通称。其他相关权益是指：基准日前，甲方（及其前手）因管理、处置需要可能已与《标的债权明细》中部分债务人（包括担保人）达成包括但不限于重组协议、和解协议、抵债协议，或接受法院抵债裁定，而这些协议并未履行完毕或抵债物未完成过户，因此，乙方受让的对该等债务人（包括担保人）的债权，已从原始的贷款合同、担保合同项下的债权，全部或部分转让为前述协议项下或法院生效裁定所对应的权利。

1.4　债权对应的裁定书项下权益：指债权人持有的人民法院做出的民事裁定书内载明的权利，受让人在买受该权益后依据民事裁定书可实现的权益。

1.5　标的债权文件：指截至权利转移日甲方所持有的与确认和行使标的债权相关的全部法律文件，包括截至基准日甲方所持有的并向乙方披露的与标的债权相关的法律文件和甲方所持有的在过渡期和交接期内新产生的与标的债权相关的法律文件。

1.6　基准日：指甲方从其前手购买债权确定的计算标的债权账面本金及利息余

额的截止日，即【2007】年【6】月【20】日。

1.7 权利转移日：指乙方按照本合同的约定支付完毕全部转让价款之日。

1.8 公证日：指在乙方支付完毕全部转让价款的前提下，就本合同项下的标的债权整体转让事宜，甲方以公证送达形式向债务人及担保人发出通知之日。

1.9 过渡期：指自基准日起至权利转移日止的期间。

1.10 交接期间：指自权利转移日次日至公证日的期间。

1.11 法定期间：指法律、法规规定的各种期间，包括但不限于上诉期、申诉期、申请执行期间、保证期间、破产债权申报期间。

2 风险揭示

2.1 乙方已被告知并完全理解，乙方受让标的债权及债权对应的裁定书项下权益后，对该标的债权及债权对应裁定书项下权益在基准日以后产生的利息、罚息的请求权，乙方可能无法继续享有。

2.2 乙方已被告知并完全理解，乙方受让标的债权及债权对应的裁定书项下权益后，可能无法享有甲方所享有的国家法律政策规定的各项优惠条件和特殊保护，包括但不限于税收和诉讼方面的优惠和特殊保护。

2.3 乙方已被告知并完全理解，甲方转让给乙方的标的债权及债权对应的裁定书项下权益，可能存在着瑕疵或尚未发现的缺陷，以至于乙方预期利益无法实现。乙方受让的标的债权可能存在的瑕疵或缺陷包括但不限于下列一项或多项：

A. 与标的债权及债权对应的裁定书项下权益相关的债务人和/或担保人和/或第三方可能存在破产、被解散、被注销、被撤销、被关闭、被吊销、歇业、下落不明以及其他主体存续性瑕疵的情形；

B. 标的债权可能存在已超过诉讼时效、丧失相关的法定期间、因其他原因已部分消灭或不能被强制执行的情形；

C. 标的债权及债权对应的裁定书项下权益相关的民事裁定书可能存在

1

未生效、无效或被撤销的情形；

D. 标的债权文件对于标的债权及债权对应的裁定书项下权益的行使可能存在不完整、原件缺失或内容冲突等相关情形；

E. 担保合同可能存在约定主债权未经担保人同意不可转让或担保人只对特定债权人承担担保责任的情形；

F. 担保物、抵债资产可能发生灭失、毁损或可能存在欠缴税费、无相关权属证明、无法办理权属变更手续、不能实际占有、丧失使用价值或其他减损担保物、抵债资产价值的相关情形；

G. 涉诉标的债权及债权对应的裁定书项下权益可能存在败诉、不能变更诉讼主体、执行主体等诉讼风险。

H. 债权对应的裁定书项下权益因政策、法律或其他不可预测因素导致裁定书被撤销，或者其权益无法得到实现的风险。

2.4 乙方已被告知并完全理解，其受让的标的债权及债权对应的裁定书项下权益，可能因存在计算误差或其他原因，从而导致乙方实际接收的债权金额与本合同第 3 条表述的债权金额以及本合同附件一中所列债权金额不完全一致。

2.5 乙方已被告知、仔细阅读并完全理解本合同及其附件揭示的风险，除本合同另有约定外，自愿承担由上述风险造成的一切损失以及不能获得相应预期利益的后果。

3 标的债权的数额

截至基准日，标的债权账面本金余额为人民币【贰亿柒仟捌佰贰拾壹点贰】万元（小写：27821.2 万元），利息为人民币【叁亿贰仟叁佰伍拾贰点捌】万元（小写：32352.8 万元】，本息合计为人民币【陆亿零壹佰柒拾肆】万元（小写：60174 万元），标的债权的账面余额详见本合同附件一。其中　　　集团债权对应的裁定书项下权益抵债金额为【壹点捌】亿元（小写：18000 万元），详见本合同附件一。

4 标的债权的转让

2

甲方同意按照本合同的约定，向乙方转让标的债权；乙方同意按照本合同的约定，受让标的债权。

5　转让价款及支付方式

5.1　总价款

甲方将第3条标的债权整体作价人民币【柒仟陆佰万】元（小写:【7600万】元）转让给乙方。

5.2　不变更或撤销

基于乙方对标的债权的风险特征已有充分的理解，乙方同意不以“显失公平”或“重大误解”为由，要求人民法院或仲裁机构变更或撤销本合同。

5.3　价款的支付方式

乙方按照一次性付款方式向甲方支付标的债权转让价款，在本合同生效之日起【3】日内，乙方应将第5.1条约定的价款一次性全数汇到甲方指定账户，甲方指定的帐户如下:

账户名称:　　国有有资产经营管理有限责任公司
账　　号:
开户银行:建行　　分理处

6　风险的转移

自基准日起，标的债权的风险转移给乙方。

7　标的债权的转移、交付与告知

7.1　标的债权的转移

7.1.1　双方确认，在乙方支付完毕全部转让价款之日，标的债权从甲方转移至乙方。

7.1.2　双方确认，在权利转移日前，标的债权仍归甲方所有，甲方按照本合同的约定对标的债权进行管理。

7.1.3 双方确认，在权利转移日后，标的债权归乙方所有。法律法规规定需要办理相关手续的，由乙方负责办理，甲方予以积极配合，费用由乙方承担。

7.1.4 在乙方支付完毕全部转让价款的前提下，甲方因管理标的债权所产生的收益（包括现金、抵债资产等），由乙方享有。

7.2 文件的交付

在交接期间内，甲方应将标的债权文件交付给乙方，乙方应在附随的标的债权文件清单上签字。如乙方不及时受领标的债权文件，则应承担迟延受领标的债权文件所产生的一切法律后果。在交接期后，乙方无权就标的债权文件及其交付范围向甲方提出任何主张。

7.3 抵债资产的交付

7.3.1 在交接期间内，甲方应向乙方交付抵债资产的权属文件。

7.3.2 在交接时，甲方实际占有并有效控制抵债资产的，甲方应向乙方转移占有。

7.3.3 如果抵债资产需要并能够办理权属变更手续的，甲方予以必要的配合，一切费用由乙方负担。

7.3.4 如果甲方在交接时没有实际占有并有效控制抵债资产，或抵债资产无法办理权属变更手续的，甲方应向乙方交付与抵债资产相关的文件、证书等（如有），即视为甲方向乙方交付抵债资产。

7.4 甲方与中介机构签署的相关合同权利义务的转移

7.4.1 乙方同意无条件承继甲方及其前手在基准日之前与相关中介机构签署的相应合同。

7.4.2 乙方承诺，如果中介机构不同意甲方将其在相应合同中的权利义务转让给乙方，则乙方保证不聘用该中介机构处理与标的债权相关的任何事宜。

4

7.5　标的债权的加速交付

自权利转移日后，甲方不再承担标的债权的管理责任。在交接期间内，如遇紧急情形，甲方有权对部分标的债权加速交付，并对加速交付部分进行单独通知，乙方应予以积极配合，由此产生的费用由乙方承担。如乙方不予配合，由此产生的一切后果和风险由乙方承担。

8　过渡期标的债权的管理

8.1　在过渡期内，甲方拥有对标的债权的自主管理、处置权，并按照下列原则管理、处置标的债权：（1）遵守国家相关法律、法规的规定；（2）遵守甲方制定的有关资产管理和处置的规定。

8.2　在过渡期内，甲方应对标的债权涉及相应诉讼时效和/或法定期间进行维护，但代位权和撤销权的行使除外。如标的债权在基准日之前已经超过诉讼时效和/或法定期间，则不属于甲方维护的范围。

8.3　在过渡期内，甲方因管理处置和维护标的债权而产生的相关费用，由乙方承担，甲方应提供相关费用的有效证明（复印件）。该费用由甲方按本合同第错误！未找到引用源。条的约定在回收现金中直接予以扣除，但无现金回收或现金少于费用的，乙方应按甲方的通知支付相应费用，否则，每迟延一日，应向甲方支付应付未付款项的万分之五作为违约金。

9　声明与保证

9.1　甲方的声明和保证

9.1.1　签约和履约资格保证：甲方保证具有签署本合同的主体资格，并已获得签署和履行本合同的相应授权或批准。

9.1.2　非欺骗保证：甲方保证在持有标的债权期间没有伪造任何文件，在本次交易中没有故意提供任何虚假信息。

9.1.3　不冲突保证：甲方签署并履行本合同不与由其签署的任何已生效的契约性法律文件规定的义务相冲突。

9.1.4　标的债权金额保证：甲方保证本合同第 3 条所述的基准日标的债权

账面本金余额与基准日甲方实际持有的标的债权本金余额之间的差额，与本合同第 3 条所述的基准日标的债权账面本息总额的比率，不超过 5%。根据本合同第 1.3 条对标的债权的定义，如标的债权中部分主债权、从权利已转化为重组、和解、抵债等协议项下或法院抵债裁定所对应的权利的，且该等重组、和解协议中的豁免（如有）是附条件的，只要基准日前该等协议中的豁免条件仍未成就或抵债物未完成过户，甲方实际持有的该部分标的债权本金数额，就应按照其豁免前数额或抵债金额计算。

9.2 乙方的声明和保证

9.2.1 签约和履约资格保证：乙方保证具有签署本合同的主体资格，有权受让标的债权，已获得签署和履行本合同的相应授权或批准。乙方承诺不属于《财政部关于进一步规范金融资产管理公司不良债权转让有关问题的通知》（财金【2005】74 号）所明示的不得购买或变相购买不良资产的国家公务员、金融监管机构工作人员、政法干警、资产公司工作人员及其亲属、原债务企业管理层以及参与资产处置工作的律师、会计师等中介机构人员等关联人，并进一步保证不向前述禁止购买标的债权的主体转让标的债权。

9.2.2 非欺骗保证：乙方保证其为签署、履行本合同而向甲方提供的所有证明、文件、资料和信息，均在提供资料的当日和适用/使用期内是真实、准确和完整的，不存在故意隐瞒和欺骗的情况。

9.2.3 不冲突保证：乙方签署并履行本合同不与由其签署的任何已生效的契约性法律文件规定的义务相冲突。

9.2.4 审慎调查和独立判断保证：乙方确认，基于标的债权的特殊性，甲方就标的债权只进行现状出售，乙方独立判断标的债权法律上的有效性和商业价值。在本合同签署前，乙方已经认真审阅了截至基准日的标的债权文件，对标的债权的现状进行了审慎的调查，乙方完全接受并知悉标的债权的所有风险、瑕疵。

9.2.5 乙方特别承诺：

9.2.5.1 鉴于甲方在从相应银行受让标的债权时，已承诺不向相应银行追究任何法律责任，为此，乙方同意并保证，如果标

6

的债权中存在该等能够追究银行任何法律责任的权利，乙方承诺自权利转移日起自动全部放弃该等权利，并不以任何方式向相应银行追究任何法律责任，且保证其后手遵循该规定。

9.2.5.2　乙方同意并保证，如果标的债权存在能够追究中国各级政府及其有关部门任何法律责任的权利，乙方承诺自权利转移日起自动全部放弃该等权利，并不以任何方式向中国各级政府及其有关部门追究任何法律责任，同时保证不对外披露及做出有损于中国外债偿还信誉的行为，且保证其后手遵循该规定。

9.2.5.3　乙方同意并保证，如果标的债权存在能够追究吉林省所属国有企业任何法律责任的权利，且该等国有企业要求回购本合同项下债务的，乙方承诺在未与甲方及债务企业三方达成回购协议前不自行处置该等国有企业的债权，且保证其后手遵循该规定。

9.2.5.4　乙方进一步承诺，乙方放弃要求长春有线电视网络有限公司对债务人长春昊宇实业有限公司保证责任的追诉权，且保证其后手遵循该规定。

9.2.6　依法行使权利保证：乙方保证严格按照相关法律、法规、政策的规定，对受让的标的债权行使权利。

10　违约责任

10.1　甲方的违约责任

10.1.1　在乙方没有任何违约情形的前提下，如果甲方有过错且严重违反本合同第7.2条约定的主要义务，导致乙方主要权利不能行使，且在接到乙方发出的违约催告通知后(30)日内，甲方仍旧不能消除违约情形，则乙方有权解除本合同，甲方应退还乙方已经支付的转让价款及相应的活期存款利息，除此之外，甲方对乙方不再承担其他违约责任。

国有资产经营管理有限责任公司　　债权转让合同　200806001号

10.1.2 在乙方没有任何违约情形的前提下，如果因甲方过错违反本合同约定的其他义务，导致乙方不能行使主要权利时，乙方不得请求解除本合同，但甲方应赔偿乙方的实际损失，该赔偿额不得超过按照下述公式计算的损失额，甲方对乙方的最高赔偿额＝（出现违约情形的该笔债权在基准日时的账面本金余额/标的债权在基准日的账面本金总额）×转让价款×（50）%。

10.2 乙方的违约责任

10.2.1 如乙方违反付款义务，未能按时足额支付相应款项，则每逾期一日，乙方按应付未付价款的万分之五向甲方支付滞纳金。

10.2.2 如乙方迟延（2）日未向甲方支付相应款项，则甲方有权选择：

A. 解除本合同，乙方应向甲方支付相应的违约金，违约金数额为转让价款的（20）%，如该数额不足以弥补甲方的实际损失，甲方有权继续向乙方追索；

B. 要求乙方继续履行本合同并按第 10.2.1 条支付滞纳金。

10.2.3 如果乙方违反本合同约定的声明和保证或其它义务，甲方有权选择：

A. 全部或部分解除本合同，乙方应按第 10.2.2 条第（A）的约定向甲方支付违约金，并按甲方要求退还已经接收的相关资料，相应债权转回甲方的事宜无需征得乙方同意；

B. 不解除本合同，要求乙方继续履行本合同并赔偿甲方的实际损失。

11 保密

乙方应按照甲方的要求签署《保密承诺》，并按《保密承诺》的规定严格履行保密义务。

12 不可抗力

8

12.1 定义

本合同所称的不可抗力，是指依合同法规定在本合同签订并生效后，非由于甲方或者乙方的过失或疏忽，发生了甲乙双方不能预见、不能避免并不能克服的使本合同不能履行或不能如期履行的客观情况。

12.2 通知义务

当不可抗力事件发生并影响本合同的履行时，发生事件的一方当事人应当立即将事件情况如实通知对方。

12.3 证明责任

发生不可抗力事件的一方当事人应当在不可抗力事件发生十五日内请求并获得事件发生地的政府有关部门或公证机构出具的证明文件。

12.4 法律后果

因不可抗力不能履行合同的，根据不可抗力的影响，部分或者全部免除责任，但法律另有规定的除外。

13 法律适用

本合同的成立、效力、解释和履行适用中华人民共和国法律。

14 争议解决

因本合同引起或与本合同有关的一切争议，双方均应友好协商解决；如果不能解决的，任何一方均有权选择下列【A】争议解决方式：

A. 向甲方所在地有管辖权的人民法院提起诉讼。

B. 向合同签订地有管辖权的人民法院提起诉讼。

15 合同的生效

本合同经双方的法定代表人或者授权代表签章并加盖公章后生效。

国有资产经营管理有限责任公司　　债权转让合同　200806001 号

16 其他约定

16.1 本合同签署前形成的与本次交易相关的任何文件如与本合同相冲突，应以本合同为准。

16.2 如果本合同的某条款被宣布为无效，应不影响本合同任何其他条款的效力。

16.3 本合同中所有条款的标题仅为查阅方便，在任何情况下均不得被解释为本合同之组成部分，或构成对其所指示之条款的限制。

16.4 本次债权转让发生的费用，本合同没有约定的，由履行义务的一方承担；法律有规定的，按法律规定执行。

16.5 如有未尽事宜，双方可签订补充合同。附件、补充合同为本合同不可分割的一部分，与本合同具有同等效力。

16.6 本合同一式【四】份，均具有同等法律效力，甲方执【二】份，乙方执【二】份。

附件：截至基准日的《标的债权明细》

甲方：　国有资产经营管理有限责任公司

法定代表人或授权代表：

乙方：　开发

法定代表人或授权代表：

二〇〇八年六 月十三 日

10

债权转让合同附件一　　截至基准日的《标的债权明细》

基准日2007年6月20日

序号	债务企业名称	账面本息合计	账面本金余额	账面利息余额	备　注
	合　计	601740262.69	278211683.40	323528579.29	
	一、政策性建行资产小计1户	180000000.00	92407000.00	87593000.00	2006年底长[illegible]阳区人民法院(2006)朝执字第1614号民事裁定书，抵债金额1.8亿元。
1	[illegible]建工集团债权对应的法院裁定书项下的权益	180000000.00	92407000.00	87593000.00	
	二、商业化中行资产22户	409922751.27	176984683.40	232938067.87	
1	[illegible]出口公司([illegible])	222592490.14	68329957.14	154262533.00	
2	[illegible]销公司([illegible])	6606693.54	4990000.00	1616693.54	
3	[illegible]公司([illegible])	8024929.55	6000000.00	2024929.55	
4	[illegible]有限公司([illegible])	496709.14	400000.00	96709.14	
5	[illegible]公司[illegible]	5760288.33	4500000.00	1260288.33	
6	[illegible]公司[illegible]	29630944.57	11282790.00	18348154.57	
7	[illegible]任公司[illegible]	9235717.46	5883290.65	3352426.81	
8	[illegible]公司[illegible]	4421435.58	3000000.00	1421435.58	
9	[illegible]公司(2[illegible]	1261081.01	900000.00	361081.01	
10	[illegible]修配厂[illegible]	540753.27	350000.00	190753.27	
11	[illegible]中心(22[illegible]	256012.25	200000.00	56012.25	
12	[illegible]责任公司([illegible])	8947545.25	7000000.00	1947545.25	
13	[illegible]任公司([illegible]	10346836.90	4950000.00	5396836.90	
14	[illegible]任公司([illegible])	1289323.94	500000.00	789323.94	
15	[illegible]加工[illegible]	1711595.53	500000.00	1211595.53	
16	[illegible]公司(2[illegible]	1097817.01	499951.07	597865.94	

序号	债务企业名称	账面本息合计	账面本金余额	账面利息余额	备　注
17	[redacted]公司	611446.49	350000.00	261446.49	
18	[redacted]公司	2456248.56	1950000.00	506248.56	
19	[redacted]公司	8223501.35	5800000.00	2423501.35	
20	[redacted]厂	614778.86	399914.54	214864.32	
21	[redacted]公司	36902517.27	15718780.00	21183737.27	
22	[redacted]公司	48894085.27	33480000.00	15414085.27	
	三、商业化交行资产1户	11817511.42	8820000.00	2997511.42	
1	[redacted]公司	11817511.42	8820000.00	2997511.42	

移交方：[redacted]资产经营管理有限责任[redacted]（盖章）

接收方：[redacted]有限公司（盖章）

二〇〇八年 六 月十三 日

图1　Y公司与J国有资产管理公司签订的《债权转让合同》

后Y公司在与A公司、Z公司履行《项目合作协议书》时发生纠纷。2011年4月,A公司和Z公司起诉Y公司,审理法院J省C市中级人民法院作出(2011)C民四初字第2号民事判决。Y公司不服,向J省高级人民法院提出上诉。J省高级人民法院于2011年7月作出(2011)J民三终字第38号民事判决,发生法律效力。Y公司向最高人民法院申请再审,最高人民法院于2011年11月作出(2011)民申字第1148号民事裁定,指令J省高级人民法院再审本案。J省高级人民法院于2012年5月作出(2012)J民再字第2号民事裁定,撤销J省高级人民法院(2011)J民三终字第38号民事判决和J省C市中级人民法院(2011)C民四初字第2号民事判决,发回J省C市中级人民法院重审。

经审理,J省C市中级人民法院作出(2012)C民再初字第4号民事判决,判决被告Y公司给付A公司、Z公司2000万元及逾期付款违约金。

Y公司不服该判决,向J省高级人民法院上诉。J省高级人民法院于2012年12月作出(2012)J民再终字第25号民事判决,判决驳回上诉,维持原判。

Y公司不服(2012)J民再终字第25号民事判决,向最高人民检察院申请监督,最高人民检察院向最高人民法院提出抗诉。最高人民法院公开审理了该案,并于2015年9月作出(2014)民抗字第29号民事判决,判决撤销J省高级人民法院(2012)J民再终字第25号民事判决;Y公司向A公司、Z公司给付11,123,900元及利息。该判决为终审判决。

与此同时,Y公司为筹措收购债权资产包的资金,于2007年11月1日与自然人张某签订《借款合同》,借款金额为200万元整,借款期限为2007年11月1日至2014年11月1日,借款利息按国家利率3倍计算;后由于Y公司资金周转困难,又与张某签署《借款协议》,借款期限自2014年11月2日至2015年3月4日,借款利息按国家利率3倍计算。Y公司于2008年1月1日与T市G公司签订《借款合同》,借款金额为4600万元整,借款期限为2008年1月1日至2014年11月1日,借款利息按国家利率计算;后由于Y公司资金周转困难,又与G公司签署《借款协议》,借款期限自2014年11月2日至2015年3月4日,借款利息按国家利率计算。

2014年4月13日,P会计师事务公司出具《Y公司审计报告》(〔2014〕第72号,见图2),作出Y公司可于2014年度申报企业所得税税前扣除下列费用的审计意见:(1)已经实际发生对A公司、Z公司的逾期违约金6,048,000元;(2)在与G公司之间的借贷关系中已经发生的当年度借款费用21,010,500元;(3)在与张某之间的借贷关系中已经发生的当年度借款费用1,109,250元。Y公司根据上述审计报告在2014年度的企业所得税汇算清缴时对上列三项费用共计28,167,750元据实进行了申报扣除。

审 计 报 告

[redacted][2014]第72号

[redacted]有限公司：

我们接受委托，[redacted]（以下简称[redacted]公司）向[redacted]（以下简称[redacted]公司）、[redacted]（以下简称[redacted]公司）、[redacted]（以下简称[redacted]公司）、及[redacted]等单位借款利息支出一事进行审计。根据[redacted]公司与[redacted]公司、[redacted]公司、[redacted]公司（以下简称[redacted]公司）、及[redacted]单位签订借款合同和[redacted]中级人民法院民事判决书（2012）[redacted]民再初字第4号判决作为审计和计算利息支出依据。[redacted]公司负责提供上述经济资料。这些经济资料的合法性和真实性是[redacted]公司管理当局的责任，我们的责任是在实施审计工作的基础上对借款利息支出情况表发意见。

一、基本情况

[redacted]有限公司成立于2007年6月。注册号：[redacted]住所：[redacted]。法定代表人：[redacted]注册资本：人民币捌佰万元。实收资本：人民币捌佰万元。公司类型：有限责任公司。宗旨和业务范围：房地产开发及销售（凭资质证经营）。

二、审计情况：

（一）、[redacted]公司与[redacted]公司、[redacted]公司的借款利息支出情况

根据[redacted]中级人民法院民事判决书（2012）[redacted]民再初字第4号，作为审计和计算利息支出的依据。根据[redacted]中级人民法院民事判决书判决[redacted]公司自2008年10月1日起至2012年9月24日止，按照中国人民银行同期贷款利率计算。此判决利息支出符合企业所得税法的规定，经查中国人民银行2008年9月16日中长期贷款利率为7.56%，根据判决书规定时间为48个月，据此[redacted]公司应付[redacted]公司、[redacted]公司利息6,048,000.00元。

（二）、[redacted]公司与[redacted]公司的借款利息支出情况

根据[redacted]公司与[redacted]实业公司签订借款合同，合同借款金额为46,000,000.00元，合同约定借款时间为2008年1月1日至2014年11月1日，借款利率为中国人民银行同

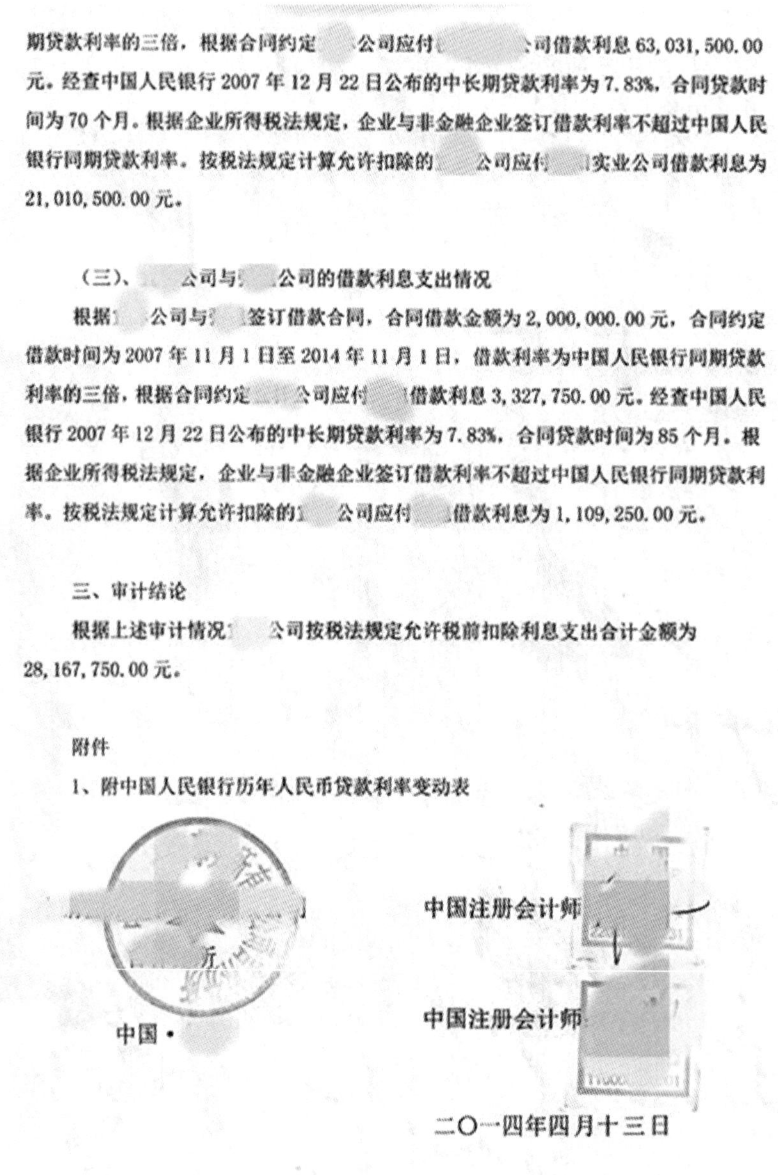

期贷款利率的三倍，根据合同约定公司应付司借款利息 63,031,500.00 元。经查中国人民银行 2007 年 12 月 22 日公布的中长期贷款利率为 7.83%，合同贷款时间为 70 个月。根据企业所得税法规定，企业与非金融企业签订借款利率不超过中国人民银行同期贷款利率。按税法规定计算允许扣除的公司应付实业公司借款利息为 21,010,500.00 元。

（三）、公司与公司的借款利息支出情况

根据公司与签订借款合同，合同借款金额为 2,000,000.00 元，合同约定借款时间为 2007 年 11 月 1 日至 2014 年 11 月 1 日，借款利率为中国人民银行同期贷款利率的三倍，根据合同约定公司应付借款利息 3,327,750.00 元。经查中国人民银行 2007 年 12 月 22 日公布的中长期贷款利率为 7.83%，合同贷款时间为 85 个月。根据企业所得税法规定，企业与非金融企业签订借款利率不超过中国人民银行同期贷款利率。按税法规定计算允许扣除的公司应付借款利息为 1,109,250.00 元。

三、审计结论

根据上述审计情况公司按税法规定允许税前扣除利息支出合计金额为 28,167,750.00 元。

附件

1、附中国人民银行历年人民币贷款利率变动表

中国注册会计师

中国注册会计师

中国·

二〇一四年四月十三日

图 2　2014 年 P 会计师事务公司出具的《Y 公司审计报告》

2015 年 3 月 24 日，P 会计师事务公司出具《Y 公司审计报告》(〔2015〕第 21 号，见图 3)，作出 Y 公司可于 2015 年度申报企业所得税税前扣除下列费用的审计意见：(1)在与 G 公司之间的借贷关系中已经发生的当年度借款费用 858,666 元；(2)在与张某之间的借贷关系中已经发生的当年度借款费用 37,333 元。Y 公司根

据上述审计报告在2015年度的企业所得税汇算清缴时对上列两项费用共计895,999元据实进行了申报扣除。

审 计 报 告

[redacted]2015]第21号

[redacted]

我们接受委托，对[redacted]（以下简称[redacted]公司）[redacted]（以下简称[redacted]公司）、[redacted]（以下简称[redacted]公司）、[redacted]（以下简称[redacted]公司）、及[redacted]等单位借款利息支出一事进行审计。根据[redacted]公司与[redacted]公司、[redacted]公司、[redacted]（以下简称[redacted]公司）、及[redacted]单位签订借款合同[redacted]中级人民法院民事判决书（2012）[redacted]民再初字第4号判决作为审计和计算利息支出依据。[redacted]公司负责提供上述经济资料。这些经济资料的合法性和真实性是[redacted]公司管理当局的责任，我们的责任是在实施审计工作的基础上对借款利息支出情况表发意见。

一、基本情况

[redacted]公司成立于2007年6月。注册号：[redacted]住所：[redacted]。法定代表人：[redacted]注册资本：人民币捌佰万元。实收资本：人民币捌佰万元。公司类型：有限责任公司。宗旨和业务范围：房地产开发及销售（凭资质证经营）。

二、审计情况：

（一）、[redacted]公司与[redacted]公司的借款利息支出情况

根据[redacted]公司与[redacted]公司签订借款合同，合同借款金额为46,000,000.00元，合同约定借款时间为2014年11月2日至2015年3月2日，借款利率为中国人民银行同期贷款利率支付，根据合同约定[redacted]公司应付[redacted]公司借款利息858,666.00元。经查中国人民银行2014年11月2日公布的短期期贷款利率为5.6%，合同贷款时间为4个月。根据企业所得税法规定，企业与非金融企业签订借款利率不超过中国人民银行同期贷款利率。按税法规定计算允许扣除的[redacted]公司应付[redacted]公司借款利息为858,666.00元。

（二）、[redacted]公司与[redacted]公司的借款利息支出情况

根据[redacted]公司与[redacted]签订借款合同，合同借款金额为2,000,000.00元，合同约定

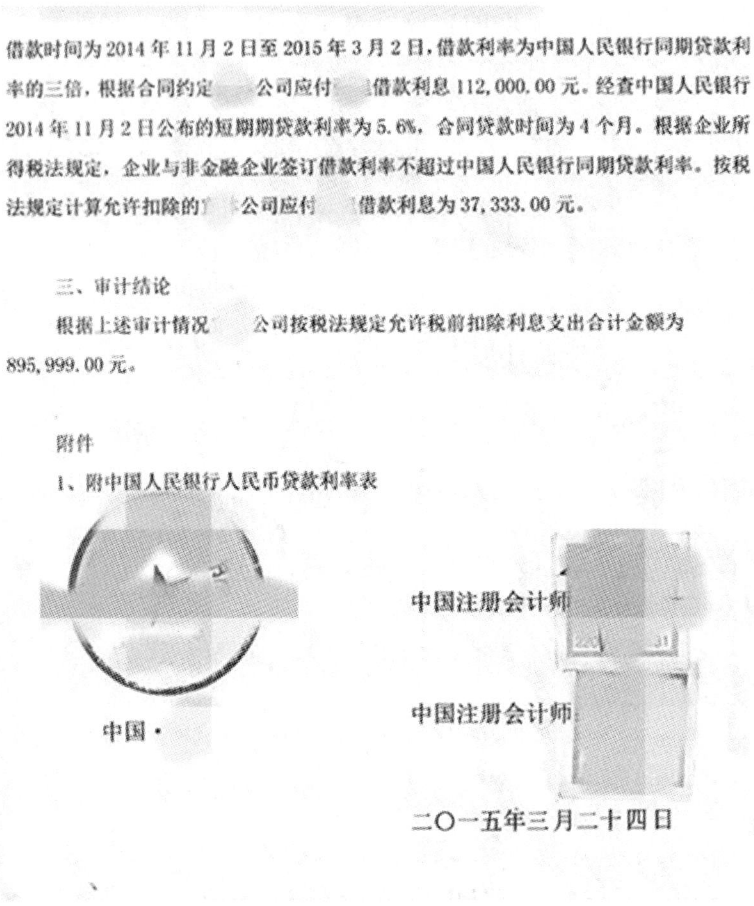

借款时间为2014年11月2日至2015年3月2日，借款利率为中国人民银行同期贷款利率的三倍，根据合同约定 公司应付 借款利息112,000.00元。经查中国人民银行2014年11月2日公布的短期期贷款利率为5.6%，合同贷款时间为4个月。根据企业所得税法规定，企业与非金融企业签订借款利率不超过中国人民银行同期贷款利率。按税法规定计算允许扣除的 公司应付 借款利息为37,333.00元。

三、审计结论

根据上述审计情况 公司按税法规定允许税前扣除利息支出合计金额为895,999.00元。

附件

1、附中国人民银行人民币贷款利率表

中国·

中国注册会计师

中国注册会计师

二〇一五年三月二十四日

图3　2015年P会计师事务公司出具的《Y公司审计报告》

自2016年8月11日起，C市国家税务局稽查局对Y公司2011年1月1日至2015年12月31日的纳税情况进行检查。2017年3月21日，C市国家税务局第一稽查局向Y公司作出了《税务处理决定书》(见图4)，认定Y公司的违法事实及处理决定如表1所示。

C 市国家税务局第一稽查局
税务处理决定书

C 国税稽一处〔2017〕11 号

Y 公司：

（纳税人识别号：××××××）

（地址：××××××）

我局于 2016 年 8 月 11 日起对你单位 2011 年 1 月 1 日至 2015 年 12 月 31 日的企业所得税纳税情况以及发票领、用、存情况进行了检查，违法事实及处理决定如下：

一、违法事实

你单位未取得合法、有效、符合规定的凭据，在企业所得税前申报扣除。

（一）2014 年 4 月 15 日，你单位根据某地中级人民法院民事判决书（2012）某民再初字第 4 号判决结果，将应支付给 A 公司和 Z 公司逾期付款违约金 6,048,000.00元计入财务费用，截至检查期末，逾期付款违约金仍未支付也未取得合法、有效的凭据，你单位于 2014 年度企业所得税前申报扣除 6,048,000.00 元。

（二）2014 年 4 月 15 日，你单位将应支付 G 公司借款利息 21,010,500.00 元计入财务费用，未取得合法、有效的凭据，于 2014 年度企业所得税前申报扣除 21,010,500.00 元。

（三）2014 年 4 月 15 日，你单位将应支付张某借款利息 1,109,250.00 元计入财务费用，未取得合法、有效的凭据，于 2014 年度企业所得税前申报扣除 1,109,250.00元。

（四）2015 年 3 月 29 日，你单位计提借款利息 895,999.00 元，计入财务费用，其中 G 公司借款利息 8,586,666.00 元、计提张某借款利息 37,333.00 元，以上均未取得合法、有效的凭据，于 2015 年度企业所得税前申报扣除 845,385.62 元。

根据《中华人民共和国税收征收管理法》第十九条之规定和《中华人民共和国发票管理办法》第二十一条之规定和《中华人民共和国企业所得税法》第八条之规定以及《国家税务总局关于加强企业所得税管理的意见》（国税发

〔2008〕88 号)之规定和《国家税务总局关于印发〈进一步加强税收征管若干具体措施〉的通知》(国税发〔2009〕114 号)第六条之规定,你单位以上未按规定取得合法有效凭据不得在税前扣除。

经计算以上各项应调增你单位 2014 年度应纳税所得额 28,167,750.00 元,调整后你单位 2014 年度应纳税所得额为 179,694,685.15 元;应调增你单位 2015 年度应纳税所得额 845,385.62 元,调整后你单位 2015 年度实际亏损 134,619.07 元。综上,经计算你单位 2014 年度应补缴企业所得税 7,041,937.50 元。

二、处理决定

(一)根据《中华人民共和国企业所得税法》第一条、第四条、第八条之规定和《中华人民共和国企业所得税法实施条例》第三十条之规定以及《中华人民共和国税收征收管理法》第十九条、《中华人民共和国发票管理办法实施细则》第二十八条之规定,你单位 2014 年度应补缴企业所得税 7,041,937.50 元;同时调增你单位 2015 年度应纳税所得额 845,385.62 元后,你单位 2015 年度实际亏损 134,619.07 元。

(二)根据《中华人民共和国税收征收管理法》第三十二条之规定,从滞纳税款之日起至实际缴纳税款之日止,按日加收滞纳税款(2014 年度企业所得税 7,041,937.50 元)万分之五的滞纳金。

限你单位自收到本决定书之日起 15 日内到 C 市国家税务局将上述税款及滞纳金缴纳入库并按照规定进行相关账务调整。逾期未缴清的,将依照《中华人民共和国税收征收管理法》第四十条之规定强制执行。

你单位若同我局在纳税上有争议,必须先依照本决定的期限缴纳税款及滞纳金或者提供相应的担保,然后可自上述款项缴清或者提供相应担保被税务机关确认之日起六十日内依法向 C 市国家税务局申请行政复议。

C 市国家税务局第一稽查局

二〇一七年三月二十一日

图 4　C 市国家税务局第一稽查局向 Y 公司作出的《税务处理决定书》

表1　C市国家税务局第一稽查局《税务处理决定书》内容

序号	所属年度	事实	违法原因	处理决定
1	2014年	税前扣除应支付给A公司和Z公司的逾期付款违约金6,048,000.00元	逾期付款违约金(1)未支付;(2)未取得合法、有效的凭据,不得税前扣除	1. 调增Y公司应纳税所得额6,048,000.00元 2. Y公司补缴企业所得税1,512,000.00元 3. Y公司缴纳相应的滞纳金
2		税前扣除支付给G公司的借款利息21,010,500.00元	借款利息未取得合法、有效的凭据,不得税前扣除	1. 调增Y公司应纳税所得额21,010,500.00元 2. Y公司补缴企业所得税5,252,625.00元 3. Y公司缴纳相应的滞纳金
3		税前扣除支付给张某的借款利息1,109,250.00元	借款利息未取得合法、有效的凭据,不得税前扣除	1. 调增Y公司应纳税所得额1,109,250.00元 2. Y公司补缴企业所得税277,312.50元 3. Y公司缴纳相应的滞纳金
4	2015年	税前扣除支付给G公司的借款利息8,586,666.00元及支付给张某的借款利息37,333.00元	借款利息未取得合法、有效的凭据,不得税前扣除	调增Y公司应纳税所得额8,623,999.00元

（三）各方观点

税务机关认为:Y公司对A公司和Z公司的逾期款项及利息未支付,且未取得合法、有效的凭据,Y公司对G公司、张某所付的债务及利息均未取得合法、有效的凭据,故以上多笔债务均不得在2014年度、2015年度企业所得税前扣除;Y公司应补缴税款及滞纳金。

Y公司认为:其所做的税前扣除均为税法允许税前扣除项目,且符合法定程序。

（四）争议焦点

1. 税务机关以未支付逾期付款违约金为由不允许Y公司税前扣除应支付给A公司和Z公司的逾期付款违约金6,048,000元法律适用是否正确。

2. Y公司税前扣除应支付给A公司和Z公司的逾期付款违约金以及支付给张某和G公司借款利息的行为是否违反税法规定。

(五)争议解决

2017年3月,华税律师事务所接受了Y公司的委托,为Y公司就本案的税务争议提供了专项税务咨询和税务行政复议代理服务。华税律师团队在对本案具体情况进行深入了解和深刻讨论后,向C市国家税务局提出了行政复议申请。

二、税务律师点评

(一)税务机关以未支付逾期付款违约金为由不允许Y公司税前扣除应支付给A公司和Z公司的逾期付款违约金6,048,000元法律适用错误

1. 税务机关以逾期付款违约金未支付为由不允许申请人税前扣除违背《企业所得税法》的规定

《企业所得税法实施条例》第9条规定:"企业应纳税所得额的计算,以权责发生制为原则,属于当期的收入和费用,不论款项是否收付,均作为当期的收入和费用;不属于当期的收入和费用,即使款项已经在当期收付,均不作为当期的收入和费用。本条例和国务院财政、税务主管部门另有规定的除外。"根据这一规定,企业核算当期的收入与费用时的原则是权责发生制,即不以款项是否收付,而以收入和费用是否属于当期作为判定是否应计入当期应纳税所得额的依据。仅在《企业所得税法实施条例》和国务院财政、税务部门另有规定的例外情况下不适用权责发生制。

本案中涉及的逾期付款违约金不属于《企业所得税法实施条例》和国务院财政、税务部门规定的不适用权责发生制的情况。税务机关以Y公司未支付逾期付款违约金为由不允许申请人税前扣除系以收付实现制计算申请人的应纳税所得额。税务机关的处理决定违背了《企业所得税法》及其实施条例明确规定的权责发生制原则。

2. 税务机关以逾期付款违约金未支付为由不允许申请人税前扣除所适用的法律错误

税务机关作出的《税务处理决定书》中未写明以Y公司未支付逾期付款违约金为由不允许Y公司税前扣除的法律依据,而仅在"处理决定"部分引用了《企业所得税法实施条例》第30条的规定。因此,税务机关认定Y公司未支付逾期付款违约金而在税前扣除的法律依据不明。《企业所得税法实施条例》第29条、第30条、第31条、第32条以及第33条分别对《企业所得税法》第8条所称的"成本"、"费用"、"税金"、"损失"以及"其他支出"等概念作出了界定,而非对税前扣除条

件的规定。本案中,税务机关以这一规定作为判定 Y 公司是否可以税前扣除逾期付款违约金属适用法律错误。

另外,税务机关对《企业所得税法》第 8 条及《企业所得税法实施条例》第 30 条规定的理解有误。《企业所得税法》第 8 条规定:"企业实际发生的与取得收入有关的、合理的支出,包括成本、费用、税金、损失和其他支出,准予在计算应纳税所得额时扣除。"《企业所得税法实施条例》第 30 条规定:"企业所得税法第八条所称费用,是指企业在生产经营活动中发生的销售费用、管理费用和财务费用,已经计入成本的有关费用除外。"对法律条文的解释应当遵循体系解释原则,即需将被解释的法律条文放在整部法律中乃至整个法律体系中,联系此法条与其他法条的相互关系来解释法律。对《企业所得税法》第 8 条及《企业所得税法实施条例》第 30 条的解释应当结合《企业所得税法实施条例》其他条文的规定。《企业所得税法实施条例》第 9 条规定:"企业应纳税所得额的计算,以权责发生制为原则,属于当期的收入和费用,不论款项是否收付,均作为当期的收入和费用;不属于当期的收入和费用,即使款项已经在当期收付,均不作为当期的收入和费用。本条例和国务院财政、税务主管部门另有规定的除外。"因此,《企业所得税法》第 8 条规定"企业实际发生的"以及《企业所得税法实施条例》第 30 条规定"企业在生产经营活动中发生的销售费用、管理费用和财务费用"应当解释为依照权责发生制原则认定的发生,也即相关款项收付义务是否已经发生,而不应解释为相关款项是否已经实际支付。税务机关以此为依据不允许 Y 公司税前扣除未支付的逾期付款违约金适用法律错误。

3. 税务机关以逾期付款违约金未支付为由不允许申请人税前扣除违背《立法法》及《税收征收管理法》的规定

《立法法》第 8 条规定,"下列事项只能制定法律……(六)税种的设立、税率的确定和税收征收管理等税收基本制度……"《税收征收管理法》第 3 条规定:"税收的开征、停征以及减税、免税、退税、补税,依照法律的规定执行;法律授权国务院规定的,依照国务院制定的行政法规的规定执行。任何机关、单位和个人不得违反法律、行政法规的规定,擅自作出税收开征、停征以及减税、免税、退税、补税和其他同税收法律、行政法规相抵触的决定。"根据前述规定,被申请人作出的补税决定必须具有法律、行政法规依据。但是,税务机关错误理解《企业所得税法》的规定,在事实上没有法律、行政法规为依据的情况下,擅自作出《税务处理决定书》,以逾期付款违约金未支付为由不允许 Y 公司税前扣除违背《立法法》以及《税收征收管理法》的规定。

(二)税务机关以未取得合法、有效的凭据为由不允许Y公司税前扣除应支付给A公司和Z公司的逾期付款违约金、支付给G公司和张某的借款利息,属于认定事实不清、适用法律错误

1. 税法规定的据以作税前扣除的"合法、有效凭证"不仅限于发票

《企业所得税法》第8条规定:"企业实际发生的与取得收入有关的、合理的支出,包括成本、费用、税金、损失和其他支出,准予在计算应纳税所得额时扣除。"《税收征收管理法》第19条规定:"纳税人、扣缴义务人按照有关法律、行政法规和国务院财政、税务主管部门的规定设置帐簿,根据合法、有效凭证记帐,进行核算。"根据上述规定,纳税人要符合《企业所得税法》第8条规定的"实际发生",必须提供必要的证据,该证据即《税收征收管理法》第19条所规定的合法、有效凭证。《发票管理办法》第21条规定:"不符合规定的发票,不得作为财务报销凭证……"国家税务总局《关于进一步加强普通发票管理工作的通知》(国税发〔2008〕80号)第8条第2款中规定:"纳税人使用不符合规定发票特别是没有填开付款方全称的发票,不得允许纳税人用于税前扣除、抵扣税款、出口退税和财务报销。"国家税务总局《关于加强企业所得税管理的意见》(国税发〔2008〕88号)第2条第3款第3项中规定:"加强发票核实工作,不符合规定的发票不得作为税前扣除凭据。"国家税务总局《关于印发〈进一步加强税收征管若干具体措施〉的通知》(国税发〔2009〕114号)第6条中规定:"未按规定取得的合法有效凭据不得在税前扣除。"

综合考察上述规定,其核心是指纳税人如果取得的发票不符合规定的,则不能以该发票作为税前扣除和财务报销等的合法、有效凭证,但并没有规定纳税人的全部税前扣除项目必须都要取得对应的发票。换言之,符合规定的发票仅仅是税前扣除的一类合法、有效的凭证,但不是唯一的合法、有效凭证,合法、有效凭证不具有唯一性、唯发票性。因此,税法并未规定纳税人只有在取得发票的情形下才能在企业所得税前扣除成本、费用,而是规定纳税人只要取得了合法、有效的凭证均可在税前扣除成本、费用。

反映纳税人实际发生的成本、费用、支出的合法、有效凭证不仅仅包含符合规定的发票,还包括除发票以外的合同、单据等证明资料。事实上,未取得发票仍可以在企业所得税前扣除的情况十分常见。例如,员工工资薪金、固定资产折旧等。对于这些实际发生的成本费用,纳税人进行税前扣除时所应提供的合法、有效凭证包括但不限于经济合同、收付款单据、收发货单据、身份证复印件、劳动合同、内部

管理制度等。

2. 税务机关认定 Y 公司税前扣除未取得合法、有效凭据，属认定事实不清

首先，关于 Y 公司税前扣除应支付给 A 公司和 Z 公司的逾期付款违约金的合法、有效凭据，Y 公司与 A 公司、Z 公司签署的《项目合作协议书》，与 J 国有资产管理公司签署的《债权转让合同》，以及(2012)C 民再初字第 4 号判决书均可证明 Y 公司与 A 公司、Z 公司合作购买债权资产包的事实，可证明 Y 公司对 A 公司、Z 公司构成违约，应向 A 公司、Z 公司支付合作价款及逾期付款违约金。最高人民法院《关于行政诉讼证据若干问题的规定》(法释〔2002〕21 号)第 70 条中规定："生效的人民法院裁判文书或者仲裁机构裁决文书确认的事实，可以作为定案依据。"因此，Y 公司在 2014 年度企业所得税税前扣除的逾期付款违约金属真实发生。Y 公司已经取得《项目合作协议书》、(2012)C 民再初字第 4 号判决书、审计报告等完备凭证资料予以证明。税务机关认定 Y 公司税前扣除应支付给 A 公司和 Z 公司的逾期付款违约金 6,048,000.00 元未取得合法、有效凭据，属认定事实不清。

其次，关于 Y 公司税前扣除支付给 G 公司和张某的借款利息的合法、有效凭据，有 Y 公司分别与 G 公司、张某签署的《借款合同》。这两份《借款合同》均分别属于双方真实意思表示，具有法律效力，能够清楚明确地反映双方之间的借贷法律关系。根据 Y 公司与 G 公司《借款合同》的约定，借款期限为 2008 年 1 月 1 日至 2014 年 11 月 1 日以及 2014 年 11 月 2 日至 2015 年 3 月 4 日，借款利息按国家年利率 3 倍支付，借款方到期一次还本付息。根据 Y 公司与张某《借款合同》的约定，借款期限为 2007 年 11 月 1 日至 2014 年 11 月 1 日及 2014 年 11 月 2 日至 2015 年 3 月 4 日，借款利息按国家年利率 3 倍支付，借款方到期一次还本付息。因此，Y 公司两次在税前扣除的利息费用是真实发生的。Y 公司与 G 公司、张某分别签署的《借款合同》是 Y 公司应付 G 公司、张某借款费用的法定依据，明确约定了借款利息的本金、计算方法和利率，与 Y 公司支付款项的银行流水单据、审计报告等材料共同构成了 Y 公司发生这两笔利息支出的合法、有效凭证依据。税务机关认定申请人税前扣除支付给 G 公司、张某的借款利息未取得合法、有效凭据，属认定事实不清。

3. 税务机关因 Y 公司未取得发票而不允许 Y 公司进行企业所得税前扣除，属适用法律错误

根据前文的分析，本案中，税务机关认为发票是据以进行企业所得税前扣除的唯一合法、有效凭据，Y 公司必须取得发票才能在企业所得税前扣除成本、费用，而

这是对《税收征收管理法》第 19 条、《发票管理办法》第 21 条、《发票管理办法实施细则》第 28 条、国税发〔2009〕114 号文以及国税发〔2008〕88 号文的错误理解。税务机关根据前述文件认为 Y 公司税前扣除未取得合法、有效凭据,进而不允许其税前扣除,属适用法律错误。

(三)Y 公司所作的税前扣除符合税法规定

1. Y 公司所作的税前扣除均为税法允许税前扣除项目

第一,Y 公司应支付 A 公司和 Z 公司的逾期付款违约金为税法允许税前扣除项目。《企业所得税法》第 8 条规定:“企业实际发生的与取得收入有关的、合理的支出,包括成本、费用、税金、损失和其他支出,准予在计算应纳税所得额时扣除。”国家税务总局《关于发布〈中华人民共和国企业所得税年度纳税申报表(A 类,2014 年版)〉的公告》(国家税务总局公告 2014 年第 63 号)所附《纳税调整项目明细表》填报说明的第 1 条第 2 款扣除类调整项目中的第 19 项中规定:“第 1 列‘账载金额’填报纳税人会计核算计入当期损益的罚金、罚款和被罚没财物的损失,不包括纳税人按照经济合同规定支付的违约金(包括银行罚息)、罚款和诉讼费。”据上述规定,纳税人按照经济合同规定真实发生的违约金(包括银行罚息)、罚款和诉讼费不属于扣除类调整项目,可以进行企业所得税的税前扣除。在本案中,Y 公司向 A 公司和 Z 公司的逾期付款违约金可以按税法规定在企业所得税税前扣除。

第二,Y 公司支付 G 公司的借款利息为税法允许税前扣除项目。《企业所得税法实施条例》第 38 条规定:“企业在生产经营活动中发生的下列利息支出,准予扣除:……(二)非金融企业向非金融企业借款的利息支出,不超过按照金融企业同期同类贷款利率计算的数额的部分。”据此规定,非金融企业之间发生资金借贷产生利息支出借款费用的,借款一方可以在不超过金融企业同期同类贷款利率计算的数额范围内进行税前扣除。在本案中,Y 公司向 G 公司进行借款并发生利息支出借款费用,可以按照税法的规定进行企业所得税税前扣除。

第三,Y 公司支付张某的借款利息为税法允许税前扣除项目。国家税务总局《关于企业向自然人借款的利息支出企业所得税税前扣除问题的通知》(国税函〔2009〕777 号)第 1 条规定,企业向股东或其他与企业有关联关系的自然人借款的利息支出,应根据《企业所得税法》第 46 条及财政部、国家税务总局《关于企业关联方利息支出税前扣除标准有关税收政策问题的通知》(财税〔2008〕121 号)规定的条件,计算企业所得税扣除额。财税〔2008〕121 号文第 1 条规定:“在计算应纳税所得额时,企业实际支付给关联方的利息支出,不超过以下规定比例和税法及其实施条例有关规定计算的部分,准予扣除,超过的部分不得在发生当期和以后年度扣除。企业实际支付给关联方的利息支出,除符合本通知第二条规定外,其接受关联方债权性投资与其权益性投资比例为:(一)金融企业,为5∶1;(二)其他企业,为2∶1。”据此规定,企业向其法定代表人发生资金借贷产生利息支出借款费用的,符合税法规定的利息支出借款费用允许在税前扣除。在本案中,张某是Y公司的股东和法定代表人,出资金额为400万元,借款金额为200万元,关联债资比例为1/2,小于2倍的规定,因此Y公司发生的应付张某利息支出借款费用可以按照金融机构同期同类贷款利率的计算金额进行税前扣除。

2. Y公司已经提供合法、有效凭据

Y公司就本案争议项目进行企业所得税前扣除取得了《项目合作协议书》、《借款协议》、审计报告等合法、有效凭据,其进行税前扣除符合税法规定。

(四)结论

综上所述,本案中,税务机关税务处理过程中,对于Y公司是否可以税前扣除应付A公司和Z公司的逾期违约金、对G公司和张某的借款及利息等多个款项的问题,事实认定不清,法律适用错误,其作出的《税务处理决定书》应依法予以撤销。

三、本案启示

根据《企业所得税法实施条例》第38条的规定,非金融企业之间资金借贷的利息支出,不超过按照金融企业同期同类代开利率计算的数额部分准予税前扣除。根据国税函〔2009〕777号文的规定,企业与个人之间的借贷是真实、合法、有效的,并且不具有非法集资目的或其他违反法律、法规的行为以及企业与个人之间签订了借款合同的情况下,企业可以将所支付的利息进行税前扣除。可见,只要符合法律要求、完成法定程序,企业间资金借贷以及企业与个人之间借贷的利息支出是可以税前扣除的。

企业间资金拆借业务的利息税前扣除,合法、有效的凭证是必需的。企业在进行所得税前利息扣除时,应按照法律法规要求提供相关凭证,以降低税务风险。另外,企业在进行日常经济事务过程中,应妥善保存除会计凭证之外其他的涉税相关资料。2018年6月,国家税务总局《关于发布〈企业所得税税前扣除凭证管理办法〉的公告》(国家税务总局公告2018年第28号),自2018年7月1日起实施,第2条规定:“本办法所称税前扣除凭证,是指企业在计算企业所得税应纳税所得额时,证明与取得收入有关的、合理的支出实际发生,并据以税前扣除的各类凭证。”

第 8 条规定:“税前扣除凭证按照来源分为内部凭证和外部凭证。内部凭证是指企业自制用于成本、费用、损失和其他支出核算的会计原始凭证。内部凭证的填制和使用应当符合国家会计法律、法规等相关规定。外部凭证是指企业发生经营活动和其他事项时,从其他单位、个人取得的用于证明其支出发生的凭证,包括但不限于发票(包括纸质发票和电子发票)、财政票据、完税凭证、收款凭证、分割单等。”本办法对何种凭证可以作为企业税前扣除依据进行了界定和举例,明确了发票并非企业所得税前扣除的唯一凭证。因此,实质上可以证明经济业务事项发生、明确经济责任归属的凭证可能成为企业税前扣除的依据,企业均应妥善管理保存。

目前的司法实践中,部分地区仍以企业未取得合规发票为由否认企业所得税前扣除的合法性,要求企业补缴税款,对此,已有司法判决作出了纠正。只有解决了“凭证 = 发票”这一瓶颈,打破这一僵化的认识,才能真正为企业间拆借的税收政策松绑,在遵循税法规定的同时也保护了纳税人的合法权益。

* * *

【链接】

适用《企业所得税税前扣除凭证管理办法》应当注意的五大问题

国家税务总局公告 2018 年第 28 号详细阐述了可以税前扣除的凭证范围、要求,对税前扣除凭证的相关概念、管理原则、种类、基本情形税务处理、特殊情形税务处理等予以明确,解决了大量过去有争议的事项。将收款凭证、内部凭证、分割单、其他外部凭证等纳入税前扣除凭证,在税前扣除凭证的取得时间、补开、换开以及替代凭证方面规定了补救措施,保障了纳税人的合法权益。本文将就国家税务总局公告 2018 年第 28 号中的五个重要问题进行详细阐述,以期为企业更好地理解和适用上述公告提供助益。

一、明确扣除凭证管理原则

国家税务总局公告 2018 年第 28 号第 4 条规定:“税前扣除凭证在管理中遵循真实性、合法性、关联性原则。真实性是指税前扣除凭证反映的经济业务真实,且支出已经实际发生;合法性是指税前扣除凭证的形式、来源符合国家法律、法规等相关规定;关联性是指税前扣除凭证与其反映的支出相关联且有证明力。”

由于税前扣除凭证难以一一列示,通过明确管理原则,有利于消除争议,确保纳税人和税务机关共同遵循、规范处理。税前扣除凭证在管理中应当遵循真实性、合法性、关联性原则。这项规定与《企业所得税法》第 8 条的规定相一致，共同明确了企业所得税税前扣除支出从实质上和形式上都应当符合真实性、合法性、关联性。同时，该条规定与诉讼活动中证据应当具有的"三性"相一致，实现了与诉讼证据的对接。

真实性是基础，若企业的经济业务及支出不具备真实性，自然就不涉及税前扣除的问题。在理解和适用真实性原则时，"支出实际发生"应当如何理解，"实际发生"与权责发生制应当如何协调，这些都是在实践中应当注意的问题。近年来，因为税法理解及适用有误而调增企业所得税应纳税所得额、补缴企业所得税的案例屡见不鲜。就权责发生制来说，根据《企业所得税法实施条例》第 9 条的规定，企业应纳税所得额的计算，以权责发生制为原则，属于当期的收入和费用，无论款项是否收付，均作为当期的收入和费用；不属于当期的收入和费用，即使款项已经在当期收付，均不作为当期的收入和费用。该条例和国务院财政、税务主管部门另有规定的除外。实践中，"实际发生"就是税务主管部门通常使用的"另有规定"。

合法性和关联性是核心，只有当税前扣除凭证的形式、来源符合法律、法规等相关规定，并与支出相关联且有证明力时，才能作为企业支出在税前扣除的证明资料。扣除凭证的合法性与关联性应当结合税法关于支出的其他规定来理解，如非金融企业间借款的利息支出，超过按照金融企业同期同类贷款利率计算的数额的部分，不能税前扣除。扣除凭证除合法外，还需与其反映的支出相关联，国家税务总局公告 2018 年第 28 号特别强调了扣除凭证的证明力问题。例如，对于房地产开发企业而言，其向其他单位或个人支付拆迁补偿费用取得的凭证如何具有证明力呢？华税认为，根据国家税务总局公告 2018 年第 28 号第 7 条的规定，企业应将与税前扣除凭证相关的资料，包括合同协议、支出依据、付款凭证等留存备查，以证实税前扣除凭证的真实性，以及财政部、国家税务总局《关于明确金融、房地产开发、教育辅助服务等增值税政策的通知》（财税〔2016〕140 号）第 7 条的规定，房地产开发企业中的一般纳税人销售其开发的房地产项目（选择简易计税方法的房地产老项目除外），在取得土地时向其他单位或个人支付的拆迁补偿费用也允许在计算销售额时扣除。纳税人按上述规定扣除拆迁补偿费用时，应提供拆迁协议、拆迁双方支付和取得拆迁补偿费用凭证等能够证明拆迁补偿费用真实性的材料，房地产开发企业应当妥善准备上述材料、留存备查，以证实扣除凭证的真实性及证明力。

二、明确扣除凭证范围

国家税务总局公告 2018 年第 28 号第 8 条规定："税前扣除凭证按照来源分为

内部凭证和外部凭证。内部凭证是指企业自制用于成本、费用、损失和其他支出核算的会计原始凭证。内部凭证的填制和使用应当符合国家会计法律、法规等相关规定。外部凭证是指企业发生经营活动和其他事项时,从其他单位、个人取得的用于证明其支出发生的凭证,包括但不限于发票(包括纸质发票和电子发票)、财政票据、完税凭证、收款凭证、分割单等。"

第5条规定,企业所得税税前扣除以"税前扣除凭证"作为依据,"税前扣除凭证"的概念间接明确了"发票不是唯一的税前扣除凭证"。由国家税务总局公告2018年第28号第8条可知,税前扣除凭证按照来源可分为内部凭证和外部凭证。

内部凭证指企业自制用于成本、费用、损失和其他支出核算的会计原始凭证。主要包括:支付职工薪酬时,以自制工资表、差旅费补助单据等作为扣除依据;从农民手中购进免税农产品,企业自行开具农产品收购发票作为扣除依据;企业内部生产经营活动,以入库单、领料单、资产折旧摊销表、制造费用归集与分配表产品成本计算单等作为扣除依据。

外部凭证指企业发生经营活动和外部事项时,从其他单位、个人取得的用于证明其支出发生的凭证,包括但不限于发票、财政票据、完税凭证、税款凭证、分割单等。主要包括:拨缴工会经费,可以工会组织开具的工会经费专用收据作为扣除依据;缴纳社会保险费、住房公积金,以社保机构或公积金管理机构开具的财政票据、银行转账单据等作为扣除依据;发生违约金、赔偿金及其他依据法院判决等发生的支出,以法院判决书、调解书或者收款单位和个人出具的收款单据等作为扣除依据;签订分摊协议的关联企业,按照分摊协议归集,以分割单和发票作为扣除依据。关于分割单的使用,《会计基础工作规范》(中华人民共和国财政部令第89号)第51条第4项明确:"一张复始凭证所列支出需要几个单位共同负担的,应当将其他单位负担的部分,开给对方原始凭证分割单,进行结算。原始凭证分割单必须具备原始凭证的基本内容:凭证名称、填制凭证日期、填制凭证单位名称或者填制人姓名、经办人的签名或者盖章、接受凭证单位名称、经济业务内容、数量、单价、金额和费用分摊情况等。"

需要注意的是,统观国家税务总局公告2018年第28号全文可知,发票仍然是扣除凭证的首选凭证,纳税人在发生支出时,对于能够取得发票的支出仍应取得发票。

三、不同对象开具不同的税前扣除凭证

国家税务总局公告2018年第28号第9条规定:"企业在境内发生的支出项目

属于增值税应税项目（以下简称‘应税项目’）的，对方为已办理税务登记的增值税纳税人，其支出以发票（包括按照规定由税务机关代开的发票）作为税前扣除凭证；对方为依法无需办理税务登记的单位或者从事小额零星经营业务的个人，其支出以税务机关代开的发票或者收款凭证及内部凭证作为税前扣除凭证，收款凭证应载明收款单位名称、个人姓名及身份证号、支出项目、收款金额等相关信息。小额零星经营业务的判断标准是个人从事应税项目经营业务的销售额不超过增值税相关政策规定的起征点。税务总局对应税项目开具发票另有规定的，以规定的发票或者票据作为税前扣除凭证。”

第 10 条规定：“企业在境内发生的支出项目不属于应税项目的，对方为单位的，以对方开具的发票以外的其他外部凭证作为税前扣除凭证；对方为个人的，以内部凭证作为税前扣除凭证。企业在境内发生的支出项目虽不属于应税项目，但按税务总局规定可以开具发票的，可以发票作为税前扣除凭证。”

第 11 条规定：“企业从境外购进货物或者劳务发生的支出，以对方开具的发票或者具有发票性质的收款凭证、相关税费缴纳凭证作为税前扣除凭证。”

国家税务总局公告 2018 年第 28 号第 9 条至第 11 条针对不同对象开具何种凭证可以作为税前扣除凭证进行了系统梳理。发票自不用说，一些内部凭证、外部凭证作为税前扣除凭证的情况也得以明确。

（一）境内应税项目支出

首先，《税务登记管理办法》第 2 条规定：“企业，企业在外地设立的分支机构和从事生产、经营的场所，个体工商户和从事生产、经营的事业单位，均应当按照《税收征管法》及《实施细则》和本办法的规定办理税务登记。前款规定以外的纳税人，除国家机关、个人和无固定生产、经营场所的流动性农村小商贩外，也应当按照《税收征管法》及《实施细则》和本办法的规定办理税务登记……”因此，“依法无需办理税务登记的单位”包括“国家机关、个人和无固定生产、经营场所的流动性农村小商贩”。

其次，关于“从事小额零星经营业务的个人”的界定，财政部、国家税务总局《关于修改〈中华人民共和国增值税暂行条例实施细则〉和〈中华人民共和国营业税暂行条例实施细则〉的决定》（中华人民共和国财政部令第 65 号）第 1 条规定：“将《中华人民共和国增值税暂行条例实施细则》第三十七条第二款修改为：‘增值税起征点的幅度规定如下：（一）销售货物的，为月销售额 5000－20000 元；（二）销售应税劳务的，为月销售额 5000－20000 元；（三）按次纳税的，为每次（日）销售额

300－500 元。'”财政部、国家税务总局《关于全面推开营业税改征增值税试点的通知》(财税〔2016〕36 号)附件一《营业税改征增值税试点实施办法》第 50 条第 1 款规定:“增值税起征点幅度如下:(一)按期纳税的,为月销售额 5000－20000 元(含本数);(二)按次纳税的,为每次(日)销售额 300－500 元(含本数)。”据此,对个人小额零星经营业务一般掌握是 500 元一次,如果支付 500 元以下的劳务支出,不需要发票,只需收据,但收据要写上个人姓名及身份证号。同时,对于接受个人提供的服务而发生的支出,应当注意个人所得税的代扣代缴问题。

(二)境内非应税项目支出

个人开具的内部凭证也可以作为税前扣除凭证。例如,企业向其他个人支付的合同违约金,接收方开具收据,并且注明姓名、身份证号码及涉及违约合同条款等,企业便可以将此收据作为扣除凭证。同时,根据《发票管理办法》的规定,单位和个人从中国境外取得的与纳税有关的发票或者凭证,税务机关在纳税审查时有疑义的,可以要求其提供境外公证机构或者注册会计师的确认证明,经税务机关审核认可后,方可作为记账核算的凭证。因此,取得境外凭证可以列支,但税务机关审查时可能会要求企业提供确认证明。

四、对于善意取得的虚开发票所对应的成本能否税前列支予以明确

一直以来,对于纳税人善意取得的虚开增值税专用发票所对应的成本能否税前列支,税法并没有予以明确,这就给税企之间的争议埋下了隐患。在税收征管工作过程中,税务机关大多认定善意取得虚开增值税专用发票不得作为企业所得税税前扣除凭证,所对应的成本也不能税前列支,但是纳税人认为企业真实、合法发生的成本、费用不得税前列支,给企业造成了较大的税收负担,同时也有违税法公平和实质课税原则。司法实践中,法院对于善意取得的虚开增值税专用发票所对应的成本能否税前列支也没有统一的标准,各地裁判不一。

针对这一乱象,国家税务总局公告 2018 年第 28 号作出了明确。国家税务总局公告 2018 年第 28 号第 12 条规定:“企业取得私自印制、伪造、变造、作废、开票方非法取得、虚开、填写不规范等不符合规定的发票(以下简称‘不合规发票’),以及取得不符合国家法律、法规等相关规定的其他外部凭证(以下简称‘不合规其他外部凭证’),不得作为税前扣除凭证。”该条款将“虚开”的发票作为不符合规定的发票,不得作为税前扣除凭证。其实,该类条款早已有之,如国税发〔2008〕88 号文规定“不符合规定的发票不得作为税前扣除凭证”。“虚开”的发票不得作为税前扣除凭证自不必说,争议不大,问题的焦点在于,如果企业违反《发票管理办法》的规定取得“虚开”的发票，而业务又真实发生，例如上文所述企业善意取得虚开增值税专用发票的情况，此时企业相应的成本是否可以税前列支，各方意见不一。

国家税务总局公告 2018 年第 28 号第 13 条规定：“企业应当取得而未取得发票、其他外部凭证或者取得不合规发票、不合规其他外部凭证的，若支出真实且已实际发生，应当在当年度汇算清缴期结束前，要求对方补开、换开发票、其他外部凭证。补开、换开后的发票、其他外部凭证符合规定的，可以作为税前扣除凭证。”该条款相当于给予了企业一个补救的机会，如果善意取得虚开的增值税专用发票，业务真实发生，企业可以在当年度汇算清缴前要求对方补开、换开发票，如果发票符合发票管理的相关规定，即可以作为税前扣除凭证。

国家税务总局公告 2018 年第 28 号第 14 条规定：“企业在补开、换开发票、其他外部凭证过程中，因对方注销、撤销、依法被吊销营业执照、被税务机关认定为非正常户等特殊原因无法补开、换开发票、其他外部凭证的，可凭以下资料证实支出真实性后，其支出允许税前扣除：（一）无法补开、换开发票、其他外部凭证原因的证明资料（包括工商注销、机构撤销、列入非正常经营户、破产公告等证明资料）；（二）相关业务活动的合同或者协议；（三）采用非现金方式支付的付款凭证；（四）货物运输的证明资料；（五）货物入库、出库内部凭证；（六）企业会计核算记录以及其他资料。前款第一项至第三项为必备资料。”

综合国家税务总局公告 2018 年第 28 号第 12 条、第 13 条来看，企业真实发生的成本是否可以税前列支遵循“发票优先”原则，如果无法取得发票，才考虑其他外部凭证证明交易真实性。因此，企业在现实交易中，要注重保存交易材料，一旦上游企业出现走逃（失联）或者列为非正常户情形，无法再取得重新开具的发票，这些备查资料将会是企业成本税前列支的关键材料。同时，应当明确“税前扣除凭证”“与税前扣除凭证相关的资料”是两个概念，常见的与税前扣除凭证相关的资料包括：合同协议、支出依据、付款凭证、法院判决企业支付违约金而出具的裁判文书等。与税前扣除凭证相关的资料不属于税前扣除凭证，但属于与企业经营活动直接相关且能够证明税前扣除凭证真实性的资料。一般情况下，与税前扣除凭证相关的资料是起补充作用的，但企业在无法取得有效税前扣除凭证的极端情况下，“与税前扣除凭证相关的资料”按第 14 条规定的条件可转化为“税前扣除凭证”进行税前扣除。企业应按照法律、法规等相关规定，履行保管责任，以备包括税务机关在内的有关部门、机构或者人员核实。

五、汇算清缴期结束后的税务处理

国家税务总局公告 2018 年第 28 号第 15 条至第 17 条对汇算清缴结束后的税

前扣除问题进行了明确。

第一,由于某些原因(如购销合同、工程项目纠纷等),企业在规定的期限内未能取得符合规定的发票、其他外部凭证或者取得不合规发票、不合规其他外部凭证,企业没有主动进行税前扣除的,待以后年度取得符合规定的发票、其他外部凭证后,相应支出可以追补至该支出发生年度扣除,追补扣除年限不得超过5年。其中,因对方注销、撤销、依法被吊销营业执照、被税务机关认定为非正常户等特殊原因无法补开、换开符合规定的发票、其他外部凭证的,企业在以后年度凭相关资料证实支出真实性后,相应支出也可以追补至该支出发生年度扣除,追补扣除年限不得超过5年。这里的追补扣除年限与国家税务总局《关于企业所得税应纳税所得额若干税务处理问题的公告》(国家税务总局公告2012年第15号)的规定相一致。该公告第6条规定:"根据《中华人民共和国税收征收管理法》的有关规定,对企业发现以前年度实际发生的、按照税收规定应在企业所得税前扣除而未扣除或者少扣除的支出,企业做出专项申报及说明后,准予追补至该项目发生年度计算扣除,但追补确认期限不得超过5年……"

需要注意的是,国家税务总局公告2018年第28号强调了企业可以追补扣除的一个重要条件是"相应支出在该年度没有税前扣除"。举例来说,国家税务总局《关于印发〈房地产开发经营业务企业所得税处理办法〉的通知》(国税发〔2009〕31号)第32条规定:"除以下几项预提(应付)费用外,计税成本均应为实际发生的成本。(一)出包工程未最终办理结算而未取得全额发票的,在证明资料充分的前提下,其发票不足金额可以预提,但最高不得超过合同总金额的10%……"也就是说,房地产开发企业在完工年度可以对无票的建安成本进行预提,预提有额度限制,最高不得超过合同总金额的10%。剩余的建安成本,根据国家税务总局公告2018年第28号第17条的规定,在以后年度取得合规的扣除凭证后,可以追补至发生年度税前扣除,追补确认期限不得超过5年。若房地产开发企业在完工年度将全部的无票成本税前扣除,则其违反了国税发〔2009〕31号文的规定,将面临纳税调整的风险,同时,进行税前扣除的成本亦将无法适用追补扣除的规定。

第二,税务机关发现企业应当取得而未取得发票、其他外部凭证或者取得不合规发票、不合规其他外部凭证,企业自被告知之日起60日内补开、换开符合规定的发票、其他外部凭证或者按照国家税务总局公告2018年第28号第14条规定凭相关资料证实支出真实性后,相应支出可以在发生年度税前扣除。否则,该支出不得在发生年度税前扣除,也不得在以后年度追补扣除。

国家税务总局公告 2018 年第 28 号第 15 条的“补开、换开”规定明确了企业在扣除凭证层面的补救措施，对于企业存在的扣除凭证不合规的情形，给予一次补正的机会。需要注意的是，第 15 条与第 17 条适用的条件不同。简单来说，第 15 条强调的是企业在相应年度进行税前扣除、税务机关发现扣除凭证不合规的，企业应当自被告知之日起 60 日内补开、换开扣除凭证或者提供可以证实其支出真实性的相关资料；而第 17 条则是明确了企业在支出年度未取得扣除凭证，且相应支出未税前扣除的情况下，在以后年度取得合规扣除凭证的，可以追补扣除。

就第 15 条规定的实施而言，首先，从发现途径上，税务机关在汇算清缴后发现企业的发票问题，不外乎纳税评估、税务检查和发票协查。因为只有在税务检查和发票协查的时候，税务部门才会深入检查企业的核算凭证，发现扣除凭证的真实性、相关性和合法性问题。就纳税人最关心的税务稽查来说，税务稽查的检查期限通常是 60 日，如果税务稽查时发现不合规凭证问题，需要在企业被告知之日起 60 日后才能作出处理决定，这将大大降低税务稽查的效率。其次，从发现目的上，纳税评估和税务检查的目的是发现企业的涉税违法行为，查补税款，完成税收任务。如果评估、检查部门将违法情形告知纳税人，并允许其在 60 日内补救，那评估、检查部门就丧失了一次查处违法问题的机会。因此，期望评估、检查部门主动告知纳税人具有一定的难度。

综上所述，国家税务总局公告 2018 年第 28 号明确了税前扣除凭证的管理原则、关于税前扣除凭证的概念、范围的规定，进一步解决了长期以来存在的“发票是唯一合法扣除凭证”的争议。同时对于企业所得税税前扣除凭证的管理释放了利好信息：企业所得税税前扣除管理愈加宽松，更加注重支出的真实发生，强调实质重于形式原则。但是，发票的取得依然受到增值税管理的约束，其他凭证的取得时间、补开、换开等内容需要遵守国家税务总局公告 2018 年第 28 号的相关规定。在国家税务总局公告 2018 年第 28 号的实施以及与税务检查、税务稽查的衔接上，仍需要相应的调整。

企业善意取得虚开的增值税专用发票税前扣除争议案

【导读】

虚开增值税专用发票因破坏了增值税抵扣链条,导致国家税款损失,成为法律重点打击的违法犯罪行为。但现实中大量存在销售方虚开增值税专用发票,但购买方对销售方虚开行为并不知情的情况。这种情形下,取得虚开的增值税专用发票的一方,能否抵扣增值税进项税额,成本能否在企业所得税前列支,华税律师通过本节案例向读者揭示。

一、案情简介

(一)案件基本信息

案件类型:善意取得虚开的增值税专用发票

涉案金额:6,554,690.68 元

法律风险:无法抵扣增值税进项税额并无法进行企业所得税税前列支

(二)案件详情

A 铜业有限公司(以下简称 A 公司)从 B 金属有限公司(以下简称 B 公司)购买废铜,2011 年 9 月至 11 月,取得 B 公司提供的 27 份增值税专用发票,税额合计 3,095,936.62 元,2011 年向国税机关认证通过,并申报抵扣税款 3,095,936.62 元。所购废铜已在 2011 年全部进入生产成本,2011 年结转主营业务成本 17,880,058.83 元,2012 年结转主营业务成本 331,332.95 元。

2013 年 10 月 14 日,某省 H 市国家税务局稽查局确认 27 份增值税专用发票为虚开。2014 年 1 月 22 日,H 市国家税务局稽查局作出《税务处理决定书》(H 国税稽处〔2014〕9 号),认为 A 公司取得的是虚开的增值税专用发票,不得作为合法有效的抵扣凭证抵扣其进项税额,也不得在企业所得税前列支,作出处理决定如下:(1)A 公司应补缴增值税 3,095,936.62 元;(2)A 公司应补缴 2011 年企业所得税 3,312,940.63 元,补缴 2012 年企业所得税 145,813.43 元,并依法加收滞纳金。

1. A 公司提起行政复议,复议机关维持原《税务处理决定书》。A 公司不服上述税务处理决定,向 H 市国家税务局提起行政复议。2014 年 5 月 9 日,H 市国家税务局作出《税务行政复议决定书》(税复决字〔2014〕1号),维持了H市国家税务局稽查局作出的《税务处理决定书》。

2. A公司提起行政诉讼,一审法院判决撤销原《税务处理决定书》中要求A公司补缴企业所得税的处理决定。A公司不服H市国家税务局作出的行政复议决定,于2014年5月24日向H市Q区人民法院提起诉讼,请求依法撤销H市国家税务局稽查局作出的《税务处理决定书》。一审法院判决撤销H市国家税务局稽查局作出的《税务处理决定书》中要求A公司补缴企业所得税的处理决定。

3. H市国家税务局稽查局提起上诉,二审法院判决维持原判。H市国家税务局稽查局不服一审判决,向H市中级人民法院提起上诉。

(三)各方观点

税务机关认为:A公司取得的是虚开的增值税专用发票,不得作为合法有效的抵扣凭证抵扣其进项税额,也不得在企业所得税前列支。

A公司认为:被告作出要求原告补缴企业所得税的决定无充分法律依据,违反了法律规定和公平原则。

一审、二审人民法院认为:A公司取得虚开的增值税专用发票是善意取得,税务机关不允许A公司在企业所得税前列支,对其是不是与A公司取得收入有关的、合理支出没有作出认定,属事实不清。最终撤销税务机关要求A公司补缴企业所得税的处理决定。

(四)争议焦点

1. 善意取得虚开的增值税专用发票,是否必然导致不能在企业所得税前列支。

2. 发票是不是在企业所得税前列支成本的唯一凭证。

(五)争议解决

二审法院驳回H市国家税务局稽查局上诉,维持原判。H市国家税务局稽查局未对A公司取得虚开发票进行企业所得税税前列支的行为再作出补缴企业所得税税款、滞纳金的决定。

二、税务律师点评

(一)A公司属于善意取得虚开增值税专用发票,原则上不得抵扣进项税额

国家税务总局《关于纳税人善意取得虚开的增值税专用发票处理问题的通知》(国税发〔2000〕187号)规定,购货方与销售方存在真实的交易,销售方使用的是其所在省(自治区、直辖市和计划单列市)的专用发票,专用发票注明的销售方名称、

印章、货物数量、金额及税额等全部内容与实际相符,且没有证据表明购货方知道销售方提供的专用发票是以非法手段获得的,对购货方不以偷税或者骗取出口退税论处。

国家税务总局《关于纳税人善意取得虚开增值税专用发票已抵扣税款加收滞纳金问题的批复》(国税函〔2007〕1240 号)规定,纳税人善意取得虚开的增值税专用发票指购货方与销售方存在真实交易,且购货方不知取得的增值税专用发票是以非法手段获得的。根据国税发〔2000〕187 号文的规定,对购货方不以偷税或者骗取出口退税论处。

根据以上规范性文件的规定,构成善意取得虚开的增值税专用发票,应当满足如下条件:(1)购货方与销售方存在真实的交易;(2)销售方使用的是其所在省(自治区、直辖市和计划单列市)的专用发票;(3)专用发票注明的销售方名称、印章、货物数量、金额及税额等全部内容与实际相符;(4)没有证据表明购货方知道销售方提供的专用发票是以非法手段获得的。实践中,税务机关常以“货、票、款一致”为基础,综合考虑交易和发票开具的时间、资金结算方式、货物交付方式的多种因素,判断取得专用发票的一方是否为善意取得虚开的增值税专用发票。

本案中,A 公司与 B 公司之间存在真实的废铜交易,B 公司开具的也是 L 省的增值税专用发票,开具的发票注明的销售方名称、印章、货物数量、金额及税额等全部内容与实际相符,且 A 公司并不知情其取得的发票是虚开的增值税专用发票。A 公司取得 B 公司开具的增值税专用发票符合上述税法对善意取得虚开增值税专用发票的规定。

根据国税函〔2007〕1240 号文的规定,纳税人善意取得虚开的增值税专用发票,如能重新取得合法、有效的专用发票,准许其抵扣进项税款;如不能重新取得合法、有效的专用发票,不准其抵扣进项税款或追缴其已抵扣的进项税款。

本案中,A 公司善意取得虚开的增值税专用发票后,原则上不能抵扣进项税额,但其如能重新取得合法、有效的专用发票,可以抵扣进项税额。

(二)H 市国家税务局稽查局要求 A 公司补缴企业所得税,属于认定事实不清

对于纳税人善意取得虚开的增值税专用发票,根据上述分析,原则上不得抵扣进项税额,但成本能否在企业所得税前列支并没有明确规定。在税务机关执法过程中,各地的规定也各有不同,如原江苏省国家税务局《关于纳税人善意取得虚开的增值税专用发票有关问题的批复》(苏国税函〔2003〕37 号)中规定:“关于纳税人善意取得虚开的增值税专用发票所支付的货款可否在企业所得税税前扣除问

题。国家税务总局《关于印发〈企业所得税税前扣除办法〉的通知》（国税发〔2000〕84 号）第三条规定：‘纳税人申报的扣除要真实、合法’，而虚开的增值税专用发票不符合上述要求。因此，在计算应纳税所得额时，其购进货物所支付的货款不得税前扣除。”而原浙江省地方税务局《关于企业所得税若干政策问题的通知》（浙地税二〔2001〕3 号）第 6 条规定：“按照国家税务总局国税发〔2000〕187 号文件规定，企业在生产经营过程中，善意取得虚开的增值税专用发票，其购入商品实际支付的不含税价款，在结转成本时，准予税前扣除。”

由于目前我国税法关于这个问题没有明确规定，因此判断能否在企业所得税前列支应依据上位法的规定。根据《企业所得税法》第 8 条和《企业所得税法实施条例》第 27 条的规定，企业实际发生的与取得收入有关的、合理的支出，包括成本、费用、税金、损失和其他支出，准予在计算应纳税所得额时扣除。有关的支出，是指与取得收入直接相关的支出。合理的支出，是指符合生产经营活动常规，应当计入当期损益或者有关资产成本的必要和正常的支出。可知，实际发生的成本，与取得收入有关的、合理的，可以在税前扣除。

税务机关在认定 A 公司取得虚开的增值税专用发票，成本能否在企业所得税前扣除时，未对该部分成本是否与取得收入有关、合理作出认定，属于认定事实不清。

（三）应允许 A 公司在企业所得税前扣除该部分成本

对于未取得合法有效的发票，成本能否在税前列支，尽管国家税务总局《关于印发〈进一步加强税收征管若干具体措施〉的通知》（国税发〔2009〕114 号）规定，未按规定取得合法有效凭据不得在税前扣除，但并未否定对真实发生的成本费用在税前扣除。首先，企业所得税税前扣除不仅仅依据发票，交易合同、资金来往凭证等资料只要足以证明相关成本费用真实发生就可以在企业所得税税前扣除。其次，由于不得税前扣除可能给纳税人造成损失，从保护纳税人权益的角度出发，对“合法有效凭据”不得作扩大解释。实践中，存在各种不需要取得发票也允许税前扣除的成本费用，如员工工资薪金、银行借款利息支出等，只需要提供相关的内部制度规定和借款协议等证明，就能够进行税前扣除。国家税务总局《关于企业所得税若干问题的公告》（国家税务总局公告 2011 年第 34 号）第 6 条规定：“企业当年度实际发生的相关成本、费用，由于各种原因未能及时取得该成本、费用的有效凭证，企业在预缴季度所得税时，可暂按账面发生金额进行核算；但在汇算清缴时，应补充提供该成本、费用的有效凭证。”这也从侧面佐证了上述观点。

因此,善意取得虚开的增值税专用发票,只要该成本是实际发生的,且与取得收入有关,并且是合理的,应允许纳税人在税前扣除。本案中,A 公司从 B 公司购买废铜,该笔成本是实际发生的,并且是与其取得收入有关的、合理的成本,税务机关应允许 A 公司在税前扣除。

三、本案启示

国家税务总局对于内资企业善意取得的虚开增值税专用发票能否税前列支成本,一直没有明确规定,由此导致各地在税收征管实践中做法不一。但依据上位法《企业所得税法》及其实施条例等规定,如果该笔成本是实际发生的,并且是与其取得收入有关的、合理的成本,税务机关应允许纳税人在税前扣除。本案从某种程度上,将推动国家税务总局对善意取得虚开的增值税专用发票企业所得税如何处理予以明确。

* * *

【链接】

"善意取得专票"所得税成本税前扣除争议案例解析

前文已述及,企业善意取得虚开的增值税专用发票时,根据税法规定,其增值税进项税额不能抵扣。但其购货成本能否在企业所得税税前列支,税法并没有明确规定,这也往往成为税企争议的焦点。以下通过一则裁判案例,结合企业所得税税前扣除原则及国家税务总局《关于发布〈企业所得税税前扣除凭证管理办法〉的公告》(国家税务总局公告 2018 年第 28 号)的相关规定,探讨准予企业税前扣除的现实及法理需求。

一、某省 H 市中级人民法院(2015)H 中行终字第 00034 号行政判决书

Y 公司成立于 2006 年 11 月,注册地位于 H 市,经营范围系煤炭、建筑材料、化工原料销售等。2011 年 Y 公司向 C 公司采购煤炭 5662.82 吨,货款由 Y 公司银行账户汇至 C 公司银行账户。Y 公司取得 C 公司开具的 23 份增值税专用发票,价税合计 2,272,826.82 元,其中税额合计 386,380.61 元,于 2011 年向税务机关认证通过,且申报抵扣了税款。所购货物煤炭已全部售出,于 2011 年度已将购进货物成本结转。

2014 年 2 月上述 23 份增值税专用发票被 H 市国家税务局稽查局确认为虚开

的增值税专用发票。H 市国家税务局稽查局于 2014 年 5 月作出税务处理决定书，调增 Y 公司应纳税所得额，要求 Y 公司补缴企业所得税并加收滞纳金。Y 公司不服向法院起诉。

法院观点：《企业所得税法》第 8 条规定："企业实际发生的与取得收入有关的、合理支出，包括成本、费用、税金、损失和其他支出，准予在计算应纳税所得额时扣除。"被告在处理决定中对原告取得的 23 份增值税专用发票认定为虚开，但对其对应的与原告企业取得收入有关的合理支出没有作出认定，属事实不清。在企业所得税的管理中，发票只是证明成本是否发生的证据之一，但不是唯一的证据。善意取得的虚开增值税专用发票，税法明确规定不得作为增值税合法有效的扣税凭证抵扣其进项税额。但对其对应的企业所产生的成本等，是否可以作为企业所得税税前列支问题，税法没有作出明确规定。被告仅凭原告善意取得的 23 张虚开的增值税专用发票来调征原告的企业所得税，要求补缴企业所得税、加收滞纳金的处理决定，认定事实不清、法律依据不足，判决：撤销被告 H 市国家税务局稽查局于 2014 年 5 月 6 日作出的 H 国税稽处（2014）21 号《税务处理决定书》第 2 条。

二、华税观点

（一）发票并非证明成本发生的唯一凭证，企业应当注意完整留存交易材料

《企业所得税法》及其实施条例规定，企业实际发生的与取得收入有关的、合理的支出，包括成本、费用、税金、损失和其他支出，准予在计算应纳税所得额时扣除。有关的支出，是指与取得收入直接相关的支出。合理的支出，是指符合生产经营活动常规，应当计入当期损益或者有关资产成本的必要和正常的支出。据此可知，《企业所得税法》规定的税前扣除更加强调实际发生原则和合理性原则。

税务机关不允许善意取得虚开增值税专用发票的成本在税前扣除的做法，一般依据《税收征收管理法》《发票管理办法》等规定，认为合法有效的发票是企业所得税税前扣除的唯一凭证，而虚开的增值税专用发票属于不符合规定的发票，是不合法的凭证。对于发票是否是税前扣除唯一凭证的问题，也一直是造成税企矛盾的重要原因之一。

2018 年 7 月 1 日，国家税务总局公告 2018 年第 28 号正式施行，第 2 条"本办法所称税前扣除凭证，是指企业在计算企业所得税应纳税所得额时，证明与取得收入有关的、合理的支出实际发生，并据以税前扣除的各类凭证"明确指出了税前扣除凭证并非仅指发票。因此，如果购货方能够提供相关材料证明其支出的真实性及合理性，税务机关不能仅凭其取得的发票为虚开而否定其企业所得税税前扣除

的合法性,对于煤炭行业、废旧物资行业、农产品行业等取得进项发票非常困难的行业而言,在开展交易的过程中,则应当注重留存相关交易材料,以证明交易及成本的真实性。

(二)企业确实无法取得合规发票的,可通过其他资料进行税前扣除

国家税务总局公告2018年第28号第13条规定,企业应当取得而未取得发票、其他外部凭证或者取得不合规发票、不合规其他外部凭证的,若支出真实且已实际发生,应当在当年度汇算清缴期结束前,要求对方补开、换开发票、其他外部凭证。补开、换开后的发票、其他外部凭证符合规定的,可以作为税前扣除凭证。

对于开票方走逃、失联等原因无法补开、换开的,该办法第14条规定:"企业在补开、换开发票、其他外部凭证过程中,因对方注销、撤销、依法被吊销营业执照、被税务机关认定为非正常户等特殊原因无法补开、换开发票、其他外部凭证的,可凭以下资料证实支出真实性后,其支出允许税前扣除:(一)无法补开、换开发票、其他外部凭证原因的证明资料(包括工商注销、机构撤销、列入非正常经营户、破产公告等证明资料);(二)相关业务活动的合同或者协议;(三)采用非现金方式支付的付款凭证;(四)货物运输的证明资料;(五)货物入库、出库内部凭证;(六)企业会计核算记录以及其他资料。前款第一项至第三项为必备资料。"

据此,对于实践中开票方被司法机关查处无法为受票方补开、换开发票,受票方确实无法取得合规发票的,受票方可根据上述规定,准备好相关证明材料,对其真实发生的合理支出进行税前扣除。

养老地产项目视同销售不动产补征税款争议案

【导读】

本案中，由于Y公馆养老项目在其开发、运营等方面具有一定的创新性，现行税收法律法规及规范性文件没有明确的规定，加之税务机关拥有一定的自由裁量权，进而出现了征纳双方在项目性质认定上的差异。笔者希望通过本节对养老地产项目的税务处理提供借鉴，同时，需要提醒的是，在进行商业模式创新时，除了从税法的角度论证方案的可行性外，还需要企业规范合同签订、款项处理、财务处理、发票管理等内容，以便提供充足的资料证明纳税人税务处理方式的正当性与合理性。

一、案情简介

(一)案件基本信息

案件类型:养老地产项目按“销售不动产”纳税调整案

涉案金额:企业所得税、土地增值税、增值税等合计5000余万元

法律风险:补缴税款、滞纳金

(二)案件详情

某省C房地产开发有限公司(以下简称C公司)成立于2012年3月5日，注册资本人民币1000万元整。经营范围包括:房地产开发、销售(凭有效资质证书经营)。(依法须经批准的项目，经相关部门批准后方可开展经营活动)

Y公馆经D市D区民政局批准设立，于2014年5月28日取得《民办非企业单位登记法人证书》，属非营利性、社会福利机构。业务范围包括:老年人托养、医疗保健、餐饮服务、家政服务、文化服务等。

2013年11月18日，C公司向D市D区发展和改革局提交《立项申请》，拟在D区建设Y公馆养老院。2013年11月27日，D市民政局颁发《D市社会福利机构筹办批准书》批准筹办Y公馆。2014年，C公司陆续取得《关于Y公馆建设项目备案的通知》《C公司Y公馆项目环境影响报告表审批意见》《建设用地规划许可证》《建设项目选址意见书》《建设用地审批通知》《土地使用权证》。用地性质为老年人社会福利设施用地。2016年，Y公馆养老院(一期)项目建设完毕并投入运

营,2017 年 7 月 20 日,Y 公馆取得《建设工程消防验收意见书》,通过 D 市公安消防支队的消防验收。

根据 C 公司出具的审计报告显示,在 Y 公馆养老院(一期)项目中,2013 年 C 公司投入资金 8,677,024.23 元,2014 年投入资金 1,615,627.94 元,截至 2014 年 5 月 25 日,C 公司共投入资金 10,292,652.17 元。但实际上,C 公司仅仅以自己的名义申请立项及办理相关审批手续,未投入任何开发资金,没有任何账目往来;政府划拨的国有土地使用权虽然登记在 C 公司名下,但实际开发建设及运营的主体都是 Y 公馆,Y 公馆是该划拨土地的实际使用者及 Y 公馆养老院项目的运营机构。

Y 公馆账目不规范,凭证不全,大部分建安成本从私人账户汇出,且未取得合规发票。根据 C 公司提供的建安成本统计表,Y 公馆养老院(一期)项目建安成本总计 70,553,909.48 元,基本为私人账户支出,部分费用开具抬头为“Y 公馆”的收据。Y 公馆养老院(一期)项目完工后,在会计处理上未将开发成本结转为固定资产。

Y 公馆养老院(一期)项目采取居家养老模式,共开发养老合院 89 套。已签订合同并收到预收款的共 75 套,其中 74 套以 C 公司名义签署合同,1 套以 Y 公馆名义签署合同,预收款共计 69,814,300 元,均汇入私人账户。

对上列汇入私人账户的预收款 C 公司未作会计处理,Y 公馆做账如下:

借:现金

　　贷:预收账款

(三)税务处理情况

2018 年 4 月 13 日,D 市地方税务局向 Y 公馆作出了《房产税减免税备案登记表及税务事项通知书》(见图 1)和《城镇土地使用税减免税备案登记表及税务事项通知书》(见图 2),受理了 Y 公馆关于福利性非营利性老年服务机构免征房产税、土地使用税的申请事项,并于同日办理了纳税人减免税备案登记。

Y 公馆养老院(一期)项目运营后,D 市 D 区国家税务局以 C 公司以自己的名义对外签署《养老合院合同》、实质上属于开发转让房产为由,要求 C 公司按照“销售不动产”项目适用 5% 的征收率缴纳增值税。

D 市地方税务局
税务事项通知书

D 地税 税通〔2018〕×××号

Y 公馆(纳税人识别号:××××××××××××):

事由:《税务事项通知书》(受理通知)

依据:《财政部　国家税务总局关于对老年服务机构有关税收政策问题的通知》财税〔2000〕97 号第一条

通知内容:你单位于 2018 年 4 月 13 日申请的非营利性老年服务机构自用房产免征房产税事项,经审核,符合受理条件,准予受理。

特此通知。

D 市地方税务局
2018 年 4 月 13 日

图 1　D 市地方税务局向 Y 公馆作出的《房产税减免税备案登记表及税务事项通知书》

D 市地方税务局
税务事项通知书

D 地税 税通〔2018〕×××号

Y 公馆(纳税人识别号:××××××××××××):

事由:《税务事项通知书》(受理通知)

依据:《财政部　国家税务总局关于对老年服务机构有关税收政策问题的通知》财税〔2000〕97 号第一条

通知内容:你单位于 2018 年 4 月 13 日申请的非营利性老年服务机构土地免土地税事项,经审核,符合受理条件,准予受理。

特此通知。

D 市地方税务局
2018 年 4 月 13 日

图 2　D 市地方税务局向 Y 公馆作出的《城镇土地使用税减免税备案登记表及税务事项通知书》

二、税务律师点评

(一)税务争议产生原因

1. 运营主体之间的法律关系不明确

C 公司以自己的名义申请立项并从事 Y 公馆养老院(一期)项目的开发建设。项目运营后,C 公司作为合同一方与养老合院使用者签订了《养老合院合同》,合同中对双方的权利义务进行了约定,但实践中,是由 Y 公馆具体提供养老服务,C 公司与 Y 公馆之间未签署任何书面文件确定各自的权利义务与责任分配,对于预收款项的性质及分配也未作说明,在 Y 公馆养老院项目的使用、收益等权益归属方面亦未作出明确规定。各主体之间法律关系的不明确,使相关纳税义务具有不确定性,进而产生税务风险。

2. 合同的签订主体及合同条款存在瑕疵

C 公司的主营业务为房地产开发与销售,其并非提供养老服务的适格主体,以 C 公司名义签订养老合院合同,主体存在瑕疵。《养老合院合同》中约定:(1)乙方享有自入住之日起的长期使用权;(2)乙方拥有养老合院的使用权,可继承、转让;(3)若乙方欲将本合同项下养老合院转让给其指定的符合入住条件的老人居住……上述条款中"继承""转让"等用语及合同约定的长期使用期限,使乙方享有对养老合院占有、使用、收益、处分的权利,近似于行使所有权。因此,基于实质课税原则,C 公司存在发生转让房产行为、需补缴相关税费的税务风险。

3. 款项处理、账务处理不规范

Y 公馆养老院(一期)项目建设开发过程中的款项处理及账务处理十分不规范,大部分建安成本未取得正式发票,仅有部分款项取得收据,且款项支付多从个人账户汇出。在签订《养老合院合同》后,全部预收款汇入个人账户,亦没有开具正规发票。

(二)税务风险分析

Y 公馆养老院(一期)项目的税务风险,主要集中在 C 公司。若《养老合院合同》的性质被认定为房产转让,则 C 公司将面临补缴企业所得税、土地增值税、增值税、城镇土地使用税等税款的税务风险。

1. 企业所得税

国家税务总局《关于印发〈房地产开发经营业务企业所得税处理办法〉的通知》(国税发〔2009〕31 号)规定了房地产开发企业开发、销售房产的税务处理问题。该办法第 5 条规定:"开发产品销售收入的范围为销售开发产品过程中取得的全部价款,包括现金、现金等价物及其他经济利益。企业代有关部门、单位和企业收取的各种基金、费用和附加等,凡纳入开发产品价内或由企业开具发票的,应按规定全部确认为销售收入;未纳入开发产品价内并由企业之外的其他收取部门、单位开具发票的,可作为代收代缴款项进行管理。”第6条规定:“企业通过正式签订《房地产销售合同》或《房地产预售合同》所取得的收入,应确认为销售收入的实现,具体按以下规定确认:(一)采取一次性全额收款方式销售开发产品的,应于实际收讫价款或取得索取价款凭据(权利)之日,确认收入的实现……”第11条规定:“企业在进行成本、费用的核算与扣除时,必须按规定区分期间费用和开发产品计税成本、已销开发产品计税成本与未销开发产品计税成本。”

若D市D区国家税务局认定C公司发生房产转让行为,则《养老合院合同》实质上被认定为房产买卖合同,合同中约定的预收款是房产的预售款,通过私人账户实际收讫的款项属于房产销售收入,应于一次性全额收款之日确认收入的实现。根据《企业所得税法》及其实施条例、《房地产开发经营业务企业所得税处理办法》的规定,对于房产销售收入,C公司承担企业所得税的纳税义务。

在实践中,房地产开发、销售的收入、成本、费用和附加等项目的计算和处理十分复杂。由于Y公馆养老院(一期)项目在建设开发过程中的资金支出、财务处理、发票管理十分不规范,大量建安成本未取得合规的扣除凭证,在进行成本、费用的核算和扣除时,将导致大笔开发成本无法扣除。扣除成本基数较小,直接导致企业所得税税基增大,同时亦严重影响到土地增值税的适用税率。

从目前可以确定的收入、成本来看,仅就Y公馆养老院(一期)项目,C公司已经实现的收入为69,814,300元,建安成本是10,292,652.17元(以审计报告中确认的投入资金为准)。如果不考虑其他营业收入和成本因素,仅就(一期)项目而言,则:

企业所得税应纳税所得额=69,814,300-10,292,652.17=59,521,647.83元

企业所得税税款=59,521,647.83×25%=14,880,411.96元

若C公司能够提供更多合法合规的成本扣除凭证,则企业所得税税款将相应减少。若C公司能够提供全部的成本扣除凭证,则以建安成本为70,553,909.48元计算,C公司的企业所得税应纳税所得额为负数,需要缴纳的企业所得税税款为0。

2. 土地增值税

若D市D区国家税务局认定C公司发生了房产转让行为,则根据《土地增值

税暂行条例》及其实施细则的规定,C 公司面临清算和补缴土地增值税的税务风险。

由于 Y 公馆养老院项目的建设用地为划拨用地,地上的建筑物及房产由 Y 公馆提供养老服务使用,不能办理单独的产权证书。对于此类小产权房转让是否应当缴纳土地增值税一直存在争议,各地税务机关对是否征收态度不一。

《土地增值税暂行条例》第 2 条规定,转让国有土地使用权、地上的建筑物及其附着物并取得收入的单位和个人,为土地增值税的纳税义务人,应依照本条例缴纳土地增值税。

《土地增值税暂行条例实施细则》第 2 条至第 4 条对此有进一步的解释规定,该细则第 2 条规定:"条例第二条所称的转让国有土地使用权、地上的建筑物及其附着物并取得收入,是指以出售或者其他方式有偿转让房地产的行为。不包括以继承、赠与方式无偿转让房地产的行为。"第 3 条规定:"条例第二条所称的国有土地,是指按国家法律法规属于国家所有的土地。"第 4 条规定:"条例第二条所称的地上的建筑物,是指建于土地上的一切建筑物,包括地上地下的各种附属设施。条例第二条所称的附着物,是指附着于土地上的不能移动,一经移动即遭损坏的物品。"

另外,国家税务总局《关于印发〈土地增值税宣传提纲〉的通知》(国税函发〔1995〕110 号)第 3 个问题"土地增值税的征收范围是如何规定的?"回答中明确:"根据《条例》的规定,凡转让国有土地使用权、地上的建筑物及其附着物并取得收入的行为都应缴纳土地增值税。"

总结上述三个文件可以得出以下观点:(1)土地增值税仅对转让国有土地使用权征收,对转让集体土地使用权的不征税;(2)转让房地产以产权变更为标志;(3)转让房地产为有偿转让。

笔者认为,对于房地产企业销售小产权房,虽然取得了收入,但没有发生房地产的产权转让,不应属于土地增值税的征收范围。因此,对于《养老合院合同》中约定的 C 公司将养老合院交付入住者使用并收取预收款项的行为不应认定为转让房产行为,不需缴纳土地增值税。然而,在实践中,存在部分地方税务机关要求企业缴纳土地增值税的案例。

若 D 市 D 区国家税务局坚持认定 C 公司签订《养老合院合同》的性质是转让房产,属于《土地增值税暂行条例》规定的"转让国有土地使用权、地上的建筑物及其附着物并取得收入"的应税行为,要求 C 公司补缴土地增值税,则基于现有收入及成本的凭证资料,C 公司已经实现的收入为 69,814,300 元,建安成本是 10,292,652.17 元(以审计报告中确认的投入资金为准):

增值额 = 69,814,300 − 10,292,652.17 = 59,521,647.83 元

土地增值税税款 = 59,521,647.83 × 60% − 10,292,652.17 × 35% = 32,110,560.4 元

若 C 公司能够补充取得发票等凭证资料计入建安成本合法扣除的,按照其实际投入建安成本 70,553,909.48 元计算,则增值额为负数,土地增值税税款为 0。

3. 增值税

《增值税暂行条例》第 1 条规定:"在中华人民共和国境内销售货物或者加工、修理修配劳务(以下简称劳务),销售服务、无形资产、不动产以及进口货物的单位和个人,为增值税的纳税人,应当依照本条例缴纳增值税。"若 D 市 D 区国家税务局认定 C 公司发生了房产转让行为,则 C 公司销售不动产的行为属于增值税的应税范围,应当按照税法规定缴纳增值税。

2016 年"营改增"之后,国家税务总局专门发布公告规范房地产开发企业销售房地产的应税行为。《房地产开发企业销售自行开发的房地产项目增值税征收管理暂行办法》(国家税务总局公告 2016 年第 18 号)第 8 条规定:"一般纳税人销售自行开发的房地产老项目,可以选择适用简易计税方法按照 5% 的征收率计税。一经选择简易计税方法计税的,36 个月内不得变更为一般计税方法计税。房地产老项目,是指:(一)《建筑工程施工许可证》注明的合同开工日期在 2016 年 4 月 30 日前的房地产项目;(二)《建筑工程施工许可证》未注明合同开工日期或者未取得《建筑工程施工许可证》但建筑工程承包合同注明的开工日期在 2016 年 4 月 30 日前的建筑工程项目。"第 10 条规定:"一般纳税人采取预收款方式销售自行开发的房地产项目,应在收到预收款时按照 3% 的预征率预缴增值税。"第 11 条规定:"应预缴税款按照以下公式计算:应预缴税款 = 预收款 ÷ (1 + 适用税率或征收率) × 3%,适用一般计税方法计税的,按照 11% 的适用税率计算;适用简易计税方法计税的,按照 5% 的征收率计算。"

Y 公馆养老院(一期)项目于 2014 年 5 月开工,2016 年 10 月竣工验收,属于房地产老项目。由于 Y 公馆养老院项目的建设用地为划拨用地,未支付土地价款,因此,此处选择适用简易计税方法测算 C 公司的增值税税负。以 C 公司目前实际预收款 69,814,300 元,建安成本 10,292,652.17 元[以审计报告(九会咨报字〔2014〕第 16 号)中确认的投入资金为准]计算,则

应预缴增值税税款 = 69,814,300 ÷ (1 + 5%) × 3% = 1,994,694.29 元

增值税税款 = 69,814,300 ÷ (1 + 5%) × 5% = 3,324,490.48 元

上述增值税税款为 Y 公馆养老院(一期)项目已实现收入需缴纳的全部增值税税款,因增值税实行按月纳税,则 C 公司应根据实际收款情况,在取得销售款项的次月 15 日内计算增值税税款,并申报纳税。对于超过纳税申报期限的,从滞纳税款之日起,按日加收滞纳税款万分之五的滞纳金。

4. 房产税、城镇土地使用税

根据《房产税暂行条例》的规定,房产税是以房屋为征税对象,在房屋持有期间,向产权所有人征收的一种财产税。若 D 市 D 区国家税务局认定 C 公司发生了房产转让行为,该转让行为不属于房产税的征收范围,C 公司不缴纳房产税。

城镇土地使用税层面,根据《城镇土地使用税暂行条例》的规定,使用土地的单位和个人为土地使用税的纳税人,若 D 市 D 区国家税务局认定 C 公司发生了房产转让行为,该行为不属于土地使用税的征收范围,C 公司不缴纳土地使用税。

需要注意的是,由于土地的划拨性质,即使 C 公司发生了转让房产的行为,土地使用权属依然登记在 C 公司名下,无法进行变更。在后续使用过程中,划拨土地的城镇土地使用税应如何缴纳?

《城镇土地使用税暂行条例》第 2 条规定:"在城市、县城、建制镇、工矿区范围内使用土地的单位和个人,为城镇土地使用税(以下简称土地使用税)的纳税人,应当依照本条例的规定缴纳土地使用税。前款所称单位,包括国有企业、集体企业、私营企业、股份制企业、外商投资企业、外国企业以及其他企业和事业单位、社会团体、国家机关、军队以及其他单位;所称个人,包括个体工商户以及其他个人。"财政部、国家税务总局《关于城镇土地使用税若干具体问题的解释和暂行规定》(〔1988〕国税地字 015 号)规定:"四、关于纳税人的确定。土地使用税由拥有土地使用权的单位或个人缴纳。拥有土地使用权的纳税人不在土地所在地的,由代管人或实际使用人纳税;土地使用权未确定或权属纠纷未解决的,由实际使用人纳税;土地使用权共有的,由共有各方分别纳税。"

若 D 市 D 区国家税务局认定 C 公司发生房产转让行为,则《养老合院合同》中的使用者(入住者)是该房产的受让方,虽然 C 公司仍是该划拨土地名义上的土地使用权人,但该土地使用权已经随着房产转让让渡给使用者,则使用者是土地增值税的纳税人,其使用该土地的行为需要缴纳城镇土地使用税。

综上所述,若 D 市 D 区国家税务局将 Y 公馆养老院(一期)项目认定为房产

转让，则可能认定C公司为企业所得税、土地增值税、增值税的纳税义务人，潜在税负成本合计为50,315,462.88元。D市D区国家税务局以“转让小产权房”为由要求C公司缴纳增值税，若C公司接受此决定并缴纳增值税，则D市D区国家税务局认定的缴税理由将很可能触发企业所得税、土地增值税的税收风险。

三、Y公馆开发模式改进建议

为了规避一期项目中出现的上述税务问题，规范企业运营管理，同时理顺C公司与Y公馆之间的法律关系，笔者建议二期项目由Y公馆全权负责开发建设，相关建安成本的支出应合乎税法规范，取得合法扣除凭证，同时做好账务处理、会计处理。在二期项目建成运营后，以Y公馆的名义对外签署养老服务协议及其他性质的协议。从C公司的角度来说，C公司仅仅以自己的名义取得划拨土地的使用权，Y公馆养老院（二期）项目开发、运营、管理均与C公司无关。

1. 改进措施

（1）C公司与Y公馆签署《无偿使用土地合作备忘录》；

（2）Y公馆负责全部开发资金；

（3）完善《公馆养老服务合同》；

（4）Y公馆收取养老服务费，出具合规票据。

2. 会计处理

Y公馆收取的养老服务费属于提供养老服务收入，其会计处理为：

借：银行存款

　　贷：预收账款

　　　　服务期内，按月结转养老服务收入：

借：预收账款

　　贷：主营业务收入

3. 效果评估

（1）C公司。

对于此种模式，C公司只是名义上代替Y公馆办理相关行政审批手续，将土地使用权无偿提供给Y公馆使用，并未参与Y公馆养老院项目的实际开发与运营，C公司既没有开发支出也没有经营收入。就Y公馆养老院项目运营期间产生的收入而言，C公司不负有纳税义务。

(2)Y 公馆。

由于 Y 公馆是经 D 区民政局批准成立的福利性、非营利性养老服务机构,根据税法规定,Y 公馆可以适用养老服务机构的减免税政策,暂免征收企业所得税、增值税、房产税和城镇土地使用税。同时,由于 Y 公馆自建房产用于自用,没有产生房产转让行为,不缴纳土地增值税。

综上所述,采用上述开发模式,C 公司未产生收益,没有税负;Y 公馆适用减免税政策后,其就提供养老服务取得的收入免征企业所得税、增值税、房产税、城镇土地使用税。相较而言,此种模式税收利益最大。

汽车企业创新营销模式
适用销售折让冲减收入争议案

【导读】

随着商业交易活动的日益复杂化和多样化,企业进行的交易往往无法和税收法规完全匹配。本案中,企业便因如何界定与取得收入合理的、相关的支出,如何认定销售折让、开具红冲发票等问题与税务机关之间产生了不同看法,发生税务争议。争议涉及标的数亿元,给企业正常经营造成严重损害。本节将为读者详细分析这一案件。

一、案情简介

(一)案件基本信息

案件类型:纳税争议

涉案金额:企业所得税 134,875,384.23 元、增值税 123,548,456.34 元

法律风险:补缴税款共计 458,423,840.67 元,并加收滞纳金 116,326,345.16 元

(二)案件详情

万胜汽车有限责任公司(代名,以下简称万胜公司)成立于 1999 年 4 月 21 日,注册地址位于 Q 省 M 市,主营业务为:作为 X 品牌进口车辆在中国大陆地区的总经销商,在中国境内认定经销商,进口并在国内销售(不含零售)以上品牌车辆,并负责后续管理、运营其在中国大陆地区的销售及售后市场。受经济增速放缓及进口汽车销售市场竞争日趋激烈等因素的影响,万胜公司于 2014 年度实施了三项促销政策:

1. 在库融资利息补贴

万胜公司向经销商销售的条件为现金提车,与此同时,还对供需管理上的适宜库存量给予经销商一定指导。经销商为了确保该适宜的库存量,主要通过以下两种方法获取资金:(1)从金融机构贷款;(2)银行承兑汇票。(业务模式见图 1)

在上述交易中,万胜公司、金融机构及经销商三方签订协议,万胜公司仅支付

自己指导经销商库存30天部分的金融机构贷款利息或汇票贴现利息。

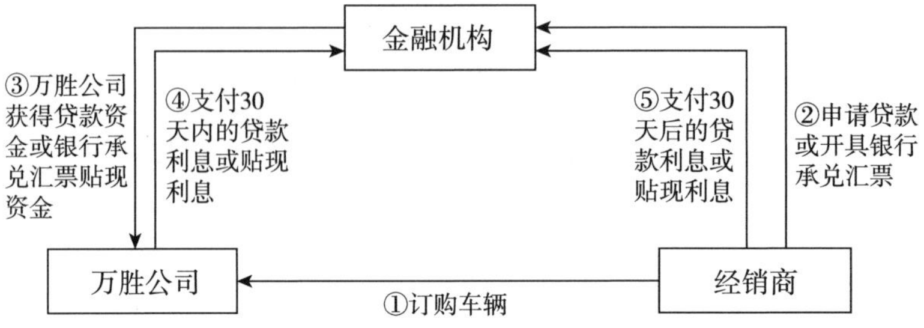

图1　在库融资利息补贴业务关系

2. 基础奖励金

基础奖励金,是万胜公司为鼓励经销商加快销售而依据车辆实际零售数量计算给予经销商的销售折让。根据万胜公司与经销商签署的《销售折让协议》,经销商一定时期内累计购货达到一定数量,万胜公司给予经销商相应价格优惠,万胜公司依据经销商主管税务机关开具的《开具红字增值税专用发票通知单》向经销商开具红字增值税专用发票。(业务模式见图2)

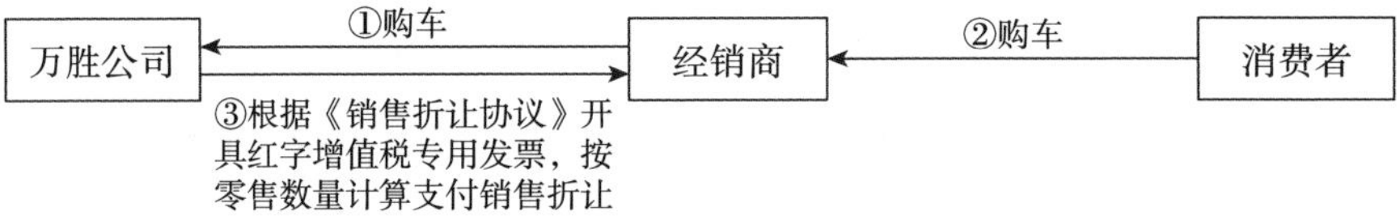

图2　基础奖励金业务关系

3. 金融贴息奖励金

金融贴息奖励金,其目的是降低消费门槛,扩大客户群,增加在中国大陆地区市场的整体销售,其具体做法是针对消费者通过贷款购买的车辆给予经销商价格优惠。车辆销售后,万胜公司依据金融促销政策按照消费者贷款利息的一定比例计算给予经销商的销售折让,依据经销商主管税务机关开具的《开具红字增值税专用发票通知单》向经销商开具红字增值税专用发票。(业务模式见图3)

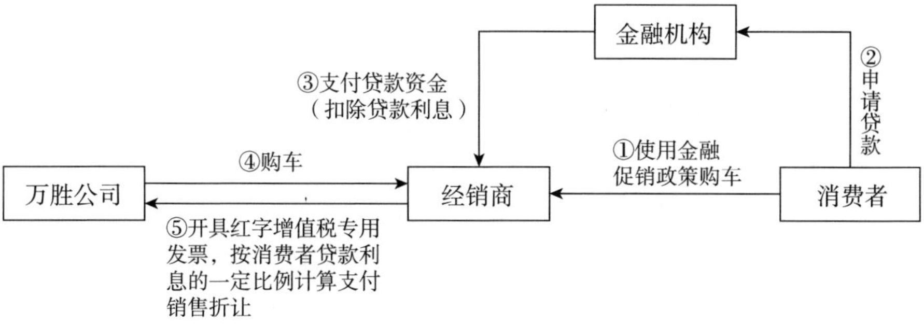

图3 金融贴息奖励金业务关系

2015年9月9日,M市国家税务局向万胜公司下达《税务检查通知书》(M国税稽检通〔2015〕35号),对万胜公司2014年1月1日至12月31日涉税情况进行检查。2015年12月3日,M市国家税务局向万胜公司送达了《税务处理决定书》(M国税稽处〔2015〕749号),认定:

(1)万胜公司在库融资业务中为下级经销商支付的贷款利息并不属于与取得收入直接相关的支出,应调增企业所得税应纳税所得额538,739,771元,补缴企业所得税134,684,943元并缴纳滞纳金。

(2)万胜公司在基础奖励金业务及金融贴息奖励金业务中发生的促销活动费用不是万胜公司给予经销商的折扣、折让,不应开具红字增值税专用发票,应调增2013年度及2014年度企业所得税应纳税所得额1,174,833,128.15元,补缴企业所得税100,190,441.23元,补缴2013年度及2014年度增值税123,548,456.34元并缴纳滞纳金。万胜公司已于2015年12月15日补缴企业所得税税款234,875,384.23元、增值税税款123,548,456.34元及滞纳金116,326,345.16元。

(三)各方观点

M市国家税务局认为:(1)万胜公司在库融资业务中为下级经销商支付的贷款利息并不属于与取得收入直接相关的支出,应调增企业所得税应纳税所得额,补缴企业所得税并缴纳滞纳金;(2)万胜公司在基础奖励金业务及金融贴息奖励金业务中发生的促销活动费用不是万胜公司给予经销商的折扣、折让,不应开具红字增值税专用发票,应调增2013年度及2014年度企业所得税应纳税所得额,补缴企业所得税,补缴2013年度及2014年度增值税并缴纳滞纳金。

万胜公司认为:(1)万胜公司在库融资业务中为下级经销商支付的贷款利息属于与取得收入直接相关的支出;(2)万胜公司在基础奖励金业务及金融贴息奖励金业务中发生的促销活动费用应属万胜公司给予经销商的折扣、折让,可以开具红字增值税专用发票。

(四)争议焦点

1. 万胜公司在库融资业务中为下级经销商支付的贷款利息是否属于与取得收入直接相关的支出。

2. 万胜公司在基础奖励金业务及金融贴息奖励金业务中发生的促销活动费用应属万胜公司给予经销商的折扣、折让,是否可以开具红字增值税专用发票。

(五)争议解决

2015 年 12 月 10 日,华税律师事务所接受万胜公司的委托,代为提起税务行政复议。接受委托后,华税全面了解了争议涉及的万胜公司三项业务,代为起草行政复议申请书。最终万胜公司与复议机关达成和解。

二、税务律师点评

(一)《税务处理决定书》(M 国税稽处〔2015〕749 号)适用法律依据错误

1. M 市国家税务局不允许万胜公司税前扣除在库融资业务中的利息支出为适用法律依据错误

(1)税法关于"与取得收入有关的支出"的规定。

《企业所得税法》第 8 条以及《企业所得税法实施条例》第 27 条规定,企业实际发生的与取得收入有关的、合理的支出,包括成本、费用、税金、损失和其他支出,准予在计算应纳税所得额时扣除。企业发生的支出在何种条件下构成"与取得收入有关"的支出,《企业所得税法》并未给出明确的标准。因此,可以参照企业所得税改革工作小组所著的《企业所得税法实施条例释义》(以下简称《释义》)中的有关解释。

《释义》称"与取得收入有关的支出"包含两种情形:一种情形是"能给企业带来现实、实际的经济利益"的支出,如"购买原材料的支出";另一种情形是"能给企业带来可预期经济利益的流入"的支出,如"广告费支出"。对相关性的具体判断应当遵循实质课税原则,不能仅以交易形式确定,而应当根据经济行为的目的和实质判断。在此基础上,《释义》进一步强调,"对相关性的具体判断一般是从支出发生的根源和性质方面进行分析,而不是从费用支出的结果分析"。

(2)万胜公司在库融资业务中的利息支出为"与取得收入有关的支出"。

万胜公司推出在库融资业务的商业目的在于促进进口汽车在中国市场的销售,具体包括:第一,实现万胜公司最适宜的商品周转率。最适宜的商品周转率能够缩短向消费者的交车期,增加销售机会,会直接影响万胜公司在中国市场的销售数量(当然如果经销商库存太多也会引起经销商降价处理库存等问题)。根据 X 品牌车辆在全球的销售经验以及万胜公司对提高经营效率的实践,万胜公司发现经销商保有 30 天库存能够最大限度地实现万胜公司最适宜的商品周转率。万胜公司推出在库融资业务的出发点就是实现万胜公司最适宜的商品周转率,与万胜公司的实际销售业绩是密切相关的。第二,促进经销商的适量采购,保证万胜公司完成销售目标。进口车单价较高,经销商通常限于其资金规模以及融资途径,无法采购足够的库存。在库融资业务缓解了经销商的资金压力,进而增加经销商的采购量,使其保持最佳库存,确保万胜公司能够完成在中国市场的销售业绩目标。

另外,如果不由经销商库存车辆而是由万胜公司自己直接库存的话,在港口租用仓库存储进口车的成本会很高,通过在库融资业务鼓励经销商提车有助于降低万胜公司的库存成本。同时,在库融资业务使经销商能够及时支付购车款,提高了万胜公司的回款速度;在库融资业务中,银行直接将车款支付给万胜公司,客观上可以避免经销商无法支付购车款,降低万胜公司的坏账风险。

综上所述,万胜公司认为让经销商保持适宜的库存量,能够最大限度地促进万胜公司自己的销售,因此仅负担该适宜库存期间(最长 30 天)的利息(按天计算)。如车辆的库存期间是超过 30 天的,该部分利息就是由经销商自行负担的。另外,在库融资业务贷款资金由金融机构直接向万胜公司支付,且在流动贷款方式下,万胜公司仅承担车辆最终售出前(最长 30 天)的贷款利息支出,这也表明万胜公司承担在库融资利息支出与自身的生产经营有关,目的在于为促进车辆销售。

由此可以看出,万胜公司在库融资业务中承担利息支出是为提高其在中国大陆市场的汽车销量和竞争力,实现最适宜的商品周转率,并在客观上降低自身的营运成本和控制坏账风险,具有合理的商业目的,属于"能给企业带来经济利益"的支出,与其生产经营密切相关。在实际业务中,万胜公司回收账款时承担的成本有两种:一种是银行承兑汇票贴现的利息支出,另一种是在库融资的利息支出。其中,在银行承兑汇票付款模式中,万胜公司作为持票人支付贴现的利息支出是商业惯例,其与库存融资业务中承担的利息支出有同样的效果。因此,万胜公司在库融资业务中的利息支出完全符合《企业所得税法》第 8 条及《企业所得税法实施条例》第 27 条的规定,是与取得收入有关的支出。

(3)M 市国家税务局不允许万胜公司税前扣除在库融资业务中的利息支出为适用法律依据错误。

综上所述,万胜公司在库融资业务中的利息支出符合《企业所得税法》第 8 条及《企业所得税法实施条例》第 27 条规定的与取得收入有关的支出。M 市国家税务局未全面了解万胜公司承担该利息支出的根源和性质,认定万胜公司承担的在库融资利息支出不属于与取得收入直接相关的支出,依据《企业所得税法》第 10 条的规定不允许万胜公司税前扣除是对税法的错误理解,为适用法律依据错误。

2. M 市国家税务局不允许万胜公司对基础奖励金业务及金融贴息奖励金业务中给予经销商的销售折让开具红字增值税专用发票为适用法律依据错误

(1)税法关于"销售折让"的规定。

国家税务总局《关于确认企业所得税收入若干问题的通知》(国税函〔2008〕875 号)第 1 条及《企业会计准则第 14 号——收入》(财会〔2006〕3 号)第 8 条同时规定,企业因售出商品的质量不合格等原因而在售价上给的减让属于销售折让。《增值税暂行条例实施细则》第 11 条及国家税务总局《关于修订〈增值税专用发票使用规定〉的通知》(国税发〔2006〕156 号)第 14 条明确规定,企业发生销售折让的,可以开具红字增值税专用发票,进行相应的税务处理。国家税务总局《关于纳税人折扣折让行为开具红字增值税专用发票问题的通知》(国税函〔2006〕1279 号)规定:"纳税人销售货物并向购买方开具增值税专用发票后,由于购货方在一定时期内累计购买货物达到一定数量,或者由于市场价格下降等原因,销货方给予购货方相应的价格优惠或补偿等折扣、折让行为,销货方可按现行《增值税专用发票使用规定》的有关规定开具红字增值税专用发票。"

由于社会交易的复杂性,税法无法穷尽销售折让的具体情形,税务机关应当结合纳税人从事行业的实际情况和开展业务的经济实质进行认定。如国家税务总局先后发布了《关于中国移动通信集团公司有关所得税问题的通知》(国税函〔2003〕847 号)、《关于中国联合通信有限公司有关所得税问题的通知》(国税函〔2003〕1329 号)、《关于中国联通股份有限公司内地子公司缴纳企业所得税有关问题的通知》(国税函〔2003〕1401 号)、《关于中国网通集团(香港)有限公司内地子公司有关所得税处理问题的通知》(国税函〔2006〕235 号),即要求税务机关要具体根据纳税人的实际经营情况对销售折让进行认定。

从上述法规可以看出,本质上,销售折让是指销货方在销售货物后,基于合理的商业目的或原因,给予购货方相应的价格减让、价格优惠或补偿等。上述法规均在税务处理上允许纳税人在确认收入时扣减相应的销售折让,既体现了实质课税原则,也体现了税法公平与正义原则。

(2)万胜公司基础奖励金业务和金融贴息奖励金业务符合税法关于销售折让的规定。

①万胜公司基础奖励金业务和金融贴息奖励金业务属于销售折让。

万胜公司作为X品牌车辆在中国大陆地区的总经销商,采用的基本商业模式是万胜公司将车辆销售给经销商后,由经销商销售给最终消费者。万胜公司为了增加其在中国市场的销售数量,通过和经销商的紧密沟通,企划推行适宜的促销政策;经销商则基于这些政策,为了实现销量最大化开展各种营销活动。万胜公司将车辆销售给经销商后,会根据市场情况以及对竞争对手战略的考虑,推出一些促销政策,对其向经销商销售车辆的批发价格进行调整。万胜公司(销货方)给予经销商(购货方)的基础奖励金及金融贴息奖励金,都是在其销售完成后,由万胜公司企划推行的,为了实现万胜公司自身销量最大化的政策,是基于合理的商业目的,根据市场情况的变化而给予经销商(购货方)的价格减让、价格优惠或补偿。例如,金融贴息奖励金是万胜公司在车辆出现滞销或者有降价趋势时施行的促销手段,鼓励经销商采取金融贴息的政策销售车辆,而万胜公司对经销商已销售车辆进行价格调整。基础奖励金又称"销售达成奖励金",也是万胜公司为了促进经销商消化库存而给予经销商的对于已销售产品的价格优惠和调整。

因此,万胜公司(销货方)给予经销商(购货方)的基础奖励金及金融贴息奖励金均属于国税函〔2008〕875号文、财会〔2006〕3号文、《增值税暂行条例实施细则》及国税发〔2006〕156号文规定的销售折让。

②基础奖励金业务中给予经销商的销售折让符合国税函〔2006〕1279号文的规定。

《销售折让协议》约定:"当经销商一定时期内累计购货达到一定数量时,给予经销商相应价格优惠。"在履行《销售折让协议》时,万胜公司以经销商零售数量为基础计算给予经销商销售折让金额,不影响基础奖励金本身作为销售折让的实质。原因在于:第一,万胜公司作为X品牌进口车辆的总经销商,负有全面维护和管理两品牌进口车辆在中国大陆地区的经销体系的责任。在我国现行的经销商制度下,只有经销商最终达成终端销售,该销售业绩才能被外界认可;第二,万胜公司作为X两品牌进口车辆在中国大陆地区唯一正规授权的总经销商,是经销商购进两品牌进口车辆的唯一渠道,经销商的零售数量实质上等同于万胜公司的批售数量;第三,万胜公司给予经销商每一台车的奖励金均可以追溯到其销售给经销商的每一台车的车架号,对经销商售出车辆进行的奖励与对经销商从万胜公司处采购车辆进行的奖励一一对应;第四,以经销商零售数量为基础计算给予经销商的销售折让是对"经销商一定时期内累计购货达到一定数量"额外附加了更为严格的条件"经销商需将车辆售出",目的在于防止经销商为了获得奖励金而积压不必要的库存。

可见,万胜公司开展的基础奖励金业务是因经销商在一定时期内累计从万胜公司处购买货物达到一定数量时给予经销商的价格优惠,符合国税函〔2006〕1279号文的规定。

③金融贴息奖励金业务中给予经销商的销售折让符合国税函〔2006〕1279 号文的规定。

近年来,豪华品牌汽车的竞争日趋激烈,进口车厂商普遍存在消化库存和降价的压力。但直接降低车辆售价对于品牌形象、市场定位等均会产生一定的负面影响。万胜公司与其他豪华品牌厂商一样,不倾向于采取直接降低车辆价格的方式促销。在金融贴息奖励金业务中,虽然经销商销售给消费者的车辆的票面售价不变,但因经销商需承担利息支出(银行向经销商支付贷款时扣除了利息),其从消费者和银行实际收到的购车款是少于票面售价的。对于因此给经销商造成的回款金额减少,万胜公司以金融贴息奖励金的方式对经销商给予补偿,补偿金额以导致经销商回款金额减少的贷款利息金额为基础计算。如前所述,金融贴息奖励金使消费者更容易通过贷款购买车辆,实质上是万胜公司对其已经销售给经销商的车辆进行的一种补偿,经销商通过金融贴息销售一台库存车辆,万胜公司给予经销商一定金额的优惠,由于经销商销售的车辆数量等于其从万胜公司采购的车辆数量,在这个意义上也符合"经销商一定时期内累计购货达到一定数量,万胜公司给予经销商相应的价格优惠或补偿等折扣、折让行为"。

因此,万胜公司给予经销商"金融贴息奖励金"的实质是万胜公司对于其已经销售的商品,由于该商品市场价格下降等原因,而给予经销商的补偿,属于国税函〔2006〕1279 号文规定的"由于经销商一定时期内累计购货达到一定数量或市场价格下降等原因,销货方给予购货方相应的价格优惠或补偿等折扣、折让行为"。

(3)万胜公司对基础奖励金业务及金融贴息奖励金业务中发生的销售折让开具红字增值税专用发票符合税法规定。

《增值税暂行条例》第 6 条第 1 款规定:"销售额为纳税人发生应税销售行为收取的全部价款和价外费用,但是不包括收取的销项税额。"万胜公司在 2013 年度、2014 年度已将收到的全部价款计入收入总额并申报纳税。《增值税暂行条例实施细则》第 11 条第 1 款规定:"小规模纳税人以外的纳税人(以下称一般纳税人)因销售货物退回或者折让而退还给购买方的增值税额，应从发生销售货物退回或者折让当期的销项税额中扣减；因购进货物退出或者折让而收回的增值税额，应从发生购进货物退出或者折让当期的进项税额中扣减。”国税发〔2006〕156号文第14条中规定：“一般纳税人取得专用发票后，发生销货退回、开票有误等情形但不符合作废条件的，或者因销货部分退回及发生销售折让的，购买方应向主管税务机关填报《开具红字增值税专用发票申请单》。”万胜公司在基础奖励金业务及金融贴息奖励金业务中向经销商给予销售折让时，也严格按照税法规定依据经销商主管税务机关开具的《开具红字增值税专用发票通知单》向经销商开具了红字增值税专用发票。同时，经销商按照国税发〔2006〕156号文第18条的规定将进项税额转出。万胜公司该两项业务的税务处理完全符合《增值税暂行条例》第4条、第5条、第6条，《增值税暂行条例实施细则》第11条以及国税发〔2006〕156号文第14条的规定。

（4）M市国家税务局适用法律依据错误。

①M市国家税务局认定开展基础奖励金业务及金融贴息业务不属于销售折让为适用法律依据错误。

根据前文所述，万胜公司开展基础奖励金业务及金融贴息业务符合税法关于销售折让的规定。M市国家税务局认为前述业务不属于销售折让，不适用国税函〔2006〕1279号文，不应开具红字增值税专用发票为适用法律依据错误。

②M市国家税务局对国税函〔2006〕1279号文的法律适用错误。

首先，国税函〔2006〕1279号文是授权性规范，不得作为禁止万胜公司开具红字增值税专用发票的依据。从国税函〔2006〕1279号文的字面含义来看，国税函〔2006〕1279号文规定：“纳税人销售货物并向购买方开具增值税专用发票后，由于购货方在一定时期内累计购买货物达到一定数量，或者由于市场价格下降等原因，销货方给予购货方相应的价格优惠或补偿等折扣、折让行为，销货方可按现行《增值税专用发票使用规定》的有关规定开具红字增值税专用发票。”其“可按”明确了国税函〔2006〕1279号文是授权性规范而非禁止性规范。实践中导致发生销售折让的原因多种多样，如仅将因购货方在一定时期内累计购买货物达到一定数量或者市场价格下降两个原因导致的价格优惠或补偿作为销售折让处理，显然与社会生活的实际不符。因此，国税函〔2006〕1279号文不应作为判定万胜公司不能开具红字增值税专用发票的依据。M市国家税务局以国税函〔2006〕1279号文作为本案中不允许万胜公司开具红字增值税专用发票的执法依据为适用法律依据错误。

其次,M 市国家税务局的处理不符合国税函〔2006〕1279 号文发布的目的。国家税务总局于 2006 年 10 月 17 日发布了国税发〔2006〕156 号文。随后发布的国税函〔2006〕1279 号文中明确规定:“近接部分地区询问,因市场价格下降等原因,纳税人发生的销售折扣或折让行为应如何开具红字增值税专用发票。经研究,明确如下……”可见,国税函〔2006〕1279 号文在国税发〔2006〕156 号文颁布后、实施前出台,是对国税发〔2006〕156 号文的解释和补充,其发布目的在于明确如何开具红字增值税专用发票的程序性问题,目的在于确保增值税链条的完整性进而避免重复征税。M 市国家税务局片面理解国税函〔2006〕1279 号文的字面含义,认为万胜公司开展的基础奖励金业务及金融贴息奖励金业务不属于该文规定的销售折让,是对该文的狭义解释。M 市国家税务局错误地以国税函〔2006〕1279 号文作为判定能否开具红字增值税专用发票的依据,与国税函〔2006〕1279 号文发布的目的相违背,曲解了国税函〔2006〕1279 号文的原意,割裂了增值税的抵扣链条,进而造成重复征税,增加了包括万胜公司在内的纳税人的税收负担。

最后,国税函〔2006〕1279 号文法律级次低,M 市国家税务局不得单独以该文作为判定可否开具红字增值税专用发票的依据。《税务规范性文件制定管理办法》第 2 条第 1 款规定:“本办法所称税务规范性文件,是指县以上税务机关依照法定职权和规定程序制定并公布的,影响纳税人、缴费人、扣缴义务人等税务行政相对人权利、义务,在本辖区内具有普遍约束力并在一定期限内反复适用的文件。国家税务总局制定的部门规章,不属于本办法所称的税务规范性文件。”从法律层级上看,国税函〔2006〕1279 号文并非税收规范性文件,仅是作为“规范性文件”的国税发〔2006〕156 号文的解释性文件。国家税务总局《关于印发〈全国税务机关公文处理办法〉的通知》(国税发〔2012〕92 号)第 29 条中规定:“税总函〔公元年份〕×号。适用于:向下级机关部署局部的、阶段性的或临时性的工作;对年度税收计划作局部调整;对税务经费作局部和临时性的安排;对税务日常工作有关情况的通报;一般性的表扬或批评;与平级机关商洽事宜、答复问题或报送需要平级机关核批的事项;转发上级机关的一般性文件、平级机关与税收工作有关的文件;对下级机关的请示事项予以批复;对人大议案、建议和政协提案的答复等。”可见,国税函〔2006〕1279 号文无权设定涉及纳税人权利、义务的规范,M 市国家税务局不得单独以国税函〔2006〕1279 号文作为判定万胜公司可否开具红字增值税专用发票的依据,而应结合业务实质,根据国税函〔2008〕875 号文、财会〔2006〕3 号文、《增值税暂行条例实施细则》及国税发〔2006〕156 号文等文件综合分析判断。

（二）《税务处理决定书》（M 国税稽处〔2015〕749 号）明显不当

1.《税务处理决定书》（M 国税稽处〔2015〕749 号）有损行政行为的确定力和公信力，并将造成税收执法不一

行政行为的确定力，是指行政行为成立、生效后具有相对稳定性，非依法不得随意撤销和变更。经销商所在地主管税务机关出具《开具红字增值税专用发票通知单》为合法有效的具体行政行为，且《开具红字增值税专用发票通知单》上注明“开具红字专用发票理由”为“××年××季度销售折让”。可见，经销商所在地主管税务机关经实质审查，将万胜公司基础奖励金业务及金融贴息奖励金业务认定为销售折让。M 市国家税务局作出《税务处理决定书》（M 国税稽处〔2015〕749 号）认定万胜公司基础奖励金业务及金融贴息奖励金业务不属于销售折让否定了经销商所在地主管税务机关的认定结果，并实质上导致《开具红字增值税专用发票通知单》无效。在无新的事实与理由的情况下，M 市国家税务局否定经销商主管税务机关依法开具的《开具红字增值税专用发票通知单》，作出《税务处理决定书》（M 国税稽处〔2015〕749 号）损害了行政行为的确定力和公信力。

万胜公司咨询多个省市税务机关，均认为万胜公司基础奖励金业务及金融贴息奖励金业务属于销售折让，可以开具红字增值税专用发票。《税务处理决定书》（M 国税稽处〔2015〕749 号）也造成 M 市与全国其他省市的税收执法不一。

2.《税务处理决定书》（M 国税稽处〔2015〕749 号）造成了重复征税，有违税收公平原则、税收中性原则

在库融资业务中，由于该笔利息支出是万胜公司实际发生的成本费用，经销商未在税前扣除，且金融机构已就其取得的该利息所得计算缴纳企业所得税。M 市国家税务局不允许万胜公司税前扣除将直接导致万胜公司及经销商均不得将这部分成本在企业所得税前扣除，造成企业所得税的重复征税。基础奖励金业务及金融贴息奖励金业务中，经销商所在地主管税务机关已经向经销商及万胜公司出具《开具红字增值税专用发票通知单》，经销商届时已进行增值税进项税额转出并调增了主营业务成本，而 M 市国家税务局不允许万胜公司相应冲减其增值税销项税额及主营业务收入，将直接导致该项业务中增值税和企业所得税的重复征税。

税收公平原则是税法的基本原则之一，是指纳税人的法律地位必须平等，税收负担在纳税人之间公平分配。《税务处理决定书》（M 国税稽处〔2015〕749 号）直接导致万胜公司和经销商就同一交易重复承担了税收，加重了万胜公司和经销商

的税收负担,致使税收负担在万胜公司、经销商和其他纳税人之间不公平地分配,违背了税收公平原则。

税收中性原则要求税收不应该超越市场成为决定市场主体经济决策的因素,税收不能给纳税人带来额外的经济负担。万胜公司采用的在库融资业务、基础奖励金业务及金融贴息奖励金业务,是为了促进销售而产生的商业模式,也是对消费者的让利行为,是具有合理商业目的的市场资源配置。这些促销手段多年来被全球汽车销售行业普遍采取,业已形成了全球汽车销售市场的交易惯例。不仅如此,随着金融创新和互联网行业的发展,类似促销手段也不断被不动产销售、家电销售等各行业广泛采用。M 市国家税务局作出《税务处理决定书》(M 国税稽处〔2015〕749 号)不允许万胜公司在企业所得税前扣除在库融资业务下实际发生的、与取得收入有关的、合理的利息支出,也不允许对基础奖励金业务及金融贴息奖励金业务开具红字增值税专用发票,扭曲了万胜公司商业模式的正常选择,有违税收中性原则。

(三)结论

万胜公司税前扣除在库融资业务中的利息属于企业实际发生的、与取得收入有关的、合理的支出,应当允许万胜公司在企业所得税前扣除。万胜公司在基础奖励金业务及金融贴息奖励金业务中发生的促销活动费用应属万胜公司给予经销商的折扣、折让,符合税法规定可以开具红字增值税专用发票的情形,应当允许万胜公司开具红字增值税专用发票。M 市国家税务局作出的《税务处理决定书》(M 国税稽处〔2015〕749 号)不仅没有法律依据,还将造成重复征税、税收不公平等问题,属于明显不当的具体行政行为。

三、本案启示

虽然本案最终得到了妥善处理,但万胜公司为解决本案仍然付出了巨大的成本,如在复议之前缴纳巨额税款及滞纳金,付出了资金成本,组织人力、物力进行税务行政复议造成巨大的损耗。通过本案,笔者想提醒企业,一旦企业交易涉及的税务处理在税法上可能产生争议,最佳策略是提早与主管税务机关咨询相关涉税事宜,避免日后发生争议。

【链接】

销售折让的税会处理及红字发票开具相关规定

销售折让,是指企业因售出商品质量不符合要求等原因而在售价上给予的减让。企业将商品销售给买方后,如买方发现商品在质量、规格等方面不符合要求,可能要求卖方在价格上给予一定的减让。

一、销售折让方式税务处理

(一)企业所得税

国税函〔2008〕875 号文第 1 条第 5 款明确规定,企业因售出商品的质量不合格等原因而在售价上给的减让属于销售折让;企业因售出商品质量、品种不符合要求等原因而发生的退货属于销售退回。企业已经确认销售收入的售出商品发生销售折让和销售退回,应当在发生当期冲减当期销售商品收入。

(二)增值税

《增值税暂行条例实施细则》第 11 条规定:"小规模纳税人以外的纳税人(以下称一般纳税人)因销售货物退回或者折让而退还给购买方的增值税额,应从发生销售货物退回或者折让当期的销项税额中扣减;因购进货物退出或者折让而收回的增值税额,应从发生购进货物退出或者折让当期的进项税额中扣减。一般纳税人销售货物或者应税劳务,开具增值税专用发票后,发生销售货物退回或者折让、开票有误等情形,应按国家税务总局的规定开具红字增值税专用发票。未按规定开具红字增值税专用发票的,增值税额不得从销项税额中扣减。"

财政部、国家税务总局《关于全面推开营业税改征增值税试点的通知》(财税〔2016〕36 号)对一般纳税人及适用简易计税方法的纳税人发生销售折让时的增值税处理进行了规定,并明确了发生销售折让时应按照规定开具红字增值税专用发票。第 32 条规定:"纳税人适用一般计税方法计税的,因销售折让、中止或者退回而退还给购买方的增值税额,应当从当期的销项税额中扣减;因销售折让、中止或者退回而收回的增值税额,应当从当期的进项税额中扣减。"第 36 条规定:"纳税人适用简易计税方法计税的,因销售折让、中止或者退回而退还给购买方的销售额,应当从当期销售额中扣减。扣减当期销售额后仍有余额造成多缴的税款,可以从以后的应纳税额中扣减。"第 42 条规定:"纳税人发生应税行为,开具增值税专用发票后,发生开票有误或者销售折让、中止、退回等情形的,应当按照国家税务总局的规定开具红字增值税专用发票;未按照规定开具红字增值税专用发票的,不得按照本办法第三十二条和第三十六条的规定扣减销项税额或者销售额。”

(三)发生销售折让时红字发票开具方式

《发票管理办法实施细则》第27条第2款规定,开具发票后,如发生销售折让的,必须在收回原发票并注明“作废”字样后重新开具销售发票或取得对方有效证明后开具红字发票。

国家税务总局《关于全面推行增值税发票系统升级版有关问题的公告》(国家税务总局公告2015年第19号)对红字发票的开具作了较为翔实的规定,具体规定如下:

“(一)一般纳税人开具增值税专用发票或货物运输业增值税专用发票(以下统称专用发票)后,发生销货退回、开票有误、应税服务中止以及发票抵扣联、发票联均无法认证等情形但不符合作废条件,或者因销货部分退回及发生销售折让,需要开具红字专用发票的,暂按以下方法处理:

“1.专用发票已交付购买方的,购买方可在增值税发票系统升级版中填开并上传《开具红字增值税专用发票信息表》或《开具红字货物运输业增值税专用发票信息表》(以下统称《信息表》)。《信息表》所对应的蓝字专用发票应经税务机关认证(所购货物或服务不属于增值税扣税项目范围的除外)。经认证结果为‘认证相符’并且已经抵扣增值税进项税额的,购买方在填开《信息表》时不填写相对应的蓝字专用发票信息,应暂依《信息表》所列增值税税额从当期进项税额中转出,未抵扣增值税进项税额的可列入当期进项税额,待取得销售方开具的红字专用发票后,与《信息表》一并作为记账凭证;经认证结果为‘无法认证’、‘纳税人识别号认证不符’、‘专用发票代码、号码认证不符’,以及所购货物或服务不属于增值税扣税项目范围的,购买方不列入进项税额,不作进项税额转出,填开《信息表》时应填写相对应的蓝字专用发票信息。

“专用发票尚未交付购买方或者购买方拒收的,销售方应于专用发票认证期限内在增值税发票系统升级版中填开并上传《信息表》。

“2.主管税务机关通过网络接收纳税人上传的《信息表》,系统自动校验通过后,生成带有‘红字发票信息表编号’的《信息表》,并将信息同步至纳税人端系统中。

“3.销售方凭税务机关系统校验通过的《信息表》开具红字专用发票,在增值税发票系统升级版中以销项负数开具。红字专用发票应与《信息表》一一对应。

“4.纳税人也可凭《信息表》电子信息或纸质资料到税务机关对《信息表》内容

进行系统校验。

“5. 已使用增值税税控系统的一般纳税人，在纳入升级版之前暂可继续使用《开具红字增值税专用发票申请单》。

“（二）税务机关为小规模纳税人代开专用发票需要开具红字专用发票的，按照一般纳税人开具红字专用发票的方法处理。

“（三）纳税人需要开具红字增值税普通发票的，可以在所对应的蓝字发票金额范围内开具多份红字发票。红字机动车销售统一发票需与原蓝字机动车销售统一发票一一对应。”

随着增值税发票开具系统的不断升级，红字发票的开具方式也产生了一些变化，国家税务总局《关于红字增值税发票开具有关问题的公告》（国家税务总局公告 2016 年第 47 号）第 1 条对红字发票的开具又作出了新的规定，之前的国家税务总局公告 2015 年第 19 号文也随之废止。新规对发生销售折让时红字发票开具的具体方式进行了规定：

增值税一般纳税人开具增值税专用发票（以下简称专用发票）后，发生销货退回、开票有误、应税服务中止等情形但不符合发票作废条件，或者因销货部分退回及发生销售折让，需要开具红字专用发票的，按以下方法处理：

购买方取得专用发票已用于申报抵扣的，购买方可在增值税发票管理新系统中填开并上传《信息表》，在填开《信息表》时不填写相对应的蓝字专用发票信息，应暂依《信息表》所列增值税税额从当期进项税额中转出，待取得销售方开具的红字专用发票后，与《信息表》一并作为记账凭证。购买方取得专用发票未用于申报抵扣、但发票联或抵扣联无法退回的，购买方填开《信息表》时应填写相对应的蓝字专用发票信息。

销售方开具专用发票尚未交付购买方，以及购买方未用于申报抵扣并将发票联及抵扣联退回的，销售方可在新系统中填开并上传《信息表》。销售方填开《信息表》时应填写相对应的蓝字专用发票信息。

主管税务机关通过网络接收纳税人上传的《信息表》，系统自动校验通过后，生成带有“红字发票信息表编号”的《信息表》，并将信息同步至纳税人端系统中。

销售方凭税务机关系统校验通过的《信息表》开具红字专用发票，在新系统中以销项负数开具。红字专用发票应与《信息表》一一对应。

纳税人也可凭《信息表》电子信息或纸质资料到税务机关对《信息表》内容进行系统校验。

二、销售折让的会计处理

《企业会计准则第14号——收入》第8条第1款规定:“企业已经确认销售商品收入的售出商品发生销售折让的,应当在发生时冲减当期销售商品收入。”依据《中华人民共和国企业所得税法实施条例释义及适用指南》的解释,企业已经确认销售货物收入的售出货物发生销售折让的,应当在发生时冲减当期销售货物收入。关于销售折让的会计处理有以下两种方式:

1. 如果发生销售折让时,企业尚未确认销售商品收入的,则应在确认销售商品收入时直接按扣除销售折让后的金额确认,这一点与发生商业折扣的处理方法一致;

2. 企业已经确认销售商品收入的售出商品发生销售折让,且不属于资产负债表日后事项的,应在发生时冲减当期的销售商品收入。

借:主营业务收入

　应交税费——应交增值税(销项税额)

　贷:应收账款或银行存款

三、销售折让会计分录举例

例:甲公司2020年7月18日销售一批商品,增值税发票注明的售价为40,000元,增值税为5200元,该批产品的成本为35,000元。货到后买方发现商品质量与合同要求不一致,要求给予价款5%的折让,甲公司同意折让。为此甲公司所做的会计分录为:

7月18日销售实现时:

借:应收账款　45,200

　贷:主营业务收入　40,000

　　应交税费——应交增值税(销项税额)　5200

借:主营业务成本　35,000

　贷:库存商品　35,000

　　发生销售折让时:

借:主营业务收入　2000

　应交税费——应交增值税(销项税额)　260

　贷:应收账款　2260

实际收款时:

借:银行存款　42,940

贷:应收账款　42,940

与销售折让的会计处理还有一个密切相关的问题,就是进项税额转出会计分录。

发生需要转出时:

借:库存商品(在建工程、原材料、销售费用)

贷:应交税金——应交增值税(进项税转出)

月底进行结转时:

借:应交税法——应交增值税(进项税转出)

贷:应交税费——应交增值税(未交增值税)

企业涉嫌滥用股息受益所有人身份避税案

【导读】

在新《企业所得税法》施行之前,原有税制对外资企业优惠幅度较大,境内外商投资居民企业向境外投资者支付股息无须缴纳预提所得税,我国与其他国家或地区签订的税收协定对跨境投资者不具有很强的诱惑力,企业基本不考虑利用税收协定优惠避免双重纳税。滥用税收协定的情况即使存在,在我国所得税制并不完善的背景下避税问题并不突出。而在2008年新税法施行之后,对外资企业、港澳台资企业的优惠幅度降低,原有的税收优惠政策逐步取消,低税率不复存在,利用传统转让定价等方法转移利润被调查调整的风险增加。企业开始重视和利用税收协定的优惠政策,甚至引入代理人或者设立导管公司,进行协定挑选,滥用税收协定优惠政策。

境外投资者需要享受其所在国家或地区与我们之间的税收协定优惠政策的,首先应当完成受益所有人身份认定程序。随着国家税务总局相关文件的出台,受益所有人身份的认定难度逐渐加大,以往境外投资者以避税、转移利润等目的采取代理人、设立导管公司的做法逐渐面临巨大的纳税调整风险,涉及受益所有人身份认定的税务争议案件逐渐增多。未来中国税务机关打击税收协定滥用行为的力度会逐渐加大,企业应当积极审视自身的商业架构,应对税收协定滥用的税务风险。

一、案情简介

(一)案件基本信息

案件类型:滥用受益所有人身份避税

涉案金额:税款6188万元

法律风险:否定受益所有人身份,不允许享受税收协定优惠,扣缴股息预提所得税6188万元

(二)案件详情

P公司是一家注册地位于毛里求斯共和国的投资控股公司,注册时间为2000年2月9日。A集装箱码头公司(以下简称A公司)是一家中外合资企业,成立于2002年2月1日,注册地位于某省Q市,经营范围为:集装箱装卸、堆存、保管、维

修以及各类大型、异型货物的拆装箱、拼箱业务。P 公司持有 A 公司 49% 的股权。

2010 年 5 月初，A 公司经董事会决议，向 P 公司支付股息 61,880 万元。同月，A 公司与 P 公司共同委托 Q 市某会计师事务所向 Q 市国家税务局递送对外付汇税务证明和享受税收协定优惠的申请，要求根据《中华人民共和国政府和毛里求斯共和国政府关于对所得避免双重征税和防止偷漏税的协定》第 10 条第 2 款的规定，按照 5% 的协定优惠税率申报缴纳 6188 万元股息的预提所得税，即由 A 公司代扣代缴 P 公司的股息所得税 3094 万元。

Q 市国家税务局在审核过程中发现 P 公司存在诸多疑点，随后约谈了 P 公司的委托代理人，要求进一步提供补充资料，P 公司针对 Q 市国家税务局提出的问题进行了陈述和辩解。最终 Q 市国家税务局根据国家税务总局《关于如何理解和认定税收协定中“受益所有人”的通知》（国税函〔2009〕601 号）第 1 条、第 2 条〔1〕以及国家税务总局《关于印发〈非居民享受税收协定待遇管理办法（试行）〉的通知》（国税发〔2009〕124 号）〔2〕第 16 条的规定，认定 P 公司不属于受益所有人，而是具有避税目的的导管公司，并根据《企业所得税法》第 2 条、第 3 条、第 27 条、第 37 条及《企业所得税法实施条例》第 91 条的规定，要求 A 公司应按照 10% 的税率代扣代缴 P 公司 2010 年度股息所得的非居民企业所得税 6188 万元。2010 年 6 月 1 日，A 公司足额代扣代缴 P 公司的股息所得税 6188 万元。

（三）各方观点

Q 市国家税务局认为：P 公司是主要以避税为目的设立的导管公司，仅从法律形式上属于毛里求斯共和国的居民企业。根据实质重于形式原则，不认定其为税收协定中的受益所有人，不能享受税收协定中关于股息所得税的优惠待遇。

P 公司认为：其属于投资控股公司，仅对 A 公司实施单独投资和管理，主要负责对 A 公司的投资决策，不需要生产、销售员工，具有合理商业目的，并非存在减少税收、转移利润的目的。

（四）争议焦点

P 公司是否属于税收协定规定的受益所有人。

（五）争议解决

华税律师事务所是 Q 市国家税务局的常年法律顾问。Q 市国家税务局通过涉

〔1〕 该文件已于 2018 年 4 月 1 日被国家税务总局《关于税收协定中“受益所有人”有关问题的公告》（国家税务总局公告 2018 年第 9 号）废止。相关规定参见后者第 1 条、第 2 条。

〔2〕 该文件已于 2015 年 11 月 1 日被国家税务总局《关于发布〈非居民纳税人享受税收协定待遇管理办法〉的公告》（国家税务总局公告 2015 年第 60 号）废止。

外纳税风险预警系统识别出P公司适用税收协定优惠申请存在避税风险后,与华税律师团队展开积极沟通。华税律师团队收到申请案的有关材料后及时对企业经济实质和协定优惠政策适用有关法律规定进行了分析,并为Q市国家税务局提出了专业建议。Q市国家税务局根据华税律师团队提供的建议要求P公司提供了相关资料,并与P公司展开沟通和意见交换。最终P公司接受了Q市国税务局的处理意见,未实施滥用受益所有人身份避税的行为,国家税收得以有效保障。

二、税务律师点评

(一)P公司应当就来源于中国境内的股息收入履行纳税义务

P公司的注册地在毛里求斯,且其实际管理机构也在境外,因此根据《企业所得税法》第2条的规定,P公司属于非居民企业。

根据《企业所得税法》第3条、第27条、第37条及《企业所得税法实施条例》第91条的规定,非居民企业在境内没有设立机构、场所并且取得来源于境内的收入的,应当依照10%的税率在境内缴纳企业所得税。对非居民企业取得的上述收入实行源泉扣缴,以支付人为扣缴义务人,税款由扣缴义务人在每次支付或者到期应支付时,从支付或者到期应支付的款项中扣缴。A公司经过董事会决议向其境外股东P公司支付股息共计6188万元,P公司就取得的这部分境内股息收入在境内具有纳税义务。A公司作为股息支付方应当在支付股息时履行代扣代缴P公司的股息所得税6188万元的义务。

(二)P公司有权申请享受中国与毛里求斯税收协定的优惠

根据《企业所得税法》第58条的规定,中国政府同外国政府订立的有关税收的协定与《企业所得税法》有不同规定的,依照税收协定的规定处理。根据《中华人民共和国政府和毛里求斯共和国政府关于对所得避免双重征税和防止偷漏税的协定》第10条的规定,缔约国一方居民公司支付给缔约国另一方居民的股息,可以在支付股息的公司是其居民的缔约国按照该缔约国法律征税,但是,如果收款人是股息受益所有人,则所征税款不应超过股息总额的5%。

根据中国与毛里求斯税收协定的规定,中国政府对注册地位于毛里求斯的非居民企业取得的境内股息所得享有征税权,并且当股息收款人符合受益所有人身份的,协定规定的5%的税率优先适用中国《企业所得税法》规定的10%的税率。因此,P公司委托境内A公司在履行代扣代缴义务时,可以同时向境内税务机关提请享受税收协定优惠待遇。

（三）P 公司的申请不符合“受益所有人”的身份认定，不能适用税收协定优惠

根据国税函〔2009〕601 号文的规定，税收协定中的受益所有人是指对所得或者所得据以产生的权利或财产具有所有权和支配权的人，一般从事实质性的经营活动。代理人、导管公司不属于受益所有人。判断受益所有人身份时，应当遵循实质重于形式原则、避免双重征税原则以及防止偷漏税原则。国税函〔2009〕601 号文列举了七种不利于对申请人受益所有人身份认定的因素：(1)申请人有义务在规定时间内将所得的全部或绝大部分支付或派发给第三国（地区）居民；(2)除持有所得据以产生的财产或权利外，申请人没有或几乎没有其他经营活动；(3)申请人的资产、规模和人员配置与所得数额难以匹配；(4)对于所得或所得据以产生的财产或权利，申请人没有或几乎没有控制权或处置权，也不承担或很少承担风险；(5)缔约对方国家（地区）对有关所得不征税或免税，或征税但实际税率极低；(6)在利息据以产生和支付的贷款合同之外，存在债权人与第三人之间在数额、利率和签订时间等方面相近的其他贷款或存款合同；(7)在特许权使用费据以产生和支付的版权、专利、技术等使用权转让合同之外，存在申请人与第三人之间在有关版权、专利、技术等的使用权或所有权方面的转让合同。

本案中，Q 市国家税务局经过调查，发现 P 公司存在以下事实：(1)P 公司共有 7 名董事，仅有 2 名董事常驻于毛里求斯共和国，其他董事均驻于毛里求斯境外，且没有任何工资、薪金支出记录，各董事从未从事实质性工作；(2)P 公司的收入构成主要由股息、利息等消极所得，没有任何实质性经营活动；(3)P 公司在毛里求斯共和国的注册资本为 981 万美元，在中国境内的投资额高达 1.5 亿美元，资金来源和资金支配权完全受控于 P 公司的上一级投资方；(4)P 公司无法向税务机关提交在毛里求斯的纳税证明情况以及未能够证明对取得的股息具有控制权和处置权的情况说明；(5)在毛里求斯路易港注册的公司从境外取得的股息、红利免税。上述五项事实符合国税函〔2009〕601 号文规定的不利于认定受益所有人身份的因素第(1)至(5)项，存在避税目的，缺乏合理的商业目的，按照实质重于形式原则，应当认定 P 公司为导管公司，即以逃避或减少税收、转移或累积利润等为目的而设立的公司。这种导管公司仅在所在国登记注册，以满足法律所要求的组织形式，而不从事制造、经销、管理等实质性经营活动。Q 市国家税务局否定 P 公司受益所有人的身份具有充分的事实依据，适用法律并无不当。

（四）结论

根据实质重于形式原则以及防止偷漏税原则，Q 市国家税务局否定了 P 公司

作为受益所有人享受税收协定优惠待遇的申请,认定其实质系导管公司,拒绝其适用中国与毛里求斯税收协定中的股息条款,要求股息支付方A公司应当按照10%的税率代扣代缴P公司股息的预提所得税。Q市国家税务局经过1个月的努力,成功阻止了一家集装箱码头公司境外股东试图利用税收协定优惠待遇进行避税的行为。

三、本案启示

随着我国税务机关对滥用税收协定优惠政策的避税安排打击力度逐渐加大,跨境投资者应当积极应对税务风险,审视和重组自身的商业架构,确保符合"合理商业目的",有针对性地调整税务筹划方案,合理合法地节约税务成本,有效防范税务风险。尤其是国际投资控股型公司和国际企业集团,应当做好受益所有人身份认定的应对工作,避免由于自身疏忽而导致认定失败,以致引发税务争议,承担不必要的纳税损失。我国税务机关在受益所有人的问题上所采取的做法正越来越趋同于国际,将实质性经营活动视为重要的参考因素,将申请人对所得是否具有所有权、控制权和处置权作为决定性因素,严格遵循实质重于形式原则。企业在审视自身商业架构时应当特别注重以下五个方面:

(一)规范、保存境外投资公司的各类资料

严格按照所在国家或地区相关法律的规定,规范和保存境外投资公司的所在国家或地区税务居民企业证明、公司章程、财务报表、董事会会议记录、董事会决议、股东会会议记录、股东会决议、资金流向及费用支出的详细凭证、投融资合同、各类经营合同、特许权使用或转让合同、代理合同、专利版权证明文件等。

(二)调整境外投资公司的利润分配方案

跨境企业应当合理调整境内外投资公司的利润分配方案,使境内外公司取得合适的利润。适当延长利润分配时间,以渐进的方式进行利润或其他所得的派发及分配。要控制向第三国或者地区居民的利润分配,比例不超过60%。同时,企业还应当规范和保存以往年度利润分配的决议文件、表明其与控股公司间权利义务的相关资料等。

(三)强化投资项目的"经营性"

对于主要以投资项目为经营活动或者为单个项目设立的境外投资公司,应当强化投资项目管理的经营性,包括完善投资项目的经营管理制度、方案、工作内容、流程、人员分工,突出对投资项目的监督管理工作。

（四）充实资产、规模和人员

增加境外投资公司的注册资本，适当吸收境内的无形资产，配置合适的本地管理团队，并使其拥有相应的决策权以及公司资产和投资的管理权，完善人力资源建设，充实工作人员的分工、职责与工作实质。同时，企业应当规范和保存人员费用及支付凭据。

（五）强化公司对所得的控制权和处置权

完善公司章程中关于控制权、处置权的规定，规范和保存往期处置、控制行为的证明，如将所得用于项目投资、配股、转增股本、企业合并、收购及风险投资等资本运作活动，规范和保存控制或处置的董事会决议、股东会决议。

从目前实践来看，我国税务机关认定受益所有人身份的严厉程度在相当长的时间内难以有很大幅度的降低。自2010年起，全国各地纷纷出现大量因申请受益所有人身份失败而无法适用税收协定优惠的案例。2010年6月，深圳市某国家税务局以一家香港母公司的规模与所得不匹配、具有导管公司嫌疑为由拒绝其适用税收安排中的股息条款；2010年年末，重庆市国家税务局以一家境外控股公司的经营活动为零，且在其居住国不承担税负为由拒绝其适用税收协定中的股息条款。总之，跨境投资者应当合理合法地进行税收筹划，修正自身的滥用税收协定行为，注重审视自身商业架构，制定合理的商业目的，积极应对税务机关对自身受益所有人身份的审核，防止发生税务争议，预防和化解其中的税务风险。

* * *

【链接】

受益所有人身份认定

在国际税收实务中，受益所有人主要有三类，分别是股息受益所有人、利息受益所有人和特许权使用费受益所有人。国际上各国家或地区之间签署的税收协定中的股息条款、利息条款和特许权使用费条款通常会有关于受益所有人的规定，即缔约国一方纳税人申请享受税收协定的股息条款、利息条款或者特许权使用费条款的优惠待遇的，应当向缔约国另一方税务机关证明自己是股息受益所有人、利息受益所有人或特许权使用费受益所有人。

根据《关于发布〈非居民纳税人享受税收协定待遇管理办法〉的公告》（国家税务总局公告2019年第35号）的规定，非居民纳税人在自行判断能否享受税收协定优惠的基础上向中国税务机关提出适用税收协定的股息条款、利息条款或特许权使用费条款的优惠待遇时,应当向中国税务机关提交符合受益所有人身份的证据以及国家税务总局出台的如何认定受益所有人身份的税收规范性文件。这些文件主要是指国家税务总局《关于委托投资情况下认定受益所有人问题的公告》(国家税务总局公告 2014 年第 24 号)及《关于认定税收协定中"受益所有人"的公告》(国家税务总局公告 2012 年第 30 号)[1]。

国税函〔2009〕601 号文[2]明确列举了诸多不利于认定受益所有人身份认定的因素,不可谓不严厉。我国对受益所有人的认定标准远远高于经济合作与发展组织(OECD)以及其他国家的常用标准,规定的外延过于宽泛且具体的适用标准不够明确,与之相关的质疑和讨论不绝于耳。

2012 年 6 月,国家税务总局发布国家税务总局公告 2012 年第 30 号,对国税函〔2009〕601 号文的严厉规定进行了修正,要求税务机关在认定受益所有人时,应当对国税函〔2009〕601 号文第 2 条规定的各项因素进行综合分析和判断,不应仅因某项不利因素的存在而否定受益所有人身份。2013 年 4 月,国家税务总局再度发布《关于湖北等省市国家税务局执行内地与香港税收安排股息条款涉及受益所有人案例的处理意见》(税总函〔2013〕165 号),对受益所有人的认定进行局部的松绑,同时对各因素的适用进一步具体化。根据税总函〔2013〕165 号文的规定,税务机关应当以申请人利润分配情况说明、申请人与其控股公司权利义务的相关资料、企业章程、相关合同、协议或者公司决议等为依据如实判定申请人是否存在国税函〔2009〕601 号文第 2 条第 1 款第 1 项的情形。国税函〔2009〕601 号文第 2 条第 2 款第 2 项"没有或几乎没有其他经营活动"是指申请人除拥有单个投资项目外,再无其他投资项目或其他不同类型经营活动,但是,对于为单个项目所设立的投资公司,不能仅以此一项不利因素直接否定其受益所有人身份,还应当结合其他因素综合判定。分析国税函〔2009〕601 号文第 2 条第 2 款第 3 项时,应当综合分析申请人的资产情况,不应将"资产"等同于注册资本,对注册资本过低的申请人应结合其资金来源、投资风险承担等情况分析其资产与所得数额是否匹配;应当着重分析和审查其人员的职责与工作实质,不应仅依据人员数量及人员费用的支付与否等作

---

〔1〕 该文件已于 2018 年 4 月 1 日被国家税务总局《关于税收协定中"受益所有人"有关问题的公告》(国家税务总局公告 2018 年第 9 号)废止。

〔2〕 该文件已于 2015 年 11 月 1 日被国家税务总局《关于发布〈非居民纳税人享受税收协定待遇管理办法〉的公告》(国家税务总局公告 2015 年第 60 号)废止。

出判断。分析国税函〔2009〕601 号文第 2 条第 2 款第 4 项时，应当从三个方面进行分析：一是公司章程等相关法律文件是否有授予申请人相关控制权或处置权的规定；二是申请人是否发生过相关控制或处置的行为；三是已发生的相关处置行为是否出自申请人自主作出的决定。需要注意的是，税总函〔2013〕165 号文主要针对的是执行内地与香港税收安排股息条款涉及受益所有人的案件，对于其他与中国签订税收协定或税收安排的国家或地区的非居民纳税义务人申请认定受益所有人时税务机关应当参照适用税总函〔2013〕165 号文的相关规定。

附：

国家税务总局关于税收协定中“受益所有人”有关问题的公告

（国家税务总局公告 2018 年第 9 号）

为执行中华人民共和国政府对外签署的避免双重征税协定（简称“税收协定”），现就税收协定股息、利息、特许权使用费条款中“受益所有人”身份判定有关问题公告如下：

一、“受益所有人”是指对所得或所得据以产生的权利或财产具有所有权和支配权的人。

二、判定需要享受税收协定待遇的缔约对方居民（以下简称“申请人”）“受益所有人”身份时，应根据本条所列因素，结合具体案例的实际情况进行综合分析。一般来说，下列因素不利于对申请人“受益所有人”身份的判定：

（一）申请人有义务在收到所得的 12 个月内将所得的 50% 以上支付给第三国（地区）居民，“有义务”包括约定义务和虽未约定义务但已形成支付事实的情形。

（二）申请人从事的经营活动不构成实质性经营活动。实质性经营活动包括具有实质性的制造、经销、管理等活动。申请人从事的经营活动是否具有实质性，应根据其实际履行的功能及承担的风险进行判定。

申请人从事的具有实质性的投资控股管理活动，可以构成实质性经营活动；申请人从事不构成实质性经营活动的投资控股管理活动，同时从事其他经营活动的，如果其他经营活动不够显著，不构成实质性经营活动。

（三）缔约对方国家（地区）对有关所得不征税或免税，或征税但实际税率极低。

（四）在利息据以产生和支付的贷款合同之外，存在债权人与第三人之间在数额、利率和签订时间等方面相近的其他贷款或存款合同。

（五）在特许权使用费据以产生和支付的版权、专利、技术等使用权转让合同之外，存在申请人与第三人之间在有关版权、专利、技术等的使用权或所有权方面的转让合同。

三、申请人从中国取得的所得为股息时，申请人虽不符合“受益所有人”条件，但直接或间接持有申请人100%股份的人符合“受益所有人”条件，并且属于以下两种情形之一的，应认为申请人具有“受益所有人”身份：

（一）上述符合“受益所有人”条件的人为申请人所属居民国（地区）居民；

（二）上述符合“受益所有人”条件的人虽不为申请人所属居民国（地区）居民，但该人和间接持有股份情形下的中间层均为符合条件的人。

“符合‘受益所有人’条件”是指根据本公告第二条的规定，综合分析后可以判定具有“受益所有人”身份。

“符合条件的人”是指该人从中国取得的所得为股息时根据中国与其所属居民国（地区）签署的税收协定可享受的税收协定待遇和申请人可享受的税收协定待遇相同或更为优惠。

四、下列申请人从中国取得的所得为股息时，可不根据本公告第二条规定的因素进行综合分析，直接判定申请人具有“受益所有人”身份：

（一）缔约对方政府；

（二）缔约对方居民且在缔约对方上市的公司；

（三）缔约对方居民个人；

（四）申请人被第（一）至（三）项中的一人或多人直接或间接持有100%股份，且间接持有股份情形下的中间层为中国居民或缔约对方居民。

五、本公告第三条、第四条要求的持股比例应当在取得股息前连续12个月以内任何时候均达到规定比例。

六、代理人或指定收款人等（以下统称“代理人”）不属于“受益所有人”。申请人通过代理人代为收取所得的，无论代理人是否属于缔约对方居民，都不应据此影响对申请人“受益所有人”身份的判定。

股东基于持有股份取得股息，债权人基于持有债权取得利息，特许权授予人基于授予特许权取得特许权使用费，不属于本条所称的“代为收取所得”。

七、根据本公告第二条规定的各项因素判定“受益所有人”身份时，可区分不同所得类型通过公司章程、公司财务报表、资金流向记录、董事会会议记录、董事会决议、人力和物力配备情况、相关费用支出、职能和风险承担情况、贷款合同、特许权使用合同或转让合同、专利注册证书、版权所属证明等资料进行综合分析；判断是否为本公告第六条规定的“代理人代为收取所得”情形时，应根据代理合同或指定收款合同等资料进行分析。

八、申请人需要证明具有“受益所有人”身份的，应将相关证明资料按照《国家税务总局关于发布〈非居民纳税人享受税收协定待遇管理办法〉的公告》（国家税务总局公告2015年第60号）第七条的规定报送。其中，申请人根据本公告第三条规定具有“受益所有人”身份的，除提供申请人的税收居民身份证明外，还应提供符合“受益所有人”条件的人和符合条件的人所属居民国（地区）税务主管当局为该人开具的税收居民身份证明；申请人根据本公告第四条第（四）项规定具有“受益所有人”身份的，除提供申请人的税收居民身份证明外，还应提供直接或间接持有申请人100%股份的人和中间层所属居民国（地区）税务主管当局为该人和中间层开具的税收居民身份证明；税收居民身份证明均应证明取得所得的当年度或上一年度的税收居民身份。

九、在主管税务机关后续管理中，申请人因不具有“受益所有人”身份而自行补缴税款的，主管税务机关应将相关案件层报省税务机关备案；主管税务机关认为应该否定申请人“受益所有人”身份的，应报经省税务机关同意后执行。

十、申请人虽具有“受益所有人”身份，但主管税务机关发现需要适用税收协定主要目的测试条款或国内税收法律规定的一般反避税规则的，适用一般反避税相关规定。

十一、《内地和香港特别行政区关于对所得避免双重征税和防止偷漏税的安排》和《内地和澳门特别行政区关于对所得避免双重征税和防止偷漏税的安排》股息、利息、特许权使用费条款中“受益所有人”身份判定按照本公告执行。

香港居民提供税收居民身份证明按照《国家税务总局关于在内地使用香港居民身份证明有关问题的公告》（国家税务总局公告2016年第35号）的规定执行。

十二、本公告适用于2018年4月1日及以后发生纳税义务或扣缴义务需要享受税收协定待遇的事项。《国家税务总局关于如何理解和认定税收协定中“受益所有人”的通知》（国税函〔2009〕601号）、《国家税务总局关于认定税收协定中“受益所有人”的公告》（国家税务总局公告2012年第30号）同时废止。

特此公告。

国家税务总局关于如何理解和认定税收协定中“受益所有人”的通知

(国税函〔2009〕601号,已废止)

各省、自治区、直辖市和计划单列市国家税务局、地方税务局,扬州税务进修学院:

根据中华人民共和国政府对外签署的避免双重征税协定(含内地与香港、澳门签署的税收安排,以下统称税收协定)的有关规定,现就缔约对方居民申请享受股息、利息和特许权使用费等条款规定的税收协定待遇时,如何认定申请人的“受益所有人“身份的问题通知如下:

一、“受益所有人”是指对所得或所得据以产生的权利或财产具有所有权和支配权的人。“受益所有人”一般从事实质性的经营活动,可以是个人、公司或其他任何团体。代理人、导管公司等不属于“受益所有人”。

导管公司是指通常以逃避或减少税收、转移或累积利润等为目的而设立的公司。这类公司仅在所在国登记注册,以满足法律所要求的组织形式,而不从事制造、经销、管理等实质性经营活动。

二、在判定“受益所有人”身份时,不能仅从技术层面或国内法的角度理解,还应该从税收协定的目的(即避免双重征税和防止偷漏税)出发,按照“实质重于形式”的原则,结合具体案例的实际情况进行分析和判定。一般来说,下列因素不利于对申请人“受益所有人”身份的认定:

(一)申请人有义务在规定时间(比如在收到所得的12个月)内将所得的全部或绝大部分(比如60%以上)支付或派发给第三国(地区)居民。

(二)除持有所得据以产生的财产或权利外,申请人没有或几乎没有其他经营活动。

(三)在申请人是公司等实体的情况下,申请人的资产、规模和人员配置较小(或少),与所得数额难以匹配。

(四)对于所得或所得据以产生的财产或权利,申请人没有或几乎没有控制权或处置权,也不承担或很少承担风险。

(五)缔约对方国家(地区)对有关所得不征税或免税,或征税但实际税率极低。

(六)在利息据以产生和支付的贷款合同之外,存在债权人与第三人之间在数额、利率和签订时间等方面相近的其他贷款或存款合同。

（七）在特许权使用费据以产生和支付的版权、专利、技术等使用权转让合同之外，存在申请人与第三人之间在有关版权、专利、技术等的使用权或所有权方面的转让合同。

针对不同性质的所得，通过对上述因素的综合分析，认为申请人不符合本通知第一条规定的，不应将申请人认定为“受益所有人”。

三、纳税人在申请享受税收协定待遇时，应提供能证明其具有“受益所有人”身份的与本通知第三条所列因素相关的资料。

各地在审批非居民享受税收协定有关条款待遇的申请时，要按照上述规定处理“受益所有人”的身份认定问题，必要时可通过信息交换机制确认相关资料。各地在具体执行中应及时总结经验、发现问题，对于疑难案例可层报税务总局（国际税务司）解决。

国家税务总局关于认定税收协定中“受益所有人”的公告

（国家税务总局公告2012年第30号，已废止）

根据《国家税务总局关于如何理解和认定税收协定中受益所有人”的通知》（国税函〔2009〕601号），现对受益所有人身份的认定，公告如下：

一、在判定缔约对方居民的受益所有人身份时，应按照国税函〔2009〕601号文件第二条规定的各项因素进行综合分析和判断，不应仅因某项不利因素的存在，或者第一条所述“逃避或减少税收、转移或累积利润等目的”的不存在，而做出否定或肯定的认定。

二、对国税函〔2009〕601号文件第二条规定的各因素的理解和判断，可根据不同所得类型通过公司章程、公司财务报表、资金流向记录、董事会会议记录、董事会决议、人力和物力配备情况、相关费用支出、职能和风险承担情况、贷款合同、特许权使用合同或转让合同、专利注册证书、版权所属证明，以及代理合同或指定收款合同等资料进行分析和认定。

三、申请享受协定待遇的缔约对方居民（以下简称申请人）从中国取得的所得为股息的，如果其为在缔约对方上市的公司，或者其被同样为缔约对方居民且在缔约对方上市的公司100%直接或间接拥有（不含通过不属于中国居民或缔约对方居民的第三方国家或地区居民企业间接持有股份的情形），且该股息是来自上市公司所持有的股份的所得,可直接认定申请人的受益所有人身份。

四、申请人通过代理人或指定收款人等(以下统称代理人)代为收取所得的,无论代理人是否属于缔约对方居民,都不应据此影响对申请人受益所有人身份的认定,但代理人应向税务机关声明其本身不具有受益所有人身份。代理人的声明样式见附件。

五、税务机关按照本公告第四条的规定认定受益所有人身份,并批准相关税收协定待遇的,如果代理人所属居民国或地区与中国签有税收协定或信息交换协议,可视需要通过信息交换了解代理人的有关信息。通过信息交换可以认定代理人的受益所有人身份的,税务机关可改变此前的审批结果,向原受益所有人补征税款,并按照有关规定加收滞纳金。

六、有权审批的税务机关在处理相关审批事项时,因受益所有人身份难以认定而不能在规定期限内做出决定的,可以按照《国家税务总局关于印发〈非居民享受税收协定待遇管理办法(试行)〉的通知》(国税发〔2009〕124 号)第十七条的规定,做出暂不享受税收协定待遇的处理。经过审批后可以享受税收协定待遇的,税务机关应将相应税款退还申请人。

七、按照国税发〔2009〕124 号文件的规定,有权审批的税务机关在处理相关审批事项时,涉及否定申请人的受益所有人身份的案件,应报经省级税务机关批准后执行,省级税务机关应将相关案件处理结果同时报税务总局(国际税务司)备案。

八、同一纳税人就类似情形需要向不同税务机关申请认定受益所有人身份并享受税收协定待遇的,可向相关税务机关说明情况,相关税务机关应在相互协商一致后做出处理决定;相关税务机关不能协调一致的,应层报其共同的上级税务机关处理,并说明协商情况。

九、本公告自公布之日起施行。

附件:代理人等确认自己不具有受益所有人身份的声明.doc(略)

国家税务总局关于湖北等省市国家税务局执行内地与香港税收安排股息条款涉及受益所有人案例的处理意见

(税总函〔2013〕165 号)

辽宁、山东、河南、江苏、湖北、海南省国家税务局,厦门市国家税务局:

接山东、湖北、海南、河南、厦门等省、市国家税务局上报的执行《内地和香港特别行政区关于对所得避免双重征税和防止偷漏税的安排》(以下简称《安排》)股息条款有关受益所有人的案件,涉及香港贝卡尔特公司、香港美亚黄石公司、香港泽高公司、香港和黄厦门公司、香港罗特克斯公司作为享受《安排》待遇的申请人,能否被认定为股息受益所有人并准予享受《安排》待遇问题。

现根据《国家税务总局关于如何理解和认定税收协定中“受益所有人”的通知》(国税函〔2009〕601号),和《国家税务总局关于认定税收协定中“受益所有人”的公告》(国家税务总局公告2012年第30号)以及《安排》的有关规定,经与相关税务机关研究,并与香港税务主管当局磋商,国家税务总局提出以下处理意见:

一、判定申请人是否存在国税函〔2009〕601号文件第二条第一款第(一)项所述时间内派发股息情况时,应要求申请人提供反映其利润分配情况,以及其与控股公司间权利与义务的相关资料,包括具有法律效力的企业章程、与控股公司间相关合同、协议或公司决议等。受理机关据此分析申请人提请享受《安排》待遇的股息是否存在国税函〔2009〕601号文件第二条第一款第(一)项所列情形。

如果申请人不存在向非香港居民企业分配利润的情况,则不构成本项所指的不利因素。

二、申请人从事国税函〔2009〕601号文件第二条第一款第(二)项所述“持有所得据以产生的财产或权利”的投资类活动,应属于经营活动。

构成本项所列不利因素的“没有或几乎没有其他经营活动”,是指申请人除拥有单个投资项目外,再无其他投资项目或其他不同类型经营活动。对于为单个项目所设立的投资公司,不能仅以此一项不利因素,否定其受益所有人身份,还要结合其他因素综合判定。

三、分析申请人资产是否与所得数额匹配时,应当综合分析申请人的资产情况,不应将“资产”等同于注册资本。对注册资本过低的申请人应结合其资金来源、投资风险承担等情况分析其资产与所得数额是否匹配。

分析申请人的人员配置与所得数额是否匹配时,应当着重分析和审查其人员的职责与工作实质(申请人应提供相关情况),不应仅依据人员数量及人员费用的支付与否等做出判断。

四、判断申请人对于所得或所得据以产生的财产或权利是否有控制权或处置权,是否承担风险及承担风险的程度时,应当从三个方面进行分析:一是公司章程等相关法律文件是否有授予申请人相关控制权或处置权的规定;二是申请人是否发生过相关控制或处置的行为,例如申请人作为投资公司,是否将所分得的股息用于项目投资、配股、转增股本、企业合并、收购及风险投资等资本运作活动;三是已发生的相关处置行为是否出自申请人自主做出的决定,例如申请人自身股东会或董事会决议等。

不能仅因申请人的股权受控于上一级公司而否定申请人对所得的控制权或处置权。

五、考虑到内地与香港间的实际情况,香港实行的境外所得不征税的来源地征税原则不作为不利于受益所有人身份判定的关键因素。判定时应结合申请人在香港的税务申报情况,以及香港税收法律的实际进行具体分析。

六、对下列情形中申请人的受益所有人身份判定,应依据已有规定并参考本文件各项内容进行,国家税务总局公告2012年第30号第三条规定不应理解成对下列情形中申请人的受益所有人身份的否定。

(一)申请人被非上市的香港居民公司100%直接或间接拥有;

(二)申请人与最终控股的香港公司之间存在海外注册的公司。

七、案件中涉及同一纳税人的同类投资活动所得由不同地方税务机关处理的,各税务机关的处理结果应当一致;涉及因公司经营情况发生实质改变,申请人提出按改变后的情况享受相关《安排》待遇申请的,税务机关应予受理,并对申请人相关变化情况认真核实,按有关文件规定对其受益所有人身份进行判定,但判定结果不影响税务机关针对申请人以前情况所做的判定和处理。

国家税务总局关于委托投资情况下认定受益所有人问题的公告

(国家税务总局公告2014年第24号)

根据《国家税务总局关于印发〈非居民享受税收协定待遇管理办法(试行)〉的通知》(国税发〔2009〕124号)、《国家税务总局关于如何理解和认定税收协定中"受益所有人"的通知》(国税函〔2009〕601号)和《国家税务总局关于认定税收协定中"受益所有人"的公告》(国家税务总局公告2012年第30号)的有关规定,对于委托投资情况下受益所有人身份的认定问题,在符合上述文件规定的前提下,补充公告如下:

一、本公告所称"委托投资"是指非居民将自有资金直接委托给境外专业机构用于对居民企业的股权、债权投资,其中的"境外专业机构"指经其所在地国家或地区政府许可从事证券经纪、资产管理、资金以及证券托管等业务的金融机构。在委托投资期间,境外专业机构将受托资金独立于其自有资金进行专项管理。境外专业机构根据相应的委托或代理协议收取服务费或佣金。受托资金的投资收益和风险应由该非居民取得和承担。

二、非居民通过委托投资取得投资收益提出享受税收协定待遇申请的,应向税务机关提供以下资料:

(一)投资链条各方(包括该非居民、投资管理人或投资经理、各级托管人、证券公司等)签署的与投资相关的合同或协议,以及能够说明投资业务的其他资料,资料内容应包括委托投资本金来源和组成情况以及各方收取费用或取得所得的约定;

(二)投资收益和其他所得逐级返回至该非居民的信息和凭据,以及对所得类型认定与划分的说明资料;

(三)税务机关为认定受益所有人所需要的其他资料。

三、税务机关应对非居民提交的资料进行审核,并区分所得类型进行处理:

(一)如果投资收益的所得类型为股息或利息,该所得在逐级返回至该非居民的过程中所得性质未发生改变,且有凭据证明该所得实际返回至该非居民,则可以认定该非居民为该笔所得的受益所有人,能够享受税收协定相应条款规定的待遇;

(二)如果投资链条上除该非居民以外的各方收取的费用或取得的报酬与股息、利息有关,则该非居民不是该部分费用或报酬的受益所有人,该部分费用或报酬不得享受税收协定股息和利息条款规定的待遇;

(三)如果投资收益的所得类型为财产收益,或其他不适用受益所有人规则的所得类型,则应按税收协定相应条款的规定处理。

四、非居民或其委托代理人拒绝提供资料,或提供的资料不能区分非居民委托投资收益与投资链条上其他各方报酬的,税务机关应不予批准相应的税收协定待遇。

五、非居民与投资链条上一方或多方形成关联关系的,应向税务机关提供关联交易定价原则、方法及相关资料。不提供资料或提供资料不足以证明相关联各方交易符合独立交易原则的,税务机关可拒绝给予相应的税收协定待遇。

六、对于非居民或其委托代理人提供的凭据、所得类型认定与划分及其他相关证明资料,税务机关可视情况通过信息交换方式核实其真实性和准确性。经核实与实际情况不符,不应享受税收协定待遇而税务机关已批准享受的,应撤销原审批决定,并按税收征管法和国税发〔2009〕124 号文件有关规定处理。

七、税务机关按照本公告第三条的规定认定非居民为受益所有人,且根据税收协定股息或利息条款的规定,该非居民取得股息或利息应仅在缔约国对方征税的,如果该非居民通过委托投资取得投资收益同时符合以下条件,则在其首次享受股息或利息条款税收协定待遇之日起3个公历年度内(含本年度),同一主管税务机关可免于对其受益所有人身份进行重复认定,但应对其取得的投资收益所得类进行审核:

(一)通过同一架构安排进行委托投资;

(二)投资链条上除被投资企业之外的各方保持不变;

(三)投资链条上除被投资企业之外的各方签署的与投资相关的合同或协议保持不变。

该非居民与受益所有人身份认定有关的信息发生变化的,应及时告知主管税务机关。该非居民因信息变化不能继续享受税收协定待遇的,应自发生变化之日起停止享受有关税收协定待遇,并按国内法规定申报纳税。

八、本公告自2014年6月1日起施行。本公告施行前已发生但税务处理未完结的事项,按本公告执行。

特此公告。

煤炭企业股权转让所得税争议案

【导读】

煤炭企业股东在转让持有的股权时，通常会将股权所对应的煤资源额度随股权一同转让，此时，对于煤资源额度转让收入如何确定并计算缴纳企业所得税成为纳税人与税务机关争议的焦点。当前，税法对股权转让规定了收入确认方法，煤资源额度转让收入的确认能否依照股权转让收入的确认规则进行？当煤资源额度转让收入因客观情况处于暂时无法确定的状态时，又应当如何对收入进行确认并计算缴纳企业所得税？本节所探讨的案例中，企业与税务机关即是围绕这些问题产生了争议。

一、案情简介

（一）案件基本信息

案件类型：煤炭企业股权转让企业所得税争议

涉案金额：企业所得税546,194,700元

法律风险：补缴税款共计546,194,700元并定性为偷税

（二）案件详情

1.煤资源额度转让详情

2009年，N省为J公司等三家公司配置某井田煤炭资源探矿权，对应煤炭资源为16.44亿吨。由于不符合“一个井田，只能由一个主体开发”的原则及矿区总体规划和矿业权设置方案，国家有关部委不予项目业主办理相关审批手续。为此，2010年3月，J公司等三家公司组建了H公司，约定由H公司向政府申请取得该井田的探矿权和采矿权。

2010年7月7日，J公司等三家公司与Y公司签署了《关于H公司股权转让及煤炭资源合作框架协议》（以下简称《合作框架协议》），约定受让方向转让方支付的股权转让价款为各转让方拟转让的股权所对应的标的公司的注册资本金额及相应煤资源权利的补偿费用之和，其中煤资源权利的补偿费用按7.90元/吨计算。

2010年9月6日，J公司等三家公司与Y公司签订《股权转让协议》，约定三家公司同意将持有的H公司51%股权转让给Y公司，J公司向Y公司转让H公司

23.08%的股权(对应出资额11,540,000元)和股权对应的3.7944亿吨煤资源额度,股权转让价款=转让方转让的标的公司的股权比例×转让方已缴纳的标的公司注册资本金5000万元+受让方因受让转让方所转让的股权而享有的煤资源额度×(7.9元/吨-转让方所获得配置的煤资源额度所需缴纳的探矿权价格单价),同时约定已转让3.7944亿吨煤资源额度的探矿权价款(单价低于2元/吨,如超出2元/吨,超出部分的探矿权价款的承担由双方协商解决)由该公司承担。探矿权价款在股权转让发生时尚未确定。2010年11月4日,H公司就上述股权转让事项变更股东比例信息,完成了股权变更登记。

2012年3月6日,J公司与Y公司签订《股权转让补充协议》,约定向Y公司转让持有的H公司9.45%股权(对应出资额9,862,362元)及相应比例的煤资源额度(1.0812亿吨),交易对价为8.638亿元;同时由于2011年政府收回配置给该公司的5亿吨煤资源,致使2010年签订的《股权转让协议》中该公司向Y公司转让的3.7944亿吨煤资源额度减少至1.2444亿吨,为此《股权转让补充协议》就《股权转让协议》的转让事项及价格进行了调整,并明确约定J公司总计向Y公司转让股权32.53%,煤资源额度2.3256亿吨,总交易价款为1,858,628,362元。同时明确J公司需承担2.3256亿吨煤炭资源的矿业权价款,但矿业权价款在《股权转让补充协议》签订时未确定。2012年5月22日,H公司就《股权转让补充协议》股权转让事宜变更了股东比例信息,完成此次股权转让的股权变更登记手续。

2018年5月,H公司某煤矿取得自然资源部采矿权许可核准,同年10月,N省国土资源厅发文明确H公司需要缴纳的矿业权价款为6.81元/吨。之后,股权转让双方一直未能就股权转让方承担的矿业权价款形成一致意见。由此,自2010年至2020年,J公司只收到Y公司支付的股权转让款共计1,185,461,162元。

2. 企业税务处理

2010年11月,J公司就《股权转让协议》所约定的股权转让事项确认投资收益1154万元,投资成本1154万元,并入当年企业所得税汇算清缴的股权转让企业所得税应纳税所得额为0元。

2012年5月,J公司就《股权转让补充协议》所约定的股权转让事项确认投资收益9,862,362元,投资成本9,862,362元,并入当年企业所得税汇算清缴的股权转让企业所得税应纳税所得额为0元。

2018年,J公司依据N省国土资源厅文件,确认矿业权价款单价最佳估数为4.405元/吨,故确认2010年、2012年股权转让投资收益812,797,200元并于2018

年企业所得税汇算清缴时申报以上股权转让企业所得税应纳税所得额812,797,200元。

3. 税务机关作出处罚告知书

2020年7月31日,国家税务总局E市税务局第三稽查局(以下简称第三稽查局)作出《税务行政处罚事项告知书》。第三稽查局认为,J公司应于股权变更登记完成时,即2010年第四季度申报股权转让收入2,997,576,000元预缴企业所得税,并入当年企业所得税汇算清缴缴纳企业所得税;应于2012年第二季度申报股权转让收入1,160,350,000元。因此,认定J公司应调增2010年度企业所得税应纳税所得额2,997,576,000元,其中812,797,200元J公司已于2018年度申报缴纳企业所得税,但该申报与实际纳税义务发生时间不符,故J公司应将上述已确认投资收益812,797,200元调整至2010年度缴纳企业所得税,还应调增2010年度企业所得额2,184,778,800元;应调减2012年度企业所得税应纳税所得额1,160,350,000元。故J公司应补缴2010年度企业所得税546,194,700元;调减2012年度企业所得税应纳税所得额1,160,350,000元。同时,第三稽查局认定J公司未申报部分造成的少缴税款546,194,700元,属于在账簿上不列、少列收入造成少缴税款的行为,是偷税,但由于未在5年内被发现,不予行政处罚。

(三)争议焦点

1. 矿业权价款是否属于煤资源额度转让收入。

2. 本案煤资源额度转让收入应在何时缴纳所得税,在矿业权价款无法计量时对煤资源额度转让所得应如何征税。

3. J公司是否构成偷税。

(四)各方观点

J公司观点:煤资源额度需缴纳的矿业权价款需要在收到矿业权价款缴纳通知后返还给受让方,因此该部分价款不属于J公司的收入。由于矿业权价款在煤资源额度转让时暂时无法计量,因此煤资源额度转让收入无法确认,应于矿业权价款可计量年度确认投资收益金额,并确认企业所得税纳税义务。J公司已于2018年确认2010年、2012年股权转让投资收益812,797,200元并申报缴纳企业所得税,J公司没有偷税行为,不构成偷税。

第三稽查局观点:矿业权价款应计入J公司股权转让收入,J公司应于完成股权变更登记时确认股权转让收入,并在确认收入的年度并入企业所得税汇算清缴计算缴纳企业所得税。J公司未在发生纳税义务当期申报企业所得税应税所得,属于在账簿上不列、少列收入造成少缴税款的行为，是偷税。

二、税务律师点评

（一）矿业权价款不属于煤资源额度转让收入，税务机关不应就该部分价款征税

本案中，矿业权价款是否属于煤资源额度转让收入，对于该部分价款是否应当征收企业所得税，是企业与税务机关的一个争议焦点。J公司认为，煤资源额度转让收入不包括所需缴纳的矿业权价款，矿业权价款是企业代第三方收取的款项，应作为负债进行处理。而税务机关对此并不认同，认为矿业权价款属于煤资源额度转让收入，应就此计算缴纳企业所得税。

《企业所得税法》第6条规定，企业以货币形式和非货币形式从各种来源取得的收入，为收入总额，具体包括销售货物收入、提供劳务收入、转让财产收入、股息红利等权益性投资收益等九种类型。对于"收入"这一概念的具体含义，《企业所得税法》及相关税收法规、规章并无明确规定，需要从会计法的规定进行理解。《企业会计准则——基本准则》（财政部令第76号）对收入、负债等概念进行了明确，其中第23条第1款规定："负债是指企业过去的交易或者事项形成的、预期会导致经济利益流出企业的现时义务。"第30条规定："收入是指企业在日常活动中形成的、会导致所有者权益增加的、与所有者投入资本无关的经济利益的总流入。"收入与负债在资金流动的表象上，均可以表现为资金流入企业，但是在资金的权责归属上却存在根本差别，因此，在交易活动中，企业收到的资金并不应简单地被认为是收入，而应从资金的权责归属实质对资金流入的性质进行正确判别。

本案中，J公司转让煤资源额度，Y公司向J公司支付的价款中包括矿业权价款，然而，该笔价款对于J公司而言，虽然表面上能够发生资金流入，但实际上该种流入并不能导致其权益增加，也即不能构成其煤资源额度转让的所得，在矿业权价款确定后，J公司要从煤资源转让价款中将该笔价款分出，向Y公司返还，因此，该笔价款应被认定为J公司对Y公司的负债而非收入，J公司对该笔价款并不负有所得税纳税义务。

J公司与Y公司签订的《股权转让协议》《股权转让补充协议》的相关条文对此均可予以证明。《股权转让协议》约定："受让方应支付给每一转让方的股权转让价款=该转让方转让的标的公司的股权转让比例×各转让方已缴纳的标的公司注册资本金人民币5000万元+受让方因受让该转让方所转让的股权而享有的煤资源额度×（7.9元/吨－该转让方所获得配置的煤资源额度需缴纳的探矿权将价

格单价)。”由此可见,探矿权价款最终不能为J公司获得。而《股权转让补充协议》则对此表现得更为明确:“转让方同意,在其所获得的配置的煤资源额度所需缴纳的矿业权价款确定后,且在收到矿业权价款缴纳通知之日起七个工作日内,将受让方在受让转让方转让股权后享有的相应煤资源额度所需缴纳的矿业权价款返还给受让方,由受让方按第6.1条注入目标公司。”由此可见,矿业权价款虽流向J公司,但同时J公司对Y公司负返还义务,因此,矿业权价款实为J公司对Y公司的负债,而并非其收入。

税务机关对J公司与Y公司之间的约定未进行全面审查,未从矿业权价款的经济实质认定其法律性质,仅对两公司的约定作片面理解,进而将矿业权价款作为J公司的收入并对此征收企业所得税,这一做法是不正确的。

(二)本案煤资源额度转让收入应在J公司收到Y公司支付的价款时缴纳企业所得税

本案中,煤资源额度转让收入应在何时确认并计算缴纳企业所得税,是企业与税务机关的另一个争议焦点。而这一争议焦点的处理,首先涉及煤资源额度转让收入税法性质的判断;同时,由于本案中矿业权价款在股权转让时无法确定,因而煤资源额度转让收入还面临暂时无法计量的问题,解决此问题还需对权责发生制在税法中的运用重新进行审视。

1.煤资源额度转让收入属于股权转让收入,应在股权变更登记完成时确认,并于确认年度计算缴纳企业所得税

在企业所得税的处理中,不同性质收入的确认时间不同,因此,对于煤资源额度转让收入应在何时确认,首先需要对煤资源额度转让收入的税法性质进行判断。

根据本案《股权转让协议》的约定可知,本案所谓煤资源额度,是指N省配置给J公司能够通过H公司对某井田进行勘探和开采的煤炭资源。由于煤资源额度这一概念并非来自税法,而是在矿山企业的交易活动中产生,因此,对于煤资源额度转让收入如何在税法上定性,也应该结合企业的交易活动进行。

从煤资源额度的取得来看,J公司等三家公司的煤资源额度均源自N省政府的煤炭资源配置,但由于政策原因,J公司对煤炭资源享有权益只能通过间接方式进行,即由J公司等三家公司出资成立H公司,由H公司取得某井田的探矿权和采矿权,进而使J公司等三家公司间接对煤炭资源享有权益。正因如此,J公司等三家公司对H公司的出资比例是与其享有的煤资源额度直接相关的,即J公司在H公司中的持股比例由其在三家公司所获得的煤炭资源配置中的占比决定。换言

之,J公司是通过作为H公司的股东,持有H公司股权的方式,对政府配置的煤资源额度进行实质享有,其对H公司持有的股权包含对煤资源额度享有的权益。从煤资源额度的转让来看,J公司向Y公司转让股权时,煤资源额度也是随股权一同转让,并且煤资源额度转让多少也是与股权转让的比例直接挂钩的。这也能印证本案J公司转让的煤资源额度是与股权直接相关的。因此,股权转让不仅会产生股权转让收入,也不可避免地会将所转让股权相对应的煤资源额度进行转让,进而产生煤资源额度转让收入。因此,将与股权转让不可分割的煤资源额度转让获得的收入纳入股权转让收入中符合交易实际。

从反向分析,将煤资源额度转让收入认定为股权转让收入亦具有合理性。《企业所得税法》将企业收入划分为九类,而煤资源额度转让收入最可能归属的类型为财产转让收入。根据国家税务总局《关于企业取得财产转让等所得企业所得税处理问题的公告》(国家税务总局公告2010年第19号)的规定,转让财产收入包括转让各类资产、股权、债权收入,煤资源额度之上不存在债权,因此煤资源额度转让收入不是债权收入;根据《企业会计准则》,资产是企业过去的交易或事项形成的、由企业拥有或控制的、预期会给企业带来经济利益的资源。本案中,J公司是以作为H公司股东的方式对煤资源额度享有权益,因此煤资源额度并非其资产。因而从反向来看,将煤资源额度转让收入归类到股权转让收入中亦符合《企业所得税法》对于收入的分类。

对于股权转让收入的确认及所得税的缴纳,国家税务总局《关于贯彻落实企业所得税法若干税收问题的通知》(国税函〔2010〕79号)第3条规定:"企业转让股权收入,应于转让协议生效、且完成股权变更手续时,确认收入的实现。"而国家税务总局公告2010年第19号文规定:"企业取得财产(包括各类资产、股权、债权等)转让收入……除另有规定外,均应一次性计入确认收入的年度计算缴纳企业所得税。"煤资源额度转让收入从性质上可归类为股权转让收入,因此,对于煤资源额度转让收入的确认应依照股权转让收入的确认规则,在股权转让协议生效且股权变更登记时确认,并于确认年度计算缴纳企业所得税。

2. 本案矿业权价款暂时无法计量,在股权变更登记完成时确认收入、计算缴纳税款面临困难

J公司与Y公司之间发生的两次股权转让均于签订股权转让协议的当年完成股权变更登记,因此,J公司应当在完成股权变更登记的当年对煤资源额度转让收入进行确认并申报缴纳企业所得税。然而,由于本案中煤资源额度转让价款中包

含矿业权价款，而矿业权价款因客观情况无法在煤资源额度转让时进行计量，因此煤资源额度转让收入难以从煤资源额度转让价款中准确分离，煤资源转让收入也就无法确定。

根据《企业所得税法》的规定，企业所得税应纳税额的计算为应纳税所得额乘以税率，因此，企业所得税的计算缴纳需以应纳税所得额的确定为前提。《企业所得税法》第 5 条又规定："企业每一纳税年度的收入总额，减除不征税收入、免税收入、各项扣除以及允许弥补的以前年度亏损后的余额，为应纳税所得额。"因此，应纳税所得额的确定又需要以收入的确定为基础。如果收入无法确定，即使不征税收入、免税收入、各项扣除等项目可以确定，应纳税所得额也无法确定，进而企业所得税应纳税额的计算也就陷入困境。

3. 权责发生制失灵情况下，应以收付实现制对煤资源额度转让收入进行确认，保证税款征缴的顺利进行

《企业所得税法实施条例》第 9 条规定："企业应纳税所得额的计算，以权责发生制为原则，属于当期的收入和费用，不论款项是否收付，均作为当期的收入和费用；不属于当期的收入和费用，即使款项已经在当期收付，均不作为当期的收入和费用……"从这一规定可知，企业所得税法对于收入的确认遵循权责发生制。国税函〔2010〕79 号文规定的各类收入的确认规则，也均贯彻了权责发生制。就股权转让收入而言，国税函〔2010〕79 号文第 3 条规定："企业转让股权收入，应于转让协议生效、且完成股权变更手续时，确认收入的实现。"如此规定的原因在于，依照民法的规定，股权转让协议生效并完成股权变更手续，股权即发生物权变动效果，此时转让人即享有请求受让人支付股权转让价款的权利，相对应地，受让人对转让人负担支付股权转让价款的义务，权责就此发生，因而股权转让收入要在此时确认，此即是贯彻权责发生制的表现。

然而，在税法中，对于收入的确认，权责发生制并不能对所有情形实现妥善处理，有时会发生"失灵"，本案的情形即是如此。在本案中，按照权责发生制，煤资源额度转让收入应于 2010 年、2012 年确认并于当年计算缴纳企业所得税，然而，本案却出现了收入无法确认的情况，随之导致企业所得税无法计算缴纳。对此，应如何进行妥善处理？

笔者认为，在权责发生制原则失灵的情况下，应以收付实现制为补充，对煤资源额度转让收入进行确认，以有效解决在权责发生制下煤资源额度转让收入无法确认，所得税无法计算缴纳的问题，实现税款的顺利征缴。收付实现制是权责发生

制的对称,但收付实现制与权责发生制并不是完全对立的关系,对于权责发生制在会计或税务处理中的不足,可以通过收付实现制进行弥补。

本案中,J 公司与 Y 公司在《股权转让协议》中约定的煤资源额度转让价款为 2,997,576,000 元,经《股权转让补充协议》调整,最终确认煤资源额度转让价款为 1,837,226,000 元,但实际上,Y 公司在此过程中并未将全部价款向 J 公司支付,2010 年至 2018 年,J 公司收到 Y 公司支付的款项合计 1,185,461,162 元,此时,J 公司应按照收付实现制的要求,先行就已收到的款项计算缴纳企业所得税,待矿业权价款数额确定后,再根据最终获得的煤资源额度转让收入对应纳税额作调整,如实际的收入高于已收到的款项,J 公司应就高出部分再行缴税,反之,则可以在后续年度对应纳税所得额进行调减。如此,既能够使 J 公司及时履行纳税义务,也能最大限度保障国家税款征收的顺利进行。

(三)本案中,J 公司客观上无偷税行为,主观上无偷税故意,不应将其行为作为偷税处理

《税收征收管理法》第 63 条第 1 款规定:"纳税人伪造、变造、隐匿、擅自销毁帐簿、记帐凭证,或者在帐簿上多列支出或者不列、少列收入,或者经税务机关通知申报而拒不申报或者进行虚假的纳税申报,不缴或者少缴应纳税款的,是偷税。对纳税人偷税的,由税务机关追缴其不缴或者少缴的税款、滞纳金,并处不缴或者少缴的税款百分之五十以上五倍以下的罚款;构成犯罪的,依法追究刑事责任。"这是税法中对于偷税行为及处罚的规定。从这一规定可知,税法上偷税的构成至少需要具备客观行为要件和主观故意要件。第一,客观行为要件。对此上述条文已通过类型化规定予以明确,即偷税行为的方式包括:(1)伪造、变造、隐匿、擅自销毁账簿、记账凭证;(2)在账簿上多列支出或者不列、少列收入;(3)经税务机关通知申报而拒不申报;(4)进行虚假的纳税申报。第二,主观故意要件。通常认为,偷税需具备主观故意,其中,对于《税收征收管理法》第 63 条规定的前三种方式,"主观故意"已经内化于其中,有这几种行为,必然伴随着故意。而对于第四种方式,构成偷税通常也需要具备主观故意,如果无法证明纳税人具有偷税的故意,也不宜以偷税追究纳税人的责任。

本案中,J 公司进行纳税申报时未将矿业权价款计入收入,未在股权变更登记完成年度计算缴纳煤资源额度转让所得税的行为不构成偷税,理由如下:

首先,J 公司无偷税行为。本案中,J 公司进行纳税申报时未将矿业权价款计入收入符合法律规定,并不存在在账簿上不列收入或少列收入等偷税行为。前已

述及，矿业权价款是J公司的负债而非收入，J公司对此不负纳税义务。因此，J公司在进行纳税申报时将该部分价款从煤资源额度转让价款中剔除，仅就煤资源额度转让收入申报纳税符合法律的规定，不属于偷税行为。

其次，J公司无偷税故意，本案亦无证据能够证明其存在偷税故意。前已述及，根据前述相关规定，煤资源额度转让收入应于股权变更登记年度确认并计算缴纳企业所得税。然而，由于本案中矿业权价款在当时无法计量，因此，J公司客观上无法在股权变更登记完成年度对煤资源额度转让的收入进行确定，进而无法计算缴纳企业所得税。即，J公司未在2010年、2012年对煤资源额度转让收入申报纳税是客观不能，而非主观故意。同时，本案中J公司在股权变更登记完成年度已经就股权转让部分价款进行了纳税申报，在2018年矿业权价款可计量后，便立即就煤资源额度转让收入进行了真实的纳税申报，亦能表明其并不具有主观偷税故意。至于前述分析中提出，J公司应按照收付实现制，在收到Y公司支付款项时先就已收款项纳税，后续再根据情况进行调整，这并非税法的明文规定，而是基于权责发生制、收付实现制的关系及本案客观需要所提出的事后解决方案，因此，并不能苛刻要求J公司在当时能够按此方法进行税务处理。

综上所述，本案中J公司未将矿业权价款计入煤资源额度转让收入、未在股权变更登记完成年度申报纳税，J公司对此不存在偷税行为，也不具有偷税故意，因此不应将J公司的行为定性为偷税。

（四）结论

矿业权价款并非煤资源额度转让收入，税务机关对该部分价款征税违背交易的客观实际。煤资源额度转让收入可遵循股权转让收入的确认规则，在股权变更登记完成时确认，但在矿业权价款无法计量导致煤资源额度转让收入无法确认的情况下，则应当例外适用收付实现制，对煤资源额度转让收入进行税务处理。偷税的构成至少需具备客观行为要件和主观故意要件，本案中，J公司既无偷税行为，也无偷税故意，税务机关不应认定其构成偷税。

三、本案启示

煤资源额度随股权转让是矿山企业股权交易中的常见情形，在煤资源额度转让过程中，应对煤资源额度转让收入的含义和范围作正确理解，才能正确确定纳税人的纳税义务范围。将煤资源额度转让收入归类为股权转让收入具有合理性，但在适用企业所得税相关规定对煤资源额度转让收入进行征税时，却将面临矿业权价款无法计量导致煤资源额度转让收入无法确定的问题。为此,税法应考虑到权责发生制在收入确认中的失灵情形,并尽快通过完善立法予以解决。税务机关在认定纳税人是否构成偷税时,应严格依照税法的规定,从案件事实是否满足偷税构成要件的角度进行判定,对于认为纳税人构成偷税的,应提供充分的证据予以证明,否则便不能将纳税人的行为作为偷税处理。

企业重组“股权转让”与“资产转让”涉税定性争议案

【导读】

股权转让和资产转让的税收政策大相径庭。但同时,法律法规对股权转让和资产转让的界定和区分并不十分清晰,增加了税收执法的不确定性。股权转让和资产转让的界限何在?在界定时是采取实质重于形式原则还是形式重于实质原则?诸如此类的问题时常困扰纳税人。本节拟从一则实例出发,对股权转让和资产转让的税收政策适用作简要的阐述。

一、案情简介

(一)案件基本信息

案件类型:企业重组纳税争议

涉案金额:税款 147,119,259.88 元及滞纳金

法律风险:补缴税款、滞纳金

(二)案件详情

W 煤业有限公司(以下简称 W 公司)成立于 1999 年 12 月 31 日,注册地址位于 X 市 A 县,经营范围为:煤炭开采及销售。W 公司的主要资产包括洗煤厂房、设备等。甲某、乙某为 W 公司股东,其中甲某持股 55%,乙某持股 45%。2016 年 4 月,甲某、乙某(转让方)和 B 公司(受让方)签署《股权转让协议书》,以不含税价 25,058.5 万元的转让价格向 B 公司转让 W 公司(目标公司)100% 股权。《股权转让协议书》规定:

转让价款支付:股权转让价款采取分期付款方式,在《股权转让协议书》签字生效后 10 日内,受让方向转让方支付股权转让价款人民币 20,000 万元,剩余价款在 X 市有关部门出具目标公司股东及股比等确认文件后 3 日内全部支付给转让方。

股东变更及股权过户:在省政府相关部门批文下发,且受让方将股权转让价款全额向转让方付清后,转让方配合受让方办理股东变更及股权过户的有关手续。

债权债务:《股权转让协议书》签署前的目标公司债权债务由转让方负责和承担,《股权转让协议书》签署后目标公司的债权债务由重组后的目标公司负责和承担。

职工安置:《股权转让协议书》签署前的目标公司的正式职工和转业军人由目标公司继续录用并依法妥善安置。

税款缴纳:本次股权转让产生的税费,包括但不限于所得税、印花税等,均由受让方承担并负责向主管税务部门缴纳,因此产生的一切经济和法律责任也由受让方承担。

《股权转让协议书》签订后,W 公司相应修改了公司章程。2017 年年底,W 公司办理了股东变更的工商变更登记。截至办理股东变更登记时,B 公司只支付了部分股权转让价款,但自股权转让协议签订后的 3 年内已基本支付了股权转让价款。

A 县税务机关认为,本次交易的性质为资产转让,W 公司应就本次交易缴纳增值税、企业所得税等。2017 年 12 月 17 日,A 县税务机关向 W 公司下达《责令限期改正通知书》,责令其进行纳税申报并缴纳税款。根据 A 县地方税务局的测算,W 公司共应缴纳相关税费合计 147,119,259.88 元。W 公司对 A 县地方税务局的处理意见持有异议。

(三)各方观点

A 县地方税务局认为:本次交易为资产转让,W 公司应就本次交易缴纳企业所得税、增值税及印花税等相关税费。

W 公司认为:本次交易的性质应为股权转让,其不应作为纳税义务人。

甲某、乙某认为:其已在《股权转让协议书》中与 B 公司约定由 B 公司承担本次交易的相关税费,因此,其不应承担任何纳税义务。

(四)争议焦点

1. 本次交易的性质是股权转让还是资产转让。

2. 本次交易 W 公司是否应当缴纳增值税。

3. 本次交易是否涉及个人所得税纳税义务。

4. 本次交易的纳税义务人是 W 公司、甲某、乙某还是 B 公司。

(五)争议解决

华税律师事务所接受 W 公司委托后,代理 W 公司就交易事项性质、各方在税法上的权利义务认定向 A 县主管税务机关提交陈述申辩意见,并与工作人员多次沟通。最终,税务机关采纳律师意见,对下达的《责令限期改正通知书》予以撤销。

二、税务律师点评

(一)本案的性质是股权转让,而非资产转让

财政部、国家税务总局《关于企业重组业务企业所得税处理若干问题的通知》

(财税〔2009〕59 号)给出了股权收购和资产收购的定义。该通知第 1 条规定,股权收购,是指一家企业购买另一家企业的股权,以实现对被收购企业控制的交易。资产收购,是指一家企业购买另一家企业实质经营性资产的交易。股权转让和资产转让的主要区别在于:(1)转让标的不同。股权转让的标的是目标公司的股权;资产转让的标的是目标公司的实质经营性资产。(2)转让方不同。股权转让的转让方是目标公司的原股东;资产转让的转让方是目标公司。(3)转让程序不同。股权转让涉及目标公司股东变化,需经工商变更程序;资产转让不涉及目标公司股东变化,不需经工商变更程序。

根据《股权转让协议书》的约定,本次交易的转让标的为 W 公司 100% 股权,具体来说,转让标的除 W 公司全部资产外,W 公司原有职工在股权转让后仍由 W 公司继续录用,W 公司已签署的合同在股权转让后由 W 公司继续履行等。本次交易并非仅转让 W 公司的资产。甲某、乙某作为 W 公司的原股东,是《股权转让协议书》中约定的转让方,并在本次交易中履行转让方的权利义务,收取股权转让价款,转让其股东资格。W 公司仅作为目标公司存在,不作为交易方,并在股权转让完成后继续存续。不仅如此,W 公司已于 2017 年年底办理了股东变更的工商变更登记。因此,本次交易无论是从《股权转让协议书》的书面约定,还是从交易的实质来看,都属于股权转让,而非资产转让。

(二)本次交易不发生增值税纳税义务

引发本案争议的根源在于,《股权转让协议书》签署前 W 公司的债权债务由转让方承担。从上述分析可以看出,本次交易虽未一并转让 M 公司原有的债权债务,但并不影响本次交易被认定为股权转让,依照相关法律法规的规定不征收增值税。相关规定分析如下:

财政部、国家税务总局《关于全面推开营业税改征增值税试点的通知》(财税〔2016〕36 号)规定,金融商品转让,是指转让外汇、有价证券、非货物期货和其他金融商品所有权的业务活动。国家税务总局《关于印发〈金融保险业营业税申报管理办法〉的通知》(国税发〔2002〕9 号)第 7 条规定:“金融商品转让,是指转让外汇、有价证券或非货物期货的所有权的行为。包括:股票转让、债券转让、外汇转让、其他金融商品转让。”根据前述规定,转让非上市公司股权,转让债权,都不属于增值税征收范畴。

(三)本次交易产生个人所得税纳税义务

根据《个人所得税法》第 2 条及《个人所得税法实施条例》第 22 条的规定,财产转让所得,应纳个人所得税。应纳税所得额为一次转让财产的收入额减除财产原值和合理费用后的余额。国家税务总局《关于发布〈股权转让所得个人所得税管理办法(试行)〉的公告》(国家税务总局公告 2014 年第 67 号)第 4 条规定:"个人转让股权,以股权转让收入减除股权原值和合理费用后的余额为应纳税所得额,按'财产转让所得'缴纳个人所得税。合理费用是指股权转让时按照规定支付的有关税费。"第 5 条规定:"个人股权转让所得个人所得税,以股权转让方为纳税人,以受让方为扣缴义务人。"本案中,甲某、乙某转让 W 公司的股权,取得财产转让所得,发生个人所得税纳税义务。

(四)本次交易中的个人所得税纳税申报义务

国家税务总局公告 2014 年第 67 号自 2015 年 1 月 1 日起施行后,较国家税务总局《关于加强股权转让所得征收个人所得税管理的通知》(国税函〔2009〕285 号)发生了重大变化。根据国家税务总局公告 2014 年第 67 号第 6 条、第 20 条的规定:

首先,在股权转让相关协议签订后 5 个工作日内,扣缴义务人有义务将股权转让的相关情况报告主管税务机关。其次,具体纳税申报时间则在出现以下情形时,由扣缴义务人、纳税人在次月 15 日内向主管税务机关申报纳税:(1)受让方已支付或部分支付股权转让价款的;(2)股权转让协议已签订生效的;(3)受让方已经实际履行股东职责或者享受股东权益的;(4)国家有关部门判决、登记或公告生效的;(5)该办法第 3 条第 4 项至第 7 项行为已完成的;(6)税务机关认定的其他有证据表明股权已发生转移的情形。

(五)本次交易的个人所得税等相关税费应由 B 公司负担

根据《个人所得税法》第 8 条、第 9 条及《个人所得税法实施条例》第 35 条的规定,个人所得税,以所得人为纳税义务人,以支付所得的单位或者个人为扣缴义务人。扣缴义务人在向个人支付应税款项时,应当依照税法规定代扣税款。扣缴义务人每月所扣的税款,自行申报纳税人每月应纳的税款,都应当在次月 15 日内缴入国库,并向税务机关报送纳税申报表。因此,本次股权转让中,B 公司在向甲某、乙某支付股权转让款时,应当从支付款项中代扣个人所得税,并代为向税务机关申报缴纳。

根据《股权转让协议书》的约定,本次股权转让产生的税费由受让方承担。从这一约定可知,B 公司向甲某和乙某支付的股权转让款中已不含甲某和乙某应纳的个人所得税、印花税等相关税费。《税收征收管理法》第 4 条和《税收征收管理法实施细则》第 3 条规定，纳税人、扣缴义务人必须依照法律、行政法规的规定缴纳税款、代扣代缴、代收代缴税款。纳税人签订的合同、协议等与税收法律、行政法规相抵触的，一律无效。《合同法》第 52 条[1]也规定，违反法律、行政法规的强制性规定的合同无效。但是，《股权转让协议书》中对税费承担的约定仍对合同各方具有约束力。原因在于：(1)纳税义务的履行不具有人身专属性，可由第三方代为履行。税收强调纳税人对国家的金钱给付义务，而不论纳税人用于缴纳税款的金钱的来源。纳税人可以与第三方约定以第三方的金钱承担纳税义务。(2)法律、行政法规并未禁止合同当事人约定最终负税人。纳税义务人和负税人为不同概念。法律、行政法规虽然规定了当事人不得以合同形式对纳税义务人的纳税义务作出约定，但并未禁止各方约定最终的税负由谁承担。(3)合同约定仅对合同当事人有效，不影响国家与纳税人之间的税收征纳关系。税收法律关系存在于国家与纳税人之间；合同法律关系存在于合同当事方之间。合同中对税费承担者的约定仅是对税款负担者的约定，不是对纳税义务人的约定，并未否定纳税义务人的纳税义务。因此，《股权转让协议书》中关于税费由 B 公司承担的约定并未违背法律、行政法规的规定，应属于有效。

因此，本次股权转让中，甲某、乙某为个人所得税纳税义务人，B 公司应实际承担个人所得税税收负担并依法代为申报纳税。

(六)本次交易产生印花税纳税义务

根据《印花税暂行条例》及其实施细则的规定，产权转移书据包括财产所有权和版权、商标专用、专利权、专有技术使用权等转移书据，按所载金额 5‰ 来贴花。

国家税务总局《关于印花税若干具体问题的解释和规定的通知》(国税发〔1991〕155 号)第 10 条规定，“财产所有权”转移书据的征税范围是：经政府管理机关登记注册的动产、不动产的所有权转移所立的书据，以及企业股权转让所立的书据。因此，《股权转让协议书》应作为“产权转移书据”，依所载金额的 5‰ 贴花。

三、本案启示

股权转让与资产转让面临不同的税负，本案中 W 公司主要的资产是煤炭采矿

---

〔1〕《合同法》已于 2021 年 1 月 1 日被《民法典》废止，相关规定参见《民法典》第 153 条。

权,所以税务机关才会认为其并非股权转让交易而是资产转让交易。但是,从前述分析可知,交易性质要结合交易双方权利义务全部内容来分析,在不能证明 W 公司存在违法避税的情形时,税务机关不可以否定交易双方认可的交易形式——股权转让。作为纳税人,为了避免股权交易形式被税务机关质疑与调整,需要准备好证明交易形式合理合法的相关资料以作应对。

第二章

增值税争议

承包经营活动中发包人纳税义务主体身份争议案

【导读】

承包经营是当前较为常见的一种企业经营方式。企业等单位作为发包人与承包人之间签订承包经营协议,将发包人的部分或全部经营管理权在一定期限内交给承包人,由承包人对发包人的具体业务进行经营管理,并承担经营风险及获取收益。在我国民商法领域,除对建筑业、金融业等领域明令禁止"挂靠""借用资质"的承包经营外,其他行业的承包经营均系合法有效。

由于承包经营活动大量存在,因此我国《税收征收管理法》及其实施细则对承包经营中的纳税义务主体及税收征管作出了明确规定。但是,由于我国税法对承包经营的税收征管规定较为简单,加之各经济主体在承包经营活动中存在较大差异,发包人往往会面临较大的税收风险,可能会导致被追缴税款、被追究处罚责任的后果。本案即是税务机关错误地认定发包人少计销售收入并给予其处罚的典型案例,涉及资源税、增值税、企业所得税等诸多税种。在本节中,笔者将着重讨论发包人是否应受税务机关处罚及发包人如何承担纳税连带责任的问题。

一、案情简介

(一)案件基本信息

案件类型:发包人涉嫌偷逃资源税、增值税、企业所得税

涉案金额:增值税税款 7,420,336.43 元,增值税附加税费 1,011,999.46 元,资源税税款 4,721,110.94 元,企业所得税税款 3,608,181.05 元

法律风险:补缴税款共计 16,761,627.88 元,并被处以罚款 9,986,561.43 元;构成逃税罪的,可能被处以 3 年以上 7 年以下有期徒刑,并处罚金

(二)案件详情

A 砂石厂成立于 1999 年 2 月 8 日,注册地址为 N 省 Y 市 B 堡,经营范围系尾矿治理。自 2007 年年初,A 砂石厂分别与赵某、钱某、孙某、李某四人陆续签订了《砂石料加工协议》(见图 1)、《加工销售合同》(见图 2)等合作协议。在承包经营协议中,双方约定,由赵某、钱某、孙某、李某四人分别承包经营 A 砂石厂合法持有的砂石矿区的砂石料开采、生产、加工和销售;承包经营期限以 A 砂石厂采矿许可

证规定的时间为准;在承包经营期间内,A 砂石厂负责提供砂石料生产加工区域,确保砂石资源开采手续、证照合法,赵某、钱某、孙某、李某四人分别负责自己组建、购置、安装生产加工所需要的设备,自筹流动资金,自主经营,自负盈亏;A 砂石厂根据赵某、钱某、孙某、李某四人实际销售砂石料的总吨数按每吨 5 元的费用标准向其收取管理费。A 砂石厂与上述四人之间的承包经营关系自 2007 年始一直持续到 2015 年年底。

砂石料加工协议

甲方:[redacted]砂石厂

乙方:[redacted]

甲乙双方经过协商,达成以下合作条件,以下就双方责任明确如下:

一、甲方责任

1. 甲方为乙方提供生活、生产用水、电源。

2. 甲方为乙方提供加工砂石料生产区域,保证乙方有资源可用。

---

3. 时间:以甲方采矿许可证规定的时限为准。到期后,如甲方采矿权顺延,在与其它采区同等条件下,在乙方自愿续约的前提下,甲方应准予乙方开采时限顺延。

二、乙方责任

1. 乙方自己组建、购置、安装生产加工所需要的人员、设备。设备所有权归乙方所有。

2. 乙方对甲方上交的费用应和其他分厂一样(石子每吨交 5 元,石粉、砂子等产品每吨按销售价的 50%上交,均不含税票。)

3. 乙方现金销售额当日与甲方结算,除甲方提成外,余额退给乙方。

4. 赊销产品每月结算一次,甲方选择乙方由赊销单位抵顶的住宅、营业房,以此抵顶销售提成款额(房价按销售楼盘价为准)。

三、其他未尽事宜,待生产中发现后,继续和甲方协商解决。

四、本合同待签字之日起生效。

甲方:[redacted]　　乙方:[redacted]

2013年3月30日

与原件一致 [redacted]

附加协议

一、甲、乙双方于二〇一三年三月二十日签订的协议中，第一条，甲方提供生活、生产用水、电源，所产生的费用由乙方承担。

二、赊销产品每年结清账目，乙方给甲方上交部分最迟不得拖延到当年底。否则乙方用现金支付甲方。

三、加工产品是甲、乙双方自愿达成的各项协议，如采矿权到期，有关部门不允许甲方再经营时，乙方无条件拆除设备及临时住房，平整好场地，经甲方验收合格即可撤离。

四、乙方进入场地，必须服从甲方管理，否则甲方有权终止协议。

五、此补充协议具有和原协议同等的法律效力。

甲方：[redacted]　　　　乙方：[redacted]

二〇一四年3月20日

与原件一致　[redacted]

图 1　A 砂石厂与四名承包人签订的《砂石料加工协议》及《附加协议》(之一)

加工销售合同

[redacted]砂石厂　　　　　　　　（以下简称甲方）

[redacted]　　　　　　　　（以下简称乙方）

经甲、乙双方协商，甲方取得采矿权，乙方同意与甲方合作经营，达成协议如下：

一、乙方给甲方生产加工细砂销售价定为16元/吨；水洗砂销售价定为20元/吨；混合料销售价定为10元/吨，甲乙双方均按五.五分成。

二、碎石，因是复垦利用的尾矿废弃的砾石，因该石质较硬，加工成本之大，销售价乙方自定，每销售1吨甲方只提取5元钱的管理费，道路损失等费用，（乙方给甲方提取的每吨5元钱用搅拌站顶来的房子抵顶，不交现金），销售由乙方自行联系，税款由乙方与销售搅拌站协商交纳。

三、石粉销售价根据市场需求另定。

四、以上协议共同遵守，不得违约。

五、本协议一式两份，具有同等的法律效力。

甲方：[redacted]砂石厂　　　　代表人签字：[redacted]

乙方：　　　　　　　　　　　代表人签字：[redacted]

2014年6月10日

与原件一致 [redacted]

图2　A砂石厂与四名承包人签订的《加工销售合同》(之二)

2015 年 6 月,A 砂石厂的法定代表人张某因涉嫌非法采矿罪被 Y 市公安机关逮捕。公安机关在调查 A 砂石厂往年账簿资料时发现 A 砂石厂涉嫌偷逃税款的行为,遂将案件移交当地税务机关调查处理。

2016 年 4 月 1 日,Y 市国家税务局稽查局与 Y 市地方税务局稽查局对 A 砂石厂涉嫌偷逃税款一案进行了立案稽查。2016 年 5 月 17 日,Y 市国家税务局稽查局向 A 砂石厂下发了《税务行政处罚事项告知书》(Y 国税稽罚告〔2016〕48 号)(见图 3),认定 A 砂石厂在 2010 年至 2015 年度少计销售收入,应补缴增值税税款 7,420,336.43 元;认定 A 砂石厂构成偷税,对其 2011 年 4 月至 2015 年度少缴增值税税款处 1 倍即 4,649,582.31 元。同日,Y 市地方税务局稽查局向 A 砂石厂下发了《税务行政处罚事项告知书》(Y 地税稽罚告〔2016〕15 号)(见图 4),认定 A 砂石厂在 2010 年至 2015 年度少计销售收入,应补缴增值税附加税费、企业所得税、资源税等税款共计 9,395,906.65 元;认定 A 砂石厂构成偷税,对其 2011 年 4 月至 2015 年度少缴上述税款处 1 倍罚款,即 5,336,979.12 元。

Y 市国家税务局稽查局
税务行政处罚事项告知书

Y 国税稽罚告〔2016〕48 号

A 砂石厂:

对你单位的税收违法行为拟于2016 年 5 月 23 日之前作出行政处罚决定,根据《中华人民共和国税收征收管理法》第八条、《中华人民共和国行政处罚法》第三十一条的规定,现将有关事项告知如下:

一、税务行政处罚的事实依据、法律依据及拟作出的处罚决定:

违法事实一

(一)2010 年销售砂石料少计销售收入 44,913,208.53 元,少缴纳增值税 2,694,792.50 元。

(二)2011 年销售货物 45,366,355.87 元(含税)未开具发票,未申报纳税。

销售砂石料开具发票收入 6,581,358.46 元,已申报销售收入 6,442,192.46 元,少申报销售收入 139,166.00 元,少缴纳增值税 8349.96 元。

上述2011年共少计销售收入42,937,614.93元,少缴纳增值税2,576,256.88元。

(三)2012年销售砂石料少计销售收入17,606,047.31元,少缴纳增值税1,056,362.83元。

未开具发票已申报销售收入288,723.98元,已缴纳增值税17,323.44元。

(四)2013年销售给××建筑工程有限公司砼制品分公司砂石料2,829,147.84元(含税)、销售给××等个人砂石4,791,310.95元(含税),均未开具发票,已申报收入20,208.61元,少申报销售收入7,168,903.46元,少缴纳增值税430,134.19元。

(五)2014年销售砂石料共计13,765,853.69元(含税)未开具发票,少计销售收入13,201,188.11元,少缴纳增值税564,665.57元。

未开具发票已申报销售收入3,116,511.24元,已缴纳增值税141,419.79元。

(六)2015年销售砂石料共计3,368,939.68元(含税)未开具发票未申报纳税,少计销售收入3,270,815.22元,少缴纳增值税98,124.43元。

未开具发票已申报销售收入4,804,546.56元,已缴纳增值税144,136.40元。

以上2010年至2015年共计少计销售收入129,097,777.56元,未开具发票未计收入,未申报纳税。根据《中华人民共和国增值税暂行条例》第十九条:"增值税纳税义务发生时间:(一)销售货物或者应税劳务,为收讫销售款项或者取得索取销售款项凭据的当天;先开具发票的,为开具发票的当天……"及《中华人民共和国增值税暂行条例实施细则》第三十八条:"条例第十九条第一款第(一)项规定的收讫销售款项或者取得索取销售款项凭据的当天,按销售结算方式的不同,具体为(一)采取直接收款方式销售货物,不论货物是否发出,均为收到销售款或者取得索取销售款凭据的当天……"之规定,应补缴增值税7,420,336.43元。

违法事实二

未提供2010年、2012年、2015年账簿资料。

根据《中华人民共和国税收征收管理法》第六十三条第一款:"纳税人伪造、变造、隐匿、擅自销毁帐簿、记帐凭证,或者在帐簿上多列支出或者不列、少列收入,或者经税务机关通知申报而拒不申报或者进行虚假的纳税申报,不缴或者少缴应纳税款的,是偷税。对纳税人偷税的,由税务机关追缴其不缴或者少缴的税款、滞纳金,并处不缴或者少缴的税款百分之五十以上五倍以下的罚款;构成犯罪的,依法追究刑事责任。”之规定,上述违法行为已构成偷税,除追缴少缴的税款、滞纳金,并拟对2011年4月至2015年度应补缴的增值税4,649,582.31元处1倍的罚款即4,649,582.31元。

根据《中华人民共和国税收征收管理法》第八十六条:“违反税收法律、行政法规应当给予行政处罚的行为,在五年内未被发现的,不再给予行政处罚。”之规定,上述2010年度至2011年3月应补缴增值税2,770,754.12元,不再给予处罚。

根据《中华人民共和国税收征收管理法》第六十条:“纳税人有下列行为之一的,由税务机关责令限期改正,可以处二千元以下的罚款;情节严重的,处二千元以上一万元以下的罚款……(二)未按照规定设置、保管帐簿或者保管记帐凭证和有关资料的……”之规定,拟处10,000元的罚款。

根据《中华人民共和国税收征收管理法》第三十二条:“纳税人未按照规定期限缴纳税款的,扣缴义务人未按照规定期限解缴税款的,税务机关除责令限期缴纳外,从滞纳税款之日起,按日加收滞纳税款万分之五的滞纳金。”之规定,除责令限期缴纳增值税7,420,336.43元税款外,从滞纳税款之日起按日加收滞纳税款万分之五的滞纳金。

二、你单位有陈述、申辩的权利。请在我局作出税务行政处罚决定之前,到我局进行陈述、申辩或自行提供陈述、申辩材料;逾期不进行陈述、申辩的,视同放弃权利。

三、拟对你单位罚款10,000元(含10,000元)以上,你单位有要求听证的权利。可自收到本告知书之日起3日内向我局提出听证申请;逾期不提出,视为放弃听证权利。

Y市国家税务局稽查局

2016年5月17日

图3 Y市国家税务局稽查局向A砂石厂下发的《税务行政处罚事项告知书》(摘录)

Y 市地方税务局稽查局
税务行政处罚事项告知书

Y 地税稽罚告〔2016〕15 号

A 砂石厂:

对你单位的税收违法行为作出行政处罚决定,根据《中华人民共和国税收征收管理法》第八条、《中华人民共和国行政处罚法》第三十一条的规定,现将有关事项告知如下:

一、税务行政处罚的事实依据、法律依据及拟作出的处罚决定:

你单位 2010—2015 年度共计补缴城建税:519,826.76 元、教育费附加 222,782.92 元、地方教育附加 167,032.28 元、水利建设基金 102,357.50 元、房产税 3360.00 元、土地使用税 6750.00 元、印花税 44,505.20 元、资源税 4,721,110.94 元、企业所得税 3,608,181.05 元。以上共计补缴税费 9,395,906.65 元。

(一)根据《中华人民共和国税收征收管理法》第六十三条:"纳税人伪造、变造、隐匿、擅自销毁帐簿、记帐凭证,或者在帐簿上多列支出或者不列、少列收入,或者经税务机关通知申报而拒不申报或者进行虚假的纳税申报,不缴或者少缴应纳税款的,是偷税。对纳税人偷税的,由税务机关追缴其不缴或者少缴的税款、滞纳金,并处不缴或者少缴的税款百分之五十以上五倍以下的罚款;构成犯罪的,依法追究刑事责任。"之规定,故你公司少计销售收入的行为属偷税,除补缴税费外,对你公司 2011 年 4 月至 2015 年度少缴纳的城建税 325,873.97 元、土地使用税 6000.00 元、印花税 31,575.60 元、资源税 2,596,145.69 元,2011 年 1 月至 2015 年度少缴纳的房产税 3360.00 元、企业所得税 2,374,023.85 元,共计:5,336,979.12 元,按规定进行 1 倍处罚即为 5,336,979.12 元。

(二)根据《中华人民共和国税收征收管理法》第八十六条:"违反税收法律、行政法规应当给予行政处罚的行为,在五年内未被发现的,不再给予行政处罚。"之规定,你公司上述 2010 年度至 2011 年 3 月少计销售收入的行为已超过 5 年不予处罚,故对少缴纳的 2010 年度至 2011 年 3 月的城建税 193,952.79 元、土地使用税 750.00 元、印花税 12,929.60 元、资源税 2,124,965.25 元,2010 年度少缴纳的企业所得税 1,234,157.20 元,共计 3,566,754.83 元不予处罚。

以上共计罚款 5,336,979.12 元。

二、你单位有陈述、申辩的权利。请在我局作出税务行政处罚决定之前，到我局进行陈述、申辩或自行提供陈述、申辩材料。逾期不进行陈述、申辩的，视同放弃权利。

三、若拟对你罚款2000元（含2000元）以上，拟对你单位罚款10,000元（含10,000元）以上，你单位有要求听证的权利，可自收到本告知书之日起3日内向我局书面提出听证申请。逾期不提出，视为放弃听证权利。

Y市地方税务局稽查局

2016年5月17日

图4 Y市地方税务局稽查局向A砂石厂下发的《税务行政处罚事项告知书》

A砂石厂不服Y市国家税务局稽查局和Y市地方税务局稽查局作出的两份《税务行政处罚事项告知书》，于2016年5月18日向Y市国家税务局稽查局及Y市地方税务局稽查局提交了书面的税务行政处罚听证申请书。2016年5月24日，Y市国家税务局稽查局向A砂石厂下发了《税务行政处罚听证通知书》（Y国税稽听通〔2016〕2号）（见图5），决定于2016年5月31日对A砂石厂涉嫌偷逃增值税的税务行政处罚一案举行听证。

Y市国家税务局稽查局

税务行政处罚听证通知书

Y国税稽听通〔2016〕2号

A砂石厂：

根据你单位提出的听证要求，决定于2016年5月31日上午九时三十分在Y市国家税务局十楼会议室（地址：Y市国家税务局1010会议室）举行听证，请准时参加。无正当理由不参加听证的，视为放弃听证权利。

本次听证由××主持，如你单位认为主持人与本案有直接利害关系需要申请回避的，请在举行听证的3日前提出，并说明理由。

Y市国家税务局稽查局

2016年5月24日

图5 Y市国家税务局稽查局向A砂石厂下发的《税务行政处罚听证通知书》

2016 年 5 月 25 日,Y 市地方税务局稽查局向 A 砂石厂也下发了《税务行政处罚听证通知书》(Y 地税稽听通〔2016〕1 号)(见图 6),决定于 2016 年 6 月 1 日对 A 砂石厂涉嫌偷逃资源税、企业所得税、增值税附加税费的税务行政处罚一案举行听证。

Y 市地方税务局稽查局

税务行政处罚听证通知书

Y 地税稽听通〔2016〕1 号

A 砂石厂:

根据你(单位)提出的听证要求,决定于2016 年 6 月 1 日 9 时30 分在Y 市地方税务局稽查局六楼会议室(地址:Y 市地方税务局稽查局 619 室)举行听证,请准时参加。无正当理由不参加听证的,视为放弃听证权利。

本次听证由××主持,如你(单位)认为主持人与本案有直接利害关系需要申请回避的,请在举行听证的 3 日前提出,并说明理由。

Y 市地方税务局稽查局

2016 年 5 月 25 日

图 6　Y 市地方税务局稽查局向 A 砂石厂下发的《税务行政处罚听证通知书》

(三)各方观点

Y 市国家税务局稽查局认为:2010 年至 2015 年,A 砂石厂销售砂石料共少计销售收入 129,097,777.56 元,该收入并未申报缴纳增值税,导致其少缴增值税的结果,其行为构成《税收征收管理法》第 63 条规定的偷税,应当对其处以罚款。

Y 市地方税务局稽查局认为:2010 年至 2015 年,A 砂石厂销售砂石料共少计销售收入 129,097,777.56 元,该收入并未申报缴纳资源税、增值税附加税费及企业所得税,导致其少缴资源税、增值税附加税费及企业所得税的结果,其行为构成《税收征收管理法》第 63 条规定的偷税,应当对其处以罚款。

A 砂石厂认为:自 2007 年至 2015 年,A 砂石厂与赵某、钱某、孙某、李某构成承包经营关系,税务机关认定 A 砂石厂少计的销售收入均是上述四名承包人的承包经营所得，A 砂石厂并没有实际取得涉案的销售价款，不应承担补税及被处罚的责任。

（四）争议焦点

1. 涉案销售收入对应的增值税及其附加税费、资源税和企业所得税的纳税义务主体是否为 A 砂石厂。

2. A 砂石厂是否构成偷税。

3. A 砂石厂是否应当承担被处罚的责任。

（五）争议解决

2016 年 5 月 25 日，华税律师事务所接受 A 砂石厂委托，就本案涉及的税务争议提供专项税务行政处罚听证代理服务。接受委托后，华税律师事务所成立专项项目组，迅速了解 A 砂石厂近年来的生产经营及财务会计情况，对本案的涉税争议问题进行深入研究和分析，并于 2016 年 5 月 31 日和 6 月 1 日以委托代理人的身份参加听证会。在听证会上，华税律师就本案存在的事实不清、证据不足、适用法律错误及违反法定程序等问题，发表代理意见，并就税务机关调取的证据资料进行质证，会后向税务机关提交了书面代理意见，最终促使本案税务机关对案涉事实证据收集是否全面客观重新调查，对是否存在程序违法问题重新审查。

二、税务律师点评

（一）税务机关认定 A 砂石厂少计销售收入的事实不清、证据不足

自 2007 年年初开始，A 砂石厂分别与赵某、钱某、孙某、李某（以下简称承包人）四人陆续签订了《砂石料加工协议》《加工销售合同》等合作协议。在合作协议中，双方约定，由承包人承包经营 A 砂石厂合法持有的砂石矿区的砂石料开采、生产、加工和销售；承包经营期限以 A 砂石厂采矿许可证规定的时间为准；在承包经营期间内，A 砂石厂负责提供砂石料生产加工区域，确保砂石资源开采手续、证照合法，承包人负责自己组建、购置、安装生产加工所需要的设备，自筹流动资金，自主经营，自负盈亏；A 砂石厂根据承包人实际销售砂石料的总吨数按每吨 5 元的费用标准向承包人收取管理费。A 砂石厂与上述四名承包人之间的承包经营关系自 2007 年始一直持续到 2015 年年底。

1. A 砂石厂作为发包人不参与生产经营活动，涉案销售收入不归其所有

A 砂石厂与赵某、钱某、孙某、李某签订的相关合作协议足以证明 A 砂石厂与承包人之间构成承包经营合同关系。A 砂石厂根据与四名承包人签署的承包经营

协议的约定,只负责向承包人提供生产、加工砂石料的生产区域,确保砂石资源开采手续、证照合法、有效,只根据承包人实际销售砂石料的吨数按照固定金额收取管理费用。A 砂石厂自始至终没有参与到涉案销售收入所涉及的砂石料生产、经营和销售活动,对外不以自己的名义签订购销合同,不向砂石料的购货方收取任何货款,对涉案销售收入所对应的购货方、采购数量及金额均不知情。因此,A 砂石厂作为承包经营合同关系中的发包方,涉案销售收入不应归其所有。

2. 赵某、钱某、孙某、李某作为承包人负责生产经营,涉案销售收入应归其所有

赵某、钱某、孙某、李某根据与 A 砂石厂签署的承包经营协议,自筹营运资金,自主聘用工作人员,自己组建、购置机械设备,且享有机械设备的所有权,自主经营砂石料的开采、生产、加工和销售业务,自负盈亏。在砂石料销售环节,承包人均以自己的名义与购货方签订了口头或书面的购销合同,直接收取了购货方支付的货款。因此,涉案销售收入实际上归赵某、钱某、孙某、李某四名承包人所有。

3. 税务机关认定 A 砂石厂少计的销售收入中错误地包含了承包人的运输费用

在砂石料的承包经营过程中,承包人将开采、生产、加工后的砂石料向承包人的购货方销售时,承包人负责召集运输车辆及向运输车辆支付了运输费用,并将其支付的运输费用一并计算在购货方采购砂石料的货款之中。购货方以向承包人结算砂石料货款的方式将承包人支付的运输费用给予全额补偿。据 A 砂石厂提供的信息,税务机关认定的 A 砂石厂少计的销售收入中约有高达 70% 的比例为运输费用。两份《税务行政处罚事项告知书》中认定 A 砂石厂少计销售收入的金额均是从承包人的购货方的账簿资料信息中取得,所认定的数额包含了承包人运输其所销售的砂石料的运输费用,实际上并不是真实的砂石料销售收入。

4. 购货方的账务处理应不影响 A 砂石厂与承包人之间承包经营关系的存在

在承包人将自主生产的砂石料在向购货方销售时,部分销售采取了躲销方式处理。少数取得躲销待遇的购货方在做账时将躲销金额记为"应付账款——A 砂石厂"。这是税务机关认定 A 砂石厂少计销售收入的核心证据资料。

尽管这些购货方将其砂石料采购负债的债权人记为 A 砂石厂,但这种做法不符合砂石料的实际购销情况。事实是这些购货方并没有与 A 砂石厂签订购销协议,货物也并非由 A 砂石厂销售而是由承包人提供,这些购货方将相应货款均直接偿付给了承包人,并没有向 A 砂石厂支付,其账务处理本身属错误。因此,少数购货方的往来账务处理并不能证明相关收入归 A 砂石厂所有,并不能否定 A 砂石厂与承包人之间承包经营合同关系的存在。

5. 税务机关应当对其拟作出的处罚决定承担举证责任，并承担举证不利的后果

《行政处罚法》第36条规定，行政机关发现公民、法人或者其他组织有依法应当给予行政处罚的行为的，必须全面、客观、公正地调查，收集有关证据。《行政诉讼法》第34条第1款规定："被告对作出的行政行为负有举证责任，应当提供作出该行政行为的证据和所依据的规范性文件。"国家税务总局《关于印发〈税务稽查工作规程〉的通知》（国税发〔2009〕157号）第24条第1款规定："实施检查时，应当依照法定权限和程序，收集能够证明案件事实的证据材料。收集的证据材料应当真实，并与所证明的事项相关联。"根据上述规定，税务机关应当对纳税人的违法事实承担举证责任，依法调查和收集证据，充分行使其取证的权力，对证据的合法性、真实性和关联性承担举证责任。

在本案中，Y市国家税务局稽查局及Y市地方税务局稽查局的证据调查和收集存在以下几个问题：其一，本案相关当事人的询问均由Y市公安机关实施，询问笔录由Y市公安机关制作，Y市国家税务局稽查局和Y市地方税务局稽查局并没有对本案采取充分的调查和证据资料收集；其二，税务机关所收集的购货方的账簿资料并不能有效地证明A砂石厂少计销售收入的违法事实，存在严重欠缺关联性的问题；其三，税务机关并没有对本案A砂石厂与四名承包人之间的承包经营关系进行充分的调查和证据资料收集，有违证据的全面、客观和公正原则；其四，税务机关所收集的与本案有关的绝大多数证据均是由当地公安机关转交，明显违反了关于税务机关调查和取证的有关规定。

综上所述，由于税务机关并没有对A砂石厂与赵某、钱某、孙某、李某之间的承包经营关系进行充分的调查取证，并没有全面、客观地履行案件调查和证据收集的法定职责，使本案现有的证据资料严重欠缺关联性，严重违反了客观、公正和全面的原则，从而错误地认定涉案销售收入归A砂石厂所有，导致税务机关认定的违法事实存在严重的事实不清、证据不足问题。Y市国家税务局稽查局及Y市地方税务局稽查局应当对本案进一步地调查，切实承担其法定的举证责任，并承担其举证不能的不利后果。

（二）A砂石厂并非涉案销售收入的增值税及其附加税费、资源税、企业所得税的纳税义务人，不应承担补缴相应税款的法律责任

1. A砂石厂不是涉案销售收入的增值税纳税义务人，不应承担补缴增值税及其附加税费的法律责任

《增值税暂行条例实施细则》第10条规定："单位租赁或者承包给其他单位或

者个人经营的,以承租人或者承包人为纳税人。”根据此条规定,在承包经营法律关系中,承包人因承包经营取得增值税应税收入的,承包人是增值税的纳税义务人,发包人不是增值税纳税义务人,承包人应接受税务管理,依法就其承包经营收入和所得履行纳税义务。

在本案中,A 砂石厂与赵某、钱某、孙某、李某构成承包经营关系,全部涉案销售收入均是由上述四名承包人在砂石料承包经营活动中取得的,承包人应是全部涉案销售收入的增值税纳税义务人,应接受税务管理,依法履行增值税的纳税义务。由于 A 砂石厂并非涉案销售收入的增值税纳税义务人,不存在少缴增值税及其附加税费的违法行为。因此,A 砂石厂不应承担补缴增值税及其附加税费的法律责任。Y 市国家税务局稽查局及 Y 市地方税务局稽查局认定 A 砂石厂是涉案销售收入的增值税纳税义务人,认定 A 砂石厂存在少缴增值税及其附加税费的结论属错误认定增值税纳税义务主体和案件事实,适用法律法规错误。

2. A 砂石厂不是涉案销售收入的资源税纳税义务人,不应承担补缴资源税的法律责任

《资源税暂行条例》第 1 条规定:“在中华人民共和国领域及管辖海域开采本条例规定的矿产品或者生产盐(以下称开采或者生产应税产品)的单位和个人,为资源税的纳税人,应当依照本条例缴纳资源税。”第 9 条规定:“纳税人销售应税产品,纳税义务发生时间为收讫销售款或者取得索取销售款凭据的当天;自产自用应税产品,纳税义务发生时间为移送使用的当天。”根据上述规定,在境内从事应税矿产品开采的单位和个人为资源税的纳税人,纳税人自销售应税矿产品取得销售款凭据或自产自用应税矿产品移送使用之日发生纳税义务。在本案中,A 砂石厂不参与具体的生产经营活动,并非涉案砂石料的开采主体和销售主体,不是涉案销售收入的资源税纳税义务人。而承包人是涉案砂石料的开采、生产和销售主体,是涉案销售收入的资源税纳税人。

《资源税暂行条例》第 11 条规定:“收购未税矿产品的单位为资源税的扣缴义务人。”《资源税暂行条例实施细则》第 13 条规定:“条例第十一条把收购未税矿产品的单位规定为资源税的扣缴义务人,是为了加强资源税的征管。主要是适应税源小、零散、不定期开采、易漏税等税务机关认为不易控管、由扣缴义务人在收购时代扣代缴未税矿产品资源税为宜的情况。”根据上述规定,对于一些税源小、零散、不定期开采、易漏税的单位和个人在销售其矿产品时不能向收购方提供已缴纳资源税的证明或已向当地税务机关办理纳税申报的有效凭证的,收购方应当在向矿

产品销售方支付货款时履行代扣代缴资源税的义务。在本案中,由于承包人是涉案砂石料的资源税纳税义务人,应当依法向主管机关申报缴纳资源税。如承包人未履行资源税的纳税申报义务的,购货方应当履行其代扣代缴资源税的义务。涉案销售收入所对应的资源税税款如确实存在逃漏的,作为纳税义务人的承包人和作为扣缴义务人的购货方应当承担相应的责任。

综上所述,由于A砂石厂并非涉案砂石料销售收入的资源税纳税义务人,不存在少缴资源税的违法行为,不应当承担补缴资源税的责任。Y市地方税务局稽查局认定A砂石厂少缴资源税的结论属事实不清、适用法律法规错误。

3. A砂石厂不是涉案销售收入的企业所得税纳税义务人,不应承担补缴企业所得税的法律责任

《企业所得税法》第6条规定:"企业以货币形式和非货币形式从各种来源取得的收入,为收入总额。包括:(一)销售货物收入……"《企业所得税法实施条例》第14条规定:"企业所得税法第六条第(一)项所称销售货物收入,是指企业销售商品、产品、原材料、包装物、低值易耗品以及其他存货取得的收入。"《企业会计准则第14号——收入》(财会〔2006〕3号)第2条第1款规定:"收入,是指企业在日常活动中形成的、会导致所有者权益增加的、与所有者投入资本无关的经济利益的总流入。"第4条规定:"销售商品收入同时满足下列条件的,才能予以确认:(一)企业已将商品所有权上的主要风险和报酬转移给购货方;(二)企业既没有保留通常与所有权相联系的继续管理权,也没有对已售出的商品实施有效控制;(三)收入的金额能够可靠地计量;(四)相关的经济利益很可能流入企业;(五)相关的已发生或将发生的成本能够可靠地计量。"根据上述规定,企业销售商品的收入是指企业实际发生销售商品的行为产生的企业能够取得的可靠计量的经济利益。该经济利益在满足一定的会计处理条件后应当计入企业的应纳税所得额。

在本案中,涉案销售收入并非A砂石厂在销售砂石料活动中形成的,而是承包人在承包经营活动中销售砂石料形成的,A砂石厂并不存在砂石料的销售行为,将涉案销售收入认定为A砂石厂的收入不符合《企业所得税法》第6条及其实施条例第14条的规定。同时,涉案销售收入形成后直接流向承包人,没有流向A砂石厂,购货方直接向承包人付款,A砂石厂没有收取任何形式的价款,且涉案销售收入对应的砂石料货物的所有权自始归属于承包人而非A砂石厂,A砂石厂无权将其对外出售。因此,将涉案销售收入认定为A砂石厂的收入也不符合企业会计准则的规定。

综上所述,A 砂石厂并非涉案销售收入的企业所得税纳税义务人,不存在少缴企业所得税的违法行为,不应承担补缴企业所得税的责任。Y 市地方税务局稽查局认定 A 砂石厂少确认销售收入属错误认定收入归属和企业所得税纳税义务主体,适用法律法规错误。

(三)A 砂石厂不构成《税收征收管理法》第 63 条规定的偷税

1. A 砂石厂不是涉案销售收入相关税种的纳税义务人,不构成偷税的主体

《税收征收管理法》第 63 条第 1 款规定:"纳税人伪造、变造、隐匿、擅自销毁帐簿、记帐凭证,或者在帐簿上多列支出或者不列、少列收入,或者经税务机关通知申报而拒不申报或者进行虚假的纳税申报,不缴或者少缴应纳税款的,是偷税。对纳税人偷税的,由税务机关追缴其不缴或者少缴的税款、滞纳金,并处不缴或者少缴的税款百分之五十以上五倍以下的罚款;构成犯罪的,依法追究刑事责任。"由此条规定可以看出,构成偷税行为的主体为纳税人。

《税收征收管理法实施细则》第 49 条第 1 款规定:"承包人或者承租人有独立的生产经营权,在财务上独立核算,并定期向发包人或者出租人上缴承包费或者租金的,承包人或者承租人应当就其生产、经营收入和所得纳税,并接受税务管理;但是,法律、行政法规另有规定的除外。"根据此条规定,在承包经营法律关系中,承包人是承包经营收入和所得的纳税义务人,应当就其生产、经营收入和所得履行对应各税种的纳税义务,并接受税务管理;发包人不是承包经营收入和所得的纳税义务人。

在本案中,A 砂石厂并非涉案砂石料销售收入的企业所得税、增值税、资源税纳税义务主体。因此,Y 市国家税务局稽查局及 Y 市地方税务局稽查局以偷税处罚 A 砂石厂有违《税收征收管理法》有关偷税主体的规定及《税收征收管理法实施细则》有关承包经营纳税义务人的规定。

2. A 砂石厂没有偷税的主观故意

《税收征收管理法》第 63 条规定的偷税要求纳税人的主观状态为故意。在本案中,A 砂石厂对于其对外承包经营所收取的管理费均已如实申报缴纳了相应税款,自身的各税务处理事项均合法合规,自始至终没有参与承包人的承包经营活动,对承包人的砂石开采、生产、加工、销售等业务活动均不知情。且在税务机关对 A 砂石厂实施税务检查期间,A 砂石厂积极配合税务机关调取账簿资料,如实陈述相关交易事实,足以证明 A 砂石厂在主观上没有偷税的故意。Y 市国家税务局稽查局及 Y 市地方税务局稽查局认定 A 砂石厂构成偷税明显违反了《税收征收管理

法》对偷税的规定。

3. A 砂石厂没有实施任何偷税行为，未产生不缴或少缴应纳税款的后果

根据《税收征收管理法》第 63 条的规定，偷税的行为表现有：(1)伪造、变造、隐匿、擅自销毁账簿、记账凭证；(2)在账簿上多列支出或者不列、少列收入；(3)经税务机关通知申报而拒不申报；(4)虚假申报。

在本案中，A 砂石厂没有实施任何上述偷税行为，对自身的应税收入均依法申报缴纳了各项税款，没有产生不缴或少缴税款的后果。Y 市国家税务局稽查局及 Y 市地方税务局稽查局认定 A 砂石厂构成偷税明显违反了《税收征收管理法》对偷税的规定。

(四)税务机关认定 A 砂石厂少缴税款的计税依据错误，增值税税额计算错误，企业所得税税款征收方式错误

1. 税务机关认定 A 砂石厂少缴税款的销售收入计税依据错误

由于税务机关认定 A 砂石厂少计销售收入的金额均来自承包人的购货方的账簿资料，而购货方在向承包人支付的砂石料货款中部分金额是偿付承包人承担的运输费用，并非砂石料的销售价款。因此，税务机关认定 A 砂石厂少缴税款的计税依据不能真实反映涉案砂石料销售收入的真实金额，属于对税基的认定错误。

2. Y 市国家税务局稽查局认定 A 砂石厂应补缴的增值税税额计算错误

按照财政部、国家税务总局《关于部分货物适用增值税低税率和简易办法征收增值税政策的通知》(财税〔2009〕9 号)的规定，2009 年 1 月 1 日起，一般纳税人销售自产的建筑用和生产建筑材料所用的砂、土、石料，可选择按照简易办法依照 6% 征收率计算缴纳增值税。此后，财政部、国家税务总局《关于简并增值税征收率政策的通知》(财税〔2014〕57 号)对增值税征收率作出简并，规定自 2014 年 7 月 1 日起，一般纳税人销售自产的建筑用和生产建筑材料所用的砂、土、石料，可选择按照简易办法依照 3% 征收率计算缴纳增值税。

《增值税暂行条例实施细则》第 14 条规定："一般纳税人销售货物或者应税劳务，采用销售额和销项税额合并定价方法的，按下列公式计算销售额：销售额 = 含税销售额 ÷ (1 + 税率)。"根据此规定，增值税一般纳税人适用简易计税方法的，其增值税税额的具体计算方法为：销售额 = 含税销售额 ÷ (1 + 征收率)；增值税应纳税额 = 销售额 × 征收率。

A 砂石厂自 2007 年 6 月 1 日依法取得增值税一般纳税人资格，按照法律规定

向税务机关提供相应的备案材料,对销售自产的建筑用和生产建筑材料所用的砂、土、石料,选择按照简易办法计算缴纳增值税。2009 年 1 月 1 日至 2014 年 6 月 30 日,A 砂石厂销售自产的建筑用和生产建筑材料所用的砂、土、石料,按照 6% 征收率计算缴纳增值税;自 2014 年 7 月 1 日起,A 砂石厂销售自产的建筑用和生产建筑材料所用的砂、土、石料,按照 3% 征收率计算缴纳增值税。

《税务行政处罚事项告知书》(Y 国税稽罚告〔2016〕48 号)中认定 A 砂石厂 2010 年至 2015 年销售砂石料少计销售收入都为含税销售额,但是在计算增值税税额时,Y 市国家税务局稽查局未先将含税销售额换算为不含税销售额,直接按照含税销售额 × 征收率计算出增值税税额。这不符合《增值税暂行条例实施细则》的规定,属于适用法律错误。

3. Y 市地方税务局稽查局认定 A 砂石厂少缴企业所得税的征收方式错误

A 砂石厂在 2010 年至 2014 年 4 月,经 Y 市地方税务局批准,适用企业所得税核定征收方式,按照每月 400 元应纳税额的标准申报缴纳税款。2014 年 5 月后,A 砂石厂经 Y 市地方税务局批准,将企业所得税核定征收方式由每月定额征收改为以 10% 的应税所得率征收,即每月应纳税额 = 每月销售收入 ×10% ×25%。Y 市地方税务局稽查局认定 A 砂石厂 2010 年至 2015 年应补缴的企业所得税均是用 10% 的应税所得率计算得来,改变了 A 砂石厂 2010 年至 2014 年 4 月的企业所得税核定征收方式。

国家税务总局《关于印发〈企业所得税核定征收办法(试行)〉的通知》(国税发〔2008〕30 号)第 11 条规定:"税务机关应在每年 6 月底前对上年度实行核定征收企业所得税的纳税人进行重新鉴定。重新鉴定工作完成前,纳税人可暂按上年度的核定征收方式预缴企业所得税;重新鉴定工作完成后,按重新鉴定的结果进行调整。"根据此规定,税务机关应在每年 6 月底前对上年度实行核定征收企业所得税的纳税人进行重新鉴定,不能够随意变更企业的核定征收方式。Y 市地方税务局稽查局的上述做法明显违反了国税发〔2008〕30 号文的规定。

(五)《税务行政处罚事项告知书》(Y 地税稽罚告〔2016〕15 号)及《税务行政处罚事项告知书》(Y 国税稽罚告〔2016〕48 号)未充分其格式要件,缺少必要内容,属违反法定程序

国税发〔2009〕157 号文第 51 条规定:"拟对被查对象或者其他涉税当事人作出税务行政处罚的,向其送达《税务行政处罚事项告知书》,告知其依法享有陈述、申辩及要求听证的权利。《税务行政处罚事项告知书》应当包括以下内容:(一)认

定的税收违法事实和性质;(二)适用的法律、行政法规、规章及其他规范性文件;(三)拟作出的税务行政处罚;(四)当事人依法享有的权利;(五)告知书的文号、制作日期、税务机关名称及印章;(六)其他相关事项。”

2016 年 5 月 17 日,Y 市国家税务局稽查局及 Y 市地方税务局稽查局向 A 砂石厂送达了《税务行政处罚事项告知书》(Y 国税稽罚告〔2016〕48 号)及《税务行政处罚事项告知书》(Y 地税稽罚告〔2016〕15 号)。但所送达的告知书末页落款处并未加盖 Y 市国家税务局稽查局及 Y 市地方税务局稽查局的公章,且《税务行政处罚事项告知书》(Y 地税稽罚告〔2016〕15 号)全篇均未清楚说明 A 砂石厂 2010 年至 2015 年存在何种违法事实。因此,两份《税务行政处罚事项告知书》并未充分其法定格式要件,缺少核心内容,严重违反了国税发〔2009〕157 号文对《税务行政处罚事项告知书》的规定,属于违反法定程序,该两份告知书应不产生法律效力。

(六)如何理解和适用《税收征收管理法实施细则》第 49 条第 2 款规定的发包人纳税连带责任

《税收征收管理法实施细则》第 49 条第 2 款规定:“发包人或者出租人应当自发包或者出租之日起 30 日内将承包人或者承租人的有关情况向主管税务机关报告。发包人或者出租人不报告的,发包人或者出租人与承包人或者承租人承担纳税连带责任。”根据此规定,发包人在满足一定条件的情况下,应当与承包人承担纳税连带责任。但需要注意的是,此条规定并没有直接变更纳税义务人的主体认定规定,也没有直接变更偷税的主体认定规定。

发包人的纳税连带责任应当如何理解与适用？首先,发包人只有在承包人无法足额支付其应补缴的税款的情况下,才有义务承担纳税连带责任。税务机关必须先对承包人作出税务处理决定,并依法穷尽其强制执行方式后,才能要求发包人承担连带责任。其次,《税收征收管理法实施细则》第 49 条第 2 款对发包人仅规定的是“纳税”连带责任,并没有规定“处罚”连带责任,原因在于,根据《税收征收管理法实施细则》第 49 条第 1 款的规定,承包人自始至终是承包经营收入和所得的纳税义务人,而只有纳税义务人才有可能实施税收违法行为,构成偷税,发包人自始至终不是偷税的主体,无法充分偷税的构成要件,因此也没有义务承担承包人因偷税所致的行政处罚责任。

在本案中,Y 市国家税务局稽查局及 Y 市地方税务局稽查局并没有对承包人涉嫌存在的偷税行为、偷税数额进行认定,没有对承包人采取充分有效的税收强制执行措施,直接拟对A砂石厂作出行政处罚的做法也违反了《税收征收管理法实施细则》第49条第2款的规定。

(七)结论

A砂石厂并非《税务行政处罚事项告知书》(Y地税稽罚告〔2016〕15号)及《税务行政处罚事项告知书》(Y国税稽罚告〔2016〕48号)认定的涉案砂石料销售收入的增值税、企业所得税及资源税的纳税义务人,在主体要件、主观要件及客观要件上均不符合偷税的构成,不应承担补缴税款及受行政处罚的法律责任。《税务行政处罚事项告知书》(Y地税稽罚告〔2016〕15号)及《税务行政处罚事项告知书》(Y国税稽罚告〔2016〕48号)拟作出的处罚决定认定事实不清、证据不足,适用法律法规错误,违反法定程序,欠缺税法理论支撑。根据《行政处罚法》第30条"违法事实不清的,不得给予行政处罚"以及《税收征收管理法》《税收征收管理法实施细则》之规定,Y市国家税务局稽查局及Y市地方税务局稽查局不应对A砂石厂给予行政处罚。

三、本案启示

本案的重要启示就在于企业、单位等作为发包人的经济主体在承包经营活动中应当重视税法风险的防范。发包人承担纳税连带责任是我国税法中第三人之债的一个基本类型。《税收征收管理法实施细则》的这种规定在税法理论界引起了极大的争议,主要表现在以下两点:

(一)《税收征收管理法实施细则》第49条第2款的规定有违税收法定原则

税收法定原则是现代法治国家遵循的一项基本原则,世界上多数国家宪法条文中均有明确的规定,是一项税收领域立法需要严格遵守的原则。税收法定原则的基本功能就在于防止国家征税权的肆意扩张,不当侵害纳税主体的合法权益。税收法定原则的核心内涵在于课税要素法定,即课税的构成要件诸如纳税义务主体、计税依据、税率、纳税义务发生时间、纳税期限等必须由法律予以规定。《立法法》第8条规定:"下列事项只能制定法律……(六)税种的设立、税率的确定和税收征收管理等税收基本制度……"根据此规定,我国税收基本制度只能由全国人民代表大会及其常务委员会通过制定法律的形式予以规定,而不能由其他国家机关特别是行政机关代为规定。由于《立法法》在我国具有宪法意义和地位,因此,我国的税收基本制度是宪法意义上的法律保留。

《立法法》第9条规定:"本法第八条规定的事项尚未制定法律的,全国人民代表大会及其常务委员会有权作出决定，授权国务院可以根据实际需要，对其中的部分事项先制定行政法规，但是有关犯罪和刑罚、对公民政治权利的剥夺和限制人身自由的强制措施和处罚、司法制度等事项除外。”第10条第1款规定：“授权决定应当明确授权的目的、事项、范围、期限以及被授权机关实施授权决定应当遵循的原则等。”据此，国务院因授权立法出台的行政法规，必须严格按照授权目的和范围制定规定，不能超越法律的规定，不能与法律的规定产生矛盾和冲突。

反观《税收征收管理法实施细则》，其属于行政法规，是根据《税收征收管理法》的授权由国务院制定，系授权立法，其作用和功能应在于补充《税收征收管理法》条文原则性强而可操作性弱的不足，不应在税收征管法的原则性规定之外创设税收加重责任和义务。而《税收征收管理法实施细则》第49条第2款却在超越《税收征收管理法》的基础上创设了发包人的纳税连带责任，明显违反了其授权立法的范围和界限，严重违反了税收法定原则。

(二)《税收征收管理法实施细则》第49条第2款的规定有违量能负担原则

量能负担原则是税收公平原则的法律体现，是宪法平等原则在税法上的具体化，是指赋税的课征不以形式上实现以法律可征赋税、满足财政需要为目的，而应在实质上实现税收负担在全体纳税人之间公平分配，使所有的纳税人按照其实质纳税能力负担其应缴纳的税收额度。简言之，即负担能力的大小决定税收负担水平的高低。负担能力的大小有各种测量指标，其中主要是所得和财产，凡所得多的，负税能力则强，应规定较重的税收负担；凡所得少的，负税能力则弱，应规定较轻的税收负担或不纳税。

《税收征收管理法实施细则》第49条第2款规定发包人应对承包人的承包经营所得承担纳税连带责任。而事实上，发包人往往在承包经营活动中不享有承包经营所得的绝大部分，只享有其中非常少量的所得。发包人的纳税连带责任明显过于沉重，不符合量能负担原则，一方面，发包人要为承包人的承包经营所得缴纳全部税款；另一方面，税务机关一旦从发包人处实现税收，就会失去向承包人追缴的动力，而发包人并不具有税务机关的权力，税收债权转为一般的民事债权，其民事债权的实现将会十分困难。

企业取得违约补偿款增值税应税销售额争议案

【导读】

在经济业务往来中，合同签订的目的在于明确交易各方的权利义务，保证交易顺利完成。但在因多方面原因导致合同无法履行的情况下，为保证履约方权益不受损害，合同双方往往在合同中约定补偿金、违约金或赔偿款等条款。目前，越来越多的企业在会计核算时开始涉及补偿金、违约金或赔偿款收入。判断企业取得的这些所得是否应当缴纳增值税，核心在于这些款项是否符合销售额的特征。《增值税暂行条例》第6条将销售额定义为：纳税人销售货物或者应税劳务向购买方收取全部价款和价外费用。本节试举一则关于企业因合同相对方支付违约补偿款未缴纳增值税而遭受税务机关行政处罚的例子，以探讨合同违约补偿款是否属于增值税的征税范围。

一、案情简介

(一)案件基本信息

案件类型：逃避缴纳税款

涉案金额：税款112,616.16元及滞纳金，罚款56,308.08元

法律风险：补缴税款、滞纳金，并处罚款，金额合计10余万元；被处以3年以下有期徒刑，并处罚金的刑事责任

(二)案件详情

S零部件加工公司(以下简称S公司)，成立于1995年2月4日，注册地址位于广东省F市H区，经营范围为：玩具、礼品加工制作。D玩具销售公司(以下简称D公司)成立于1999年12月30日，注册地址位于海南省K市L区，经营范围为：玩具、文具，礼品及儿童服装销售。

2010年4月，S公司与D公司签署《产品供应协议》，约定由S公司向D公司供应商品10万件。其中，该商品某零部件由D公司向S公司提供。S公司将零部件组装入商品后向D公司交货。商品货款1,825,297.26元于商品交付后10个工作日内一次性付清。后因D公司迟迟未向S公司提供该零部件，致使S公司无法向D公司交付商品。

2011 年 1 月,S 公司向 K 市 L 区人民法院提起诉讼,请求法院判令 D 公司向 S 公司支付货款及违约金。2011 年 5 月 12 日,L 区人民法院判令 D 公司向 S 公司支付补偿款,补偿款金额 =(商品单价 - 某零部件装配工资 - 包装工资 - 运费 - 利润 - 税费)× 商品数量,共计 775,064.2 元。F 市 H 区国家税务局认为,S 公司与 D 公司之间系商品买卖关系,S 公司从 D 公司取得款项便产生增值税纳税义务。2013 年 3 月,F 市 H 区国家税务局向 S 公司发出《税务行政处罚事项告知书》(H 国罚告〔2013〕××号)(见图 1),因 S 公司未就法院判决支付款项缴纳增值税,认为 S 公司的行为构成偷税,拟对 S 公司取得的补偿款追缴增值税 112,616.16 元,按日加收万分之五的滞纳金,并处少缴税款金额 50% 的罚款,即 56,308.08 元。

S 公司对 F 市 H 区国家税务局的观点存有异议,认为其取得的违约补偿款并不构成公司的增值税应税销售额。

H 区国家税务局

税务行政处罚事项告知书

H 国罚告〔2013〕××号

S 公司:

对你(单位)的税收违法行为拟于2013 年 5 月 22 日之前作出行政处罚决定,根据《中华人民共和国税收征收管理法》第八条、《中华人民共和国行政处罚法》第三十一条的规定,现将有关事项告知如下:

一、税务行政处罚的事实依据、法律依据及拟作出的处罚决定:

(一)违法事实

你单位自 2008 年 4 月起至 2010 年 8 月止,销售给 D 公司发声拼图木制玩具等产品的内销货款共计 1,825,297.26 元,实际收到 D 公司支付的累计内销货款和逾期付款利息等费用共计 1,856,656.50 元(包括由对方承担的诉讼费 5000.00 元)。其中 775,064.20 元货款(含税)未开票,也未向国家税务机关申报缴纳增值税,存在在账簿上不列、少列收入和进项税额的行为,少申报应缴增值税 112,616.16 元,根据《中华人民共和国税收征收管理法》第六十三条第一款之规定,你单位的行为已构成偷税。

(二)处罚的依据及拟作出的处罚决定

1. 根据《中华人民共和国增值税暂行条例》第一条、第六条,《中华人民共和国增值税暂行条例实施细则》第十二条之规定,对你单位在账簿上不列、少列收入部分拟追缴增值税 112,616.16 元。

2. 根据《中华人民共和国税收征收管理法》第六十三条第一款之规定,拟对你单位少缴的增值税 112,616.16 元处以百分之五十的罚款计 56,308.08 元。

3. 根据《中华人民共和国税收征收管理法》第三十二条之规定,拟对上述追缴的税款从税款滞纳之日起按日加收万分之五的滞纳金。

二、你(单位)有陈述、申辩的权利。请在我局作出税务行政处罚决定之前,到我局进行陈述、申辩或自行提供陈述、申辩材料;逾期不进行陈述、申辩的,视同放弃权利。

三、拟对你单位罚款 10,000 元(含 10,000 元)以上,你单位有要求听证的权利。可自收到本告知书之日起 3 日内向本局书面提出听证申请;逾期不提出的,视为放弃听证权利。

H 区国家税务局

二〇一三年五月十六日

图 1　F 市 H 区国家税务局向 S 公司发出的《税务行政处罚事项告知书》

(三)各方观点

F 市 H 区国家税务局认为:S 公司与 D 公司之间系商品买卖关系,S 公司从 D 公司取得款项便产生增值税纳税义务。

S 公司认为:其从 D 公司取得款项并不必然使 S 公司产生增值税纳税义务。S 公司取得款项的性质是补偿款,非商品货款,因此 S 公司无增值税纳税义务,更不应缴纳滞纳金及罚款。

(四)争议焦点

因商品交易发货方未履约产生的违约补偿款是否产生增值税纳税义务。

(五)争议解决

华税律师事务所接受 S 公司委托,就本案涉及的税务争议提供专项税务行政处罚听证代理服务。接受委托后,华税律师代表 S 公司向 H 区国家税务局提交书面陈述、申辩意见,就本案事实认定及法律适用问题多次与 H 区国家税务局沟通,最终H区国家税务局未向S公司下达税务行政处罚决定书,取得了令S公司满意的处理结果。

二、税务律师点评

(一)取得违约补偿金是否产生增值税纳税义务要视具体情况而定

在商品交易的过程中,为了抵御合同风险交易双方常会在合同中约定违约金或者赔偿金条款。那么,交易一方获得的违约赔偿款是否产生增值税纳税义务,需要根据交易的实际情况进行分析。

1. 一般情况下,违约补偿金属于价外费用并入增值税应税销售额

销售行为已发生,销售方向购买方收取违约赔偿金。此时,所销售货物的所有权和主要风险已经发生转移,报酬已经给付,合同已经履行,增值税的纳税义务已经形成。根据《增值税暂行条例》及其实施细则的规定,增值税计税销售额为纳税人发生应税销售行为收取的全部价款和价外费用。其中,销售方价外向购买方收取的违约金、滞纳金和赔偿金等,属于价外费用的范围。因此,销售方因购买方违约而向其收取的违约补偿款,应作为价外费用,计算缴纳增值税。同理,此种情形下购买方向销售方收取的违约补偿款也应承担相应的纳税义务。

2. 因交易取消而取得的违约补偿金不应归入增值税应税销售额

销售行为未发生,销售方向购买方收取违约赔偿金。根据权责发生制原则,收入只有在经济利益很有可能流入企业,且能够可靠计量时才予以确认。如果货物的所有权和风险未发生转移,则销售方还没有产生增值税纳税义务。因此,销售行为未发生时,销售方向购买方收取的违约赔偿款不属于应纳增值税的范围。同理,购买方向违约方收取的违约补偿款也不产生增值税纳税义务。

(二)D公司向S公司支付款项的性质是补偿款,非商品货款

本案中,D公司向S公司支付了部分款项,该笔款项较之商品货款的区别主要有:

1. 支付原因不同

D公司违反与S公司之间合同的约定,未向S公司提供零部件,导致S公司无法按照合同的约定向D公司交付商品,合同目的无法实现。根据《合同法》第107条的规定,当事人一方不履行合同义务或者履行合同义务不符合约定的,应当承担继续履行、采取补救措施或者赔偿损失等违约责任。因此,法院判决D公司向S公司支付该笔款项系因D公司违约,判决其承担赔偿损失的违约责任。与此不同,交易方支付商品货款系基于交易各方间的合同,是一种履行合同义务的行为。

2. 款项构成不同

《增值税暂行条例实施细则》第 12 条对《增值税暂行条例》第 6 条第 1 款所称价外费用作了明确的解释,列举了包括违约金、赔偿金在内的一系列价外收费。那么,是否所有的违约金均要缴纳增值税,关键在于判断其是否依“价”而生。增值税的价外费用属于整个经济业务中购销环节的重要组成部分,是依附于购销业务的完成而存在的。如果违约金不是依附于增值税应税业务而独立存在的,则不属于增值税的价外费用。

人民法院判决 D 公司向 S 公司支付补偿款的金额为:(商品单价 - 某零部件装配工资 - 包装工资 - 运费 - 利润 - 税费)× 商品数量。该笔补偿款实际上是截至诉讼当时,S 公司为生产商品已经承担的成本和费用,未包含后续生产流程的成本及商品最终销售的利润和税费。与补偿款的构成不同,商品售价 = 总成本 + 利润 + 相关税费。通过比较可以看出,商品生产创造价值的大部分,即利润和相关税费并未包含在补偿款中,这构成了补偿款与商品售价的重要差别。

(三)S 公司未向 D 公司销售与此违约补偿款价值相当的货物,不产生增值税纳税义务

根据《增值税暂行条例实施细则》第 3 条的规定,《增值税暂行条例》第 1 条所称销售货物,是指有偿转让货物的所有权。该细则所称有偿,是指从购买方取得货币货物或者其他经济利益。本案中,S 公司虽然取得了 D 公司支付的补偿款,但由于该笔款项仅具有补偿的性质,不是 D 公司所支付的商品对价,不能据此认定为 S 公司收取补偿款的行为构成《增值税暂行条例实施细则》规定的“有偿”。并且,由于 S 公司并未因此将商品交付给 D 公司,不构成《增值税暂行条例实施细则》规定的“转让货物所有权”。因此,S 公司的行为不构成销售。

(四)S 公司与 D 公司之间未发生应税销售行为,无须缴纳增值税

根据《增值税暂行条例》第 1 条的规定,在中国境内销售货物或者提供加工修理修配劳务以及进口货物的单位和个人,为增值税的纳税义务人,应当依照本条例缴纳增值税。可见,产生增值税纳税义务的前提是销售货物,也就是发生应税销售行为。依照税收法定原则,征税权的行使必须限定在法律规定的范围内,确定征纳双方的权利义务必须以法律规定为依据。本案中,由于 S 公司未向 D 公司销售货物,没有发生应税销售行为,S 公司自始没有产生增值税的纳税义务。本案中的违约补偿金不是因为销售行为而产生,而是因违约方未能履行合同而产生的一种具有补偿、惩罚性质的款项,若要求 S 公司缴纳增值税,与《增值税暂行条例》及其实

施细则的相关规定不符,违反税收法定原则。因此,S 公司无须缴纳增值税。

(五)税务机关应严格依据税法规定,不可肆意扩大解释

对税法条文的释义应严格遵守税收法定主义的要求,执法者不得在没有任何依据的情况下对税法条文作扩大解释,否则将有损税收法律法规的权威,有损纳税人的合法权益。根据《增值税暂行条例》第 6 条的规定,销售额为纳税人销售货物或者应税劳务向购买方收取的全部价款和价外费用,但是不包括收取的销项税额,分析可知,该条规定仅是对计算应纳税额时,销售额的计算范围的规定。其适用以纳税义务的存在为基础,不能简单地认为在买卖关系中,销售方向购买方收取款项,而不加以区分款项的性质,就认定行为人产生增值税纳税义务。另外,在已有增值税纳税义务的条件下,纳税义务人也无须对其向购买方收取的全部款项一律计算缴纳增值税。依照我国现行的法律法规,应当计入销售额缴纳增值税范围为"纳税人销售货物或者应税劳务向购买方收取的全部价款和价外费用"。《增值税暂行条例实施细则》等相关法律法规对价外费用的范围作出了细化,界定了应当计算缴纳增值税的范围。F 市 H 区国家税务局的认定方式错误地理解了《增值税暂行条例》第 6 条的立法目的及适用范围,不适当地扩大了"销售额"的范围。

(六)结论

从增值税的计税原理来看,是对商品流通环节产生的商品增值部分缴纳的流转税。但合同补偿款从支付原因和款项构成来看,均为违约方对因其违约行为造成守约方已支付成本费用的补偿,守约方并未因此获得任何收益,商品也未因此获得任何增值。因此,无论如何不应对补偿款征收增值税。本案中,F 市 H 区国家税务局片面理解我国税法对增值税价外费用的规定,错误地要求 S 公司就这部分所得缴纳增值税于法无据。

三、本案启示

为了避免纳税人偷逃税款,我国增值税和营业税征税范围都不仅包括销售额和营业额,而且包括价外费用。但这并不意味着对纳税人收取的全部款项均应计算纳税。纳税人在进行税务处理时,要明确区分合同违约金、补偿款及赔偿款,避免承担不必要的税收负担。

* * *

【链接】

增值税销售额的定性以及范围确认

增值税销售额的定性和确认是区分何者属于增值税的应税范围,需要缴纳增值税;何者不在增值税应税范围之列,无须承担增值税税负的关键。根据增值税的征税原理,纳税人发生应税行为,销售方销项税额计算公式:销项税额 = 销售额 × 税率,销售额即成为增值税的计税基础。因此,销售额的定性和确认直接关系着纳税人缴纳税款的多少。由于市场经济行为的多样性和复杂性,实务中对于增值税销售额的定性及确认也是争议颇多,尤其是关于价外费用的确认。为了让读者更加明晰增值税销售额的概念,在此先介绍一下税收法律法规中关于增值税销售额规定的前后变化(见表1)。

表1　税收法律法规中关于增值税销售额的规定

序号	法规名称	关于销售额概念的规定
1	《增值税暂行条例》(2008 修订)	第六条　销售额为纳税人销售货物或者应税劳务向购买方收取的全部价款和价外费用,但是不包括收取的销项税额
2	财政部、国家税务总局《关于全面推开营业税改征增值税试点的通知》(财税〔2016〕36 号)	第三十七条　销售额,是指纳税人发生应税行为取得的全部价款和价外费用,财政部和国家税务总局另有规定的除外。 价外费用,是指价外收取的各种性质的收费,但不包括以下项目: (一)代为收取并符合本办法第十条规定的政府性基金或者行政事业性收费。 (二)以委托方名义开具发票代委托方收取的款项
3	《增值税暂行条例》(2017 修订)	第六条　销售额为纳税人发生应税销售行为收取的全部价款和价外费用,但是不包括收取的销项税额。
4	《增值税法》(征求意见稿)	第十五条　销售额,是指纳税人发生应税交易取得的与之相关的对价,包括全部货币或者非货币形式的经济利益,不包括按照一般计税方法计算的销项税额和按照简易计税方法计算的应纳税额。 国务院规定可以差额计算销售额的,从其规定

增值税销售额的概念在“营改增”以后产生了较大的变化，主要是因为原来营业税的征收项目纳入了增值税的范围，因此关于销售额的概念也进行了相应的调整。《增值税法》目前正处在向全社会公开征求意见阶段，里面关于销售额概念的认定也发生了一定的变化，将目前的“应税销售行为”改为“应税交易”，较为准确地囊括了增值税的应税行为。除此之外，关于增值税销售额还有一些特殊性的规定：(1)增值税销售额，包括纳税申报销售额(含免税销售额和税务机关代开发票销售额)、稽查查补销售额、纳税评估调整销售额。(2)应税行为有扣除项目的纳税人，其应税行为年应税销售额按未扣除之前的销售额计算。(3)纳税人偶然发生的销售无形资产、转让不动产的销售额，不计入应税行为年应税销售额。

按照现行《增值税暂行条例》的规定，销售额不仅包括价款，还包括价外费用，然而，何为价外费用在实务中最容易产生争议。《增值税暂行条例实施细则》第12条规定：“条例第六条第一款所称价外费用，包括价外向购买方收取的手续费、补贴、基金、集资费、返还利润、奖励费、违约金、滞纳金、延期付款利息、赔偿金、代收款项、代垫款项、包装费、包装物租金、储备费、优质费、运输装卸费以及其他各种性质的价外收费。但下列项目不包括在内：(一)受托加工应征消费税的消费品所代收代缴的消费税。(二)同时符合以下条件的代垫运输费用：1. 承运部门的运输费用发票开具给购买方的；2. 纳税人将该项发票转交给购买方的。(三)同时符合以下条件代为收取的政府性基金或者行政事业性收费：1. 由国务院或者财政部批准设立的政府性基金，由国务院或者省级人民政府及其财政、价格主管部门批准设立的行政事业性收费；2. 收取时开具省级以上财政部门印制的财政票据；3. 所收款项全额上缴财政。(四)销售货物的同时代办保险等而向购买方收取的保险费，以及向购买方收取的代购买方缴纳的车辆购置税、车辆牌照费。”

对于增值税销售额的准确定性及处理关乎增值税应纳税额的正确计算，一般来说，对于直接支付价款方式下的应税交易行为比较容易确认销售额，但是，如果涉及其他款项是否应归入“价外费用”时就容易产生税企争议。根据上述条款中确定的价外费用的范围，结合实务中常见的争议问题可以将价外费用的特点总结为以下几个方面：

1. 从方向上看，价外费用一定是销售方向购买方收取的。如果是购买方向销售方收取的费用，则要视这项费用是否与商品的销售量、销售额挂钩而分别处理，与商品销售量、销售额无关的作为提供劳务收入；与商品销售量、销售额挂钩的作为平销返利，冲减进项税金。

2. 从主体上看,价外费用一定是销售方收取的而不是第三方收取的。例如,销售方代运输企业收取的、由运输企业向购买方开具发票的收入,不属于销售方的价外费用。反之,如果合同约定由销售方负责运输,此时销售方向购买方收取的运费,无论是否单独核算,均属于销售方的价外费用。

3. 从性质上看,价外费用具有收入或费用的性质而不是往来款项。例如,销售方收取的包装物押金,除特殊规定外(啤酒、黄酒以外的酒类产品除外)一般是要返还给购买方的,所以仅需作为往来款项,不计入价外费用。当然逾期包装物押金收入,还是需要并入销售额,按照所包装货物的适用税率计算缴纳增值税。

4. 从本质上看,价外费用必须以销售行为为基础并依附于销售行为。与该项销售行为无关的收费肯定不属于价外费用。一些看似与销售行为有关,但并不依附于某项销售行为的收费,也不属于价外费用。如签订购销合同的双方因故合同未履行,此时合同销售方如果收到另一方的违约金,由于所依附的销售行为并不存在,自然也不属于价外费用。

虽然增值税处理是将价外费用一律并入销售额,但是价外费用在会计处理上不一定作为收入,各种类型的价外收入根据其性质不同处理方式有以下几种:

1. 作为主营业务收入。随同销售行为收取的补贴、奖励费、优质费、返还利润,具有价上加价的性质,应计入主营业务收入。

2. 作为其他业务收入。手续费、包装物租金、运输装卸费等日常发生的,不属于主营业务的收入,计入其他业务收入。

3. 冲减财务费用。滞纳金、延期付款利息等具有利息性质的收入,应冲减财务费用。

4. 作为营业外收入。违约金、赔偿金应作为营业外收入处理;滞纳金如果具有利息性质应该冲减财务费用,否则应该作为营业外收入;补贴如果具有加价性质应该作为主营业务收入,否则应该作为营业外收入中的补贴收入。

5. 作为往来款项。代收款项、代垫款项是企业已支付但不应由企业承担的费用,应该作为往来(应收、应付)处理。

企业取得地方财政补贴补缴增值税争议案

【导读】

财政补贴按补贴来源分为地方财政补贴与中央财政补贴。本节拟从一则地方财政补贴增值税案例分析入手,探讨地方财政补贴应如何缴纳增值税,并对案例相关的滞纳金问题进行探讨。

一、案情简介

(一)案件基本信息

案件类型:地方财政补贴增值税争议案

涉案金额:税款25,044,500元

法律风险:补缴税款、滞纳金

(二)案件详情

J公司2015年11月24日收到S市财政收付中心直接支付结算账户转来的新能源汽车地方补贴3000万元,未申报增值税销售收入;2016年9月28日收到由B市新能源汽车营销公司转来的代领的2015年地方补贴4000万元,2016年9月29日分三笔收到由B市新能源汽车营销公司转来的代领的2015年地方补贴11,004.215万元,均未申报增值税销售收入。

国家税务总局B市税务局第一税务分局于2016年9月至2019年12月对J公司2014年1月1日至2015年12月31日涉税情况进行检查,认定J公司取得的上述地方补贴应计入销售收入申报缴纳增值税,并于2020年1月14日向J公司下达《税务处理决定书》(见图1),认定J公司合计应补缴增值税2505.45万元,并缴纳滞纳金。J公司不服该处理决定,提供纳税担保后,提起行政复议。

国家税务总局B市税务局第一税务分局
(重点税源企业税收服务和管理局)
税务处理决定书

B税一处〔2020〕01号

J公司:

我局(所)于2016年09月19日至2019年12月24日对你(单位)2014年01月01日至2015年12月31日涉税情况进行了检查,违法事实及处理决定如下:

一、违法事实

你单位2015年11月24日收到S市财政收付中心直接支付结算账户转来的新能源汽车地方补贴3000万元,未申报增值税销售收入;2016年9月28日你单位收到由B市新能源汽车营销公司转来的代领的2015年地方补贴4000万元,2016年9月29日分三笔收到由B市新能源汽车营销公司转来的代领的2015年地方补贴11,004.215万元,未申报增值税销售收入。

二、处理决定

根据《中华人民共和国增值税暂行条例》第六条的规定,销售额为纳税人发生应税销售行为收取的全部价款和价外费用。企业收到的地方补贴收入应作为销售收入征收增值税,其中收到S市地方补贴应补增值税(3000/1.17)×0.17=435.90万元,收到B市地方补贴应补增值税[(11,004.215+4000)/1.16]×0.16=2069.55万元,合计应补增值税2505.45万元。

限你(单位)自收到本决定书之日起15日内到国家税务总局B市税务局第一税务分局将上述税款及滞纳金缴纳入库(账号:××××××××××),并进行相关账务调整。逾期未缴,将依照《中华人民共和国税收征收管理法》第四十条规定强制执行。

若同我局(所)在纳税上有争议,应自收到本决定之日起六十日内依照本决定缴纳税款及滞纳金,或者提供相应的担保,然后可依法向国家税务总局B市税务局申请行政复议。

国家税务总局B市税务局
第一税务分局
2020年1月14日

图1　B市税务局第一税务分局向J公司下达的《税务处理决定书》

国家税务总局B市税务局第一税务分局
撤销税务行政处理决定书

B撤字〔2020〕1号

J公司：

我分局于2020年1月14日作出《税务处理决定书》（B税一处〔2020〕01号），要求你单位自收到该决定书之日起15日内到国家税务局B市税务局第一税务分局将应补增值税款2505.45万元及其滞纳金缴纳入库，并进行相关账务调整。

根据《国家税务总局关于增值税一般纳税人将增值税进项留抵税额抵减查补税款欠税问题的批复》（国税函〔2005〕169号）第一条之规定，“增值税一般纳税人拖欠纳税检查应补缴的增值税税款，如果纳税人有进项留抵税额，可按照《国家税务总局关于增值税一般纳税人用进项留抵税额抵减增值税欠税问题的通知》（国税发〔2004〕112号）的规定，用增值税留抵税额抵减查补税款欠税”。由于你单位在当期存在增值税留抵税款，经我分局风险评估集体审议委员会审查，认为《税务处理决定书》（B税一处〔2020〕01号）不符合国税发〔2004〕112号文件规定，现决定予以撤销。

国家税务总局B市税务局
第一税务分局
2020年2月13日

图2 B市税务局第一税务分局向J公司下达的《撤销税务行政处理决定书》

（三）各方观点

税务机关认为，根据《增值税暂行条例》第6条的规定，销售额为纳税人发生应税销售行为收取的全部价款和价外费用。企业收到的地方补贴收入应作为销售收入征收增值税。前述几笔补贴，应补增值税25,054,500元及滞纳金，但是由于有进项留抵税额，无须缴纳滞纳金。

J公司认为：其获得的地方补贴不应补缴增值税。

（四）争议焦点

J公司获得的地方补贴是否应补缴增值税。

(五)争议解决

华税律师事务所接受J公司的委托,代理J公司向复议机关提交《复议申请书》,并就案件事实认定与法律适用向复议机关提交书面意见,向复议机关汇报。最终,在复议机关的主持下,J公司与B市税务局第一税务分局达成和解,国家税务总局B市税务局第一税务分局于2020年2月13日向J公司下达《撤销税务行政处理决定书》,撤销此前下达的税务处理决定,以增值税留抵税额抵减查补税款欠税。

二、税务律师点评

(一)不同性质补贴的增值税征收政策演变

1. 中央财政补贴的增值税征收政策演变

对于中央财政补贴,《关于中央财政补贴增值税有关问题的公告》(国家税务总局公告2013年第3号)中明确规定:“按照现行增值税政策,纳税人取得的中央财政补贴,不属于增值税应税收入,不征收增值税。”

但是,2019年12月31日,国家税务总局发布《关于取消增值税扣税凭证认证确认期限等增值税征管问题的公告》(国家税务总局公告2019年第45号),规定:“七、纳税人取得的财政补贴收入,与其销售货物、劳务、服务、无形资产、不动产的收入或者数量直接挂钩的,应按规定计算缴纳增值税。纳税人取得的其他情形的财政补贴收入,不属于增值税应税收入,不征收增值税。本公告实施前,纳税人取得的中央财政补贴继续按照《国家税务总局关于中央财政补贴增值税有关问题的公告》(2013年第3号)执行;已经申报缴纳增值税的,可以按现行红字发票管理规定,开具红字增值税发票将取得的中央财政补贴从销售额中扣减。”

根据国家税务总局公告2019年第45号解读可知,发生政策变化的原因是:《增值税暂行条例》在2017年修改之前,第6条明确“销售额为纳税人销售货物或者应税劳务向购买方收取的全部价款和价外费用”,由于中央财政补贴不属于向“购买方收取”,所以不应缴纳增值税。2017年《增值税暂行条例》第6条进行了修改,改为“销售额为纳税人发生应税销售行为收取的全部价款和价外费用”,因此,纳税人取得的财政补贴收入,与其销售货物、劳务、服务、无形资产、不动产的收入或者数量直接挂钩的,应按规定计算缴纳增值税。纳税人取得的其他情形的财政补贴收入,不属于增值税应税收入,不征收增值税。

2. 地方财政补贴的增值税征收政策的演变

在国家税务总局公告2019年第45号发布之前地方财政补贴是否应缴纳增值

税未有明确规定。只在两个批复中找到相关规定，分别是：国家税务总局《关于燃油电厂取得发电补贴有关增值税政策的通知》（国税函〔2006〕1235号）规定："各燃油电厂从政府财政专户取得的发电补贴不属于规定的价外费用，不计入应税销售额，不征收增值税。"福建省国家税务局《关于地方财政补贴不并入销售收入征税问题的批复》（闽国税流〔1995〕57号）规定："对福鼎县燃料公司销售的煤炭，从各级地方财政取得的补贴，不属于销售额中'价外费用'的范围，不应并入销售额征收增值税。"

笔者认为，在2017年修改之前，《增值税暂行条例》第6条明确"销售额为纳税人销售货物或者应税劳务向购买方收取的全部价款和价外费用"，由于中央财政补贴不属于向"购买方收取"，所以不应缴纳增值税。地方财政补贴同样不属于向"购买方收取"，所以理应不缴纳增值税。根据国家税务总局公告2019年第45号，地方财政补贴如果属于与其销售货物、劳务、服务、无形资产、不动产的收入或者数量直接挂钩的，应按规定计算缴纳增值税。

（二）J公司的补贴收入应缴纳增值税但无须征收滞纳金

1. J公司的补贴收入属于地方财政补贴

财政部、科技部、工业和信息化部、国家发展改革委《关于开展私人购买新能源汽车补贴试点的通知》（财建〔2010〕230号）[1]第4条规定："中央财政对试点城市私人购买、登记注册和使用的新能源汽车给予一次性补助，对动力电池、充电站等基础设施的标准化建设给予适当补助，并安排一定工作经费，用于目录审查、检查检测等工作。"第6条规定："地方财政安排一定资金，重点对充电站等配套基础设施建设、新能源汽车购置和电池回购等给予支持。"

本案中J公司的补贴均为当地财政支付，所以属于地方财政补贴。

2. J公司取得补贴收入应依据国家税务总局公告2019年第45号第8条的规定进行税务处理

根据国家税务总局公告2019年第45号第7条第2款的规定："本公告实施前，纳税人取得的中央财政补贴继续按照《国家税务总局关于中央财政补贴增值税有关问题的公告》（2013年第3号）执行；已经申报缴纳增值税的，可以按现行红字发票管理规定，开具红字增值税发票将取得的中央财政补贴从销售额中扣减。"这里明确规定适用于纳税人取得中央财政补贴的情况。

---

〔1〕 该文件已于2016年8月18日被财政部《关于公布废止和失效的财政规章和规范性文件目录（第十二批）的决定》废止。

本案中,J 公司取得的是地方补贴,并且这些补贴收入未作税务处理。因此,根据国家税务总局公告 2019 年第 45 号第 8 条——“本公告第一条自 2020 年 3 月 1 日起施行,第二条至第七条自 2020 年 1 月 1 日起施行。此前已发生未处理的事项,按照本公告执行,已处理的事项不再调整”的规定,J 公司获得的补贴属于“已发生未处理的事项”,应缴纳增值税。

3. J 公司取得补贴收入无须缴纳滞纳金

(1)因纳税人/扣缴义务人原因欠税需缴纳滞纳金。

《税收征收管理法》第 32 条规定:“纳税人未按照规定期限缴纳税款的,扣缴义务人未按照规定期限解缴税款的,税务机关除责令限期缴纳外,从滞纳税款之日起,按日加收滞纳税款万分之五的滞纳金。”第 52 条规定:“因税务机关的责任,致使纳税人、扣缴义务人未缴或者少缴税款的,税务机关在三年内可以要求纳税人、扣缴义务人补缴税款,但是不得加收滞纳金。因纳税人、扣缴义务人计算错误等失误,未缴或者少缴税款的,税务机关在三年内可以追征税款、滞纳金;有特殊情况的,追征期可以延长到五年。对偷税、抗税、骗税的,税务机关追征其未缴或者少缴的税款、滞纳金或者所骗取的税款,不受前款规定期限的限制。”

综上可以看出,加收滞纳金需要存在下列情形之一:①纳税人未按规定期限缴纳税款;②自身存在计算错误等失误;③或者故意偷税、抗税、骗税的。

(2)进项留抵税额可抵欠税、滞纳金。

国家税务总局《关于增值税一般纳税人用进项留抵税额抵减增值税欠税问题的通知》(国税发〔2004〕112 号)规定:“一、对纳税人因销项税额小于进项税额而产生期末留抵税额的,应以期末留抵税额抵减增值税欠税。”国家税务总局《关于增值税进项留抵税额抵减增值税欠税有关处理事项的通知》(国税函〔2004〕1197 号)第 2 条规定:“抵减欠缴税款时,应按欠税发生时间逐笔抵扣,先发生的先抵。抵缴的欠税包含呆账税金及欠税滞纳金。确定实际抵减金额时,按填开《通知书》的日期作为截止期,计算欠缴税款的应缴未缴滞纳金金额,应缴未缴滞纳金余额加欠税余额为欠缴总额。若欠缴总额大于期末留抵税额,实际抵减金额应等于期末留抵税额,并按配比方法计算抵减的欠税和滞纳金;若欠缴总额小于期末留抵税额,实际抵减金额应等于欠缴总额。”

由此,进项留抵税额可抵欠税及滞纳金。

(3)J 公司无须缴纳滞纳金。

本案中,J 公司取得的地方财政补贴之所以需要缴纳增值税系因国家税务总局公告 2019 年第 45 号第8 条的溯及适用,不可归责于 J 公司。因此,不满足滞纳金的适用条件,不应征收滞纳金。

三、本案启示

《增值税暂行条例》第 6 条在 2017 年修改之前,规定“销售额为纳税人销售货物或者应税劳务向购买方收取的全部价款和价外费用”,由于中央财政补贴不属于向“购买方收取”,所以不应缴纳增值税。地方财政补贴同样不属于向“购买方收取”,所以理应不缴纳增值税。但是,2017 年《增值税暂行条例》第 6 条进行了修改,改为“销售额为纳税人发生应税销售行为收取的全部价款和价外费用”,此时财政补贴是否应缴纳增值税,实务界产生了分歧。2019 年 12 月 31 日发布的国家税务总局公告 2019 年 45 号明确规定:“纳税人取得的财政补贴收入,与其销售货物、劳务、服务、无形资产、不动产的收入或者数量直接挂钩的,应按规定计算缴纳增值税。纳税人取得的其他情形的财政补贴收入,不属于增值税应税收入,不征收增值税。”

华税律师提示,取得财政补贴的企业应警惕涉税风险,上市公司中已有因补贴未按要求申报纳税而被处理的情况。例如,众泰汽车股份有限公司《关于深圳证券交易所 2018 年报问询函回复的公告》(公告编号:2019—043)第 57 页披露:以前年度,众泰汽车股份有限公司依据国家税务总局《关于中央财政补贴增值税有关问题的公告》(国家税务总局公告 2013 年第 3 号)将收到的新能源地方补贴作为地方财政补贴,经税务局认可,缴纳企业所得税不缴纳增值税。2018 年 9 月,湘潭税务局在对众泰汽车股份有限下属四级公司湖南江南汽车制造有限公司星沙制造厂进行税务稽查后,要求公司按照 16% 的税率补缴自 2014 年至 2018 年 9 月实际收到的新能源地方补贴金额 347,446,250.00 元的增值税销项税 47,923,620.69 元。

企业多层货物购销交易涉嫌虚开增值税专用发票案

【导读】

在实际货物购销贸易中，货物贸易往往并非仅由购货方和销货方两方主体完成，在诸多商业因素的影响下，各方主体都有可能进入一项货物交易的关系之中，形成多层次、复杂、烦琐的交易流程和方式。而多层、复杂的交易关系却埋藏着虚开增值税专用发票的违法风险。本案即销货方与购货方将本来简单的交易关系复杂化，引致税务机关作出认定销货方构成虚开增值税专用发票违法行为的结果。本节将结合本案具体案情，对企业在多层购销关系中如何应对相关税法风险进行简要分析。

一、案情简介

（一）案件基本信息

案件类型：虚开增值税专用发票

涉案金额：税款122,598.58元

法律风险：被认定为虚开增值税专用发票（已经申报纳税，故不再补缴增值税），可能被追究虚开增值税专用发票罪的刑事责任

（二）案件详情

J公司位于B市，成立于2003年4月，经营范围系加工、制造、销售涂层材料、玩具、帐篷及制成品等。2007年，J公司与A公司、T公司、D公司四个公司达成PVC篷布购销协议。A公司位于B市，为货物贸易公司。T公司位于L市，为货物贸易公司。D公司位于L市，是一家国有大型港务公司。J公司与A公司，T公司与D公司分别是长期商业合作伙伴：A公司是J公司较为固定的购货方，J公司的货物大多先向A公司出售，再由A公司对外销售；T公司是D公司较为固定的销货方。2007年12月，D公司欲从T公司采购一批PVC篷布。但由于T公司短时间内无供货能力，希望J公司可以帮助备货。后在T公司的促成下，J公司与D公司签订了《关于高强涤纶丝双轴向PVC（四防）篷布供货协议书》（见图1），货款金额为843,750元。

关于高强涤纶丝双轴向 PVC(四防)篷布供货协议书

甲方：　　　　公司　　　　乙方：　　　　公司

签订地点：

签订时间：2007 年 12 月 29 日

甲乙双方经过协商，就乙方为甲方供应高强涤纶丝双轴向 PVC(四防)篷布达成一致。

一、　协议内容如下：

1、标的、数量、价款及交货时间：**按甲方需求随时供货**

序号	品名	规格	单位	数量	单价（元）	合计（元）
1	高强涤纶丝双轴向 PVC(四防)篷布	7.5M*7.5M	块	1000	843.75	843,750.00
总　计					843,750.00	
总计合同总金额（人民币大写）					捌拾肆万叁仟柒佰伍拾元整	

2、质量标准：乙方供货高强涤纶丝双轴向 PVC(四防)篷布的质量必须达到国家规定的标准及甲方制作技术使用要求。后附 PVC(四防)篷布制作技术要求。

3、乙方对质量负责的条件及期限：高强涤纶丝双轴向 PVC(四防)篷布在保质期内，如果出现质量问题乙方在接到甲方通知后，应在两日内到达甲方单位予以解决；如果查明不是甲方使用原因造成损坏，乙方保证予以无偿更换。

4、交货地点：

5、运输方式及费用负担：由乙方全部承担。

6、本协议自签定协议双方盖章起生效。至协议内所列项目全部送完终止合同。

在协议履行过程中乙方要保证按双方协议中物资的数量、价格送货，不能随意涨价。

7、保质期：自甲方验收合格之日起，保质期为三年。并由乙方提供质量保证承诺书。

8、其他约定事项：货到验收合格后，一周内支付全部货款。

二、 送货要求：

1、乙方在接到甲方送货通知时，应在两日内将甲方所需物资送到指定的地点，因乙方原因延期到货，乙方应赔偿甲方相应的经济损失。

2、乙方所供应的物资必须保证质量，严禁将达不到国家标准的物资送到甲方单位；

三、违约责任：

1、本协议争议的解决方式：本协议在履行过程中发生的争议由双方当事人协商解决：双方当事人协商或调解不成的，依法向甲方所在地人民法院起诉。

2、如果乙方未按照该协议的要求执行，甲方有权单方面解除供货协议，乙方应无条件在接到甲方通知后的二十个工作日内将剩余货款返还甲方。

四、其他事项：

1、甲乙双方交接物资数量的结算以附件中双方交接签字的数量为准。

2、验收合格后甲方将协议中所列物资的货款支付给乙方，共计 843,750.00 元。

甲方：[illegible]公司　　乙方：[illegible]公司

（盖章）　　（盖章）

(12) 合同专用章　　合同专用章

代理人：　　代理人：

时　间：2007年12月29日　　时　间：2007年12月29日

图1　J公司与D公司签订的供货协议书

协议签署后，D公司提出让J公司与T公司建立购销交易关系，由J公司向T公司供货，再由T公司向D公司供货。J公司考虑T公司的偿债能力，为了分担违约风险，提议将A公司引入交易；A公司同意加入。四方协商决定两两主体之间分别签订购销合同：首先由J公司向A公司供应该批PVC篷布，再由A公司向T公司供应该批 PVC 篷布，最后由 T 公司向 D 公司供应该批 PVC 篷布。此过程中，D 公司受 T 公司委托向 A 公司支付 T 公司应付价款；D 公司代替 T 公司支付的价款，用以抵销 D 公司依据购销合同应向 T 公司支付的价款。实际履行情况为：2008 年 2 月，J 公司向 A 公司开具出库单及增值税专用发票 8 张（见图 2）。

制表日期：2008年03月03日
专用发票统计表　1—02
正数发票清单（2008年2月）本期数据
纳税人登记号 [illegible]
企业名称：[illegible]公司
地址电话：[illegible]
金额单位：元

序号	发票种类	类别代码	发票号码	开票日期	购方税号	合计金额	合计税额	税率
26	专用发票	1100072140	[illegible]	2008-02-20	[illegible]	96034.62	16325.88	17%
27	专用发票	1100072140	[illegible]	2008-02-20	[illegible]	170.94	29.06	17%
28	专用发票	1100072140	[illegible]	2008-02-20	[illegible]	2393.16	406.84	17%
29	专用发票	1100072140	[illegible]	2008-02-20	[illegible]	97365.64	16552.16	17%
30	专用发票	1100072140	[illegible]	2008-02-20	[illegible]	96694.19	16438.01	17%
31	专用发票	1100072140	[illegible]	2008-02-20	[illegible]	17051.28	2898.72	17%
32	专用发票	1100072140	[illegible]	2008-02-21	[illegible]	96153.85	16346.15	17%
33	专用发票	1100072140	[illegible]	2008-02-21	[illegible]	96153.85	16346.15	17%
34	专用发票	1100072140	[illegible]	2008-02-21	[illegible]	96153.85	16346.15	17%
35	专用发票	1100072140	[illegible]	2008-02-21	[illegible]	96153.85	16346.15	17%
36	专用发票	1100072140	[illegible]	2008-02-21	[illegible]	96153.85	16346.15	17%
37	专用发票	1100072140	[illegible]	2008-02-21	[illegible]	96153.85	16346.15	17%
38	专用发票	1100072140	[illegible]	2008-02-21	[illegible]	96153.85	16346.15	17%
39	专用发票	1100072140	[illegible]	2008-02-21	[illegible]	48076.92	8173.08	17%
40	专用发票	1100072140	[illegible]	2008-02-21	[illegible]	38796.15	6595.35	17%
41	专用发票	1100072140	[illegible]	2008-02-21	[illegible]	11700.77	1989.13	17%
42	专用发票	1100072140	[illegible]	2008-02-21	[illegible]	52622.91	8945.89	17%
43	专用发票	1100072140	[illegible]	2008-02-21	[illegible]	52622.91	8945.89	17%
44	专用发票	1100072140	[illegible]	2008-02-21	[illegible]	45325.21	7705.29	17%
45	专用发票	1100072140	[illegible]	2008-02-21	[illegible]	8752.00	1487.84	17%
46	专用发票	1100072140	[illegible]	2008-02-21	[illegible]	4565.26	776.10	17%
47	专用发票	1100072140	[illegible]	2008-02-21	[illegible]	75831.00	12891.27	17%
48	专用发票	1100072140	[illegible]	2008-02-21	[illegible]	75831.00	12891.27	17%
49	专用发票	1100072140	[illegible]	2008-02-21	[illegible]	86632.50	14727.53	17%
50	专用发票	1100072140	[illegible]	2008-02-21	[illegible]	34802.09	5916.36	17%

填表人：　　抽样员：　　录入员：　　复核员：　　审核员：

图 2　J 公司向 A 公司开具出库单及增值税专用发票情况

A公司取得D公司支付的货款后,A公司的法定代表人Y某某告知A公司会计该笔款项系D公司对A公司的货款,让会计以其他应付款做账。A公司取得J公司开具的发票后,告知会计A公司采购J公司货物,按购进做账;后Y某某通过银行转账的方式用A公司银行资金支付了J公司货款。之后Y某某告知会计需要归还借款,从A公司资金账户取出一些资金,要求会计把其他应付款的账目平掉。通过上述方式,Y某某侵吞公司财产,且无法再向T公司开具发票。J公司、T公司、D公司对此均不知情。2008年4月,Y某某因涉嫌挪用公款罪、职务侵占罪被公安机关控制,并因此无法对A公司进行管理。

2010年3月22日至2016年3月16日,B市C区国家税务局稽查局对J公司2006年1月1日至2009年4月30日的纳税情况进行检查。2016年6月8日B市C区国家税务局稽查局向J公司送达了《税务处理决定书》(见图3),认定:J公司2008年2月21日向A公司开具发票代码X,发票号码Z2-Z9的8份增值税专用发票,没有货物购销交易,是A公司的法定代表人Y某某让J公司开具增值税专用发票;J公司的行为构成虚开增值税专用发票。同时,该局作出《不予税务行政处罚决定书》(见图4)。

B市C区国家税务局稽查局

税务处理决定书

C国税稽处〔2016〕51号

J公司:

我局于2010年3月22日至2016年3月16日对你单位2006年1月1日至2009年4月30日纳税情况进行了检查,违法事实及处理决定如下:

一、违法事实

你单位存在没有货物购销而为他人开具增值税专用发票的问题。

你单位2008年2月21日向A公司开具发票代码××××××,发票号码××××的8份增值税专用发票,没有货物交易,是A公司法定代表人让你单位为A公司开具增值税专用发票,上述事实有企业原始凭证、合同、明细账、询问笔录、法院刑事裁定书等证据证实。

根据国税发〔1996〕210号《国家税务总局转发〈最高人民法院关于适用《全国人民代表大会常务委员会关于惩治虚开伪造和非法出售增值税专用发票犯罪的决定》的若干问题的解释〉的通知》:"一、根据《决定》第一条规定,虚开增值税专用发票的,构成虚开增值税专用发票罪。具有下列行为之一的,属于'虚开增值税专用发票':(1)没有货物购销或者没有提供或接受应税劳务而为他人、为自己、让他人为自己、介绍他人开具增值税专用发票"之规定,你单位的行为属于虚开增值税专用发票的行为。

二、处理决定

根据《国家税务总局关于纳税人虚开增值税专用发票征补税款问题的公告》(国家税务总局公告2012年第33号)之规定,由于你单位2008年2月21日向A公司开具的8份增值税专用发票,已经申报纳税,故不再补缴增值税。

你单位若同我局在处理上有争议,必须先依照本决定依照执行,然后可自接到本决定书之日起六十日内依法向B市C区国家税务局申请行政复议。

C区国家税务局稽查局

二〇一六年六月二日

图3　B市C区国家税务局稽查局向J公司下达的《税务处理决定书》

B市C区国家税务局稽查局
不予税务行政处罚决定书

C国税稽不罚〔2016〕5号

J公司:

经我局于2010年3月22日至2016年3月16日对你单位2006年1月1日至2009年4月30日纳税情况进行检查,你单位存在以下违法事实:你单位存在没有货物购销而为他人开具增值税专用发票的问题。你单位2008年2月21日向A公司开具的8份增值税专用发票没有货物购销交易,是A公司法人Y某某让你单位为A公司开具增值税专用发票,上述事实有企业原始凭证、合同明细账、询问笔录、法院刑事裁定书等证据证实,根据国税发〔1996〕210号

《国家税务总局转发〈最高人民法院关于适用《全国人民代表大会常务委员会关于惩治虚开伪造和非法出售增值税专用发票犯罪的决定》的若干问题的解释〉的通知》:"一、根据《决定》第一条规定,虚开增值税专用发票的,构成虚开增值税专用发票罪。具有下列行为之一的,属于'虚开增值税专用发票':(1)没有货物购销或者没有提供或接受应税劳务而为他人、为自己、让他人为自己、介绍他人开具增值税专用发票"之规定,你单位的行为属于虚开增值税专用发票的行为。

鉴于你单位的违法行为已超过5年,根据《中华人民共和国税收征收管理法》第八十六条的规定,现决定不予行政处罚。

如对本决定不服,可以自收到本决定书之日起六十日内依法向C区国家税务局申请行政复议,或者自收到本决定书之日起六个月内依法直接向人民法院起诉。

C区国家税务局稽查局

二〇一六年六月二日

图4 B市C区国家税务局稽查局对J公司作出的《不予税务行政处罚决定书》

J公司不服,申请行政复议。复议机关调查后认为B市C区国家税务局稽查局对各方之间的交易关系认定不清晰,作出的J公司虚开增值税发票的认定事实不清、证据不足。复议机关撤销了《税务处理决定书》,并责令B市C区国家税务局稽查局重新作出具体行政行为(见图5)。

B市国家税务局

行政复议决定书

B国税复决字〔2016〕14号

申请人:J公司

地址:××××

法定代表人:×××

被申请人:C区国家税务局

地址：××××

法定代表人：×××

申请人J公司不服C区国家税务局（以下简称C区国税局）稽查局作出的税务处理决定书（C国税稽处〔2016〕51号），因该案经C区国税局重案审理决定通过，以C区国税局为被申请人依法向本机关申请行政复议，本机关于2016年8月1日依法受理。

申请人请求依法撤销C区国税局稽查局作出的《税务处理决定书》（C国税稽处〔2016〕51号）。

申请人称：

税务处理决定书事实不清、证据不足、适用法律错误、违反法定程序，错误认定申请人具有虚开增值税专用发票的违法行为，请求撤销该处理决定书，具体理由如下：

一、处理决定认定申请人虚开增值税专用发票的违法事实不清

（一）C区国税局认定涉案PVC篷布购销交易的具体事实不清

1. 涉案PVC篷布购销交易的具体事实

（1）交易各方主体

D公司和T公司之间具有长期合作关系，T公司是D公司的原材料供应商。J公司和A公司之间具有长期合作关系，A公司是J公司的代理销货方。

（2）交易具体事实

2007年12月D公司向T公司提出采购一批PVC篷布，T公司与申请人取得联系，希望申请人能够帮助备货。

2007年12月29日，D公司与申请人签订了供货协议，约定由申请人供应1000块PVC篷布，货款金额843,750元。协议签订后，D公司提出申请人应先与T公司建立购销交易关系，由申请人向T公司供货，再由T公司向D公司供货。申请人提出将A公司引入本批篷布的购销交易中，购销交易流程为：申请人向A公司供应篷布，A公司向申请人支付货款；A公司向T公司供应篷布，T公司向A公司支付货款；T公司向D公司供应篷布，D公司向T公司支付货款。此后A公司提出要求D公司直接将货款支付给A公司，T公司与D公司同意后签订了委托付款协议，同时D公司应向T公司支付的货款与T公司应向D公司偿还的委托付款相互抵销。货物运输方面，D公司同意申请人将货物

直接运输至D公司码头港内。

2008年2月21日,申请人向A公司开出向其销售本批篷布的增值税专用发票8份,价税合计843,750元。2008年2月24日,申请人完成备货将约定的1000块PVC篷布运输至D公司,并向A公司开具了出库单。2008年3月7日,申请人收到A公司支付的货款843,750元。

2008年4月,A公司内部发生股东纠纷,A公司法人Y某某因涉嫌犯罪被公安机关控制,A公司实际控制人变为另一名股东魏某,魏某之前并不负责该公司的经营管理,因Y某某侵吞公司财产与之交恶。2010年8月23日,××市第二中级人民法院判决Y某某犯挪用资金罪、职务侵占罪,判处有期徒刑8年,现Y某某仍在服刑中,因此A公司一直未能按照各方约定完成与T公司的交易,一直未向T公司开具发票。同时,T公司向D公司开具了发票。

2. C区国税局认定涉案PVC篷布购销交易仅在申请人与D公司之间发生属认定事实错误

(二)C区国税局认定申请人与A公司之间没有货物购销交易的事实显属错误

1. 申请人与A公司之间的购销合同关系真实、完整。

2. 申请人与A公司之间的购销合同关系合法、有效。

3. 申请人与A公司依约完成了购销交易。

(三)C区国税局认定Y某某让申请人为A公司虚开增值税专用发票的事实不清

Y某某本人从未主动联系申请人让申请人为其虚开增值税专用发票,A公司关于涉案PVC篷布购销交易的说明材料中明确表示A公司与申请人达成了口头的购销协议。A公司支付货款后,申请人也并未将该批货款转汇至个人银行账户或其指定的其他个人银行账户名下。

处理决定书认定申请人构成虚开增值税专用发票的证据不足,核心证据存在严重缺陷,不能作为本案的定案依据。

1. 证人王某的证言与本案待证事实不具有关联性,因此没有证明效力。

2. 证人王某的证言部分内容不具有真实性。

Y某某将D公司向其支付的货款做账为"暂存款"是其挪用资金、侵占公司财产的手段表现,不影响申请人与A公司之间购销合同关系的存在,不能证明申请人与A公司之间以及其他当事各方之间不存在真实的购销交易合同关系。

……

三、处理决定认定申请人构成虚开增值税专用发票，属于适用法律错误

（一）申请人不符合虚开增值税专用发票的构成要件

1. 申请人在主观上没有虚开增值税专用发票的故意。申请人向A公司开具的增值税专用发票依据的是双方之间的购销合同关系。

2. 申请人在客观上没有实施虚开增值税专用发票的行为。申请人与A公司之间存在真实购销合同关系，不存在虚开发票的行为，也不存在开具的发票与真实货物购销交易的数量、金额不实的问题，A公司的法定代表人Y某某自始没有实施让申请人为A公司在没有真实货物购销交易的情况下虚开增值税专用发票的行为。

3. 申请人在主观上没有骗取及帮助他人骗取国家税款的目的。申请人在2008年2月21日为A公司开出增值税专用发票后，于2008年3月如实履行了增值税的纳税申报义务及缴纳税款义务，在主观上没有为自己骗取国家税款的目的。同时申请人知道A公司会将本批PVC篷布向T公司进行销售，并应当依约为T公司开具发票。A公司向T公司开具发票后，也理应需要履行增值税的纳税申报及缴税义务。由于A公司现实际控制人魏某在2008年4月之前并不实际经营管理A公司，且一直与Y某某存在经济纠纷，因此从Y某某进入刑事司法程序至今，魏某一直未依照约定向T公司开具发票，导致A公司违反了购销合同约定，并可能存在不申报此次交易的增值税应纳税款的违法行为。这一事实并非申请人所能预料和控制，申请人不应对A公司的违约行为承担责任。

（二）申请人与A公司的货物流、发票流与资金流保持一致，符合国家税务总局公告2014年第39号的规定，亦符合发票管理办法的规定。在申请人与A公司的购销交易中，申请人是供货方、收款方和开票方，A公司是购货方、付款方和受票方，申请人开具的发票与货物购销交易的真实情况相符，货物流、发票流与资金流保持一致，不属于虚开增值税专用发票行为。

四、处理决定内容违反了法定程序

申请人对经重大案件审理程序作出的决定不服的，审理委员会所在税务机

关为被申请人,审理委员会所在税务机关的上一级税务机关是复议的受理机关,故处理决定书中错误地告知申请人复议受理机关为C区国税局而非B市国家税务局(以下简称B市国税局),属于违反法定程序,依法应予撤销。

综上所述,《税务处理决定书》(C国税稽处〔2016〕51号)事实不清,证据不足,适用法律错误,违反法定程序,请复议机关予以撤销。

被申请人称:

一、C区国税局稽查局作出的《税务行政处理决定书》事实清楚,证据确凿充分,法律适用正确,程序合法,并无不当

2009年5月25日,根据B市国税局的交办,C区国税局稽查局决定对申请人立案检查,于2009年5月25日至2016年3月28日对被申请人2006年1月1日至2009年4月30日的纳税情况进行了检查。由于该案件关键人Y某某于2008年4月30日被羁押,同年6月6日被公安机关逮捕,根据《稽查工作规程》第四十四条规定,2011年2月25日对该单位终止检查。2015年12月21日,根据B市国税局稽查局清理案件通知要求,办理了解除终止检查,继续检查。

在检查中,C区国税局稽查局检查了申请人的账簿、凭证及有关纳税资料,对涉案有关人员进行了调查询问,经检查发现:申请人于2008年2月21日向A公司开具的8份增值税专用发票没有货物购销交易,是A公司法人让申请人为其开具增值税专用发票,虚构资金流。该案件于2016年5月18日经重大税务案件审理委员会会议审理。并由C区国税局稽查局作出《税务处理决定书》于2016年6月2日送达申请人。

根据《国家税务总局转发〈最高人民法院关于适用《全国人民代表大会常务委员会关于惩治虚开伪造和非法出售增值税专用发票犯罪的决定的若干问题》的解释〉的通知》(国税发〔1996〕210号):“一、根据《决定》第一条规定,虚开增值税专用发票的,构成虚开增值税专用发票罪。具有下列行为之一的,属于‘虚开增值税专用发票’:(1)没有货物购销或者没有提供或接受应税劳务而为他人、为自己、让他人为自己、介绍他人开具增值税专用发票”之规定,申请人的行为属于虚开增值税专用发票的行为。根据《国家税务总局关于纳税人虚开增值税专用发票征补税款问题的公告》(国家税务总局公告2012年第33号)之规定,由于申请人2008年2月21日向A公司开具的8份增值税专用发票已经

申报纳税,故不再补缴增值税。

二、关于申请人称“《税务处理决定书》(C国税稽处〔2016〕51号)认定J公司虚开增值税专用发票的违法事实不清”的问题

(一)申请人销售经理李某证人证言:申请人于2007年12月29日与D公司签订供货协议书,申请人向D公司销售双轴向篷布,申请人与A公司没有发生上述货物交易。当时是Y某某找到该销售经理,要求将申请人的一些业务从A公司的账上过一下,以增加业绩,李某同意了。李某又通知D公司物资部经理,称A公司是申请人子公司,请将此笔货款汇到A公司账户,A公司将843,750元货款支付申请人,申请人为开具相应的增值税专用发票,申请人中标了D公司的篷布合同后,D公司的物资部经理让李某与T公司华经理商量此笔业务。华经理告诉李某,T公司已给D公司开具了本批货物发票,申请人不用再给D公司开具发票。

(二)申请人办公室主任董某证人证言:关于2008年2月向A公司开具的发票,所涉业务是申请人销售经理李某告诉其A公司为了业绩从申请人处走一下发票和钱款。

(三)情况说明:申请人与D公司签订加工制作合同,A公司领导希望能够运作该合同的业务关系,申请人同意将本合同的业务交与A公司运作。

(四)刑事裁定书中D公司财务主管的证人证言:D公司与A公司没有业务往来,但是公司因一笔业务向A公司支付过一笔货款。D公司同申请人签订一份供货协议,因申请人怕支付货款时发生纠纷,所以三方商定T公司和公司签订一份委托付款协议,付款时由D公司将全部货款直接支付给申请人下属A公司。

(五)委托付款协议:T公司与D公司于2007年12月29日签订,约定同意将2007年9月25日与D公司签订的PVC篷布合同项下金额为843,750元的货款委托D公司以T公司名义向申请人下属之A公司付款。

(六)A公司董事、办公室主任的证人证言:A公司2008年3月6日收到与本公司没有任何业务关系的D公司汇款两笔,金额合计843,750元的货款,通过他们所有动作和所有事实都证明我们和J公司之间没有业务往来,我单位与D公司和T公司之间没有任何业务往来。

根据上述事实及证据,经B区国税局大案审理委员会会议审理,认定申请

人的虚开发票行为。

三、关于申请人称《税务处理决定书》(C国税稽处〔2016〕51号)认定申请人构成虚开增值税专用发票行为的证据不足,核心证据存在严重缺陷,不能作为本案的定案依据的问题

(一)刑事裁定中王某的证言与本案待证事实具有关联性及真实性,应作为定案依据。

根据《税收征收管理法》第五十七条、第五十八条的规定,税务机关有权向公安机关、人民法院在内的有关单位调取证据,刑事裁定是稽查局从法院取得的,其中王某的证人证言具有合法性、真实性,与待证事实具有关联性,应予认可。

王某是D公司的财务主管,其在证言中明确表示D公司与A公司没有业务往来,D公司与申请人签订了附供货协议。付款时由D公司将全部货款直接支付给申请人下属A公司,王某明确描述了供货协议及付款的有关情况,其证言与待证事实具有关联性,且经过法院裁定认可,具备真实性、合法性。

(二)A公司将收到的D公司的款项做账为"暂存款"也说明了A公司与申请人之间没有货物交易

A公司收到D公司的款项后,记账凭证、银行存款日记账均记为D公司暂存款,且将收到的款项843,750元于记账的次日打到申请人的银行账户中,金额等未发生变动,即证明了A公司对该笔款项性质的认定,即为代收款,而不是货物交易的货款。

(三)税务处理决定书认定的申请人构成虚开发票的证据充分、客观、全面,足以认定申请人需开发票的行为

C区国税局稽查局在检查中取得了申请人证人证言、A公司证人证言、刑事裁定书中D公司的证人证言及相关供货协议、记账凭证等证据,取证涉及了交易各方,证据全面,且证据指向事实一致,均证明了申请人虚开发票、虚构资金流的行为。

四、关于申请人称"《税务处理决定书》(C国税稽处〔2016〕51号)认定申请人构成虚开增值税专用发票,属于适用法律错误"的问题

(一)对申请人虚开的行为认定符合虚开增值税专用发票的构成要件

通过上述证人证言、记账凭证等证据证明,申请人为A公司开具专用发票的行为,是为了虚构资金流,主观上具有虚开故意。客观上也实施了在与A公

司没有真实货物交易的情况下需开发票的行为，虚构资金流，危害了税收征收管理秩序，构成了虚开发票的行为，不符合发票管理办法及国家税务总局公告2014年第39号的相关规定。

……

综上所述，被申请人依法认定申请人虚开增值税专用发票，事实清楚，证据确凿，申请人所称没有事实和法律依据，不能成立，C区国税局稽查局作出税务处理决定书，事实清楚，证据确凿充分，法律适用正确，程序合法，内容适当，请复议机关依法维持。

经审理查明：

2009年5月25日，根据B市国税局的交办，C区国税局稽查局决定对申请人立案检查，于2009年5月25日至2016年3月28日对被申请人2006年1月1日至2009年4月30日的纳税情况进行了检查，由于该案关键人Y某某于2008年4月30日被羁押，同年6月6日被公安机关批准逮捕，根据《稽查工作规程》第四十四条的规定，2011年2月25日对该单位终止检查。2015年12月21日，根据××国家税务局稽查局清理案件通知要求，办理了解除终止检查，继续检查。

在检查中，C区国税局稽查局检查了申请人的账簿、凭证及有关纳税资料，对涉案有关人员进行了调查询问，经检查发现：申请人于2008年2月21日向A公司开具的8份增值税专用发票没有货物购销交易，是A公司法人让申请人为其开具增值税专用发票，虚构资金流。该案件于2016年5月18日经C区国家税务局重大税务案件审理委员会会议审理，根据《国家税务总局转发〈最高人民法院关于适用《全国人民代表大会常务委员会关于惩治虚开伪造和非法出售增值税专用发票犯罪的决定》的若干问题的解释〉的通知》（国税发〔1996〕210号）、《国家税务总局关于纳税人虚开增值税专用发票征补税款问题的公告》（国家税务总局公告2012年第33号）之规定，认定申请人的行为属于虚开增值税专用发票的行为，由于申请人2008年2月21日向A公司开具的8份增值税专用发票，已经申报纳税，故不再补缴增值税。

2016年6月2日，C区国税局稽查局作出《税务处理决定书》（C国税稽处〔2016〕51号）送达申请人。

申请人不服该处理决定，于2016年8月1日向本机关提出了行政复议申请。本机关依法受理本案，并通知C区国税局在规定的期限内提交答复书及证据资料、法律依据,C区国税局在规定的期限内提交了答复书及证据材料。

上述事实,有J公司向本机关递交的复议申请及证据材料,C区国税局稽查局作出的《税务处理决定书》及送达回证、C区国税局向本机关提交的答复书等证据材料为证。

本机关认为:

1. 对于涉案业务各方之间的交易关系认定不清晰

(1)处理决定书认定申请人与A公司没有真实货物交易,而相关证人证言、情况说明等证据综合显示:申请人业务经理李某代表申请人与D公司签订合同(合同后附加工制作单有申请人、T公司三个经办人的签字);之后,D公司又让李某与T公司联系此笔业务,后A公司法定代表人Y某某称同意将申请人与D公司签订的合同交由A公司运作;T公司又与D公司签订了相关委托付款协议,D公司将相关货款支付给A公司,A公司又将款项支付给申请人;货物方面约定申请人直接将货物运送至D公司;T公司两次要求申请人协助其向A公司索要货款发票。从上述证据不能直接得出申请人与A公司没有真实货物交易。

(2)A公司董事、办公室主任魏某的证人证言称"通过他们所有动作和所有事实都证明我们和A公司没有业务往来,我单位与D公司和T公司没有任何业务往来"。而申请人李某证言、D公司王某证言均谈到了A公司参与了申请人与D公司的经营业务,鉴于并没有证据表明魏某是该业务直接经办人且熟悉该项业务,其证言存在主观推断,不能据此直接得出相关事实的结论。

(3)刑事裁定书中D公司财务主管王某的证人证言并没有直接表述J公司与A公司没有货物交易,同时,王某证言与申请人业务经理李某证言对T公司与各方交易事实描述存在矛盾,故从李某、王某的证人证言,也不能直接推断出申请人与A公司没有货物交易的相关结论。

综上,被申请人提供的证人证言、情况说明、刑事裁定书等证据材料对于推断申请人与A公司之间没有真实货物交易不能形成完整的证据链,据此作出《税务处理决定书》(C国税稽处〔2016〕51号),认定申请人为A公司所虚开增值税专用发票为事实不清、证据不足。

2. 处理决定书告知申请人复议受理机关不准确,属于告知瑕疵,在今后工作中应予以注意

综上,根据《中华人民共和国行政复议法》第二十八条第一款第三项第一

目、《税务行政复议规则》第八十一条的规定，现作出以下决定：

1. 撤销《税务处理决定书》（C国税稽处〔2016〕51号）。

2. 责令C区国税局稽查局按照《税务行政复议规则》第八十一条规定的期限重新作出具体行政行为。

申请人如对本行政复议决定不服，可以在收到本复议决定书之日起十五日内向B市C区人民法院提起行政诉讼。

B市国家税务局

二〇一六年十月二十八日

图5　B市国家税务局作出的《行政复议决定书》（部分）

2017年3月，B市C区国家税务局稽查局对J公司自2006年1月1日至2009年4月30日履行纳税义务情况进行了检查，并作出未发现税收违法问题的税务稽查结论（见图6）。

C区国家税务局稽查局

税务稽查结论

C国税稽结〔2017〕1号

J公司：

经我局于2009年5月25日至2016年12月15日对你单位2006年1月1日至2009年4月30日履行纳税义务情况进行了检查，就现有证据未发现税收违法问题。

C区国家税务局稽查局

二〇一七年三月三日

图6　B市C区国家税务局稽查局作出的《税务稽查结论》

（三）各方观点

税务机关认为：J公司于2008年2月向A公司开具的8份增值税专用发票没

有货物购销交易,系 A 公司法定代表人 Y 某某让 J 公司为其开具增值税专用发票,J 公司的行为属于虚开增值税专用发票的行为。

J 公司认为:J 公司与 A 公司之间实际存在购销交易,J 公司给 A 公司开具增值税专用发票的行为不属于虚开增值税专用发票的行为。

(四)争议焦点

1. J 公司与 A 公司之间是否存在购销交易。

2. J 公司是否有虚开增值税专用发票的行为。

(五)争议解决

2016 年 6 月,华税律师事务所接受了 J 公司的委托,成立了专项工作组,为 J 公司就本案的税务争议提供了专项税务咨询和行政复议代理服务。华税律师制作了行政复议申请书,连同证据材料和复议代理意见一并提交 B 市国税局。受理后,华税律师查阅了证据材料,补充提交了相关质证意见和代理意见。复议机关调查后认为,B 市 C 区国家税务局稽查局对各方之间的交易关系认定不清晰,作出的 J 公司虚开增值税发票的认定事实不清、证据不足。复议机关作出撤销《税务处理决定书》,并责令 B 市 C 区国家税务局稽查局重新作出具体行政行为的决定。后经稽查局进一步调查核实后,出具了《税务稽查结论》,认定 J 公司不存在税收违法行为。案件取得了令 J 公司满意的良好结果。

二、税务律师点评

(一)《税务处理决定书》认定 J 公司虚开增值税专用发票的违法事实不清

1. 涉案 PVC 篷布的购销交易系四方主体之间的行为

本案中的购销交易系多主体之间进行的较为复杂的交易行为,其复杂性主要体现在两方面:主体人数较多以及约定的履行方式复杂。

(1)从交易主体来看,本案涉及的购销交易经历了三次变更,由两方主体变为四方主体。起初,由 D 公司与 T 公司达成 PVC 篷布的购销协议,由 T 公司供货。之后,T 公司将 J 公司引入此次交易,促成 D 公司与 J 公司的供货协议,D 公司是购货方,J 公司是销售方。此为涉案 PVC 篷布购销交易关系的第一次变更。由于 T 公司是 D 公司的长期合作供货商,D 公司遂作出修改 PVC 篷布购销交易方式的提议。经 J 公司、D 公司、T 公司协商一致,将本批 PVC 篷布的购销交易关系修改为 J 公司先向 T 公司销售,再由 T 公司向 D 公司销售。此为涉案 PVC 篷布购销交易关系的第二次变更。J 公司基于规避商业风险的目的,提出将 A 公司引入本批 PVC 篷布的交易中。经交易四方逐步协商,最终确定了本批 PVC 篷布的购销交易关系,即 J 公司先向 A 公司销售,再由 A 公司向 T 公司销售,最后由 T 公司向 D 公司销售。此为涉案 PVC 篷布购销交易关系的第三次变更,并最终确立当事各方的购销合同关系。

(2)从履行方式上来看,涉案 PVC 篷布购销交易的具体履约方式经历了两次调整。在货款支付方面,A 公司向 D 公司提出由 D 公司直接向 A 公司支付的请求,D 公司表示同意。T 公司遂与 D 公司签署委托付款协议,委托 D 公司支付其应向 A 公司支付的货款。因此,本批 PVC 篷布购销交易的货款支付方式变更为 D 公司先向 A 公司支付,再由 A 公司向 J 公司支付。但这一货款支付方式的变更并不改变当事各方主体各自的购销合同关系。在货物交付方面,J 公司向 D 公司提出将货物直接运送至 D 公司的申请,D 公司、A 公司及 T 公司均表示同意。因此,本批 PVC 篷布购销交易的货物交付方式简化为 J 公司直接向 D 公司交付。但这一货物交付方式的变更也并未改变当事各方主体各自的购销合同关系。

综上所述,涉案 PVC 篷布的购销系 J 公司、A 公司、T 公司和 D 公司之间的交易行为。在各方协议下,具体履行分为三步:第一步,由 J 公司向 A 公司供应该批 PVC 篷布,A 公司向 J 公司承担付款的义务;第二步,由 A 公司向 T 公司供应该批 PVC 篷布,T 公司向 A 公司承担付款的义务;第三步,由 T 公司向 D 公司供应该批 PVC 篷布,D 公司向 T 公司承担付款的义务(见图 7)。但在此过程中,T 公司委托 D 公司向 A 公司支付 T 公司应支付的价款;D 公司受委托代替 T 公司支付的部分用以抵销 D 公司应付 T 公司的价款。各方在此次购销交易中的具体交易流程如图 7 所示:

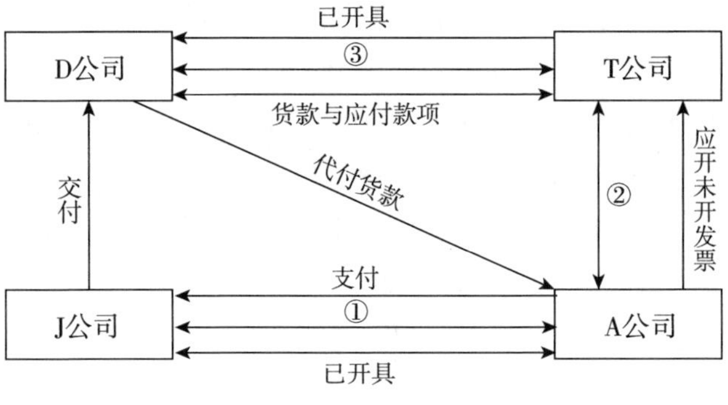

图 7 购销交易具体流程

《合同法》第 4 条[1]规定:“当事人依法享有自愿订立合同的权利,任何单位和个人不得非法干预。”第 77 条规定,“当事人协商一致,可以变更合同”。本案中,J 公司、A 公司、T 公司及 D 公司对涉案 PVC 篷布的购销交易关系有权进行协商约定,有权自主建立购销合同关系,有权对已有的购销合同关系及履约方式作出变更和调整。涉案 PVC 篷布的整个购销交易关系属真实、完整、合法、有效。

因此,税务机关认定本案 PVC 篷布购销交易仅在 J 公司和 D 公司之间发生,否定了 J 公司与 A 公司之间的购销合同关系,否定了 A 公司与 T 公司之间的购销合同关系,否定了 T 公司和 D 公司之间的购销合同关系,明显属于事实认定错误。

2. J 公司与 A 公司之间的购销合同关系真实、完整、合法、有效,且双方均完成了履行

(1)J 公司与 A 公司之间的购销合同关系真实、完整。本批 PVC 篷布购销交易关系在经历第三次协商变更之后共有三个购销合同关系,分别是 J 公司与 A 公司之间、A 公司与 T 公司之间、T 公司与 D 公司之间的购销合同关系。这三个购销合同关系共同构成涉案 PVC 篷布的整个购销交易关系,层层关联,缺一不可。

在 J 公司与 A 公司之间的购销合同关系中,J 公司承担向 A 公司供应货物的合同义务,A 公司承担向 J 公司支付货款合同义务,J 公司直接承担 A 公司不支付货款的违约风险,A 公司直接承担 J 公司货物品质、数量等方面的违约风险。因此,J 公司与 A 公司之间的购销合同关系真实、完整。

(2)J 公司与 A 公司之间的购销合同关系合法、有效。在本案中,J 公司与 A 公司之间就涉案 PVC 篷布的购销交易采取订立口头协议的方式完成。《合同法》第 10 条第 1 款[2]规定:“当事人订立合同,有书面形式、口头形式和其他形式。”J 公司与 A 公司之间的购销合同关系合法、有效。

(3)J 公司与 A 公司都依约完成了购销交易。J 公司与 A 公司依照约定履行了供货和支付货款的合同义务,如实办理了出入库手续,依法开具增值税专用发票。2008 年 2 月 21 日,J 公司向 A 公司如实开具了增值税专用发票。2008 年 3 月 7 日,A 公司向 J 公司如约支付了 843,750 元货款。经 A 公司对供货方式的变更表示同意后,J 公司也向 A 公司完成了供货,并于 2008 年 2 月 24 日向 A 公司开出了出库单。

综上所述,J 公司与 A 公司之间的购销合同关系真实、完整、合法、有效,是涉

---

[1] 《合同法》已于 2021 年 1 月 1 日被《民法典》废止,相关规定参见《民法典》第 5 条。

[2] 《合同法》已于 2021 年 1 月 1 日被《民法典》废止,相关规定参见《民法典》第 469 条第 1 款。

案 PVC 篷布的整个购销交易关系的必要组成部分,同时,J 公司与 A 公司均依约履行了各自的合同义务。而《税务处理决定书》却认定 J 公司与 A 公司之间没有货物购销交易,显属事实认定错误。

3. 税务机关认定 Y 某某让 J 公司为 A 公司虚开增值税专用发票的事实不清

Y 某某系 A 公司的法定代表人,在 2008 年 4 月之前直接负责 A 公司的具体生产经营活动,后因构成挪用资金罪、职务侵占罪,被判处有期徒刑 8 年。

A 公司之所以能够进入涉案 PVC 篷布的购销交易之中,是因为 J 公司出于转嫁商业风险的考虑主动向 A 公司提出合作的提议。由于 A 公司是 J 公司的长期合作销售商,在与 J 公司的长期合作关系中处于商业地位的劣势,同时 A 公司希望能够与 L 市建立起合作关系,自愿承担商业风险,加入了涉案 PVC 篷布的购销交易之中。因此,并非 Y 某某主动找到 J 公司参与到本批 PVC 篷布购销交易。

同时,Y 某某本人从未主动联系过 J 公司让 J 公司为其虚开增值税专用发票,A 公司关于涉案 PVC 篷布购销交易的说明材料中明确表示 A 公司与 J 公司达成了口头的购销协议。A 公司向 J 公司支付货款后,J 公司也并没有再将该批货款转汇至 Y 某某个人银行账户或其指定的其他个人银行账户名下。《税务处理决定书》认定 Y 某某具有让 J 公司为其虚开增值税专用发票的行为,显属事实认定不清。

(二)《税务处理决定书》认定 J 公司构成虚开增值税专用发票,属于适用法律错误

国家税务总局《转发〈最高人民法院关于适用《全国人民代表大会常务委员会关于惩治虚开、伪造和非法出售增值税专用发票犯罪的决定》的若干问题的解释〉的通知》(国税发〔1996〕210 号)将最高人民法院的司法解释文件作为税务机关认定虚开增值税专用发票行为的依据,要求税务机关遵照执行。因此,认定纳税人是否构成虚开增值税专用发票的违法行为应当综合依据税收行政法规定,以及《刑法》及其司法解释关于虚开增值税专用发票罪的规定。

《发票管理办法》第 22 条第 2 款规定:“任何单位和个人不得有下列虚开发票行为:(一)为他人、为自己开具与实际经营业务情况不符的发票;(二)让他人为自己开具与实际经营业务情况不符的发票;(三)介绍他人开具与实际经营业务情况不符的发票。”本条规定系税法关于虚开发票违法行为的规定。

《刑法》第 205 条规定:“虚开增值税专用发票或者虚开用于骗取出口退税、抵扣税款的其他发票的,处三年以下有期徒刑或者拘役,并处二万元以上二十万元以

下罚金……虚开增值税专用发票或者虚开用于骗取出口退税、抵扣税款的其他发票,是指有为他人虚开、为自己虚开、让他人为自己虚开、介绍他人虚开行为之一的……”最高人民法院《印发〈关于适用《全国人民代表大会常务委员会关于惩治虚开、伪造和非法出售增值税专用发票犯罪的决定》的若干问题的解释〉的通知》(法发〔1996〕30号)第1条规定:“具有下列行为之一的,属于‘虚开增值税专用发票’:(1)没有货物购销或者没有提供或接受应税劳务而为他人、为自己、让他人为自己、介绍他人开具增值税专用发票;(2)有货物购销或者提供或接受了应税劳务但为他人、为自己、让他人为自己、介绍他人开具数量或者金额不实的增值税专用发票;(3)进行了实际经营活动,但让他人为自己代开增值税专用发票。”上述规定系《刑法》及其司法解释关于虚开增值税专用发票犯罪行为的规定。

综合我国税收行政法、刑法及司法解释的上述规定可以看到,我国税法在认定纳税人构成虚开增值税专用发票违法行为时遵循了主客观相统一的基本原则;换言之,只有纳税人满足了主观和客观的双重要件,我国税法才认定纳税人的行为构成虚开增值税专用发票,并且对其予以制裁。因此,纳税人构成虚开增值税专用发票应当同时符合以下构成要件:

第一,纳税人在主观上具有虚开增值税专用发票的故意。即纳税人在主观上明知没有真实的货物购销交易仍然实施虚开增值税专用发票的行为或纳税人在主观上明知所开具的增值税专用发票与真实的货物购销交易的货物数量、金额、主体不符的主观心理状态。

第二,纳税人在客观上实施了虚开增值税专用发票的行为。虚开增值税专用发票的行为,包括以下三类:(1)没有货物购销或者没有提供或接受应税劳务而为他人、为自己、让他人为自己、介绍他人开具增值税专用发票;(2)有货物购销或者提供或接受了应税劳务但为他人、为自己、让他人为自己、介绍他人开具数量或者金额不实的增值税专用发票;(3)进行了实际经营活动,但让他人为自己代开增值税专用发票。

第三,纳税人在主观上具有骗取国家税款的目的。全国人民代表大会常务委员会《关于惩治虚开、伪造和非法出售增值税专用发票犯罪的决定》规定:“为了惩治虚开、伪造和非法出售增值税专用发票和其他发票进行偷税、骗税等犯罪活动,保障国家税收,特作如下决定……”该文件明确表明虚开增值税专用发票的违法行为实际上指的是利用增值税专用发票进行偷税、骗税的行为。因此在司法实践中,司法实务界普遍认为,纳税人构成虚开增值税专用发票的,一般具有骗取国家税款的目的,即纳税人在主观上具有利用虚开的增值税专用发票抵扣或者帮助他人抵扣自己的增值税销项税额从而骗取或者帮助他人骗取国家的增值税税款的目的。

根据上述有关 PVC 篷布购销交易的事实,J 公司在主观和客观两个方面均不符合虚开增值税专用发票的构成要件:(1)J 公司在主观上没有虚开增值税专用发票的故意。J 公司向 A 公司开具的增值税专用发票依据的是双方之间的购销合同关系,属于 J 公司应当履行的合同义务和法定责任。J 公司的主观心理状态系“严格按照与 A 公司之间的购销合同内容开具发票”,完全不具有虚开增值税专用发票的故意。(2)J 公司在客观上没有实施虚开增值税专用发票的行为。J 公司与 A 公司之间存在购销 1000 块 PVC 篷布、金额为 843,750 元的买卖合同关系,向 A 公司开具的增值税专用发票所记载的购货方、销货方、货物品名、数量、金额均与 J 公司与 A 公司之间真实的货物购销交易相符合,不存在在没有真实货物购销交易的情况下为他人虚开增值税专用发票的行为,也不存在开具的增值税专用发票与真实货物购销交易的数量、金额不符的行为。同时,A 公司的法定代表人 Y 某某自始没有实施让 J 公司为 A 公司在没有真实货物购销交易的情况下虚开增值税专用发票的行为。(3)J 公司在主观上没有骗取及帮助他人骗取国家税款的目的。2008 年 2 月 21 日,J 公司为 A 公司开出增值税专用发票后,于 2008 年 3 月如实履行了增值税的纳税申报义务及缴纳税款义务,在主观上没有为自己骗取国家税款的目的。

(三)J 公司与 A 公司的货物流、发票流与资金流保持一致,符合国家税务总局公告 2014 年第 39 号的规定

国家税务总局《关于纳税人对外开具增值税专用发票有关问题的公告》(国家税务总局公告 2014 年第 39 号)规定,纳税人对外开具增值税专用发票同时符合以下情形的,不属于对外虚开增值税专用发票:(1)纳税人向受票方纳税人销售了货物,或者提供了增值税应税劳务、应税服务;(2)纳税人向受票方纳税人收取了所销售货物、所提供应税劳务或者应税服务的款项,或者取得了索取销售款项的凭据;(3)纳税人按规定向受票方纳税人开具的增值税专用发票相关内容,与所销售货物、所提供应税劳务或者应税服务相符,且该增值税专用发票是纳税人合法取得、并以自己名义开具的。受票方纳税人取得的符合上述情形的增值税专用发票,可以作为增值税扣税凭证抵扣进项税额。据此规定,纳税人向受票方销售了货物、向受票方收取了货款,且与纳税人以自己名义向受票方开具的增值税专用发票所记载的销售货物相符,即货物流、资金流和发票流保持一致的,不属于对外虚开增值

税专用发票。

在本案中,J 公司与 A 公司建立了 1000 块 PVC 篷布、价款合计 843,750 元的购销合同法律关系,具有真实的货物购销交易。A 公司依约如实向 J 公司全额支付了货款,J 公司依法如实向 A 公司开具了增值税专用发票,且 J 公司所开具的增值税专用发票记载的购货方、货款支付方均系 A 公司,记载的销货方、货款收取方均系 J 公司,发票流与资金流一致。在货物流方面,J 公司提出将货物直接交付给 D 公司的提议后,A 公司、T 公司及 D 公司均同意了 J 公司的提议。A 公司和 T 公司同意变更货物交付方式的意思表示属于指示交付,是观念交付的一种表现形式,得到我国民商法的认可。《物权法》第 26 条[1]规定:"动产物权设立和转让前,第三人依法占有该动产的,负有交付义务的人可以通过转让请求第三人返还原物的权利代替交付。"因此,D 公司是实际收货人,A 公司是观念收货人,属于法律拟制,不影响 A 公司作为购货方的法律地位。

(四)J 公司向 A 公司开具增值税专用发票符合《发票管理办法》的规定

《发票管理办法》第 19 条规定:"销售商品、提供服务以及从事其他经营活动的单位和个人,对外发生经营业务收取款项,收款方应当向付款方开具发票;特殊情况下,由付款方向收款方开具发票。"在 J 公司与 A 公司之间的 PVC 篷布购销交易中,A 公司是付款方,J 公司是收款方,J 公司作为收款方向作为付款方的 A 公司开具发票符合我国《发票管理办法》第 19 条的规定。

《发票管理办法》第 35 条规定:"违反本办法的规定,有下列情形之一的,由税务机关责令改正,可以处 1 万元以下的罚款;有违法所得的予以没收:(一)应当开具而未开具发票,或者未按照规定的时限、顺序、栏目,全部联次一次性开具发票,或者未加盖发票专用章的……"据此规定,在 J 公司与 A 公司之间的购销合同关系中,J 公司向 A 公司开具发票是一项法定责任,J 公司如不向 A 公司开具发票的,反而构成"应当开具而未开具发票"的违法行为,将受到行政处罚。因此,J 公司向 A 公司开具增值税专用发票也是 J 公司履行其法定责任的表现。

(五)结论

本案中,税务机关认定 J 公司虚开增值税专用发票的违法事实不清,证据不足,适用法律错误,违反法定程序,不仅对 J 公司的生产经营活动造成沉重打击,甚至会引发涉税刑事司法程序,严重影响 J 公司的声誉,势必造成企业停产、员工下

[1] 《物权法》已于 2021 年 1 月 1 日被《民法典》废止,相关规定参见《民法典》第 226 条。

岗的恶劣后果,属于明显不当的具体行政行为。

三、本案启示

本案的启示意义非常重大。之所以J公司陷入了税务机关的检查,购销交易的过分复杂及合作方的诚信问题占了很大因素。首先,由于J公司、A公司、D公司、T公司在商定最终的货物购销流程时没有签署书面的协议或者合同,这就为准确说明购销交易关系增加了难度,需要A公司、D公司和T司通力配合,才能还事实于本来面目。其次,由于J公司和A公司均不愿承担交易相对方的违约风险,导致本次交易的货款支付方式两次发生变化,也增加了交易的复杂性和证明难度。最后,由于J公司的合作方A公司的法定代表人存在职务侵占的犯罪行为,也为交易关系增加了不可预知的复杂性。企业在日常经营活动中要特别注重货物购销交易的流程把控,确保复杂多层的交易关系能够有合同、协议相支撑,避免不必要的税法风险。

企业善意取得虚开的增值税专用发票争议案

【导读】

货物购销交易中，交易一方虚开增值税专用发票的，另一方是否一定构成虚开增值税专用发票？现实中大量存在销售方虚开增值税专用发票，但购买方对销售方虚开行为并不知情的情况。对于纳税人取得虚开的增值税专用发票如何处理，国家税务总局曾在1995年、1997年与2000年分别发布了四个规范性文件予以明确，对存有不同主观状态的取得虚开的增值税专用发票纳税人给予不同的处理。本案中，购买方对于其取得的增值税专用发票的开票方和真实交易的相对方不相符并不知情。这种情况下，税务机关最终认定购买方构成善意取得虚开的增值税专用发票，以取得的虚开增值税专用发票抵扣进项税款也不构成偷税。企业不应因善意取得增值税专用发票而承担税款滞纳金及罚款，税务机关更不能以购买方涉嫌虚开移送公安机关处理。

一、案情简介

（一）案件基本信息

案件类型：善意取得虚开的增值税专用发票

涉案金额：税款15.28万元

法律风险：刑事责任，被认定构成虚开增值税专用发票罪，对其直接负责的主管人员和其他直接责任人员处3年以上10年以下有期徒刑，对单位并处5万元以上50万元以下罚金；行政责任，被认定构成偷税，被追缴税款，加收滞纳金并处罚款

（二）案件详情

K照明科技有限公司（以下简称K公司）成立于2009年6月23日，注册地址位于山西省J市C区，经营范围为照明节能技术研发、灯具批发。

Y电子有限公司（以下简称Y公司）成立于2004年4月13日，注册地址位于辽宁省D市L区，经营范围为电子产品的开发、批发等。

2011年，K公司欲采购灯具一批（包括光源、变压器、路轨灯、天花灯、射灯、筒灯等）。2011年5月，谢某就灯具采购事项与K公司采购人员取得联系，谢某自称是Y公司业务经理（后经核实，谢某与Y公司不存在雇用关系）。经过洽谈，K公

司与 Y 公司确定了灯具的价格、数量以及交收方式，并签订灯具买卖合同。

2011 年 7 月至 2012 年 1 月，Y 公司按合同约定交付灯具，K 公司分批向 Y 公司支付了货款合计 105.19 万元，均以银行汇票的形式邮寄至 Y 公司注册地址处。K 公司取得 9 张 Y 公司开具的增值税专用发票（价税合计金额为 105.19 万元，发票上载明货物名称为开关），并向山西省 J 市 C 区国税局认证抵扣。

在此期间，K 公司销售了该批在途灯具，并约定由 Y 公司直接将该批灯具运至买方指定收货地点。买方验收货物后，向 K 公司确认货物数量、质量等符合要求，买方向 K 公司支付货款，K 公司向买方开具增值税专用发票。

后 Y 公司因涉嫌虚开增值税专用发票被辽宁省 D 市 L 区国家税务局调查，K 公司亦接到山西省 J 市 C 区国家税务局稽查局出具的《税务检查通知书》（见图 1），协查其取得 Y 公司增值税专用发票抵扣事项。K 公司向税务机关提供了原采购合同、向 Y 公司开具的汇票、买方验收入库单据、向买方开具的增值税专用发票、收到的 Y 公司增值税专用发票抵扣联等相关的凭证。

J 市 C 区国家税务局稽查局

税务检查通知书

××稽检通一〔2013〕211 号

K 照明科技有限公司：

根据《中华人民共和国税收征收管理法》第五十四条规定，决定派某某、某某等人，自2013 年 6 月 5 日起对你（单位）2012 年 5 月 1 日至2012 年 10 月 31 日（如检查发现此期间以外明显的税收违法嫌疑或线索不受此限）涉税情况进行检查。届时请依法接受检查，如实反映情况，提供有关资料。

J 市 C 区国家税务局稽查局

二〇一三年六月五日

告知：税务机关派出的人员进行税务检查时，应当出示税务检查证和税务检查通知书，并有责任为被检查人保守秘密；未出示税务检查证和税务检查通知书的，被检查人有权拒绝检查。

图 1　J 市 C 区国家税务局向 K 公司出具的《税务检查通知书》

(三)各方观点

山西省J市C区国家税务局认为:经调查,谢某与Y公司并不存在雇用关系,销售的灯具也并非Y公司的产品,Y公司开具的增值税专用发票上所载货物名称为开关,与实际销售的货物并不相符,综上,Y公司开具发票的行为属于虚开。K公司用取得的虚开的增值税专用发票抵扣进项税额,K公司以上行为构成《税收征收管理法》中的偷税,应承担行政责任,补缴税款、滞纳金,并处以罚款;K公司取得虚开的增值税专用发票,亦构成虚开增值税专用发票,应移交刑事司法机关追究刑事责任。

K公司认为:其存在真实的灯具采购交易,就该项交易取得的增值税专用发票抵扣进项税额,符合善意取得虚开增值税专用发票的构成要件,不构成偷税,无须缴纳滞纳金及罚款,也不应追究虚开的刑事责任。

(四)争议焦点

1. K公司取得涉案发票是否符合善意取得虚开增值税专用发票的构成要件。

2. K公司以从Y公司处取得的虚开的增值税专用发票抵扣进项税款,是否构成偷税。

3. K公司在善意取得虚开增值税专用发票情形下是否构成虚开犯罪。

(五)争议解决

华税律师事务所接受K公司委托,为其提供了专项税务咨询服务。在事实认定方面,梳理K公司与Y公司、谢某的交易流程,收集合同、收发货凭证、记账凭证等证据资料并予以整理;将K公司对外销售的销售合同、收款凭证、收发货凭证进行详细整理,厘清完整购销交易链条,并制作证据目录,向税务机关阐明交易事实。在法律适用方面,就善意取得虚开增值税专用发票的相关规定及对K公司有利的同类型案例予以整理,向税务机关同步提交关于本案法律适用的意见。最终,税务机关接受律师观点,认定K公司善意取得虚开增值税专用发票,有效化解K公司被认定偷税处以罚款、被认定虚开移送公安机关的行政、刑事责任风险。

二、税务律师点评

(一)开票方构成虚开,对受票方行为定性及处理的四种不同情形

虽然目前国家税务总局在努力完善增值税管理,由“以票控税”向“信息管税”跨越,但是就税收征管实践而言,发票在增值税的征管中仍然发挥着举足轻重的作用。正因如此,诸多涉税违法犯罪行为也是围绕发票展开,其中以虚开增值税专用

发票最为典型。在一起虚开案件中,税收法律法规对于开票方和受票方的评价并不相同,在开票方构成虚开的情形下,对受票方行为的定性和处理存在以下四种不同情形:

1. 开票方构成虚开,不对受票方进行处理,进项税额可以抵扣。此种情形一般存在真实的货物交易,仅在发票名称等方面存在一定的瑕疵,受票方抵扣税款不会造成国家税款的损失,开票方的行为只具有行政违法性。

2. 开票方构成虚开,受票方构成善意取得虚开增值税专用发票。关于受票方善意取得虚开增值税专用发票的规定主要规定于国家税务总局《关于纳税人善意取得虚开的增值税专用发票处理问题的通知》(国税发〔2000〕187 号)和国家税务总局《关于纳税人善意取得虚开增值税专用发票已抵扣税款加收滞纳金问题的批复》(国税函〔2007〕1240 号)。此种情形下,受票方不以偷税或者骗取出口退税论处,不适用滞纳金和罚款的相关规定,如能够重新从销售方取得合法、有效专用发票的,准予抵扣进项税款。

3. 开票方构成虚开,受票方属于取得不合规发票。根据《增值税暂行条例》第 9 条、《关于纳税人虚开增值税专用发票征补税款问题的公告》(国家税务总局公告 2012 年第 33 号)以及《发票管理办法》第 21 条的规定,此种情形下受票方进项税额不得抵扣,发票也不得作为财务报销凭证,但是一般不会对受票方进行罚款。

4. 开票方构成虚开,受票方构成虚接受发票。根据《税收征收管理法》第 63 条、国家税务总局《关于纳税人取得虚开的增值税专用发票处理问题的通知》(国税发〔1997〕134 号)第 1 条、第 4 条的规定,此种情形下受票方构成利用他人虚开的专用发票,向税务机关申报抵扣税款进行偷税,对其处以偷税数额 5 倍以下的罚款,进项税金大于销项税金的,还会调减其留抵的进项税额。此种情形下,受票方被移送公安机关追究刑事责任的风险较高。

(二)本案中,K 公司取得涉案发票符合善意取得虚开增值税专用发票的构成要件

20 世纪末,在严厉打击虚开增值税发票违法行为,保护增值税税基的大背景下,错误地打击了一批存在真实货物采购的购货方(受票方),他们在不知情的情况下取得销售方虚开的增值税专用发票,被税务机关定性为虚开,引起严重的税企对立。为此,援用民法上"善意第三人"的原理,国家税务总局出台了国税发〔2000〕187 号文,随后出台国税函〔2007〕1240 号文,明确了善意取得虚开增值税专用发票应当满足的条件(见表 1)。

表1 相关法规对“善意取得虚开增值税专用发票”的具体规定

序号	法规名称	具体规定
1	国家税务总局《关于纳税人善意取得虚开的增值税专用发票处理问题的通知》(国税发〔2000〕187号)	购货方与销售方存在真实的交易,销售方使用的是其所在省(自治区、直辖市和计划单列市)的专用发票,专用发票注明的销售方名称、印章、货物数量、金额及税额等全部内容与实际相符,且没有证据表明购货方知道销售方提供的专用发票是以非法手段获得的,对购货方不以偷税或者骗取出口退税论处
2	国家税务总局《关于纳税人善意取得虚开增值税专用发票已抵扣税款加收滞纳金问题的批复》(国税函〔2007〕1240号)	纳税人善意取得虚开的增值税专用发票指购货方与销售方存在真实交易,且购货方不知取得的增值税专用发票是以非法手段获得的。根据国税发〔2000〕187号文规定,对购货方不以偷税或者骗取出口退税论处

根据以上规范性文件的规定,构成善意取得虚开的增值税专用发票,应当满足以下条件:(1)购货方与销售方存在真实的交易;(2)销售方使用的是其所在省(自治区、直辖市和计划单列市)的专用发票;(3)专用发票注明的销售方名称、印章、货物数量、金额及税额等全部内容与实际相符;(4)没有证据表明购货方知道销售方提供的专用发票是以非法手段获得的。实践中,税务机关常以“货、票、款一致”为基础,综合考虑交易和发票开具的时间、资金结算方式、货物交付方式等多种因素,判断取得专用发票的一方是否为善意取得虚开的增值税专用发票。

本案中,首先,K公司采购该批照明器材,存在真实的交易。其次,Y公司开具的是所在省的增值税专用发票。最后,K公司取得的增值税专用发票基于真实的货物交易,谢某虽与Y公司不存在雇用关系,但是对此K公司并不知情。另外,本案中交付货物的数量、金额、税额均与真实交易相符,虽存在发票上货物名称存在瑕疵的情况,涉嫌违反《发票管理办法》第22条中关于虚开发票的规定,但根据国税发〔2000〕187号文的规定,货物品名不符不影响“善意取得”的构成;并且,K公司对其取得的发票系虚开完全不知情,且没有证据表明K公司明知销售方开具的发票为非法开具。因此,K公司取得专用发票的过程符合善意取得虚开的增值税专用发票的条件,其行为构成善意取得虚开的增值税专用发票。

(三)K公司善意取得虚开的增值税专用发票不应被定性为偷税

《税收征收管理法》第63条规定,偷税是指纳税人伪造、变造、隐匿、擅自销毁账簿、记账凭证,或者在账簿上多列支出或者不列、少列收入,或者经税务机关通知申报而拒不申报或者进行虚假的纳税申报,不缴或者少缴应纳税款。

国税发〔1997〕134 号文第 2 条规定，在货物交易中，购货方从销售方取得第三方开具的专用发票，向税务机关申报抵扣税款的，应当按偷税处理，依照《税收征收管理法》及有关规定追缴税款，处以偷税、骗税数额 5 倍以下的罚款。在国家税务总局《关于〈国家税务总局关于纳税人取得虚开的增值税专用发票处理问题的通知〉的补充通知》（国税发〔2000〕182 号）中，国家税务总局就“购货方从销售方取得第三方开具的专用发票”作出了进一步的规定：是指购货方取得的增值税专用发票所注明的销售方名称、印章与其进行实际交易的销售方不符的情形。

山西省 J 市 C 区国家税务局认为，谢某与 Y 公司不存在雇用关系，实际与 K 公司进行交易的是谢某。K 公司从 Y 公司处取得增值税专用发票并抵扣进项税款，取得的发票所注明的销售方名称、印章与其进行实际交易的销售方不符，符合国税发〔1997〕134 号的规定，应按偷税处理。

笔者认为，根据上述规范性文件的规定，偷税行政违法行为的构成要件包括：(1)主体要件：主体为负有纳税义务的纳税人，包括单位和个人；(2)主观要件：主观上是直接故意，并且是出于逃避缴纳税款的故意；(3)客体要件：偷税行为侵犯的客体是我国的税收征管制度；(4)客观要件：客观方面表现为纳税人拒不申报或者以各种方式进行虚假申报。具体的行为方式包括以下几种：①纳税人伪造、变造、隐匿、擅自销毁账簿、记账凭证；②在账簿上多列支出或者不列、少列收入；③经税务机关通知申报而拒不申报或者进行虚假的纳税申报。

由上述分析可知，偷税的主观要件为直接故意，并且是出于逃避缴纳税款义务的目的。本案中，谢某自称是 Y 公司的业务经理，并提供了相应的证明，K 公司主观上认为其交易对象是 Y 公司，并不知晓与其进行实际交易的销售方是谢某。K 公司以其从 Y 公司处取得的增值税专用发票抵扣进项税款，主观上是善意的，并没有逃避缴纳税款义务的故意，不符合偷税行政违法行为的主观构成要件，不构成偷税。

（四）K 公司无法取得合法有效的专用发票，应补缴已抵扣的进项税款，但无须缴纳滞纳金及罚款

根据国税函〔2007〕1240 号文的规定，纳税人善意取得虚开的增值税专用发票，如能重新取得合法、有效的专用发票，准许其抵扣进项税款；如不能重新取得合法、有效的专用发票，不准其抵扣进项税款或追缴其已抵扣的进项税款。但在实践中，由于虚开方往往已经走逃、失联或者被公安机关控制或因其他原因无法开具合法有效的增值税专用发票，导致受票方难以重新取得合法有效的增值税专用发票，

从而不能实现抵扣税款。本案中,由于K公司无法再取得合法、有效的增值税专用发票,因此其已经抵扣的进项税款应予以追缴。另外,根据国税函〔2007〕1240号文的规定,纳税人善意取得虚开的增值税专用发票被依法追缴已抵扣税款的,不属于《税收征收管理法》第32条"纳税人未按照规定期限缴纳税款"的情形,不适用该条"税务机关除责令限期缴纳外,从滞纳税款之日起,按日加收滞纳税款万分之五的滞纳金"的规定。因此,对K公司不能加收滞纳金。

(五)不应以虚开增值税专用发票罪追究K公司刑事责任

《刑法》第205条虽然没有明确虚开增值税专用发票罪的构成要件,但是根据本罪的立法目的、司法解释以及最高人民法院和最高人民检察院公布的典型案例来看,虚开增值税专用发票罪以行为人主观上具有骗抵增值税税款的目的、客观上造成国家增值税税款损失为必要条件。

一是行为人主观上必须具有骗抵或帮助他人骗抵增值税税款的目的。从立法目的和立法背景角度考察,《刑法》第205条之规定源于1995年的全国人民代表大会常务委员会《关于惩治虚开、伪造和非法出售增值税专用发票犯罪的决定》。该决定明确指出:"为了惩治虚开、伪造和非法出售增值税专用发票和其他发票进行偷税、骗税等犯罪活动,保障国家税收,特作如下决定……"据此可以看到,设立本罪的立法目的就是保障国家税收、专门打击侵害国家增值税税款的犯罪行为。因此,行为人不以骗抵增值税税款为目的的行为不是《刑法》第205条的适用对象。

二是行为人客观上造成国家增值税税款损失的后果。从法益保护及犯罪本质角度考察,《刑法》第205条是"危害税收征管秩序罪"之一,所侵害的法益是国家的税收征管秩序,突出表现为对国家增值税税款的侵害。如果行为人所实施的行为对国家增值税税款没有造成侵害,或者没有造成损失的危险,就不具有严重的社会危害性,不应受到刑罚处罚。

2018年12月4日,最高人民法院在"张某强虚开增值税专用发票案"中指出:张某强不具有骗取国家税款的目的,未造成国家税款损失,其行为不构成虚开增值税专用发票罪。2020年7月22日,最高人民检察院制定的《关于充分发挥检察职能服务保障"六稳""六保"的意见》指出,要注意把握一般涉税违法行为与以骗取国家税款为目的的涉税犯罪的界限,对于有实际生产经营活动的企业为虚增业绩、融资、贷款等非骗税目的且没有造成税款损失的虚开增值税专用发票行为,不以虚开增值税专用发票罪定性处理。以上意见对于处理虚开案件具有重要的指导意义。

本案中,首先,K公司在主观上并不知晓与其进行实际交易的不是Y公司,而是谢某,在主观上并没有骗抵增值税税款的目的;其次,K 公司存在真实的交易,并且发票数量、金额均与合同以及实际交易情况相符,既不构成最高人民法院《印发〈关于适用《全国人民代表大会常务委员会关于惩治虚开、伪造和非法出售增值税专用发票犯罪的决定》的若干问题的解释〉的通知》(法发〔1996〕30 号)规定的有货虚开,更不构成无货虚开。K 公司是根据实际交易情况取得增值税专用发票并用于抵扣,但是由于 K 公司对供货方缺少实质的审查,也未对取得的发票进行细致的核对,导致其在发票开票方与实际交易方不符且存在变名的情况下申报抵扣了对应的进项税额。根据增值税的征税原理,以上交易行为中存在真实货物交易且发票上载明的货物数量、金额均与实际相符,以上两类违反发票管理规定的行为均不会造成增值税税款的损失。根据上述分析,K 公司无论是在主观目的上还是客观行为上都不具备虚开增值税专用发票罪的构成要件,K 公司不构成虚开增值税专用发票罪。

(六)结论

本案中,K 公司不知晓交易相对方开具的增值税专用发票是虚开,其并不构成虚开增值税专用发票,按照有关规定,K 公司的行为符合善意取得虚开增值税专用发票的构成要件,构成善意取得虚开增值税专用发票。其以取得的虚开的增值税专用发票抵扣进项税款,主观上没有逃避缴纳税款义务的故意,不构成偷税,更不构成虚开犯罪。K 公司应补缴已抵扣进项税款,但不承担滞纳金、罚款等行政责任。

三、本案启示

按照现行规定,对善意取得虚开的增值税专用发票的购买方,虽然不按偷逃税、骗取出口退税处理,但若不及时取得真实、有效的专用发票,仍无法进行进项税额抵扣。因此,善意购买方发现取得的增值税专用发票是虚开的,应及时向实际交易相对方索要真实、有效的增值税专用发票,以便抵扣进项税款。

* * *

【链接】

企业发票外部涉税风险与应对

"以票控税"是现阶段我国税收征收管理的重要方式,企业日常经营活动中,发票是最为重要甚至是唯一的进项增值税抵扣、企业所得税税前扣除的合法有效凭证，由于税前扣除凭证单一，虚开增值税专用发票风险高、刑事责任重，且开、受票方均可构罪，企业对发票的管理成为财务管理中最为重要的部分，以下就企业可能产生的由交易对方带来的发票外部涉税风险及应对予以分析、总结。

一、企业善意取得虚开的增值税专用发票风险及应对

根据国税发〔2000〕187 号文的规定，企业善意取得虚开的增值税专用发票的，不予抵扣进项税款或者不予办理出口退税；购货方已经抵扣的进项税款或者取得的出口退税，应依法追缴。

对此，企业应采取有效的措施避免损失。根据国税发〔2000〕187 号文的规定，购货方重新从销售方取得防伪税控系统开出的合法、有效专用发票的，或者取得手工开出的合法、有效专用发票且取得了销售方所在地税务机关或者正在依法对销售方虚开专用发票行为进行查处证明的，购货方所在地税务机关应依法准予抵扣进项税款或者予以出口退税。因此，企业善意取得虚开发票的，应争取重新取得合法、有效的专用发票避免自身损失的发生。

同时，企业取得虚开的增值税专用发票，如果未被认定为善意取得，还将面临构成偷税、骗税违法行为甚至构成犯罪的风险，因此企业应对善意取得进行证明，可从以下四方面进行：(1)提供交易真实存在的证据；(2)证明取得的增值税专用发票注明的销售方名称、印章、货物数量、金额及税额等全部内容与实际相符；(3)证明销售方使用的是其所在省的增值税专用发票；(4)证明自身不知道销售方提供的专用发票是以非法手段获得。如在王某某虚开增值税专用发票案[(2018)冀 11 刑终 229 号]中，法院认为购货方王某某与销售方张某某存在真实货物交易，销售方开具发票的货物数量、金额及税额等全部内容与实际相符，且没有证据表明购货方知道销售方提供的专用发票是以非法手段获得，因此对购货方不以偷税或者骗取出口退税论处，王某某最终获得无罪处理。

二、企业取得的专票被列为异常增值税扣税凭证风险及应对

《关于异常增值税扣税凭证管理等有关事项的公告》(国家税务总局公告 2019 年第 38 号)规定了异常增值税扣税凭证的范围、具体处理流程等具体内容。根据国家税务总局公告 2019 年第 38 号的规定，企业取得的专票被列为异常增值税抵扣凭证的，将主要面临以下几种风险：第一，异常凭证计入进项税额的，尚未抵扣的要暂缓抵扣，已抵扣的进项税额应作转出处理；第二，异常凭证用于出口退税的，尚未退税的暂缓办理退税，已经退税的应补缴退税；第三，异常凭证用于消费税抵扣的,参照增值税处理方式。

对于上述风险,企业应及时按照税法的规定寻求权利救济,根据国家税务总局公告2019年第38号的规定,纳税人对异常凭证认定存在异议的,可以向主管税务机关提出核实申请,经核实符合相关规定的,可以继续申报抵扣、申请出口退税或申报抵扣消费税。而对于取得异常凭证且已经申报抵扣增值税、办理出口退税或抵扣消费税的纳税信用A级纳税人,可自接到税务机关通知之日起10个工作日内,及时提出核实申请,如确实符合相关规定,可不作进项税额转出、追回已退税款、抵扣消费税等。如果经核实发票被认定为虚开,而企业对于取得虚开发票又属于善意的,应及时向开票方进行查明,并采取措施减少损失。根据《关于发布〈企业所得税税前扣除凭证管理办法〉的公告》(国家税务总局公告2018年第28号)的规定,纳税人应及时联系开票方查明原因,排除开票方符合异常凭证范围的特定条件,要求开票方补开、换开符合规定的发票。而如果因开票方注销、撤销、依法被吊销营业执照、被税务机关认定为非正常户等特殊原因无法补开、换开发票、其他外部凭证的,可凭资料证实支出真实性后,对支出进行税前扣除。

三、企业取得如实代开的增值税专用发票风险及应对

根据最高人民法院《印发〈关于适用《关于惩治虚开、伪造和非法出售增值税专用发票犯罪的决定》的若干问题解释〉的通知》的规定,进行了实际经营活动,但让他人为自己代开增值税专用发票,属于虚开增值税专用发票。由此可见,企业取得如实代开的增值税专用发票也将面临构成虚开犯罪的风险。对此,企业可通过证明交易真实、无骗税目的、未造成国家税款损失作无罪抗辩。

2015年最高人民法院研究室出台《〈关于如何认定以"挂靠"有关公司名义实施经营活动并让有关公司为自己虚开增值税专用发票行为的性质〉征求意见的复函》(法研〔2015〕58号),其中第二项中明确"虚开增值税发票罪的危害实质在于通过虚开行为骗取抵扣税款,对于有实际交易存在的代开行为,如行为人主观上并无骗取抵扣税款的故意,客观上未造成国家增值税税款损失的,不宜以虚开增值税专用发票罪论处"。2020年7月22日,最高人民检察院发布《关于充分发挥检察职能服务"六稳""六保"的意见》,规定对于非骗税目的且没有造成税款损失的虚开增值税专用发票行为,不以虚开犯罪定性处理。由此可见,存在真实交易的代开行为,如果行为人无骗税故意,未造成国家增值税税款损失的,不构成虚开增值税专用发票罪。

如在"崔某某虚开用于抵扣税款发票罪案"[(2017)鲁02刑再2号]中,青岛市中级人民法院认为,没有骗税目的的找他人代开发票行为与以骗税为目的的虚开犯罪行为的社会危害性不可相提并论,因此,在不能证明被告人有骗取抵扣税款或帮助他人骗取抵扣税款故意的情况下,仅凭找其他公司代开发票的行为就认定构成此类犯罪不符合立法本意,也不符合主客观相一致原则和罪责刑相适应原则,最终判处崔某某无罪。

四、企业取得被挂靠方开具增值税专用发票的风险及应对

在挂靠关系中,存在真实交易时被挂靠方向受票方开具发票也属于如实代开发票。国家税务总局《关于〈国家税务总局关于纳税人对外开具增值税专用发票有关问题的公告〉的解读》针对"挂靠开票"行为明确指出,如果挂靠方以被挂靠方名义,向受票方纳税人销售货物、提供增值税应税劳务或者应税服务,应以被挂靠方为纳税人。被挂靠方作为货物的销售方或者应税劳务、应税服务的提供方,按照相关规定向受票方开具增值税专用发票,不构成虚开。同时,前述法研〔2015〕58号复函对挂靠开票行为的税法定性也进行了明确,对于有实际交易存在的代开行为,如行为人主观上并无骗取抵扣税款的故意,客观上未造成国家增值税税款损失的,不宜以虚开增值税专用发票罪论处。因此,被挂靠方开具发票不构成虚开,此时企业取得被挂靠方开具的发票也不构成虚开。

实践中,如果挂靠关系各方对于挂靠关系的成立以及交易真实情况无法充分证明,则面临被指控构成虚开犯罪的风险,对此,交易各方应通过以下方法做好风险应对准备:首先,应签订书面挂靠协议,虽然书面挂靠协议并非挂靠关系成立的必要条件,口头的挂靠协议也能成立挂靠关系,但是,书面挂靠协议往往能够最为直观地反映挂靠关系,如存在挂靠协议,则在很大程度上能够证明其具有挂靠关系;其次,应在合同签订、资金收付、货物运输等方面进行规范处理,并应留存相关的书面资料对于交易真实性予以证明。

五、企业取得品名不符的增值税专用发票风险及应对

《发票管理办法》第22条规定:"任何单位和个人不得有下列虚开发票行为:(一)为他人、为自己开具与实际经营业务情况不符的发票;(二)让他人为自己开具与实际经营业务情况不符的发票;(三)介绍他人开具与实际经营业务情况不符的发票。"开具发票品名不符,即与实际经营业务情况不符,根据上述规定,属于虚开发票行为。按照《发票管理办法》的有关规定,开票企业和受票企业均面临被税务机关认定为虚开发票违法行为,受到行政处罚的风险,同时,可能面临被作为虚开犯罪处理的风险。

对此，如果企业的交易真实，只是取得的发票品名不一致，未造成国家税款损失，企业可通过主动及时纠正违法行为，并从违法行为轻微、未造成国家税款损失的角度寻求较轻的处理处罚。而如果面临构成虚开犯罪的指控，企业可从交易真实、无主观骗税故意、未造成国家税款损失等三方面作出不构成虚开增值税专用发票犯罪的抗辩。

药品流通企业取得违规发票补征增值税争议案

【导读】

“以票控税”是现阶段我国税收征收管理的重要方式,发票开具必须与实际经营情况相符,这是发票管理的基本要求,也是实现“以票控税”目的的前提条件。同时,根据《增值税专用发票使用规定》第12条的规定,企业汇总开具增值税专用发票应同时使用防伪税控系统开具销货清单。因此,汇总开具增值税专用发票,不仅应保持与实际经营相符这一实质要求,还需满足从防伪税控系统开具这一形式要求。而在金税三期上线、升级之前,纳税人在认证抵扣增值税进项发票时,无法实时查询防伪税控系统内的清单明细,也无从知晓开票方是否按照真实货物交易名称、数量如实上传。此时,若开票方上传至税控系统内的清单与交与受票方的清单不符,受票方将面临取得的销货清单被认定为不符合规定的抵扣凭证,要求进项税额转出,并加收滞纳金的风险。

一、案情简介

(一)案件基本信息

案件类型:取得不符合规定的增值税专用发票

涉案金额:税额8,275,529.07元

法律风险:取得的与真实货物交易一致的进项增值税专用发票,因未从防伪税控系统开具不能抵扣,进项转出并缴纳滞纳金

(二)案件详情

T医药有限公司(以下简称T公司),成立于2004年,注册地址位于Y省K市,公司主营业务为药品批发,经营范围为中成药、中药饮片、生化药品的批发等。

2017年5月,按照国家税务总局稽查局关于医药行业专项整治的工作安排,国家税务局稽查局对T公司2014年1月1日至2016年12月31日增值税和企业所得税纳税情况进行检查(见图1)。

Y 省国家税务局稽查局
税务检查通知书

Y 国税稽检通一〔2017〕×××号

T 医药有限公司：

根据《中华人民共和国税收征收管理法》第五十四条规定，决定派×××、×××等6人，自2017年×月×日起对你(单位)2014年1月1日至2016年12月31日(如检查发现此期间以外明显的税收违法嫌疑或线索不受此限)涉税情况进行检查。届时请依法接受检查，如实反映情况，提供有关资料。

二〇一七年×月×日

告知：税务机关派出的人员进行税务检查时，应当出示税务检查证和税务检查通知书，并有责任为被检查人保守秘密；未出示税务检查证和税务检查通知书的，被检查人有权拒绝检查。

图1　Y 省国家税务局稽查局向 T 公司下发的《税务检查通知书》

Y 省国家税务局稽查局通过调取财务资料，对 T 公司 2014 年至 2016 年的总账、明细账、纳税申报等资料进行详细查阅。同时，结合实地核查、对相关单位进行外调核查等方式对 T 公司的纳税情况进行全面检查。检查组通过提取金税三期防伪税控系统数据，将 2014 年 1 月 1 日至 2016 年 12 月 31 日，T 公司从十余家上游企业采购药品取得的进项增值税专用发票、后附销货清单明细与金税三期防伪税控系统内发票清单明细比对，二者不相符，认定 T 公司取得不符合规定的抵扣凭证未作进项税额转出，应补缴增值税。由于 2015 年 4 月之前，金税三期税控系统内无发票清单数据，因此，Y 省国家税务局稽查局最终要求企业对 2015 年 4 月至 2016 年 12 月 31 日，取得的与税控系统清单不符的增值税专用发票进项转出，合计税额 8,111,296.86 元。

经重大税务案件审理委员会审理，2019 年 1 月，Y 省国家税务局稽查局向 T 公司送达《税务处理决定书》及《税务处罚决定书》，认定 T 公司取得的增值税专用发票为不符合规定的抵扣凭证，应补缴增值税 8,111,296.86 元，自税款滞纳之日起，按日加收滞纳税款万分之五的滞纳金。根据《税收征收管理法》第 64 条第 2 款的规定,Y 省国家税务局稽查局以 T 公司“不进行纳税申报,不缴或者少缴应纳税款”为由,并处少缴税款 0.5 倍罚款。

T 公司不服上述处理及处罚决定,向复议机关提起行政复议,就税务处理决定部分,复议机关调查后认为,Y 省国家税务局稽查局未充分考虑全国增值税发票查验平台启用之前,T 公司无法核实开票方所开具清单的客观事实,在未查实增值税专用发票清单不符的原因,未核实换开发票真实性、合法性的情况下,直接认定 T 公司取得不符合规定的抵扣凭证,属于主要事实不清,因此撤销相应处理决定,并责令 Y 省国家税务局稽查局于60 日内重新作出税务处理决定。就处罚决定,复议机关认为,T 公司按期履行了纳税申报义务,《税务行政处罚决定书》认定的违法事实仅限于 T 公司少申报缴纳税款,不属于《税收征收管理法》第64 条第2 款规定的“纳税人不进行纳税申报,不缴或者少缴应纳税款”情形,因此撤销处罚决定。

2019 年 9 月,Y 省国家税务局稽查局经重新调查,向销货方外调药品销售的《随货同行单》,与 T 公司提供的《随货同行单》进行比对后,以 T 公司伪造、篡改单据为由,仍认定 T 公司取得不符合规定的抵扣凭证,并要求 T 公司进项转出。

2019 年 11 月,T 公司就 Y 省国家税务局稽查局作出的处理决定第二次提起行政复议,2019 年 12 月,该案件在复议机关的主持下,启动调解程序。

(三)各方观点

Y 省国家税务局稽查局认为,T 公司在 2015 年 4 月至 2016 年 12 月,用于抵扣进项税的 400 余份增值税专用发票(抵扣联)所附销货清单,与对应的防伪税控系统中增值税发票销货清单、销售方增值税专用发票销货清单的明细信息不符,根据《增值税专用发票使用规定》第 12 条的规定,一般纳税人销售货物或者提供应税劳务可汇总开具专用发票。汇总开具专用发票的,同时使用防伪税控系统开具《销售货物或者提供应税劳务清单》,并加盖财务专用章或者发票专用公章。T 公司用于抵扣的 400 余份增值税专用发票及销货清单,是不符合规定的扣税凭证。

T 公司认为,T 公司从销售方取得的增值税专用发票和销货清单,与实际取得的货物完全相符,且增值税专用发票及销货清单通过真实合理、合法、合规交易取得,符合增值税专用发票的抵扣条件,不应做进项税额转出。T 公司在 2016 年 5 月前,不能在线查询、核对汇总开具增值税专用发票的税控清单明细,被动接受明细不符的增值税销货清单,应由销售方对上传至防伪税控系统清单的真实性、合理性作出解释。

(四)争议焦点

1. 销售方上传至税款系统内的清单若与真实交易不符,能否作为判定 T 公司取得发票不合规的依据。

2. T公司从销货方取得的与真实货物交易一致,而与税控系统内清单不一致的增值税专用发票,能否认定属于不合规抵扣凭证。

3. T公司的行为是否适用《税收征收管理法》第64条第2款的规定。

(五)争议解决

华税律师在2019年9月正式接受T公司委托,就本案的税务争议提供专项税务咨询与行政复议代理服务。华税律师撰写行政复议申请书,并要求T公司按照处理决定所涉的销货方,逐票梳理票、账、货、款,按照发票、销货清单追溯查找原始签收的随货通行单据,一一对应整理,并装订成册向复议机关提交,在Y省国家税务局稽查局答复和移交证据资料后,到复议机关拍照阅卷,并对证据册进行调整,补充提交了质证意见、针对Y省国家税务局稽查局答复书的答复,质证意见按照所涉十余家供应商制作表格,分类整理,向复议机关进行了详细汇报。最终,双方达成案外和解结案,就发票与真实货物相符部分,Y省国家税务局稽查局同意退还企业增值税税款及滞纳金,企业撤回行政复议申请。

二、税务律师点评

(一)《税务处理决定书》认定T公司取得不符合规定的抵扣凭证事实不清

1. T公司取得的增值税专用发票、销货清单为销货方开具,与销货方开具至T公司的原始出库单据《随货同行单》一致,与真实货物交易相符

《药品经营质量管理规范》第73条规定:“药品到货时,收货人员应当核实运输方式是否符合要求,并对照随货同行单(票)和采购记录核对药品,做到票、账、货相符。随货同行单(票)应当包括供货单位、生产厂商、药品的通用名称、剂型、规格、批号、数量、收货单位、收货地址、发货日期等内容,并加盖供货单位药品出库专用章原印章。”第91条规定:“企业销售药品,应当如实开具发票,做到票、账、货、款一致。”根据前述规定,《随货同行单》是药品货源的证明文件,必须随货物同行,在运输过程中保证票、货相符,一旦药品出现质量问题,相关部门可依据《随货同行单》进行追溯,结合流转过程找到问题药品源头并追责。

T公司提供了从销货方采购货物的原始《随货同行单》,包含上述完整信息,并加盖了销货方销售出库印章。《随货同行单》记录药品信息与供应商开具的发票及后附销货清单信息一致,发票及销货清单加盖了销货方的发票专用印章。

2. T公司能够提供销货方药品经营质量管理档案、药品流通质量检验报告辅

证取得销货清单、《随货同行单》均由销货方提供,不存在伪造、篡改单据行为

T 公司依据《药品经营质量管理规范》的相关规定,留存十余家销货方备案材料及相关印章、单据式样,包括随货同行单样式、发票专用章、药品质量管理专用章、法人委托书、质量保证协议等,并在药品采购时留存了加盖销货方质量管理专用章的检验报告书。上述资料均加盖销售方公司公章,若有印章、随货同行单样式变更,销售方需重新提供新的资料进行备案。

T 公司取得的销货清单上所盖财务专用章、随货同行单样式及加盖的出库印章、质检印章与前述留存档案资料中印章样式相同,在药品采购时留存了加盖销货方质量管理专用章的质检报告,质检报告加盖了药品从出厂到流通至 T 公司各销售方的质量管理专用印章,上述证据能够相互印证,可以证明 T 公司未伪造、篡改单据。

为证明上述事实,华税律师要求 T 公司以涉及的十余家供应商为单位,将涉案销货清单明细一一整理,并将发票、销货清单、《随货同行单》、对应的检验报告进行匹配,整理成册,同步要求企业将涉案十余家供应商备案档案整理并装订成册,作为证据提交至复议机关核实。

3. Y 省国家税务局稽查局在第一次作出税务处理决定时,对购销双方清单不符原因未予核查,直接将清单不符责任归责于 T 公司,属主要事实不清

根据《税务稽查工作规程》第 47 条、第 48 条、第 49 条,《行政复议法》第 28 条,《行政诉讼法》第 70 条、第 89 条的规定,行政机关对作出的行政行为应事实清楚、证据确凿、充分或主要证据充分。具体来说,行政机关收集、使用、认定的证据存有矛盾的必须进一步补充证据,有针对性和有根据地排除矛盾,查明案件真相。

在本案中,T 公司对收到的销货清单与货物、《随货同行单》、增值税专用发票进行比对完全相符的情况下,以取得的汇总开具的增值税专用发票及销货清单进行抵扣无任何过错。Y 省国家税务局稽查局认定 T 公司获得的增值税抵扣凭证未从防伪税控系统开具,应做进项转出,此时 Y 省稽查局理应对清单不符原因进行调查,并应进一步查明购销双方清单何者为真。复议机关亦认为:“Y 省稽查局未查实增值税专用发票清单不符的原因……直接认定 T 公司取得不符合规定的抵扣凭证,属于主要事实不清。”

4. Y 省国家税务局稽查局第二次作出处理决定时,以销货方提供的虚假单据作为依据,认定 T 公司伪造、篡改单据,事实不清、证据不足

华税律师介入本案第二次复议程序后,对 Y 省国家税务局稽查局提交的全案

证据进行查阅，Y 省国家税务局稽查局为查明清单不符合责任主体，在第二次检查时，要求销货方提供销售药品时的《随货同行单》，除部分已经注销，资料销毁无法提供外，多数供货方提供了与上传至税控系统内清单完全一致的《随货同行单》，销货方提供的发票、清单与上传至税控系统内的完全一致，销货方开具/交付给 T 公司的销货清单、《随货同行单》与前两者不一致。

Y 省国家税务局稽查局通过“三方比对”方式，认为药品销售方是《随货同行单》的制作者和提供者，当销售方留存的《随货同行单》与购买方所持《随货同行单》明细信息不符时，如果没有其他证据证明，由购买方为自己所持《随货同行单》明细信息不符负责。根据销货方出具的自述等材料，以销售方指认 T 公司提供的《随货同行单》不是由销售方提供，认定 T 公司是购销清单不符的责任主体。

经对 Y 省国家税务局稽查局收集的销货方提供单据进行逐份核查，华税律师制作了详细的质证意见，对销货方提供的随货同行单据存在的问题归类整理，向复议机关提出 Y 省国家税务局稽查局采信的上游企业单据不符合证据的真实性、合法性要求，包括电话号码位数与当地实际情况不符，缺失剂型、保质期等必要信息等，以说明 Y 省国家税务局稽查局的重新调查仍然事实不清、证据不足。

（二）《税务处理决定书》认定 T 公司取得不符合规定的抵扣凭证，适用法律错误，T 公司取得的销货清单与真实交易相符，符合《增值税暂行条例》第 9 条的规定，应允许其予以抵扣

《增值税暂行条例》第 9 条、《发票管理办法》第 22 条、《增值税专用发票使用规定》第 12 条对发票的合法合规使用作出了明确的规定。上述对增值税抵扣凭证合规性的规定，目的在于确保国家增值税税款不受损失，只有交易真实，增值税抵扣合法，才可保证国家增值税税款不受损失。《发票管理办法》第 22 条即表明，内容真实（如实开具）是形式合规的前提与基础，是判断增值税抵扣凭证合法的首要标准，销货清单以及所属发票一同作为扣税凭证，亦应符合《发票管理办法》第 22 条的规定，应当与真实货物交易相符。因此，对 T 公司取得发票是否合法、合规的判定，应以发票、销货清单记载是否与真实交易相符为判定原则。

根据《关于启用全国增值税发票查验平台的公告》（国家税务总局公告 2016 年第 87 号）的规定，自 2017 年 1 月 1 日起，取得增值税发票的单位和个人可登录全国增值税发票查验平台，对新系统开具的增值税专用发票、增值税普通发票、机动车销售统一发票和增值税电子普通发票的发票信息进行查验。而本案涉及的时间段在 2014 年 1 月 1 日至 2016 年 12 月 31 日，这说明 T 公司在获取销货清单之

时，除去与真实货物交易、发票、随货同行单比对之外，无任何方法可以与防伪税控系统中的销货清单进行比对，只能够从形式上审查该销货清单是否符合税控系统所开具的清单的形式特征。因此，从T公司角度而言，取得的销货清单形式上完全符合税控系统开具的清单形式要求，且与真实货物交易、随货同行单验视相符，完全符合《增值税暂行条例》第9条的规定，理应作为抵扣凭证。

同时，在全国增值税发票查验平台启用之前，销货方上传的销货清单的真实性不受任何监督，防伪税控系统亦无法自动核实销货清单的真实性。因此，该存疑的防伪税控系统销货清单不应作为判断T公司持有的销货清单是否可以作为抵扣凭证的标准。

（三）Y省国家税务局稽查局忽视2017年以前受票方难以核验发票所附清单是否与税控系统一致的客观情况，认定涉案销货清单为不合规抵扣凭证，不当加重了T公司的义务

如前所述，在2017年1月1日前，T公司作为购买方，没有任何途径可以查询到汇总开具增值税专用发票的税控清单明细，T公司只能根据销货方提供的纸质销货清单明细与货物、《随货同行单》、增值税专用发票进行核对。在T公司已尽合理注意义务核查销货清单、《随货同行单》、发票与真实交易均相符的情况下，导致T公司持有的销货清单与防伪税控系统中的销货清单不符的责任在销货方。

T公司取得的销货清单加盖有销货方的发票专用章、《随货同行单》加盖有销货方的药品出库专用章，T公司不存在篡改、伪造单据、印章行为。造成T公司取得的销货清单与税控系统中申报清单差异的过错责任主体是销货方。

涉案业务真实发生，T公司已经足额支付了进项增值税。税务机关仅以“未从防伪税控系统开具”为由把行政责任施加给T公司，不允许T公司抵扣，属于无法律依据加重了T公司的义务，显失公平。

（四）T公司不存在偷税、抗税、骗税等法定应加收滞纳金的情形，《税务处理决定书》对T公司加收滞纳金事实不清、证据不足、适用法律错误

《税收征收管理法》第32条、第52条规定，加收税收滞纳金应当符合法定情形。最高人民法院在《广州德发房产建设有限公司与广东省广州市地方税务局第一稽查局再审行政判决书》[（2015）行提字第13号]中明确：“根据依法行政的基本要求，没有法律、法规和规章的规定，行政机关不得作出影响行政相对人合法权益或者增加行政相对人义务的决定；在法律规定存在多种解释时，应当首先考虑选择适用有利于行政相对人的解释。根据税收征管法第三十二条、第五十二条规定，

加收税收滞纳金应当符合以下条件之一:纳税人未按规定期限缴纳税款;自身存在计算错误等失误;或故意偷税、抗税、骗税的。德发公司不存在计算错误等失误,税务机关经调查也未发现该公司存在偷税、抗税、骗税情形,因此德发公司不存在缴纳滞纳金的法定情形。”

同时,根据国家税务总局《关于纳税人善意取得虚开增值税专用发票已抵扣税款加收滞纳金问题的批复》(国税函〔2007〕1240 号)的规定,纳税人善意取得虚开的增值税专用发票被依法追缴已抵扣税款的,不属于《税收征收管理法》第 32 条“纳税人未按照规定期限缴纳税款”的情形,不适用该条“税务机关除责令限期缴纳外,从滞纳税款之日起,按日加收滞纳税款万分之五的滞纳金”的规定。

根据上述规定,受票方能够证明交易真实,善意取得不合规发票的,不应加收滞纳金。举重以明轻,T 公司在购进货物时,已就销货清单的取得穷尽注意义务,与《随货同行单》、真实货物交易记载相符,取得的销货清单符合《增值税暂行条例》《发票管理办法》规定的实质要求,对进项增值税税额的抵扣主观上不存在任何故意、过失、计算错误或偷税、抗税、骗税情形,不存在缴纳滞纳金的法定情形。即使被 T 公司以与真实货物交易不符的销货清单作为比对基础,认定 T 公司应当补缴增值税,亦不应加收滞纳金。

税务处理决定未考虑 T 公司无法查验、比对购销双方清单是否相符的客观事实,亦未查清防伪税控系统清单是否与真实货物交易相符及购销双方清单不符原因,对 T 公司加收滞纳金事实不清、证据不足,且适用法律错误。

(五)《税务处罚决定书》认定 T 公司构成《税收征收管理法》第 64 条规定的“不进行纳税申报,不缴或者少缴应纳税款”,属适用法律错误

《税收征收管理法》第 64 条第 2 款规定:“纳税人不进行纳税申报,不缴或者少缴应纳税款的,由税务机关追缴其补缴或者少缴的税款、滞纳金,并处不缴或者少缴税款百分之五十以上五倍以下的罚款。”该规定与该法第 63 条规定的情形相区别,适用于该法第 63 条规定之外的未办理税务登记的纳税人在发生纳税义务以后不进行纳税申报,从而造成不缴或者少缴税款后果的情形。

本案中,T 公司按期履行了纳税申报义务,《税务处罚决定书》认定的违法事实仅限于申请人少申报缴纳税款,不属于《税收征收管理法》第 64 条第 2 款规定的“纳税人不进行纳税申报,不缴或者少缴应纳税款”情形。《税务处罚决定书》以《税收征收管理法》第 64 条第 2 款作为依据,对 T 公司处以罚款,属适用法律错误,

最终亦被复议机关撤销。

(六)结论

本案中,税务机关以“未从防伪税控系统开具”为由,认定T公司从销货方取得的与真实交易相符的销货清单为不符合规定的抵扣凭证,以销货方上传至税控系统内的虚假销货清单作为判断T公司取得销货清单是否合规的依据,对法条的机械理解与适用将导致T公司与真实交易相符的凭证反而不能作为抵扣凭证,销货方开具与真实交易不符单据的行为反而不被追责,作出的处理、处罚决定事实不清、证据不足,适用法律错误。

三、本案启示

本案的启示一方面在于如何把握“税务机关作出的具体行政行为适用法律是否正确”。从形式上看,T公司取得的增值税专用发票后附销货清单,确属未从防伪税控系统开具,如果机械套用《增值税暂行条例》第9条、《增值税专用发票使用规定》第12条的规定,将会得出上游企业上传至税款系统内的“与真实交易不符”的虚假销货清单被作为认定能否抵扣的标准这一结论,将导致税务机关作出的处理决定明显不当,此时,应当结合个案情况,正确理解和适用税法规定。复议机关也考虑到对前述法条的机械理解和适用将明显导致个案适用上的不公平,最终Y省国家税务局稽查局秉承实事求是的态度,以单据是否与真实交易相符为判定原则,确定T公司取得的单据能否抵扣。

另一方面还应关注行政机关作出具体行政行为应当遵循何种证明责任与证明标准。根据《税务稽查工作规程》第24条、第47条,《税务行政复议规则》第53条、第75条,《行政诉讼法》第34条、第70条等规定,税务机关实施检查时,应当依照法定权限和程序收集证据,税务机关对其作出的具体行政行为负有举证责任,作出的具体行政行为应当事实清楚、证据充分。前述规定中“事实清楚、证据确实充分”的标准,是税务机关承担证明责任时所要达到的标准,而不是对相对人举证的要求。根据《行政诉讼法》第37条的规定,原告可以提供证明行政行为违法的证据。原告提供的证据不成立的,不免除被告的举证责任。根据上述规定,税务机关对具体行政行为负举证责任,在收集、使用的证据存疑、相互矛盾时,应进一步补正,在事实清楚、证据充分的基础上,作出处理、处罚决定。

* * *

【链接】

医药行业企业税务稽查重点和应对要点

"两票制"要求药品在生产企业到流通企业开一次发票，流通企业到医疗机构开一次发票。在医院招标环节，要求医疗机构不仅要索要第二票，而且要求流通企业提供第一票的复印件，两票相互印证才可入库。"两票制"的推行深刻影响医药行业企业的涉税风险格局，将原来通过七票、八票"过票"，"洗出销售佣金"的压力集中传导到制药企业，由于销售佣金、商业贿赂在现行医疗体制下仍无法避免，制药企业在发票开具环节只能转"低开"为"高开"，一方面，销售费用激增；另一方面，获取进项发票合规抵扣成本压力增大。

一、医药企业如何进入税务稽查视线

根据《税务稽查工作规程》《税务稽查案源管理办法（试行）》等的规定，税务机关对案源（税收违法案件的来源）的选取以风险管理为导向，由稽查局归口管理，从案源的来源上归类，一类为税务系统内部确定的案源，另一类为公安、审计、纪检等外部转办的案源，还有一类为检举案源。

（一）税务系统内部案源——风险推送、协查、上级交办（督办）

1. 纳税评估、风险推送、随机抽查异常名录库

税务机关在税收管理过程中，通过对企业的各项数据信息进行收集，根据各行业税负监控结果等数据设立评估指标及预警值。对企业数据信息的收集，包括企业申报信息，如税务登记、发票领用、税收优惠申报、企业财务报表等；与统计、科技、工商等各部门的信息交换获取的企业涉税信息；公开资料采集的企业信息等。基层税务机关通过对上述数据的分析，根据行业不同设定评估指标，一般采集同行业近三年平均水平数值作为参照指标，设立预警值，推送风险。例如，对医药制造业进行评估时，列出同行业同期企业的费用率、增值税税负率、企业所得税贡献率等指标，评估企业是否存在不计或少计收入、多列成本费用等问题。

通过纳税评估等方法，税务机关对日常管理中发现的指标异常企业，存在偷、逃、抗、骗嫌疑的移交稽查局；风险管理部门通过类似的分析识别方法推送高风险纳税人风险信息；市一级及以上稽查局综合考虑纳税规模、所属行业、分布区域等因素建立随机抽查对象名录库，并将风险等级高、长期纳税申报异常、被相关部门

列为违法失信联合惩戒的纳税人列入随机抽查对象异常名录。

2. 协查、上级税务机关交办或督办

稽查局对需异地调查取证的发票可以委托有管辖权的稽查局,发送《税收违法案件协查函》,由此形成受托方稽查局的案件来源。在华税接到的医药行业涉税案件咨询中,相当比例案件由协查引发。此外,国家税务总局、上级税务局以交办函、督办函的形式下发案源。例如,2017 年度,国家税务总局稽查局关于医药行业开展专项整治工作,下发疑点数据要求各地稽查局予以落实。

(二)外部案源——转办、检举案源

稽查局案源信息的来源中,公安、审计、纪检监察等外部单位在查处其他违法行为时,可能牵出涉税违法行为,移交稽查局。例如,2016 年食品药品监督总局对药品流通领域违法经营行为进行整治,其中对"购销药品,票、账、货、款不能相互对应一致;药品为入库,设立账外账,使用银行个人账户进行业务往来"的检查,将可能查处药企虚开发票、少计不计收入偷税等涉税刑事行政责任风险,移交税务部门。2019 年 7 月,财政部对医药行业会计信息质量的工作检查,因对费用、成本、收入真实性的检查均会涉及发票,也会使药企产生涉税行政、刑事责任风险,从而移交税务部门稽查立案。

二、制药企业的税务稽查重点与稽查方法

(一)核查企业各项费用发生的真实性,确定是否以虚增费用方式套取现金

"两票制"压缩了开票链条,但并未根本改变药品处于买方市场的情况,药品销售人员的佣金、医生等的回款依然需要以各种费用的名义进入企业核算体系,费用列支的依据之一即为企业虚增的费用。对费用的检查包括:咨询费、会议费、住宿费、差旅费、业务招待费、广告费、业务宣传费、研发费。

稽查方法包括:(1)核查费用报销制度、销售费用列支政策。(2)将期间费用与主营业务收入进行比较,判定期间费用列支是否合理,找出多列费用的疑点。(3)提供营销人员报销的销售费用。(4)核查管理费用、销售费用明细账。(5)核查发票、合同、银行付款凭证、费用报销单。(6)核查发票内容与会议日程、参会人员、会议地点等要素是否相符。(7)广告和业务宣传费发生额是否相对稳定,增长较快且无新产品投放市场的情况下,可能存在虚增广告和业务宣传费。(8)结合个人所得税的申报核查研发人员的工资、薪金支出;核查企业从研发立项到成果转化的过程控制;关注研发费用列支项目是否合理;是否将其他有比例扣除费用挤进研发费用中全额扣除。

(二)分析比对农产品收购进项比率,确定是否存在虚开农产品收购发票

“两票制”下,医药制造/生产企业可能通过虚开农产品收购发票、虚增进项抵销“高开”必须承担的增值税及企业所得税税负。就制药企业而言,生产经营正常、产品稳定、药材市场稳定的情形下,药材购进也应相对稳定,稽查局可能通过测算农产品收购进项税额占所有进项税额的比例,判断制药企业是否存在虚开农产品收购发票、虚增进项的问题。

制药企业的虚开发票风险,还在于容易受到上游药材贸易公司的牵连,若上游药材贸易公司涉嫌虚开,则制药企业作为下游受票企业,可能会受到牵连,由上游稽查局发出《已证实虚开通知单》,要求制药企业主管税局协查。

(三)是否通过医药服务商(医药咨询服务公司)接受虚开增值税专用发票

“两票制”下,制药企业的开票合规问题,大多数通过将营销服务外包方式,由CSP/CSO等咨询服务公司解决。

稽查方法主要包括:(1)核查服务费、咨询费发票对应的合同,记账凭证、发票记账联、服务达成的证明材料;(2)制药企业同第三方咨询公司存在关联关系的,核查实际控制人等的银行账户资金流水,核查是否存在资金回流;(3)检查企业是否建立了推广服务商选取等内控制度;(4)医药咨询公司是否存在提供服务的能力,详细说明医药咨询公司提供咨询服务、会议服务、市场推广服务、广告服务等的业务流程。

三、医药咨询服务企业的稽查重点与稽查方法

(一)通过实地核查场地人员、约谈业务负责人等方式核查业务真实性

医药服务公司是否有实际经营是对医药服务公司核查的第一步,税务机关可通过约谈业务负责人与实地核查的方式,了解医药服务公司是否有真实经营,并要求服务公司提供经营场地证明,如提供房产证明、租赁合同、孵化合同等;要求服务公司提供人员工资发放记录、社保缴纳记录、个税申报记录等核查企业是否存在实体经营。

医药服务公司是否有提供咨询、广告、业务推广等服务的能力及是否真实提供了服务,是对医药服务公司核查的第二步,税务机关可能要求服务公司提供业务开展流程证明材料,说明向医药企业提供服务的具体流程,要求企业说明各个环节的具体负责人员,并要求提供与服务相对应的合同、工作记录、会议签到表、工作成果等资料。

(二)通过核查企业的账簿、记账凭证、关联账户方式核查业务开展真实性

根据《税务稽查工作规程》的规定,稽查局可以采用调取企业账簿资料、实地调

查、外调等方式核查企业是否存在税收违法行为。就医药服务公司而言:(1)通过对“主营业务收入”、“银行存款”、“现金”、相关科目、记账凭证以及相关附件进行检查,核查医药服务公司收入实现、开具发票的真实性;(2)要求企业提供开具发票对应的购销合同、记账凭证、发票记账联、服务达成的证明材料,核查业务开展真实性;(3)通过对企业银行存款账户、实际控制人账户、员工账户等资金往来的调查,核查医药服务公司与下游企业之间资金交易是否真实。

四、“两票制”下医药企业如何避免涉税风险

(一)医药咨询服务公司的合规关涉整个开票链条的合规

第一,制药、经销企业应建立服务商选取、商业服务管理与考核评价等内控制度。内控制度的建立,可以筛选服务商,避免因服务商集中开票、走逃失联而受到牵连。在服务商走逃、失联的情况下,上述风险内控制度也可以作为企业取得发票主观上为善意的证据支持。

第二,建立咨询服务必要性审查制度,综合考量接受的服务,是否可自行实施,服务提供方是否具备服务提供资质及服务提供能力,并要求服务提供方对服务过程及结果进行必要记录,并作为服务成果予以提交。

第三,无论是服务提供商,还是制药企业自行举办学术会议,应确保会议地点、人员、标准、讲师的选择以及费用的合理性;讲师选择、费用支付等应有规范流程,讲师费用与劳务相匹配,标准合理,避免现金支付;应注意留存会议签到表、课件资料、照片、录像、新闻稿等以证明授课行为真实发生,付出真实劳动。

第四,及时开展费用、开票等涉税风险自查,化解虚开刑事风险。制药企业应对服务费、咨询费、广告费等进行自查,以服务提供商为依据,区分发票类型,逐笔梳理,对费用报销制度、销售费用列支政策执行情况、管理费用、销售费用、发票、合同、银行付款凭证等开展自查,预判风险,端口前移,避免偷税、虚开的行政、刑事责任。

(二)及时自查自纠,通过听证等方式充分申辩意见

根据《税务稽查工作规程》的规定,税务稽查必须经历选案、检查、审理和执行四个基本程序,每个程序都必须按照工作规程的规定进行。企业在接到《税务事项通知书》后,一方面应及时进行自查自纠,与税务机关沟通协调,确有少缴、未缴税款情形的,及时补缴税款及滞纳金;另一方面应注重留存稽查部门是否按照法定程序出示相关通知书,是否按照电子数据取证规范、账簿调取规范、银行流水查询规范等要求检查相关证据。经检查后,若检查部门认为企业存在税收违法事项的,向

企业下达税务行政处罚事项通知书，企业应提出书面听证申请，通过听证程序陈述、申辩。

(三)与税务机关保持良性沟通，避免虚开移送刑事风险

税务稽查程序中，企业应当积极配合税务机关提供证明业务真实发生、费用真实发生的合同、记账凭证等证明资料，与稽查局保持良性沟通，必要时可寻求专业税务律师介入，通过提交书面的申辩意见、整理证据清单、证据材料等方式申辩，存在虚开的刑事责任风险的，应当通过证据材料的充分梳理，就案件的事实认定及行政法对虚开认定的证明标准与刑法虚开认定的证明标准异同等问题，与税务机关进行充分有效的沟通，将风险在稽查程序中化解。

药品经销个体挂靠药品流通企业开票涉嫌虚开犯罪案

【导读】

根据《药品管理法》的相关规定，从事药品的批发、零售等经营活动，需取得药品经营许可证，无药品经营许可证的，不得经营药品。实践中，部分没有药品资质，但掌握较固定销售渠道和药品来源的个人，通过挂靠合法药品经营企业，由药品经营企业为其提供经营药品所需场地、资质证明材料及购销凭证。挂靠者根据经营额度或通过被挂靠者开票的额度，按照一定比例向被挂靠者支付管理费。前述经营模式下，货物的购销均由挂靠方联系，发票以被挂靠企业名义开具。本节以一起个人挂靠医药经营企业开具增值税专用发票二审改判无罪案，对挂靠经营开具增值税专用发票的相关问题作出简要分析，以期为读者提供参考。

一、案情简介

（一）案件基本信息

案件类型：虚开增值税专用发票

涉案金额：金额38，022，930.69元，税额6，463，898.76元

法律风险：以虚开增值税专用发票罪定罪处罚，可能被判处10年以上有期徒刑或者无期徒刑，并处罚金或者没收财产

（二）案件详情

张某某系不具有药品经营资质的个人，其自行出资并联系生产厂家、配送公司和销售医院，通过中间人联系，以R公司名义，与生产厂家和配送公司分别签订货物购销合同。货物由生产厂家直接发送至配送公司，发票开具流程为：生产厂家将发票开具给R公司，张某某将前述进项增值税专用发票、生产厂家开具的随货同行单、药检单、出库单等凭证，通过中间人交与R公司，R公司根据上述资料向配送公司开出销项增值税专用发票。货款支付方式为：配送公司将货款支付给R公司，R公司扣除开票费（按照价税合计的10%向张某某收取）和下次进货款后，将剩余款项回流给张某某。

通过上述方式，R公司共向3家公司开具增值税专用发票408份，金额

38,022,930.69 元,税额 6,463,898.76 元。

本案一审法院认定张某某构成虚开增值税专用发票罪,判处有期徒刑 10 年。二审法院对张某某虚开增值税专用发票、用于骗取出口退税、抵扣税款发票一案作出了无罪的终审判决。

(三)各方观点

张某某认为:张某某以 R 公司名义与生产厂家、配送公司签订购销合同,R 公司向配送公司销售了货物并收取了款项,R 公司向配送公司开具发票的数量、金额与配送公司实际收到货物的数量、金额相符。张某某与 R 公司符合税法规定的挂靠业务情形,成立挂靠关系,开具发票不构成虚开增值税专用发票。张某某虽然没有药品经营资质,但张某某是以 R 公司名义从事药品经营活动,张某某与 R 公司之间存在委托代理关系,不是独立的从事药品经营的主体,不构成非法经营。

一审法院认为:张某某无药品经营资质,为经营药品、抬高药价,获取高额利润,与 R 公司临时形成单纯的买卖增值税专用发票的关系,且张某某支付 10% 的开票费,来冲抵应当缴纳的 17% 的增值税,明显不符合常理,张某某与 R 公司虚构购销交易,让他人为 R 公司虚开发票,并让 R 公司为他人虚开发票,共同逃避应对缴纳的增值税,使国家税收遭受损失。R 公司未进行实际经营,张某某在不具备药品经营资质的情况下实际进行经营活动,符合非法经营罪的构成要件。

(四)争议焦点

1. 张某某与 R 公司的关系是否符合国家税务总局公告 2014 年 39 号规定的挂靠情形。

2. 被挂靠方向受票方开具增值税专用发票的,是否成立虚开增值税专用发票罪。

3. 张某某是否构成非法经营罪。

(五)争议解决

二审法院认为,本案存在实际的药品购销活动,张某某以 R 公司名义进行购销交易,符合国家税务总局办公厅《关于〈国家税务总局关于纳税人对外开具增值税专用发票有关问题的公告〉的解读》(国家税务总局公告 2014 年第 39 号)第二种情形中所列的第一种挂靠情形,不构成虚开增值税专用发票罪。

张某某虽然没有药品经营许可证,没有独立经营药品的资格,不能独立经营药品,但其与 R 公司之间存在委托代理关系,以 R 公司名义从事的药品经营活动,根据民商法委托代理的原理,张某某挂靠 R 公司从事药品经营符合法律规定,不构成非法经营罪。

二、税务律师点评

(一)张某某与R公司符合国家税务总局公告2014年第39号规定的挂靠关系

国家税务总局公告2014年第39号规定,纳税人对外开具增值税专用发票同时符合以下情形的,不属于对外虚开增值税专用发票:(1)纳税人向受票方纳税人销售了货物,或者提供了增值税应税劳务、应税服务;(2)纳税人向受票方纳税人收取了所销售货物、所提供应税劳务或者应税服务的款项,或者取得了索取销售款项的凭据;(3)纳税人按规定向受票方纳税人开具的增值税专用发票相关内容,与所销售货物、所提供应税劳务或者应税服务相符,且该增值税专用发票是纳税人合法取得、并以自己名义开具的。

同时,国家税务总局公告2014年第39号进一步说明:如果挂靠方以被挂靠方名义,向受票方纳税人销售货物、提供增值税应税劳务或者应税服务,应以被挂靠方为纳税人。被挂靠方作为货物的销售方或者应税劳务、应税服务的提供方,按照相关规定向受票方开具增值税专用发票,属于该公告规定的情形。

根据上述规定,本案中,(1)张某某以R公司名义与生产厂家与配送公司签订购销合同,R公司向配送公司销售了货物;(2)R公司向配送公司收取了款项;(3)R公司向配送公司开具发票的数量、金额与配送公司实际收到货物的数量、金额相符。因此,张某某与R公司符合国家税务总局公告2014年第39号规定的挂靠业务情形,成立挂靠关系。

(二)挂靠方实际销售货物,以被挂靠方名义开具增值税专用发票,不属于《刑法》第205条规定的"虚开增值税专用发票"

增值税专用发票具有抵扣税款的功能,在增值税制度施行之初,发票管理水平低、防伪功能差,犯罪成本极低,导致虚开增值税专用发票犯罪行为猖獗,造成国家税款损失严重。基于当时特殊的时代背景,全国人大常委会于1995年通过了《关于惩治虚开、伪造和非法出售增值税专用发票犯罪的决定》,增设虚开增值税专用发票罪并配置了死刑这一最高法定刑。最高人民法院《印发〈关于适用《全国人民代表大会常务委员会关于惩治虚开、伪造和非法出售增值税专用发票犯罪的决定》的若干问题的解释〉的通知》(法发〔1996〕30号)规定,进行了实际经营活动,但让他人为自己代开增值税专用发票也属于虚开增值税专用发票。而最高人民法院研究室《〈关于如何认定以"挂靠"有关公司名义实施经营活动并让有关公司为自己虚开增值税专用发票行为的性质〉征求意见的复函》(法研〔2015〕58 号)第 1 条对国家税务总局公告 2014 年第 39 号规定的挂靠开票不构成虚开进行了明确:“挂靠方以挂靠形式向受票方实际销售货物,被挂靠方向受票方开具增值税专用发票的,不属于刑法第二百零五条规定的‘虚开增值税专用发票’。主要考虑:(1)由挂靠方适用被挂靠方的经营资格进行经营活动,并向挂靠方支付挂靠费的经营方式在实践中客观存在,且带有一定普遍性。相关法律并未明确禁止以挂靠形式从事经营活动。(2)虚开增值税专用发票罪是行政犯,对相关入罪要件的判断,应当依据、参照相关行政法规、部门规章等,而根据《国家税务总局关于纳税人对外开具增值税专用发票有关问题的公告》(国家税务总局公告 2014 年第 39 号),挂靠方以挂靠形式向受票方实际销售货物,被挂靠方向受票方开具增值税专用发票的,不属于虚开。”根据法研〔2015〕58 号文第 2 条的规定,行为人利用他人的名义从事经营活动,并以他人名义开具增值税专用发票的,即便行为人与该他人之间不存在挂靠关系,但如行为人进行了实际的经营活动,主观上并无骗取抵扣税款的故意,客观上也未造成国家增值税款损失的,不宜认定为《刑法》第 205 条规定的“虚开增值税专用发票”。

本案中,张某某挂靠 R 公司,以 R 公司名义向受票方开具发票的行为,符合国家税务总局公告 2014 年第 39 号规定的挂靠情形,且二审法院此前已就同类型案件函至国家税务总局,国家税务总局明确回函答复,类似于本案张某某与 R 公司的经营方式符合国家税务总局公告 2014 年第 39 号规定的挂靠代开,否定了张某某构成虚开增值税专用发票罪的定罪基础。此外,即使不考虑张某某与 R 公司是否形成挂靠关系,张某某对外采购、销售药品均以 R 公司名义与生产企业、配送公司签订合同,并以 R 公司名义进行货款收付,有随货同行单、药检单等证据予以证实,进行了实际的药品经营活动,主观上不具有骗取国家税款的目的,客观上未造成国家税款损失,不构成虚开增值税专用发票罪。

(三)税法在挂靠关系中对纳税人主体资格的规定与民商法委托代理中法律后果归属于被代理人的基本原理相契合,张某某不构成非法经营罪

就张某某是否构成非法经营罪,二审法院认为张某某虽然无药品经营资质,但其并非以个人名义独立经营药品,而是以 R 公司名义从事药品经营活动,无论是购买方还是销售方所签订的合同,均是以 R 公司名义,发生药品质量等合同纠纷的,最终承担责任者是 R 公司而非张某某个人。合同的法律后果归属是法律上认定经营主体的关键性判定标准,因此,张某某与 R 公司之间存在委托代理关系,不是独

立的从事药品经营的主体,不构成非法经营。此外,上述经营主体的认定,与财税法关于纳税人主体资格、国家税务总局公告 2014 年第 39 号规定保持了一致。根据《发票管理办法》第 19 条的规定,销售商品、提供服务以及从事其他经营活动的单位和个人,对外发生经营业务收取款项,收款方应当向付款方开具发票。即从事经营活动的单位和个人,收取款项及开具发票的一方为纳税人,经营活动中的纳税人也是认定经营主体的重要标准。

在认定 R 公司是不是涉案业务的经营者这一问题上,二审法院认为在民商法委托代理视域下,关键看委托代理的法律后果归属于何者,从财税法角度,则关键看纳税主体。本案中,合同各项权利义务最终归属于 R 公司,与税法认定以被挂靠方 R 公司为纳税义务人,二者保持一致,相互契合,因此,无论从民法上最终承担民事责任主体,还是税法上最终承担纳税义务的责任主体判定,本案都指向 R 公司,因此,张某某不构成非法经营罪。

(四)有真实药品购销交易是本案能够改判无罪的事实基础

根据《刑法》及相关司法解释的规定,虚开是指开票方在无真实货物交易的情形下开具发票的行为,因此,是否有真实货物交易是司法机关认定是否构成虚开犯罪必须要查明的事实。本案中,张某某所从事的药品购销交易无论以何者名义进行,就货物交易真实发生涉及的,购销合同、收付款凭证、记账凭证、货物收发的原始随货同行单等出入库单据、增值税专用发票等证据,能够形成完整的证据链,证明张某某以 R 公司名义从事的药品购销交易均真实发生,在此基础上,才涉及对该种交易模式如何定性。因此,企业对增值税专用发票的开受,应关注货物交易真实性,就增值税专用发票对应的货物交易真实性留存证明材料。

三、本案启示

本案的案件事实部分较为清晰,系个人借用具有药品经营资质企业名义从事药品购销交易。在认定该自然人及开票公司是否构成虚开增值税专用发票罪以及非法经营罪的问题上,存在两个核心:一是事实层面,即究竟是否存在真实的药品购销交易行;二是法律适用层面,即如何对交易模式定性的问题。对于挂靠开票类案件的司法处理,这是两个最为核心的焦点问题,一旦对其中一个问题的理解和认识出现偏差,将会导向不同的定罪结果。

在本案的二审程序中,合议庭在分析虚开增值税专用发票罪与非罪上详细清晰地阐释了三大理由,其逻辑推演和论证的方法论值得肯定和关注。第一,合议庭充分重视和尊重国家税收行政机关对某一涉税行为的普适性认定规则和非正式解读。第二，合议庭在当前税收政策规定不明确的情况下主动向国家税务总局以个案征询函的方式征求国家税务总局的意见。尽管笔者一贯坚持对税法的解释法院要优先于税务机关，但在目前尚未建设专门税务法庭，司法机关对税法理解适用可能存在欠缺的情形下，本案合议庭发送征询函的做法证明法官希望能够理解和遵循税法的规则，探求税制的本来目的，值得肯定。第三，合议庭援引了最高人民法院刑法研究室的复函文件，且明确表达了不予适用法发〔1996〕30 号文的观点。本案所援引的复函文件在性质上不是司法解释，法发〔1996〕30 号文是司法解释而且未被废止，从司法规则体系上看，法发〔1996〕30 号文的效力位阶要高于复函，但该解释中关于“进行了实际经营活动，但让他人为自己代开增值税专用发票”也属于虚开的规定，与虚开增值税专用发票罪的规定不符，不应继续适用；如继续适用该解释的上述规定，则对于挂靠代开案件也要以犯罪论处，显然有失妥当。本案合议庭在分析法律适用方面对于虚开类案件的审理具有极大的借鉴和指导意义。

笔者认为，本案中合议庭认定被告人无罪的上述三大理由及其论证方法具有重要意义，凸显了虚开增值税专用发票罪案件的司法审判实践活动的新趋势，即在《刑法》第 205 条规定尚不完备的情况下，法院应当恪守罪责刑相适应和主客观相统一的基本原则，结合《刑法》具体规则的立法目的理解和把握刑法所保护的法益，正确查明被告人行为的社会危害性，以充分维护被告人的合法权益。

* * *

【链接】

煤炭经营个体挂靠煤炭经销企业开票涉嫌虚开增值税专用发票案

实务中，“挂靠”开票的做法普遍存在于各行各业中。现行法律下，多数行业的挂靠经营行为并未被法律禁止，“挂靠”经营行为符合市场经济的需求，允许部分行业继续保留“挂靠”经营行为存在合理性。但是看似合法合理的“挂靠”经营模式，近年却频频爆发虚开增值税发票问题。尤其是货运行业、废旧物资行业、煤炭行业等，本文以某煤炭经销商挂靠开票改判无罪为例，讨论“挂靠”开票行为是否属于虚开增值税专用发票，应以事实为依据进行界定。

一、案情介绍

陈某与韩某（已死亡）共同经营煤炭生意，二人从小煤窑购买煤炭后销售至吉林B公司,由于小煤窑未能提供发票,二人以黑龙江A公司名义与B公司签订销售合同,由A公司(实际控制人张某,以虚开增值税专用发票被判处10年有期徒刑)向B公司开具增值税专用发票。二人根据发票开具记录的销售吨数向张某支付15元/吨管理费。通过上述方式,A公司共向B公司开具增值税专用发票161份,价税合计1.51亿元,税额2243万元。

开票方张某,为抵销税负,利用其实际经营两家公司取得虚开进项增值税专用发票135份,价税合计1.53亿元,进项税额2223万元。

陈某一审以虚开增值税专用发票罪,被判处10年以上有期徒刑,经上诉,二审法院发回重审后,改判无罪。

二、争议焦点及各方观点

本案争议焦点为陈某与A煤炭公司是否成立挂靠关系,陈某是否构成虚开增值税专用发票罪。

(一)公诉机关观点

公诉机关认为:(1)陈某与开票方不存在挂靠关系,未签订挂靠协议,购买几十万吨货物,如果真实挂靠,不签订挂靠协议不符合常理。购销双方签订的合同是虚开犯罪的手段,而不是真实的购销合同,开票方A公司本身既无实际经营,也不可能有其他企业挂靠。(2)开票方(被挂靠方)A公司与受票方B公司之间无实际购销,但开票方却开出大量发票,开票方就是一家虚开增值税专用发票的公司,从虚开发票公司开出来的发票必然是虚开增值税专用发票的犯罪行为。

(二)法院裁判观点

法院裁判认为:陈某与A公司构成挂靠关系,陈某不构成虚开增值税专用发票罪。挂靠经营是指企业、合伙组织等与另一个经营主体达成依附协议,挂靠方通常以被挂靠方的名义对外从事经营活动,被挂靠方提供资质、技术、管理等方面的服务并定期向挂靠方收取一定的管理费的经营方式。挂靠经营的主要特征有三:一是借用行为;二是独立核算行为;三是临时性行为。因此,陈某、韩某与A公司之间的关系符合挂靠经营的特征,应认定为挂靠关系。国家税务总局公告2014年第39号及其解读中明确,挂靠方以挂靠形式向受票方实际销售货物,被挂靠方向受票方开具增值税专用发票的,不属于虚开。法研〔2015〕58号文认为:“挂靠方以挂靠形式向受票方实际销售货物,被挂靠方向受票方开具增值税专用发票的,不属于刑法第二百零五条规定的‘虚开增值税专用发票’。”据此,以挂靠形式向受票方实际销售货物,被挂靠方向受票方开具增值税专用发票的,不应认定为虚开增值税专用发票犯罪，陈某的行为不构成虚开增值税专用发票罪。

三、税务律师点评

（一）挂靠经营方式及挂靠经营合同的效力分析

挂靠经营，是指企业、合伙组织等与另一个经营主体达成依附协议，挂靠方通常以被挂靠方的名义对外从事经营活动，被挂靠方提供资质、技术、管理等方面的服务并定期向挂靠方收取一定管理费用的经营方式。挂靠方式开展经营活动在社会经济生活中普遍存在，在我国的基本法中，“挂靠”没有明确的规定，更多的是行业内的习惯。双方签订挂靠协议，适用民事法律关系。在我国常见行业中存在的挂靠形式，除特定行业如建筑施工、客运经营已经明确禁止，基于市场经济的广泛需求，多数行业的挂靠经营仍在被允许的范围。

2014 年修订前的《煤炭经营监管办法》规定煤炭经营的主体限定为企业，国家实行煤炭经营资格审查制度，个人不允许从事煤炭经营行为；2014 年《煤炭经营监管办法》修订，取消了煤炭经营企业审批，同时将煤炭经营企业的表述改为“煤炭经营主体”，允许个体户进行煤炭经营。2019 年 3 月 28 日，为贯彻落实党中央国务院关于深化“放管服”改革、加快政府职能转变的要求，国家发展和改革委员会发布公告废止《煤炭经营监管办法》，至此煤炭行业市场逐步放开，并且依据《个体工商户条例》，部门规章无权禁止准入。综上，基于行业需求的“挂靠”经营行为合法有效。

（二）煤炭购销交易中“挂靠”关系的认定

以“挂靠”有关公司名义实施经营活动并让其开具发票虽然是虚开发票类案件的有力出罪依据，但挂靠关系的认定并不容易，我们在具体判断过程中，可以结合以下几个方面进行综合判断：

1. 是否签订挂靠协议。挂靠协议往往能够最为直观地反映散户与开票方之间的挂靠关系，如若双方存在挂靠协议，则在很大程度上能够证明其具有挂靠关系。但挂靠关系的成立并不以签订挂靠协议为必要条件，挂靠关系的主要特征表现为：借用行为、独立核算行为、临时性行为。经营主体之间符合上述三项特征的，应结合具体交易情况判定是否成立挂靠关系。

2. 合同主体的形式要件。从合同主体看，如果购销合同的签署方为开票方和受票方，则符合挂靠关系所要求的“被挂靠方允许他人在一定期间内使用自己名义对外经营”的形式要件。

3. 资金收付主体是否是开票方。如果存在挂靠关系，由于合同关系方为开票方与受票方,受票方则会将货款打入开票方账户进行款项结算,在开票方收取了一定的管理费用之后才会按照挂靠约定给付给散户,即实际销售方。

4. 经营范围的关联性。从开票公司的经营业务看,在挂靠关系中,挂靠方与被挂靠方所经营的业务范围是相关联的,被挂靠方除了收取挂靠管理费用外,自身也具有相应的经营资质和能力。

本案中,陈某以 A 公司名义与 B 公司签订销售合同,A 公司将煤炭经营许可证、税务登记、工商登记、合同章等相关资料交由韩、陈二人到 B 公司洽谈联系煤炭销售事宜,上述证据均能证明陈某借用 A 公司名义独立经营核算,成立挂靠关系。B 公司提供的相关证据材料,证明陈某、韩某通过铁路运输方式将煤炭销售至 B 公司,B 公司的业务员、采购员等证言证明陈某以 A 公司名义与 B 公司洽谈购销事宜,上述证据,能够形成证据链,证明陈某挂靠 A 公司,以 A 公司名义与 B 公司签订购销合同,并按照合同约定收取价款,将货物运输至 B 公司,符合国家税务总局 2014 年第 39 号公告关于挂靠业务的规定,成立挂靠关系,陈某不构成虚开增值税专用发票罪。

(三)不能因开票方无实际经营,向多地、多类型企业开票,而将所开具发票一律定性为虚开

本案中,公诉机关存在如下逻辑推理:根据张某(开票方,已判 10 年)案件卷宗证据的情况,A 公司与任何公司没有过实际的购销,在没有实际购销的情况下开出大量增值税专用发票,看得出 A 公司实际上就是一家虚开增值税专用发票的公司,从 A 公司开具出来的发票必然是虚开的增值税发票。

上述认定逻辑并非在本案存在的个例,司法机关对于开票方无实际经营,注册在园区,享受核定征收、财政返还政策,所开具的发票,一般均定性为虚开。尽管《刑法》第 205 条对虚开增值税专用发票罪的规定较为粗陋,但是从最高人民法院发布的复函、公布的典型案例以及最高人民检察院制定的指导意见来看,司法实践均认可,成立虚开增值税专用发票罪应当以行为人主观上具有骗抵增值税目的、客观上造成国家增值税损失为必要条件。

法研〔2015〕58 号文明确:“虚开增值税发票罪的危害实质在于通过虚开行为骗取抵扣税款,对于有实际交易存在的代开行为,如行为人主观上并无骗取抵扣税款的故意,客观上未造成国家增值税税款损失的,不宜以虚开增值税专用发票罪论处。”

2018 年 12 月 4 日,最高人民法院发布保护民营企业家合法权益第二批典型案

例,其中“张某强虚开增值税专用发票案”中明确“不以骗税为目的、未造成税款损失的行为不成立虚开犯罪”。

2020 年 7 月 22 日,最高人民检察院制定了《关于充分发挥检察职能服务保障“六稳”“六保”的意见》,强调:对于有实际生产经营活动的企业为虚增业绩、融资、贷款等非骗税目的且没有造成税款损失的虚开增值税专用发票行为,不以虚开增值税专用发票罪定性处理。

最高司法机关的上述观点,对《刑法》分则体系第 205 条规定的构成要件予以完善,增加了本罪的主观目的要件和危害后果要件,为明确虚开行为罪与非罪的判定提供了依据,也为此类案件的法律适用和定罪量刑统一了标准。

因此,对开票方注册在园区,享受财政返还等优惠政策的“开票企业”,办案机关也应当注重交易经济实质的考量,仍应结合具体案件事实,以所开具发票是否有真实货物交易对应,是否存在挂靠关系等,结合主客观方面证据予以认定,不应当简单粗暴地认为没有交易。同时经营者亦当准确把握税收法律法规、政策,避免虚开风险。

石化贸易企业变票销售成品油涉嫌虚开犯罪案

【导读】

2016年年底至2017年年初，国家税务总局分两批在税务系统内部下发石化企业纳税风险名单，涉及纳税风险户300余家，核心风险点为“变名销售”造成税款损失问题，导致我国石化行业内部全面爆发税收违法以及刑事风险。本节以一则华税代理的实务案例为导引，分析石化行业“变名销售”行为是否构成虚开增值税专用发票罪的相关实务疑难问题。

一、案情简介

（一）案件基本信息

案件类型：刑事辩护

涉案金额：18,335,967.04元

法律风险：10年以上有期徒刑或者无期徒刑，并处罚金或者没收财产

（二）案件详情

A公司成立于2015年3月，注册地位于M省Z县，注册资本为1600万元，公司经营范围系润滑油、重油、渣油、沥青、石油化工产品及原油、燃料油销售。

2015年5月至6月，A公司与其上游供应商S省B化工有限公司（以下简称B公司）、S省C化学有限公司（以下简称C公司）陆续签订数份《购销合同》，约定由A公司采购沥青、原油共计17,000吨，采购成本共计61,000,310.00元。上游供应商为A公司开出增值税专用发票共53份，货物品名记载为沥青、原油，货物数量记载为17,000吨，价税合计金额共计61,000,310.00元，所涉增值税进项税额共计8,863,292.92元。A公司依照《购销合同》约定及对应发票记载的价税合计金额通过银行转账方式向上游供应商如数支付了货款。

在此期间，A公司与其下游购货商乙市D石油炼化有限公司（以下简称D公司）、S省E中石油机械有限公司（以下简称E公司）陆续签订数份《购销合同》，约定由A公司销售燃料油共计17,000吨，销售收入共计62,900,310.19元。A公司为下游购货商开出增值税专用发票共581份，货物品名记载为燃料油，货物数量记载为17,000吨，价税合计金额共计62,900,310.19元，所涉增值税销项税额共计

9,139,361.14 元。下游购货商依照《购销合同》约定及对应发票记载的价税合计金额通过银行转账方式向 A 公司如数支付了货款。A 公司取得并开出上列全部增值税专用发票后均如实进行了增值税的抵扣和纳税申报并缴纳了增值税税款。

另外,2015 年 6 月 24 日,A 公司与丙市 F 石油化工公司(以下简称 F 公司)签订购销合同,由 F 公司将其从中国石油化工股份有限公司油气销售中心采购的原油 10,000 吨销售给甲公司,A 公司取得该公司开具的增值税专用发票 4 份,价税合计 37,500,000 元,其中税额 5,448,717.96 元。同日,A 公司将该批原油直接变更品名为燃料油销售给 D 公司,并向 D 公司开具增值税专用发票 334 份,价税合计 38,900,000 元,税额 5,652,136.57 元。后 D 公司将该批货物以燃料油品名销售给 C 公司,C 公司最终获得 10,000 吨原油的提货单。

本案被告人贾某某(化名),被本案司法机关指控为 A 公司的实际控制人。贾某某因涉嫌虚开增值税专用发票罪,于 2016 年 9 月 23 日被 M 省 Z 县公安局刑事拘留,同年 10 月 28 日经 M 省 Z 县人民检察院批准逮捕,同日由公安局执行逮捕。2017 年 3 月 28 日,M 省 Z 县公安局侦查终结并以贾某某涉嫌虚开增值税专用发票罪移送审查起诉。2017 年 9 月 26 日,M 省 Z 县人民检察院以贾某某涉嫌犯虚开增值税专用发票罪向 M 省 Z 县人民法院提起公诉。M 省 Z 县人民法院于 2017 年 12 月 14 日开庭审理本案,2018 年 2 月 6 日作出判决。

(三)各方观点

检察院认为:被告人贾某某以他人之名注册成立公司,随后以该公司名义与其他公司签订虚假的购销合同和运输合同,让其他公司为自己虚开增值税专用发票并为其他公司虚开增值税专用发票,虚开数额巨大,应当以虚开增值税专用发票罪追究其刑事责任。

辩护律师认为:A 公司与上下游企业之间存在真实的购销交易,取得和开具的增值税专用发票上的货物数量及价款均与真实交易相符,被告人贾某某在主观上不具有偷逃国家增值税税款的故意,客观上也不会造成国家增值税税款的损失,不应以虚开增值税专用发票罪论。

法院认为:被告人贾某某“循环虚开”及“变名销售”行为中,其行为显然不以抵扣税额为目的,客观上不可能造成国家税款损失。从罪责刑相适应原则分析,如果不加以区分行为人的目的以及造成的损害后果将导致处理结果不公正,偏离实质主义,为此被告人贾某某依法不构成犯罪。

(四)争议焦点

1. 上下游企业之间是否存在真实交易。

2.“变名销售”行为是否构成虚开增值税专用发票罪。

(五)争议解决

最终,法院认为贾某某的行为不以抵扣税额为目的,客观上不会造成国家税款损失,贾某某不构成虚开增值税专用发票罪。

二、税务律师评论

(一)成立虚开增值税专用发票罪应当以行为人主观上具有骗抵增值税税款的目的、客观上造成国家增值税税款损失的后果为必要条件

行为人构成虚开增值税专用发票罪应当以行为人在主观上具有骗抵增值税税款的目的、客观上造成国家增值税税款损失的后果为必要条件,主要原因有三:

一是从立法目的角度考察,《刑法》第205条之规定源于1995年的全国人民代表大会常务委员会《关于惩治虚开、伪造和非法出售增值税专用发票犯罪的决定》。该决定明确指出:“为了惩治虚开、伪造和非法出售增值税专用发票和其他发票进行偷税、骗税等犯罪活动,保障国家税收,特作如下决定……”据此可以看到,国家设立本罪的立法目的是保障国家税收,打击侵害国家增值税税款的犯罪行为。因此对于行为人不以骗抵国家增值税税款为目的、客观上不会造成增值税税款损失的“虚开”行为不是《刑法》第205条适当的评价对象。

二是从法益保护及犯罪本质角度考察,《刑法》第205条是“危害税收征管秩序罪”之一,所侵害的法益是国家的税收征管秩序,突出表现为对国家增值税税款的侵害。如果行为人所实施的“虚开”行为仅仅扰乱了国家的发票管理秩序,但对国家的增值税税款没有造成侵害的,则无法充分本罪的客体要件,不具有严重的社会危害性,不应受到刑罚处罚的刑法评价,而犯罪必须是具有严重社会危害性而应受刑罚处罚的行为。

三是从罪责刑相适应基本原则角度考察,《刑法》第205条属于重刑犯罪,最高可判处无期徒刑,因此其所评价的犯罪行为应当具有极高的社会危害性,方可符合罪责刑相适应的原则。行为人如果在主观上不具有骗抵国家增值税税款的目的、客观上不会造成增值税税款损失的后果,而是出于其他目的而实施“虚开”行为,由于其主观恶性小以及社会危害性不大,以本罪追究其刑事责任将与罪责刑相适应原则相违背。

(二)贾某某及A公司在主观上没有骗抵国家增值税税款的目的

本案中,A公司作为贸易企业从上游供应商以相对较低的价格购进沥青、原

油,再将其销售给下游购货商,从中赚取一定的差价,属于正常的商业贸易行为。在整个交易过程中,A 公司与上、下游企业之间均存在真实的货物交易,取得及开具的增值税专用发票涉及的货物数量、货款金额、增值税税率均与实际交易情况相符。同时,A 公司按期、足额申报缴纳了相应的增值税税款。所以,虽然将沥青、原油变更为燃料油,但只是货物名称的改变,其数量、金额并没有改变,因此应纳增值税的税额并没有改变,也就是说,并没有逃避任何增值税的纳税义务。以上客观事实表明,贾某某及 A 公司不具有骗抵增值税税款的目的,不具备构成虚开增值税专用发票罪的主观要件。

(三)贾某某及 A 公司在客观上未造成增值税税款损失的后果

增值税是以商品和劳务、应税行为在流转过程中产生的增值额作为计税依据而征收的一种流转税。从计税原理上说,增值税是对商品生产、流通、劳务服务、应税行为中多个环节的新增价值或商品的附加值征收的一种流转税。就商品流通而言,增值税应纳税额的计算过程为首先计算出应税货物的整体税负,然后从整体税负中扣减法定外购项目已纳税额。在大宗商品贸易中,各环节供应商只要按照交易数量、金额如实开具增值税专用发票,其正常申报抵扣增值税进项税额的行为就不会造成国家增值税税款的损失。

在本案中,A 公司与上游供应商之间发生了真实的货物采购行为,取得上游供应商开具的增值税专用发票并进行申报抵扣增值税税款的行为属于合法、有效地实现其享有的税收债权的行为,并不会给国家的增值税税款造成任何损失。A 公司与下游购货商之间也均发生了真实的货物销售行为,其向下游购货商开具增值税专用发票的行为是其履行增值税纳税义务的必然要求,并且 A 公司已经就其对外开具的增值税专用发票缴纳了增值税,不会给国家的增值税税款造成任何损失。同理,本案下游购货商在取得 A 公司开具的增值税专用发票后进行申报抵扣增值税税款的行为也不会给国家增值税税款造成任何损失。

(四)贾某某及 A 公司未实施虚开增值税专用发票罪的法定犯罪行为

根据最高人民法院《印发〈关于适用《全国人民代表大会常务委员会关于惩治虚开、伪造和非法出售增值税专用发票犯罪的决定》的若干问题的解释〉的通知》(法发〔1996〕30 号)第 1 条的规定,虚开增值税专用发票的犯罪行为包括以下三类:(1)没有货物购销或者没有提供或接受应税劳务而为他人、为自己、让他人为自己、介绍他人开具增值税专用发票;(2)有货物购销或者提供或接受了应税劳务但为他人、为自己、让他人为自己、介绍他人开具数量或者金额不实的增值税专用发票;(3)进行了实际经营活动,但让他人为自己代开增值税专用发票。

1. A 公司与上、下游企业之间有真实的货物交易,不构成第(1)类虚开行为

《合同法》第 130 条[1]规定:“买卖合同是出卖人转移标的物的所有权于买受人,买受人支付价款的合同。”可见,构成买卖合同关系的核心在于:第一,标的物所有权的转移;第二,买受人支付价款。

首先,A 公司与上、下游企业之间发生了货物所有权的移转。《物权法》第 23 条[2]规定:“动产物权的设立和转让,自交付时发生效力,但法律另有规定的除外。”“动产交付”通常是指对物的实际控制即直接占有或间接占有的转移。动产交付可以分为现实交付和观念交付。观念交付是占有之观念的转移,即让与人在移转动产所有权时,并未将物直接交付给受让人,而仅仅是间接占有的转移,我国《物权法》第 26 条、第 27 条[3]明确规定了动产物权“指示交付”“占有改定”等观念交付方式。在大宗商品贸易中,由于运输、仓储环节往往需要耗费大量的成本,因此,企业之间进行货物转卖时往往会约定货物暂时不发生现实上的交付,而是通过“指示交付”或“占有改定”的方式完成货物所有权的转让。虽然货物本身没有发生空间上的转移,但已经发生了法律意义上的“交付”,货物所有权已经转让,受让人间接占有货物。在本案中,A 公司与上游供应商、下游购货商之间虽然没有发生物理上的货物流转,但却通过指示交付和占有改定的方式完成了货物所有权的转移,表明涉案货物购销交易存在真实的货物及货物流转。

其次,A 公司与上、下游企业之间发生了货物价款的支付。在涉案货物购销交易中,A 公司依约向上游供应商支付了款项,并依约收到了下游购货商支付的货款。综上,A 公司与上、下游企业之间签署了购销合同,达成货物购销的合意,存在货物所有权的移转并支付了相应货款,存在真实的货物交易,不构成法发〔1996〕30 号文第 1 条规定的第(1)类虚开行为。

2. A 公司取得、开具的增值税专用发票数量及金额与交易情况相符,不构成第(2)类虚开行为

刑法禁止不利于被告人的类推解释,法发〔1996〕30 号文第 1 条规定的第(2)类虚开行为应仅限于开具数量或者金额不实的增值税专用发票的行为。判定行为人是否实施了第(2)类虚开增值税专用发票的犯罪行为,应当严格限于开具数

[1] 《合同法》已于 2021 年 1 月 1 日被《民法典》废止,相关规定参见《民法典》第 595 条。

[2] 《物权法》已于 2021 年 1 月 1 日被《民法典》废止,相关规定参见《民法典》第 224 条。

[3] 相关规定参见《民法典》第 227 条、第 228 条。

量或者金额不实的增值税专用发票,不能将“货品不符”“变名销售”等仅违反税收行政法律法规的行为与刑法上的“虚开”行为相混淆。

在本案中,A 公司取得、开具的增值税专用发票虽然存在变更货物品名的情况,但是发票上载明的货物数量与金额均与实际交易数量、金额相符。因此,A 公司不存在有货物购销或者提供或接受了应税劳务但为他人、为自己、让他人为自己、介绍他人开具数量或者金额不实的增值税专用发票,不构成第(2)类虚开行为。

为此,贾某某及 A 公司在主观上没有骗抵增值税税款的目的,在客观上不会造成增值税税款损失的后果,且未实施虚开增值税专用发票罪的犯罪行为,不应以虚开增值税专用发票罪论处。

综上所述,在存在真实交易的情况下,贾某某与上下游企业之间签订购销合同,货物数量及金额均与真实业务相符。贾某某主观上不存在虚开增值税专用发票骗抵国家增值税税款的目的,客观上也不会造成国家增值税税款的损失,对于仅存在发票品名变更的行为,不应以虚开增值税专用发票罪论处。

三、本案启示

笔者通过代理“变名销售”类案件,从实务中总结出对“变名销售”案件进行“无罪辩护”的三大策略,具体如下:

(一)交易真实性之辩护策略

司法机关往往会以“交易中间环节无货物流转”“循环交易”“合同由一方控制”等理由认定交易不真实,并最终从“虚构交易”作出构成“虚开”的结论。交易真实性是虚开定性问题的关键性法律事实,企业应从合同的有效性、资金支付的真实性、库存明细核算的准确性等方面进行自我辩护。当然企业也可以从指出司法机关取证的片面性、瑕疵性,进而降低其证据效力的角度提出抗辩。总体而言,深究石化行业上游或者下游相关交易环节,基本上就可以排除“无货开票”等恶意虚开情形,尽管相关企业在具体交易中存在变更品名等不足之处,但司法机关据此否定交易真实性进而认定企业构成虚开,无疑违背了案件的客观事实。

(二)“虚开”构成要件之辩护策略

自“虚开”罪名正式列入《刑法》以来 20 多年里,虚开一直存在打击面过大、量刑过重等特点,最高人民法院以及相关专家学者都对虚开有一些研究和观点,其核心在于虚开属于目的犯、行为犯还是结果犯。由于石化行业贸易往往属于大宗交易,交易额巨大,对应的税额也明显偏高,一旦认定企业构成“虚开”,企业实际控制人、直接责任人等涉案人员往往面临10年以上的有期徒刑。石化企业“变名销售”一般不存在骗抵国家增值税税款的主观目的,客观上也不会造成国家增值税税款损失的危害结果,企业应当从“虚开”构成要件、“罪责刑相适应原则”进行辩护。

在石化企业“变名销售”开票的行为中,一方面,由于进项、销项均为已完税的增值税专用发票,进项和销项的税率又相同,增值税抵扣链条并没有因交易而中断,客观上不会造成少缴增值税的结果;另一方面,企业在油品购销环节中不存在虚开虚抵骗抵国家增值税税款的目的。因此,“变名销售”行为不符合“虚开”的构成要件,从而不构成虚开增值税专用发票罪。

(三)有效沟通之辩护策略

石化企业“变名销售”涉嫌虚开案件大量爆发以来,有部分涉案企业寄希望于招商引资的政府承诺以图自保,甚至企图人情关系等方面进行协调解决,由于没有专业的律师意见进行支持,往往最终案件处理结果不尽如人意,还耽误了最佳的法律救济时机。虚开案件不仅涉及刑法的有关规定,还涉及大量税法、会计等方面的专业知识,较一般经济犯罪案件更为复杂。在具体个案的处理中,无论公安经侦机关、检察院公诉部门还是法院刑庭法官,对相关方面的专业知识可能并不是特别熟悉,可能影响企业进行沟通的效果并增加无罪辩护的难度。如有专业律师进行指导辅以国内税法、刑法专家出具的书面意见,无疑会起到事半功倍的效果。

运输企业无车承运挂靠经营涉嫌虚开犯罪案

【导读】

虚开抵扣税款发票罪,以危害税收征管罪入刑,属于比较严重的刑事犯罪。纳税人对外开具抵扣税款发票,是否属于虚开抵扣税款发票,需要以事实为依据,准确进行界定。单纯以货物流、资金流及票流是否一致作为判断标准,可能会与虚开抵扣税款发票罪的实质相违背。本案中,煤炭企业与物流企业签订运输合同,个人挂靠运输公司承担运输服务,物流企业向煤炭企业开具运输发票。由于煤炭企业及物流企业之间存在真实的运输业务,煤炭企业认证抵扣物流企业开具的运费发票未造成少缴增值税税款的结果,不具有社会危害性,并不构成虚开抵扣税款发票罪。

一、案情简介

（一）案件基本信息

案件类型:虚开抵扣税款发票罪

涉案金额:抵扣税款69,222,992.79元

法律风险:已抵扣的税款转出;构成虚开抵扣税款发票罪;单位犯罪,对单位处以罚金、相关责任人员处以刑罚

（二）案件详情

H集团公司成立于2006年8月31日,经营范围系煤炭生产、销售、煤矸石洗选。为落实S省D市政府文件《D市人民政府关于深化企业改革优化产业结构实施意见》(D政发〔2011〕9号)的要求,便于进行日常税务管理并保留税源,D市税务机关要求提供运输劳务的社会闲散施工队或外地车辆统一挂靠D市J物流有限责任公司(以下简称J公司)经营,由J公司向接受运输劳务方开具公路、内河货运运输业统一发票,并进行纳税申报。按照D市政府和税务机关的上述要求,2010年6月至2011年12月,H集团公司与J公司签署了《土石方运输合同》,约定由J公司负责H集团公司一、二、三矿区的露天开采的土石方拉运。H集团公司依据其下属部门安技部门提供的个体施工队施工的方量图确定的实际运输工作量,以该工作量为标准按期向J公司结算运输费用。J公司再向当地主管税务机关申请代

开公路、内河货运运输业统一发票交付给 H 集团公司进行账务处理,并已向税务机关申报缴纳税款。

同时,J 公司与王某等个人签署《运输合同书》,约定上述 H 集团公司一、二、三矿区的露天开采的土石方拉运业务由王某等个人负责,J 公司扣除相关税费和管理费后将剩余运费返给 H 集团公司,由 H 集团公司向王某等个人支付运输费用。

2014 年 9 月 20 日,X 公安局对 H 集团公司涉嫌虚开抵扣税款发票案予以立案。《起诉意见书》认定在 J 公司没有给 H 集团公司提供运输劳务的情况下,H 集团公司让 J 公司为自己开具公路、内河货物运输业统一发票 20 份,金额约 9.89 亿元,虚开的税款数额约为 6922.3 万元。2014 年 11 月 27 日,H 集团公司已将涉案的增值税进项税额转出并足额补缴增值税税款 7004.82 万元。

2016 年 1 月 18 日,X 公安局将案件移送 S 自治区人民检察院 X 分院。2016 年 10 月 13 日,S 自治区人民检察院 X 分院向 S 自治区 X 中级人民法院提起公诉,指控 H 公司以非法代开发票的方法偷逃税款数额为 7,416,749.23 元,应缴未缴比例为 11.36%,H 集团公司及法定代表人孙某等犯逃税罪。

2017 年 8 月 31 日,S 自治区 X 中级人民法院判决 H 集团公司构成逃税罪,判处罚金 1483.35 万元;判决法定代表人孙某构成逃税罪,判处有期徒刑 1 年 11 个月,并处罚金 20 万元。

(三)各方观点

X 公安局认为:H 集团公司与 J 公司之间没有真实的运输业务,H 集团公司让 J 公司为自己开具公路、内河货物运输发票的行为,涉嫌虚开抵扣税款发票罪。

H 集团公司认为:其与 J 公司间存在真实的运输业务,不构成虚开抵扣税款发票罪。

S 自治区人民检察院 X 分院认为:H 集团公司与施工队结算施工费时支付的是不含税价款,本应由施工队开票并交纳的税费应由 H 集团公司代扣,并应在开票时代缴,但 H 集团公司作为代扣代缴义务人,明知应税劳务的实际提供者是个人却让 J 公司代开票,仅支付了发票金额 5.85% 的税款,未将已代扣的 6.6% 税款全额缴纳给税务机关,导致国家综合营业税税收减少,应以逃税罪追究单位及法定代表人等人的刑事责任。

S 自治区 X 中级人民法院认为:H 集团公司作为扣缴义务人通过非法代开发票的方式少缴税款 7,416,749.23 元,占应纳税额 11.36%,构成逃税罪,对 H 集团公司及法定代表人等人追究刑事责任。

（四）争议焦点

1. H集团公司构成虚开用于抵扣税款发票罪还是逃税罪。

2. 税务机关向公安机关出具的函件是否具有证明效力。

（五）争议解决

2016年3月，H集团公司法定代表人孙某的亲属委托华税律师为H集团公司和孙某个人代理刑事诉讼一审程序。本案是S自治区公安厅督办的案件，且税务机关并未事先向纳税人作出任何处罚或处理决定，案件性质较为特殊，加之原始的交易资料残缺不全，较难证实存在真实的交易，华税律师事务所税务争议律师团队在深入分析研究后，接受了H集团公司及孙某的委托，为其提供涉税刑事诉讼辩护服务。接受委托后，华税律师组织法学专家召开法律论证会，并协助与公安机关、检察机关进行沟通和交换意见考虑变更罪名，建议检察机关不以虚开用于抵扣税款发票罪公诉。最终检察机关以逃税罪提起公诉，法院判决H集团公司构成逃税罪，判处罚金1483.35万元；判决孙某构成逃税罪，判处有期徒刑1年11个月，并处罚金20万元。

二、税务律师点评

（一）H集团公司不构成虚开抵扣税款发票罪

1. H集团公司主观上无虚开抵扣税款发票的故意，不构成虚开

《刑法》第205条规定："虚开增值税专用发票或者虚开用于骗取出口退税、抵扣税款的其他发票的，处三年以下有期徒刑或者拘役，并处二万元以上二十万元以下罚金；虚开的税款数额较大或者有其他严重情节的，处三年以上十年以下有期徒刑，并处五万元以上五十万元以下罚金；虚开的税款数额巨大或者有其他特别严重情节的，处十年以上有期徒刑或者无期徒刑，并处五万元以上五十万元以下罚金或者没收财产。单位犯本条规定之罪的，对单位判处罚金，并对其直接负责的主管人员和其他直接责任人员，处三年以下有期徒刑或者拘役；虚开的税款数额较大或者有其他严重情节的，处三年以上十年以下有期徒刑；虚开的税款数额巨大或者有其他特别严重情节的，处十年以上有期徒刑或者无期徒刑。虚开增值税专用发票或者虚开用于骗取出口退税、抵扣税款的其他发票，是指有为他人虚开、为自己虚开、让他人为自己虚开、介绍他人虚开行为之一的。"根据规定，虚开用于抵扣税款发票罪的主观构成要件为故意，即行为人在主观上具有明知所开具的发票属于虚假发票而仍然意图作出虚开行为的故意，并且具有偷逃国家增值税税款的目的。

H集团公司自成立以来开展煤炭生产、销售及煤矸石洗选业务,2010年以前,煤矿土石方运输业务系由H集团公司雇用施工队承担。后因《D市人民政府关于深化企业改革优化产业结构实施意见》中D市政府要求"企业运输、包装、配送等业务由社会闲散车辆或外地车辆承担的,由企业设立物流公司,统一管理运输车辆,实行集中配送"。否定了H集团公司此前由施工队社会闲散车辆承担运输业务的运营交易模式。

H集团公司在开展煤炭生产、销售及煤矸石洗选业务时将运输业务外包,理应取得运费发票。原由施工队社会闲散车辆承担运输业务的运营模式下,由施工队向税务机关申请代开发票,H集团公司作为进项税额抵扣凭证认证抵扣。后因D市政府的上述要求,才将运输业务外包给J公司,取得J公司开具的运输发票也属于正常的业务开展流程。H集团公司并无让J公司为H集团公司虚开运输发票的主观故意,亦无通过取得虚假的运输发票进而多抵扣增值税进项税额的目的。

2. H集团公司客观上有实际的运输业务并且税款属实,不构成虚开

最高人民法院《印发〈关于适用《全国人民代表大会常务委员会关于惩治虚开、伪造和非法出售增值税专用发票犯罪的决定》的若干问题的解释〉的通知》(法发〔1996〕30号)规定:"具有下列行为之一的,属于'虚开增值税专用发票':(1)没有货物购销或者没有提供或接受应税劳务而为他人、为自己、让他人为自己、介绍他人开具增值税专用发票;(2)有货物购销或者提供或接受了应税劳务但为他人、为自己、让他人为自己、介绍他人开具数量或者金额不实的增值税专用发票;(3)进行了实际经营活动,但让他人为自己代开增值税专用发票。"

虚开用于骗取出口退税、抵扣税款的其他发票的,构成虚开专用发票罪,也适用本条规定。

根据《刑法》第205条虚开抵扣税款发票罪及上述规定,虚开抵扣税款发票罪的客观构成要件为开具发票但实际未发生应税行为,或者开具发票的数量、金额、开票主体与实际经营活动不一致。

H集团公司与J公司签署《运输合同》,约定由J公司负责H集团公司一、二、三矿区所有的露天开采的土石方拉运,并且该合同也得到实际履行。H集团公司与J公司之间存在真实的土石方运输业务。H集团公司依据安技部提供的方量图确定运输工作量,以该工作量为基础按期向J公司结算运输费用,J公司相应向H集团公司开具运输发票。H集团公司取得运输发票的数量、金额都以实际运输工作量为基础计算,与H集团公司及J公司之间实际发生的土石方拉运业务相符。

H 集团公司客观上不具备开具发票但实际未发生应税行为,或者开具发票的数量、金额、开票主体与实际经营活动不一致的虚开构成要件,不构成虚开。

并且,国家税务总局《关于纳税人对外开具增值税专用发票有关问题的公告》(国家税务总局公告 2014 年第 39 号)中明确,以挂靠方式开展经营活动在社会经济生活中普遍存在,挂靠行为如何适用该公告,需要视不同情况分别确定。第一,如果挂靠方以被挂靠方名义,向受票方纳税人销售货物、提供增值税应税劳务或者应税服务,应以被挂靠方为纳税人。被挂靠方作为货物的销售方或者应税劳务、应税服务的提供方,按照相关规定向受票方开具增值税专用发票,属于该公告规定的情形。第二,如果挂靠方以自己名义向受票方纳税人销售货物、提供增值税应税劳务或者应税服务,被挂靠方与此项业务无关,则应以挂靠方为纳税人。本案中,H 集团公司与 J 公司签订运输合同,运输劳务实际由刘某等个人提供,刘某等个人提供运输劳务时,是以 J 公司的名义进行的,即 J 公司是运输合同主体,由 J 公司享有权利并履行合同义务。因此,应以 J 公司为纳税人,J 公司向 H 集团公司开具抵扣税款发票,不构成虚开。

3. H 集团公司认证抵扣 J 公司开具的运费发票未造成少缴增值税税款的结果,不具有社会危害性

《增值税暂行条例》第 8 条规定:"纳税人购进货物或者接受应税劳务(以下简称购进货物或者应税劳务)支付或者负担的增值税额,为进项税额。下列进项税额准予从销项税额中抵扣……(四)购进或者销售货物以及在生产经营过程中支付运输费用的,按照运输费用结算单据上注明的运输费用金额和 7% 的扣除率计算的进项税额。进项税额计算公式:进项税额 = 运输费用金额 × 扣除率……"

H 集团公司与 J 公司结算的运输费用是根据安技部提供的方量图计算的,与实际运输工作量相符。首先,J 公司已经依法就 H 集团公司与其结算的运输费用 87,136,845.16 元交纳各项税款 50,121,213.26 元。其次,H 集团公司按照向 J 公司支付的运输费用金额和 7% 的扣除率计算抵扣的进项税额符合《增值税暂行条例》关于进项税额计算的规定,未造成少缴增值税税款。此外,H 集团公司已于 2014 年 11 月 27 日将上述已抵扣的税款按照进项税额转出。H 集团公司并未造成少缴税款的结果,不具有社会危害性。

由上述分析可知,从主观方面看,H 集团公司并无虚开抵扣税款发票的故意;从客观方面看,H 集团公司与 J 公司实际发生了运输业务,并且开具的运输发票也与实际运输业务相符。另外,H 集团公司取得 J 公司开具的运费发票并认证抵扣

并未造成少缴税款的结果。因此,H 集团公司不构成虚开抵扣税款发票罪。在本案中,检察院认可华税律师的上述观点,检察院以逃税罪提起公诉。

(二)税务机关违背法律程序出具的认定犯罪嫌疑人构成"虚开"的意见应为无效,不具备证明效力

本案中,在未经调查取证程序的情况下,税务机关是否有权应侦查机关要求作出认定犯罪嫌疑人构成"虚开"的意见,以及侦查机关取得税务机关出具的构成虚开的意见能否减轻其证明责任值得深思。

笔者认为,首先,税务机关是行政机关而不是司法机关,其不具备在刑事案件中出具意见的职权;其次,税务机关亦不是法定的鉴定机构,其出具的意见不能作为鉴定意见,不属于刑事诉讼中的合法证据类型;最后,税务机关出具的该意见属于国家公权力机关之间的内部函件,属于内部行政行为,对外不应发生法律效力。因此,税务机关出具的认定犯罪嫌疑人构成"虚开"的意见不可作为侦查机关的证明材料,更不宜作为证据在刑事诉讼中出具。取得税务机关出具的构成虚开的意见亦不能减轻侦查机关的证明责任。

三、本案启示

挂靠在现实经济活动中普遍存在,在绝大多数生产经营领域里,法律并未明确禁止以挂靠形式从事经营活动,且最高人民法院研究室《〈关于如何认定以"挂靠"有关公司名义实施经营活动并让有关公司为自己虚开增值税专用发票行为的性质〉征求意见的复函》(法研〔2015〕58 号)对虚开增值税专用发票罪疑难问题给出了明确指导意见,国有税务总局亦认可挂靠由被挂靠人向受票方开具增值税专用发票。开具发票的行为本身无异议,关键点在于税票金额的不一致,由此反映出我国税收征管中"以票控税"制度所带来的弊端。

"以票控税"的制度理念使发票这一记账凭证具有了产生税收的意义,同时因其便于税收征管、能够保证国家财政收入及时足额入库的特征而受税务机关青睐,但由此也催生假发票制售产业化、权力寻租、贪污腐败,降低了税务机关提升税收稽征水平的积极性,阻碍税制改革。控税的本质和核心不在于发票,而应关注经济活动、交易行为本身,税务机关在不断改善发票监管方式和手段的同时,更应关注经济交易活动实质,在做好国家税收守门人的同时,要客观、公正地评价商事主体的交易活动,避免因定性不准而使贡献税收的纳税人遭受不利损失。

纳税人涉嫌税务纠纷,特别是面临涉税刑事案件时,因纳税人所面临的风险极

大,所涉罪名不同,会面临截然不同的结果,建议积极寻求涉税专业律师的帮助和支持,充分行使刑事诉讼权利来维护自身的合法权益。作为委托人的辩护律师,应积极与税务机关、公安机关、检察机关沟通,在以事实为依据、法律为准绳的基础上,在保障国家税收利益的前提下,为委托人争取最大权益。

* * *

【链接】

国家税务总局公告 2014 年第 39 号:“先卖后买”“挂靠”等行为中开具增值税专用发票不必然构成“虚开”

虚开增值税专用发票,以危害税收征管罪入刑,属于比较严重的刑事犯罪,入罪标准低且最高刑罚可以达到无期徒刑。纳税人对外开具增值税专用发票,是否属于虚开增值税专用发票,需要以事实为依据,准确进行界定。传统“三流一致”用以界定虚开的方式虽说可以适用于大部分的案件,但在实务中已是弊端百出。国家税务总局在如何定性虚开的问题上进行了一系列修补,国家税务总局公告 2014 年第 39 号就是其中一例,列举了一定条件下不属于对外虚开增值税专用发票的情形,在公告的相关解读中也进一步明确“先卖后买”“挂靠”等商业行为不属于虚开增值税专用发票,在实践中很好地起到了定分止争的作用。

一、国家税务总局公告 2014 年第 39 号出台的背景

国家税务总局公告 2014 年第 39 号出台的背景为公安部、国家税务总局督办的“四川 7 · 10 专案”的定性问题。四川 F 公司等三家医药企业,大量虚开农产品收购凭证虚增进项税额,并向新疆 J 公司虚开增值税专用发票。其开票流程为:第一步,H 某某等人以 F 公司名义采购药,药品的进项发票开具给 F 公司;第二步,H 某某等人持 F 公司的委托书,以 F 公司名义与新疆 J 公司签订购销合同;第三步,H 某某等人将药品运往新疆;第四步,新疆 J 公司将资金通过对公账户打入四川 F 公司账户;第五步,F 公司留下开票费后,将剩余销售款转给 H 某某。税务机关对 F 公司的行为定性为虚开,在检查中,F 公司也承认自己虚开农产品收购发票行为,就是为了给 H 某某等人虚开发票。由于数额巨大,并向新疆税务机关开出了《已证实虚开通知单》,新疆地税机关就此要求新疆 J 公司补缴巨额税款。新疆 J 公司认为自己签订了购销合同且票、货、款都是真实的,自身主观上没有过错,所获税款抵扣权益是正当的。新疆税务机关则称正因业务真实才将其行为定性为善意取

得,否则将会定性为逃税。税务机关的答复不能让J公司满意,遂逐级反映至国家税务总局。国家税务总局对纳税人的诉求反复研究,认为该案中的情形下剥夺善意取得方抵扣税款的权利确实不妥,于是便有了国家税务总局公告2014年第39号的出台。

二、国家税务总局公告2014年第39号的具体内容

国家税务总局公告2014年第39号规定:"纳税人通过虚增增值税进项税额偷逃税款,但对外开具增值税专用发票同时符合以下情形的,不属于对外虚开增值税专用发票:一、纳税人向受票方纳税人销售了货物,或者提供了增值税应税劳务、应税服务;二、纳税人向受票方纳税人收取了所销售货物、所提供应税劳务或者应税服务的款项,或者取得了索取销售款项的凭据;三、纳税人按规定向受票方纳税人开具的增值税专用发票相关内容,与所销售货物、所提供应税劳务或者应税服务相符,且该增值税专用发票是纳税人合法取得、并以自己名义开具的。受票方纳税人取得的符合上述情形的增值税专用发票,可以作为增值税扣税凭证抵扣进项税额。"

在国家税务总局公告2014年第39号出台之前,由于开票方不被认为是实际的销售一方,按照原有规定常会被定性为虚开,善意的购买方则被认定为善意接受虚开,需要做进项税额转出,进项不得进行抵扣。但是国家税务总局公告2014年第39号出台之后,开票方可以通过"先卖后买""挂靠"等取得实际销售方的地位和开票资格,将不被认为是对外虚开增值税专用发票,受票方可以正常抵扣进项税额,合法权益得到了应有的保障。

三、国家税务总局办公厅对国家税务总局公告2014年第39号的解读——"先卖后买"及"挂靠"等不必然构成虚开

国家税务总局公告2014年第39号列举了三种情形,纳税人对外开具增值税专用发票,同时符合的,则不属于虚开增值税专用发票,受票方可以抵扣进项税额。

(一)"先卖后买"在大宗贸易中属于常态,不构成虚开

国家税务总局办公厅《关于〈国家税务总局关于纳税人对外开具增值税专用发票有关问题的公告〉的解读》(以下简称39号公告解读)规定:"纳税人对外开具的销售货物的增值税专用发票,纳税人应当拥有货物的所有权,包括以直接购买方式取得货物的所有权,也包括'先卖后买'方式取得货物的所有权。所谓'先卖后买',是指纳税人将货物销售给下家在前,从上家购买货物在后。"

随着经济的不断发展,市场交易模式不断更新,"先卖后买"等商业模式大量存

在于市场经济活动中，尤以大宗交易中最为常见。例如，在石化行业中，其进行大宗商品贸易时往往金额巨大，巨大的金额意味着承担巨大的资金占用成本。因此加快资金流转速度、减少资金占用成本也就成了必然要求。石化贸易企业通常会先找下游买家，谈妥商品的销路，再找卖家，谈妥商品的购进，也即“先卖后买”。在这一买卖环节中，资金随着货物所有权的转移和发票的开出，迅速在买卖双方之间流转，这符合大宗商品贸易的交易规律。但是，在目前大量的石化行业变名销售案件中，部分司法机关因此否认交易链条各主体之间存在真实交易，以“虚开”定性变票行为，显然不尽合理也不合法。

（二）“挂靠”行为不必然构成虚开增值税专用发票罪

39号公告解读规定：“以挂靠方式开展经营活动在社会经济生活中普遍存在，挂靠行为如何适用本公告，需要视不同情况分别确定。第一，如果挂靠方以被挂靠方名义，向受票方纳税人销售货物、提供增值税应税劳务或者应税服务，应以被挂靠方为纳税人。被挂靠方作为货物的销售方或者应税劳务、应税服务的提供方，按照相关规定向受票方开具增值税专用发票，属于本公告规定的情形。第二，如果挂靠方以自己名义向受票方纳税人销售货物、提供增值税应税劳务或者应税服务，被挂靠方与此项业务无关，则应以挂靠方为纳税人。这种情况下，被挂靠方向受票方纳税人就该项业务开具增值税专用发票，不在本公告规定之列。”

法发〔1996〕30号文第1条简单地将“进行了实际经营活动，但让他人为自己代开增值税专用发票”即代开增值税专用发票的行为“一刀切”地界定为虚开增值税专用发票犯罪行为，给长久以来的司法实践带来了争议与挑战，不利于刑法权威和个案的公平正义。法研〔2015〕58号文明确指出，法发〔1996〕30号文关于“进行了实际经营活动，但让他人为自己代开增值税专用发票”属于虚开增值税专用发票罪的规定不应继续适用。代开增值税专用发票的行为不必然都构成虚开增值税专用发票罪，例如挂靠代开案件和其他特殊的代开案件。法研〔2015〕58号文指出，挂靠方以挂靠形式向受票方实际销售货物，被挂靠方向受票方开具增值税专用发票的行为不构成虚开增值税专用发票罪。如今，挂靠代开不构成虚开犯罪甚至无罪的司法裁判并不少见，例如，“崔某某涉嫌虚开用于抵扣税款发票案”［（2017）鲁02刑再2号］；虚开改逃税：“金某、袁某等人逃税案”［（2012）长中刑二重初字第0056号］；“李某某涉嫌虚开用于抵扣税款发票案”［（2019）川0802刑初4号］等。

（三）补充说明

39号公告解读规定：“本公告是对纳税人的某一种行为不属于虚开增值税专

用发票所做的明确,目的在于既保护好国家税款安全,又维护好纳税人的合法权益。换一个角度说,本公告仅仅界定了纳税人的某一行为不属于虚开增值税专用发票,并不意味着非此即彼,从本公告并不能反推出不符合三种情形的行为就是虚开。比如,某一正常经营的研发企业,与客户签订了研发合同,收取了研发费用,开具了专用发票,但研发服务还没有发生或者还没有完成。这种情况下不能因为本公告列举了'向受票方纳税人销售了货物,或者提供了增值税应税劳务、应税服务',就判定研发企业虚开增值税专用发票。"

综上,国家税务总局公告 2014 年第 39 号列举了同时符合三项条件不属于虚开增值税专用发票行为的情形,但是并不能因此反向推导。界定纳税人的行为是否属于虚开还应根据案件的事实以及法律规定予以认定。

废旧物资企业“配票”业务涉嫌虚开犯罪案

【导读】

2019年2月1日,由华税律师事务所代理的某废旧物资回收经营企业涉嫌虚开增值税专用发票(价税合计数千万元)刑事案件经主管人民检察院审查终结。最终,公诉机关向企业及涉案员工分别作出并送达了《不起诉决定书》,涉案企业及自然人均免于追究刑事责任。在华税律师经历了近1年的辩护工作后,本案取得了检察院不起诉的结案结果,获得了委托人的高度认可。由于税收政策及产业特点等原因的影响,废旧物资回收经营行业一直是虚开案件的重灾区,涉税风险较高。本节对我们具体办理本案的有关情况及核心法律问题进行归纳和分析,以期对今后相关企业涉嫌虚开案件的司法处理提供有益借鉴。

一、案情简介

(一)案件基本信息

案件类型:废旧物资回收经营企业涉嫌虚开增值税专用发票罪

涉案金额:价税合计数千万元

法律风险:税务机关发现“资金回流”疑点,以涉嫌虚开移送公安机关,若认定构成虚开增值税专用发票罪,则将被处以10年以上有期徒刑或者无期徒刑,并处罚金或者没收财产

(二)案件详情

C公司成立于1990年11月2日,注册资本10,000万元人民币。经营范围为再生资源回收、加工利用及再生品销售等。C公司是国有控股、专营再生资源回收利用的集团企业。A公司系C公司的全资子公司下属的分公司,成立于2014年3月5日。经营范围为再生资源产品的收购、销售等。B公司成立于2009年6月22日,注册资本1000万元人民币。经营范围为机械设备零部件的生产、销售等。

2015年,B公司需要从废旧物资回收经营的散户收购废旧钢材作为原材料用于加工生产制造设备零部件,相关收购业务无法取得增值税专用发票用于进项抵扣,企业经营成本上升。此后,经当地散户向B公司介绍,A公司是废旧物资回收经营企业,享受当地的增值税财政返还优惠政策,实际税负率低,可以让A公司为

其开具发票。后 B 公司找到 A 公司,就 B 公司采购废旧钢材一事达成以下合作模式:

1. B 公司自行联系废钢铁投售人,并与对方谈妥收购价格。

2. A 公司进行业务流程重置,从 B 公司指定的散户收购废钢铁,再将收购的废钢铁出售给 B 公司。

3. A 公司从散户收购废钢铁采大户归集模式,即 A 公司只对接一个大户,只从该一个特定大户处收购,不直接对接众多小散户,众多小散户与该一个特定大户对接。A 公司与 B 公司商定由 B 公司的业务经理甲作为大户完成交易。

4. B 公司将货款(收购价格 + A 公司毛利)支付给 A 公司,A 公司将该货款中的"收购价格"部分支付给甲,甲再将该款项陆续支付给众多散户,已由 B 公司直接与散户结算的货款,则由甲支付至 B 公司对公账户(此种资金往来情形被税务机关、公安机关认定为"资金回流")。

5. 散户将货物直接运送到 B 公司厂房,由 B 公司制作过磅、收货单据,再将该单据传递给 A 公司进行出入库的入账。

6. A 公司按照 B 公司支付的货款金额向 B 公司开具增值税专用发票(见图 1)。

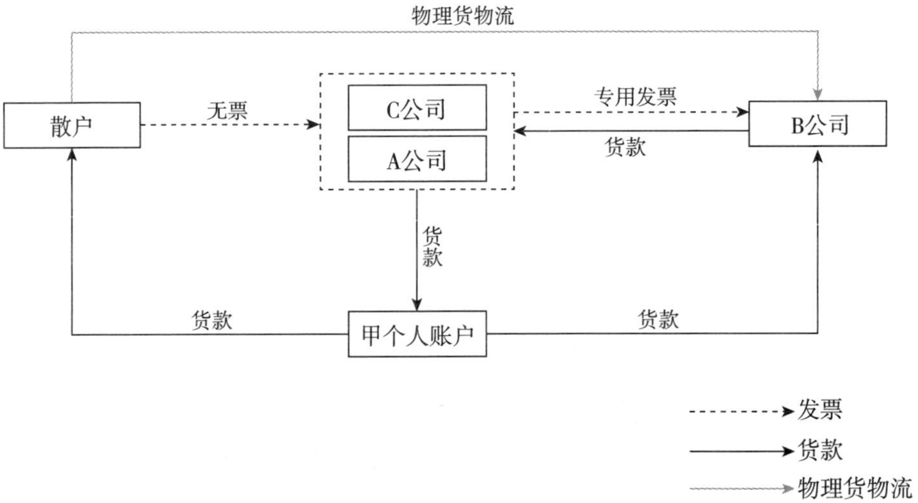

图 1　交易结构

在上述业务中,由于场地等客观条件约束,A 公司未能对开具的增值税专用发票所对应的货物进行过磅称重,具体数量以 B 公司提供的过磅单载明数据为准。在付款过程中,部分款项回流至 B 公司对公账户。

2015 年 12 月至 2016 年 8 月，A 公司通过上述模式向 B 公司开具增值税专用发票数十张，价税合计数千万元。在该项业务开展过程中，A 公司成立之初人力不足，且当地业务发展速度缓慢，A 公司自身及 C 公司均疏于对 A 公司自身业务的监管。由于 A 公司疏于对货物出入库的管理，仅凭借 B 公司传来的过磅和收货单据为准开具增值税专用发票，而 B 公司实际从散户收购的废钢铁货值不足，导致 A 公司开具发票的总计吨数和货值大于实际货物数量。

（三）各方观点

检察院认为：A 公司从 B 公司收到货款后扣留部分开票费，将剩余部分支付给 B 公司的业务经理甲，属于资金回流，证明 A 公司与 B 公司之间没有真实货物购销交易。A 公司没有从甲和其他散户中收到废钢铁的货物，证明 A 公司与甲和其他散户之间没有真实货物购销交易。A 公司（后检察院要求县公安局以 A 公司不具有犯罪能力为由将被告人变更为 C 公司）对外开具发票构成虚开增值税专用发票罪。

A 公司、C 公司认为：散户将收购的废旧物资直接运送到购货方，废旧物资经营单位根据实际发生的业务分别在财务上作购进和销售处理，将收取的货款转付给散户，同时向购货方开具增值税专用发票，不违反税法的有关规定，不构成虚开增值税专用发票罪。

（四）争议焦点

C 公司对外开具增值税专用发票的行为是否构成虚开增值税专用发票罪。

（五）争议解决

2018 年 9 月，在县人民检察院对本案变更被告单位主体且再度进行审查起诉过程中，C 公司向华税团队寻求法律帮助。华税接受委托为 C 公司提供辩护服务。华税在与公诉机关初步沟通发现，公诉机关将被告人从 A 公司变更为 C 公司以及认定 C 公司及相关员工构成虚开犯罪的态度十分坚定和明确，但对税法、增值税征税原理以及废旧物资回收经营企业的相关税收规定和行业经营模式不甚了解，对一些有利于被告人的事实未能予以查明，需要进行充分的辩护和沟通来阐明案件事实情况以及税法、刑法的正确理解和适用。华税在详细阅卷后制作了全面的辩护意见材料，收集整理了与本案有关的具体税收规定和类似案件判例，结合本案疑难的交易事实和法律适用问题多次与某县人民检察院进行辩护意见的沟通，并最终让县人民检察院放弃了对 C 公司和 A 公司的指控，作出了不起诉决定。

二、税务律师点评

(一)本案的废旧物资交易模式是典型的行业惯例,符合税法的相关规定

鉴于废旧物资回收业务的特殊性,国家税务总局《关于废旧物资回收经营业务有关税收问题的批复》(国税函〔2002〕893 号)特别规定,散户将收购的废旧物资直接运送到购货方,废旧物资经营单位根据上述双方实际发生的业务分别在财务上作购进和销售处理,将收取的货款转付给散户,同时向购货方开具增值税专用发票或普通发票的,由于废旧物资经营单位在开具增值税专用发票时确实收取了同等金额的货款,并确有同等数量的货物销售,因此,废旧物资经营单位开具增值税专用发票的行为不违背有关税收规定,不应定性为虚开。上列规定实际上认可了"散户—废旧物资回收经营单位—制造企业"的三方交易模式。

对于经营规模较大的废旧物资回收经营企业,由于需要对接的散户众多,上列模式的实际操作难度大且经营成本高。因此,国家税务总局《关于中国再生资源开发公司废旧物资回收经营业务有关增值税问题的批复》(国税函〔2006〕1227 号)[1]规定,中国再生资源开发公司(以下简称中再生公司)收购废旧物资数量大、收购对象众多,难以按现行规定逐笔填写收购凭证,同意允许中再生公司在收购投售人(包括个体经营者)及非经营性单位的废旧物资时汇总开具收购凭证。在开具废旧物资收购凭证时除按照规定填写相关内容外,必须填写投售人及非经营性单位收款人身份证号码。此规定实际上以中再生公司为例认可了"众多散户—个别大户—废旧物资回收经营单位"的交易模式。

本案的交易模式即"散户—大户(甲)—A 公司—B 公司",且存在真实的废旧钢材购销交易,不能简单粗暴地直接否定 A 公司采购和销售两环节交易的真实性。

(二)公诉机关认定的"资金回流"是片段式、割裂地看问题,未就完整资金链条进行客观全面查实

由于 A 公司不与众多散户直接签订采购合同,而是与 B 公司的业务经理甲签订收购合同,因此依照合同约定应当将货款支付给甲。在整个交易中,甲并非单纯的 B 公司的业务经理的身份,而是大户身份,对散户而言是收购方,对 A 公司而言是销货方。经过调查发现,甲在收取 A 公司支付的货款后依照散户真实供应货物的情况将款项如实支付给了散户。所以片面地看,整个交易的资金从 B 公司流出

---

〔1〕 该文件已于 2009 年 1 月 1 日被财政部、国家税务总局《关于再生资源增值税政策的通知》(财税〔2008〕157 号)废止。

后回到了B公司的员工账上，但是从完整交易链条来看，资金的真实流向是“B公司—A公司—B公司员工甲（大户）—众多散户”。因此，并没有出现实质意义上的资金回流。

（三）A公司因管理过失导致B公司舞弊致使开具发票与实际交易不一致，双方不存在共同犯意，A公司不应对B公司虚开行为承担刑事责任

从《刑法》第205条规定的罪状描述上来看，《刑法》并没有明确规定本罪属于目的犯还是结果犯。但是，探究本罪究竟是否属于目的犯或是结果犯不能仅依据《刑法》规定的罪状描述，还要综合考察《刑法》规定的立法目的、法律的制定背景及《刑法》基本原理加以判断。最高人民法院研究室《〈关于如何认定以“挂靠”有关公司名义实施经营活动并让有关公司为自己虚开增值税专用发票行为的性质〉征求意见的复函》（法研〔2015〕58号）明确规定，构成虚开增值税专用发票罪须以行为人主观上有骗取税款的故意，客观上造成国家增值税税款损失为必要条件。虚开增值税专用发票罪的法定最高刑为无期徒刑，系严重犯罪，如将该罪理解为行为犯，只要虚开增值税专用发票，侵犯增值税专用发票管理秩序的，即构成犯罪并要判处重刑，也不符合罪刑责相适应原则。以上观点为实务界及司法学界普遍认可。

2018年12月4日，最高人民法院发布的“张某强虚开增值税专用发票案”中明确指出：张某强不具有骗取国家税款的目的，未造成国家税款损失，其行为不构成虚开增值税专用发票罪。最高人民法院这一权威意见明确了本罪的主观目的要件和危害后果要件，对本案具有明确的指导和借鉴意义。

本案中，对于司法机关提到的涉案业务开展过程中出现了增值税专用发票的数量与金额大于散户实际供货量的情形，能否以A公司虚开定性仍然存疑。根据案件证据和当事人供述显示，A公司对B公司在合作后期通过虚增货物数量虚增进项抵扣的舞弊行为并不知情，A公司出于管理不善对B公司舞弊的行为在主观上仅属于过失，并非间接故意，不管是在业务洽谈阶段还是在业务开展过程中，A公司的主要员工多次向B公司表示所开出的发票一定要有真实的货物购进，否则责任由B公司自负，足以证明A公司没有与B公司形成虚开犯罪的共同故意。而由于A公司没有积极追求虚增进项税额提供给B公司骗抵国家增值税税款的主观心理状态，仅是客观上出现了“多开”的结果，则不应追究A公司虚开的刑事责任。因此，对于A公司因管理过失导致B公司舞弊致使开具发票与实际交易不一致的情形，在税收征管层面，应当按照《发票管理办法》第22条、第37条的规定，由

A 公司承担相应的税收行政责任。

(四)A 公司未实施虚开增值税专用发票的行为,其开票行为未造成国家增值税税款损失的后果,不应以虚开增值税专用发票罪论处

1. A 公司开票符合税法规定,不构成虚开增值税专用发票

前文已述及,国税函〔2002〕893 号文就“开具增值税专用发票的定性问题”作出特殊规定,充分考虑了废旧物资行业的经营特点,注重废旧物资购销业务实际发生以及没有造成国家巨额税款损失的事实,对有关行为不认定为虚开。既然国家税收主管机关从行政层面认为这种行为不违法,司法机关就同一事实追究刑事责任则有悖法理。因此,对于符合国税函〔2002〕893 号文规定的情形,不宜以虚开犯罪论处。

本案中,C 公司、A 公司向 B 公司开具增值税专用发票的行为符合国税函〔2002〕893 号文的规定,具体而言:第一,C 公司、A 公司的法定经营范围是再生资源产品的回收与销售,属于合法的废旧物资经营单位,C 公司、A 公司具有向购货方开具增值税专用发票的资格;第二,散户将收购的废旧物资直接运输至 B 公司,B 公司验收过磅,C 公司、A 公司根据上述业务向散户开具了废旧物资收购凭证,在财务上作了购进处理;第三,C 公司、A 公司根据上述业务向 B 公司开具增值税专用发票,并在财务上作销售处理;第四,C 公司、A 公司向 B 公司开具增值税专用发票记载的货物数量、金额与实际交易情况相符。因此,C 公司、A 公司的开票行为完全符合国税函〔2002〕893 号文的规定,其向 B 公司开具增值税专用发票的行为不应认定为虚开。

2. A 公司的开票行为未造成国家增值税税款损失的后果

《增值税暂行条例》第 4 条规定:“除本条例第十一条规定外,纳税人销售货物、劳务、服务、无形资产、不动产(以下统称应税销售行为),应纳税额为当期销项税额抵扣当期进项税额后的余额……”第 8 条规定:“纳税人购进货物或者接受应税劳务(以下简称购进货物或者应税劳务)支付或者负担的增值税额,为进项税额。下列进项税额准予从销项税额中抵扣:(一)从销售方取得的增值税专用发票上注明的增值税额……”据此可知,只要商品流通各环节的供应商按照交易数量、金额如实开具增值税专用发票,按期、足额申报缴纳增值税税款,其向受票方开具增值税专用发票的行为就不会造成国家增值税税款的损失,受票方正常申报抵扣增值税进项税额的行为也不会造成国家增值税税款的损失。

本案中,根据案卷材料显示,A 公司将其采购的涉案废钢铁销售给 B 公司,发生了真实的货物销售行为,其向 B 公司开具增值税专用发票的行为是履行增值税

纳税义务的必然要求，并且 A 公司已经就其对外开具的增值税专用发票按期、足额缴纳了增值税，不存在少缴、未缴增值税税款的行为，不会造成国家增值税税款损失。且由于 B 公司从散户真实采购了相应货物，取得了合法的抵扣权益，通过 A 公司开具发票的交易模式实现自身的抵扣权益。但对于 B 公司舞弊多抵扣税款的部分，则造成了国家税款损失，应当由 B 公司承担相应的税收责任乃至刑事责任。

总之，C 公司、A 公司与 B 公司之间发生了真实的废旧物资销售行为，其向 B 公司开具增值税专用发票的行为不会给国家的增值税税款造成损失。B 公司在取得 C 公司、A 公司开具的增值税专用发票后进行申报抵扣增值税税款的行为也不会给国家增值税税款造成损失。

三、本案启示

自 2008 年财政部、国家税务总局《关于再生资源增值税政策的通知》（财税〔2008〕157 号）取消了对废旧物资回收经营企业销售废旧物资免征增值税的政策后，废旧物资回收经营企业便陷入了进项抵扣不足、增值税税负过重的困境，虚开问题也愈加严重。自 2017 年以来，税务机关在废旧物资行业开展税收专项整治，重点稽查江浙等 12 省市。安徽、江苏、浙江等地废旧物资购销交易虚开问题持续发酵，废旧物资行业虚开风险全面爆发。

废旧物资行业存在的虚开问题，与其行业经营特点有关，也与国家的税收政策密切相关。为解决目前存在的抵扣不足和虚开问题，需要国家进一步调整和完善相关的税收优惠政策，而对于回收企业及生产企业而言，在开展废旧物资购销业务时，应当通过改进交易模式、优化交易链条、完备交易材料等内容，规范业务操作，保证交易的真实性，避免虚开发票的产生。

同时，根据最高人民法院和最高人民检察院最新发布的虚开发票指导案例的意见和精神，针对目前已经进入司法程序的虚开案件，不具有骗取国家税款的目的、未造成国家税款损失的，不构成虚开增值税专用发票罪。最高人民法院和最高人民检察院的处理意见与华税在虚开案件中的辩护立场一致，该意见对于企业挂靠、代开等不以骗取税款为目的的虚开行为不应当以虚开增值税专用发票罪定罪论处提供了权威支撑，为虚开类刑事案件的司法审判实践指明了方向。许多司法机关也开始认识到废旧物资回收经营企业虚开案件不应定性为虚开犯罪，因此开始调整侦查方向和指控逻辑，甚至有些地方的司法机关直接将该类案件化为行政案件交由税务机关进行税务处理，以确保《刑法》的正确适用及罪责刑的统一。

但是需要看到的是,在一些地方,由于此类案件所涉税法具体问题的专业性极高及有效辩护不足等原因,少数司法机关仍然无法转变错误观念,存在只查行为不看目的、只查局部交易不看整体、行政违法与刑事犯罪界限不清等错误认识,有些还作为大案要案进行处理,在案件侦查过程中过度适用强制措施,这不仅对涉案企业的持续健康生产经营造成重大打击,所衍生出来的社会问题更是难以预计。因此,华税律师认为,这些案件中的当事人应当通过专业税务律师与司法机关积极沟通,推动司法机关积极借鉴其他地区已有的正确处理和做法,尤其是本节披露的案件。在案件侦办时回归交易实质,更加重视查实交易链条中是否有真实货物交易,而不能恣意割断链条导致无法查实货物来源,应从征税原理角度把握废旧物资购销交易中增值税税款的损失与否问题,对已启动司法程序的案件在定性上从刑事犯罪向行政违法或者无罪转变,纠正过去对该类案件的一系列错误认识,以准确地对国家税款作出刑法保护,并同时让涉案人员承担公平合法的相应责任。

* * *

【链接】

我国废旧物资回收经营行业的主要经营模式及税收政策分析

一、"散户—废旧物资回收经营企业—用废企业"的三方交易模式

自增值税政策实行以来,为了加强资源的综合利用、保护环境,我国对从事废旧物资回收经营的企业给予了税收优惠政策扶持,先后实行了先征后返、即征即退、免税的优惠政策。政策的变迁导致企业的经营模式也随之发生变化。

在废旧物资行业,一些大型钢厂、工程建设企业等通常会直接从当地经营废旧物资回收的散户处采购,但由于散户个人无法或不愿为用废企业开具增值税专用发票,用废企业便逐渐改变交易模式,将废旧物资回收经营企业作为中间商参与废旧物资采购交易,从而取得相应的增值税专用发票,这一发票使用现象在废旧物资行业相当普遍,"散户—废旧物资回收经营企业—用废企业"的业务模式已经成为废旧物资行业内的通行做法。

2001 年 4 月 29 日,财政部、国家税务总局发布《关于废旧物资回收经营业务有关增值税政策的通知》(财税〔2001〕78 号)[1],规定"自 2001 年 5 月 1 日起,对

〔1〕 该文件已于 2009 年 1 月 1 日被财政部、国家税务总局《关于再生资源增值税政策的通知》(财税〔2008〕157 号)废止。

废旧物资回收经营单位销售其收购的废旧物资免征增值税”,“生产企业增值税一般纳税人购入废旧物资回收经营单位销售的废旧物资,可按照废旧物资回收经营单位开具的由税务机关监制的普通发票上注明的金额,按 10% 计算抵扣进项税额”。上述免征及抵扣的增值税优惠政策,进一步巩固了这种“散户—废旧物资回收经营企业—用废企业”的业务模式。为了享受税收优惠政策,一时间国内涌现了大批废旧物资回收经营企业,甚至大多用废企业专门成立自己的废旧物资回收企业,形成“一对一”模式经营。但是,随着这种业务模式在全国范围内的体量迅速增长,一些地方上的税务机关和企业也出现了对废旧物资回收经营企业开具发票是否合规的争论。为了妥善解决这一税收征管疑难问题,更好地保障废旧物资回收经营行业做大做强,针对上述经营模式如何适用税收政策及开受发票行为如何定性的问题,考虑到废旧物资回收经营业务的特殊性,国家税务总局于 2002 年 10 月 10 日发布国税函〔2002〕893 号文,专门就废旧物资回收经营企业开具发票的定性问题作出规定:“废旧物资收购人员(非本单位人员)在社会上收购废旧物资,直接运送到购货方(生产厂家),废旧物资经营单位根据上述双方实际发生的业务,向废旧物资收购人员开具废旧物资收购凭证,在财务上作购进处理,同时向购货方开具增值税专用发票或普通发票,在财务上作销售处理,将购货方支付的购货款以现金方式转付给废旧物资收购人员。鉴于此种经营方式是由目前废旧物资行业的经营特点决定的,且废旧物资经营单位在开具增值税专用发票时确实收取了同等金额的货款,并确有同等数量的货物销售,因此,废旧物资经营单位开具增值税专用发票的行为不违背有关税收规定,不应定性为虚开。”

上述规定明确认可了在“散户—废旧物资回收经营企业—用废企业”三方交易模式中废旧物资回收经营企业向用废企业开具发票的行为,有效解决了税收征管实务中废旧物资回收经营单位开具发票的行为是否构成虚开的争议问题,对促进国内再生资源行业的发展产生了至关重要的作用。根据该规定,用废企业直接向第三方个体人员(散户)收购废旧物资,废旧物资回收经营单位满足下列条件的,即可向用废企业开出相应的增值税专用发票,此类行为不构成虚开:(1)废旧物资回收经营单位与第三方散户建立货物购销关系,取得废旧物资收购的相关凭证,并在财务上作购进处理;(2)废旧物资回收经营单位向购货方(用废企业)开出发票后,在财务上作销售处理;(3)购货方(用废企业)实际收货并将款项支付给废旧物资回收经营单位,第三方散户实际供货并收取货款,货物可由第三方散户直接运送至购货方(用废企业);(4)废旧物资回收经营单位向购货方(用废企业)开具的增值税专用发票所记载的货物数量、金额与购货方(用废企业)从第三方散户实际收到的货物保持一致。

很明显,国税函〔2002〕893 号文充分考虑了废旧物资行业的经营特点,注重废旧物资购销业务的实操情况,对“散户—废旧物资回收经营企业—用废企业”这一业务模式中废旧物资回收经营企业开具发票的行为作出了“不违背税收规定,不应定性为虚开”的认定。由于虚开增值税专用发票罪在性质和类型上属于法定犯,即认定某一项行为构成虚开犯罪行为的前提是该项行为违反国家法律法规的禁止性规定。既然国家税务总局出台的税收政策规定认为上述开票行为不违法,那么司法机关就不应对该类开票行为认定构成虚开犯罪行为。

需要特别注意的是,国税函〔2002〕893 号文是从业务实质而非业务形式的角度对“散户—废旧物资回收经营企业—用废企业”这一业务模式的开票行为性质作出了认定,肯定了在保证货物来源真实性和货物交易真实性的前提下,通过货权凭证转移货物所有权、简化物流运输环节、简化货物交割方式、匹配货款资金等做法完善企业采购、销售中的财务处理,进而使用废企业合法取得发票的模式,这是解决废旧物资行业取得发票难、合规开票难的做法,扫除了废旧物资回收业务难以取得发票的行业性障碍。在“散户—废旧物资回收经营企业—用废企业”的交易模式下,对废旧物资回收经营企业的开票行为进行定性时,根据国税函〔2002〕893 号文的具体规定及制度精神来看,根本不需要考察废旧物资回收经营企业是否实际承担运输、有无仓储、是否亲自参与交割货物、是否存在匹配资金、散户供应商的来源等问题,这些均是交易双方可以约定的事项或出于财务处理需求而进行的操作,与是否存在虚开行为无关,也不是判断废旧物资回收经营企业是否构成虚开的条件。

此类业务模式的衍生和变化:由于国税函〔2002〕893 号文解决了再生资源行业中一项重要的税收制度性障碍,给这一行业带来了前所未有的发展空间,因此在废旧物资回收经营过程中,结合市场环境和交易双方的需求,“散户—废旧物资回收经营企业—用废企业”三方交易的典型模式又衍生出诸多其他业务模式和类型。例如,部分废旧物资回收经营企业规模较小,没有与用废企业的业务合作优势或者某些用废企业存在由特定废旧物资回收经营企业供应货物的情况,则小型废旧物资回收经营企业在回收货物后需要再次转卖给更大规模的废旧物资回收经营企业,“散户—废旧物资回收经营企业(小型)—废旧物资回收经营企业(大型)—用废企业”的回收模式由此而生。就实质而言,该种模式也符合国税函〔2002〕893 号文规定的业务实质和税务处理原则,对于此种模式中废旧物资回收经营企业开具发票行为的定性问题亦应当按照国税函〔2002〕893 号文的规定进行判断，对于符合国税函〔2002〕893 号文规定的四个条件的开票行为，不应认定为虚开。

综上所述，“散户—废旧物资回收经营企业—用废企业”的业务模式是由废旧物资行业的特殊性决定的，在整个废旧物资购销交易链条中，废旧物资回收经营单位开票行为的定性应当按照国税函〔2002〕893 号文明确的四个条件进行判断，对于符合规定的即不构成虚开。而废旧物资回收经营企业是否参与货物运输、资金流向等问题与交易双方的具体约定、业务操作、财务处理有关，不是认定其是否构成虚开的关键。目前，全国各地绝大多数税务机关均持续依照国税函〔2002〕893 号文的规定对当地的废旧物资回收经营企业进行税收征管，个别地方的税务机关和司法机关仅因货物运输、资金流向异常等因素对当地废旧物资回收经营企业在启动调查后也都能够在进一步了解税收政策规定及企业具体运作后及时纠正不当认定或作出妥善处理。

二、“散户—收购站（大户）—废旧物资回收经营企业—用废企业”的经营模式

在实践中，对于业务规模较大的废旧物资回收经营企业而言，由于需要对接的散户众多，“散户—废旧物资回收经营企业—用废企业”的实际操作难度将随着散户数量的增多、经营规模的扩大而提高，且经营成本将出现巨大增加，难以为继。此类问题比较突出的是再生资源业务规模巨大的央企、国企，以及经营规模较大的民营企业，如中国再生资源集团等。因此，为了帮助废旧物资回收经营企业在税收政策上进一步松绑，国家税务总局于 2006 年 12 月 19 日发布国税函〔2006〕1227 号文[1]，在第 2 条明确规定：“中再生公司收购废旧物资数量大、收购对象众多，难以按现行规定逐笔填写收购凭证，同意允许中再生公司在收购投售人（包括个体经营者）及非经营性单位的废旧物资时汇总开具收购凭证。在开具废旧物资收购凭证时除按照规定填写相关内容外，必须填写投售人及非经营性单位收款人身份证号码。”

此规定实际上以中再生公司为例认可了“散户—收购站（大户）—废旧物资回收经营企业—用废企业”的交易模式。即当供货散户出现地域分散、数量众多的情况下，废旧物资回收经营单位可以不直接与散户建立货物购销关系，而是直接与一些收购站（大户）建立货物购销关系，并由收购站向废旧物资回收经营企业汇总提供收购凭证。根据该规定，废旧物资回收经营企业无须与每一个零散的、分布在各

〔1〕 该文件已于 2009 年 1 月 1 日被财政部、国家税务总局《关于再生资源增值税政策的通知》（财税〔2008〕157 号）废止。

地的散户签订购销协议,无须从每一个散户取得收购凭证,只需要与几个收购站(大户)对接建立货物购销交易关系及取得收购凭证即可,这在很大程度上降低了废旧物资回收经营企业的经营成本及税收合规成本。

国税函〔2006〕1227 号文将国税函〔2002〕893 号文所规定的废旧物资回收经营企业开具发票不认定为虚开的条件进一步作了松绑,即在此第二类业务模式中,废旧物资回收经营企业开具发票符合以下条件的,属于合规开票,不应定性为虚开:(1)第三方散户与收购站(大户)建立货物购销关系,将货物销售给收购站(大户);(2)废旧物资回收经营单位与收购站(大户)建立货物购销关系,取得收购站(大户)的收购汇总凭证,并在财务上作购进处理;(3)废旧物资回收经营单位向购货方(用废企业)开出发票后,在财务上作销售处理;(4)购货方(用废企业)实际收货并将款项支付给废旧物资回收经营单位,废旧物资回收经营单位将款项支付给收购站(大户),第三方散户实际供货并收取货款,货物可由第三方散户直接运送至购货方(用废企业);(5)废旧物资回收经营单位向购货方(用废企业)开具的增值税专用发票所记载的货物数量、金额与购货方(用废企业)从第三方散户实际收到的货物保持一致。

同理,在这一业务模式下,对废旧物资回收经营企业的开票行为进行定性时,根据国税函〔2002〕893 号文的具体规定及制度精神,不需要考察废旧物资回收经营企业是否实际承担运输、有无仓储、是否亲自参与交割货物、是否存在匹配资金、散户供应商的来源等问题,这些均是交易参与方可以约定的事项或出于财务处理需求而进行的操作,与是否存在虚开行为无关,也不是判断废旧物资回收经营企业是否构成虚开的条件。

总之,国税函〔2006〕1227 号文是针对废旧物资回收经营业务的特殊性而出台的,有效解决了废旧物资回收经营过程中税务处理上的实际操作问题,其实质是在保证货物来源真实性和货物交易真实性的前提下,可以通过汇总开具收购凭证减轻废旧物资回收经营企业的人力、财力投入。

三、"收购站(散户挂靠)—废旧物资回收经营企业—用废企业"的经营模式

所谓挂靠经营,通常是指众多自然人(挂靠方)与某一经营主体(被挂靠方)达成挂靠协议,挂靠方以被挂靠方名义对外从事经营活动,被挂靠方承担经营责任和纳税、环保等公共责任,挂靠方享受经营权益,被挂靠方向挂靠方收取一定管理费用的经营方式。对于有国家法律、法规明确规定的行政许可或专营专卖类经营事项,国家明令禁止挂靠经营,但对于非国家规定的行政许可或专营专卖类经营事项,挂靠经营具有合法性,受国家法律保护,不受国家禁止性规定的限制。对于一些体量大、规模大的重要产业所衍生的附加产业而言,挂靠经营对促进产业聚合、防止税源流失、维持社会稳定、提升产业质量等方面具有极大的积极作用。许多地方政府通常会鼓励或是直接主动主导通过挂靠经营方式发展一些附加产业。

以物流行业、废旧物资回收行业为例,这些货物供应或服务提供通常都是社会闲散劳动力完成,但却存在一些痼疾。第一,社会闲散劳动力纳税意识薄弱,往往在取得收入的同时不愿申报缴纳各项税款,使地方税源长久以来出现流失或被其他地方抢夺的问题。第二,社会闲散劳动力得不到有效监管,往往会导致不公平竞争、地方保护,并衍生黑社会性质组织犯罪、强买强卖犯罪等扰乱市场经济秩序及其他一些破坏社会稳定、影响群众正常生产经营的问题。第三,社会闲散劳动力提供服务和销售货物的产业水平和质量低,经济效益不高,竞争力低,并可能会伴有浪费自然资源、社会资源、破坏生态环境等诸多问题。为了解决社会闲散劳动力的上列问题,许多地方政府鼓励当地开办附加产业的平台公司,鼓励社会闲散劳动力与平台公司建立挂靠关系,将本地的社会闲散劳动力集约化经营和管理,统一以平台公司名义提供特定服务或销售特定货物。这种通过挂靠经营方式进行附加产业集聚管理的做法在一定程度上可以有效解决税源流失、各类市场秩序维护及社会稳定问题。

在挂靠经营的税收征管实务中,同样存在关于被挂靠方向挂靠方的下游业务单位开具发票的行为是否合规的争论。为正确理解和适用有关增值税专用发票使用相关税收政策规定,国家税务总局于 2014 年 7 月 2 日发布《关于纳税人对外开具增值税专用发票有关问题的公告》(国家税务总局公告 2014 年第 39 号),专门针对"挂靠开票"的行为定性作出了明确规定:"纳税人通过虚增增值税进项税额偷逃税款,但对外开具增值税专用发票同时符合以下情形的,不属于对外虚开增值税专用发票:一、纳税人向受票方纳税人销售了货物,或者提供了增值税应税劳务、应税服务;二、纳税人向受票方纳税人收取了所销售货物、所提供应税劳务或者应税服务的款项,或者取得了索取销售款项的凭据;三、纳税人按规定向受票方纳税人开具的增值税专用发票相关内容,与所销售货物、所提供应税劳务或者应税服务相符,且该增值税专用发票是纳税人合法取得、并以自己名义开具的。受票方纳税人取得的符合上述情形的增值税专用发票,可以作为增值税扣税凭证抵扣进项税额。"

与此同时,国家税务总局在其官方网站针对"挂靠开票"行为定性问题就如何正确理解与适用国家税务总局公告2014年第39号的相关规定作出官方解读:“以挂靠方式开展经营活动在社会经济生活中普遍存在,挂靠行为如何适用本公告,需要视不同情况分别确定。第一,如果挂靠方以被挂靠方名义,向受票方纳税人销售货物、提供增值税应税劳务或者应税服务,应以被挂靠方为纳税人。被挂靠方作为货物的销售方或者应税劳务、应税服务的提供方,按照相关规定向受票方开具增值税专用发票,属于本公告规定的情形。第二,如果挂靠方以自己名义向受票方纳税人销售货物、提供增值税应税劳务或者应税服务,被挂靠方与此项业务无关,则应以挂靠方为纳税人。这种情况下,被挂靠方向受票方纳税人就该项业务开具增值税专用发票,不在本公告规定之列。”

根据国家税务总局的以上官方解读,结合国家税务总局公告2014年第39号,符合以下条件的“挂靠开票”行为不属于对外虚开增值税专用发票:(1)被挂靠方与受票方建立货物购销或服务提供关系;(2)挂靠方以被挂靠方名义向受票方销售货物或提供劳务或提供服务;(3)被挂靠方作为纳税人就挂靠方所销售货物或提供劳务服务行为以自己名义申报缴纳各项法定税费。

在废旧物资回收经营业务中,由于实际供货的散户不具备自开增值税发票的条件,在其销售货物后,需要到税务机关申请代开发票。由于散户数量众多、申请代开发票报送资料复杂、且散户需要承担开票应缴纳的税费,缴税意愿薄弱或无缴税意愿,使得大多散户不愿申请代开发票。随着营改增试点的全面推开,增值税发票在经济活动中的需求越来越大,废旧物资回收经营企业和用废企业均需要取得增值税专用发票用以进项抵扣和企业所得税税前扣除,为了满足下游购货商的需求,散户逐渐选择挂靠有资质开票的回收主体开展废旧物资销售业务。挂靠经营也逐渐成为废旧物资行业回收业务的常见业务模式之一。

根据国家税务总局公告2014年第39号及其官方解读,散户与收购站签订挂靠协议后,就可以用收购站的名义向废旧物资回收经营单位销售货物,此时作为被挂靠方的收购站就可以向废旧物资回收经营单位开具增值税专用发票,只要所开具发票记载的货物数量、金额与散户实际销售货物情况保持一致,那么收购站的开票行为就不属于虚开增值税专用发票。特别需要注意的是,国家税务总局公告2014年第39号所作出的规定在判断被挂靠方是否属于虚开时仅局限在考察挂靠关系的建立情况、被挂靠人申报缴纳税款情况和挂靠方实际发生业务三个方面,至于款项资金如何收付与安排、货物如何运输仓储等不在考察范围之内,属交易参与方自主约定安排之事项。

煤炭企业虚开发票改判非法购买增值税专用发票罪案

【导读】

我国《刑法》分则集中设立了10个发票类的罪名，与附属在其他法律规范中的刑事责任条款相对应，共同构成了追究发票类犯罪分子的刑事责任法律体系。其中第205条虚开增值税专用发票罪在司法实践中，尤其是在近年来国家税务总局、公安部、海关总署、人民银行四部门联合开展“打虚打骗”专项行动的严峻形势下，适用非常广泛。虚开增值税专用发票罪要求行为人在主观上有为自己或者他人骗取国家税款的目的，且其行为在客观上足以造成国家税款损失的后果。如果行政相对人主观上不具有骗取税款目的，客观上不存在任何货物购销或应税服务等经营行为，也就不符合虚开增值税专用发票罪的构成要件，即不构成虚开增值税专用发票罪。虽然该行为仍然侵犯了国家对增值税专用发票的管理制度，应当予以处罚，但不应以虚开增值税专用发票犯罪定性。

一、案情简介

(一)案件基本信息

案件类型：煤炭企业非法购买增值税专用发票

涉案金额：价税合计9000万元

法律风险：煤炭企业通过其他公司代开增值税专用发票，检察机关以虚开增值税专用发票罪提起公诉，经发回重审后，一审法院判决被告人构成非法购买增值税专用发票罪，判处有期徒刑2年，并处罚金人民币10万元

(二)案件详情

D市X煤炭物资经销处于2009年5月在D市工商局注册登记，是集体所有制企业，主要经销燃煤，孙某系该煤炭物资经销处的法定代表人。因X煤炭物资经销处不够一般纳税人资格，D市国家税务局不给其开具增值税专用发票。孙某向L热电有限责任公司销售原煤后，为了结算货款，通过杨某到外地为S热电有限责任公司开具增值税专用发票。

2009年8月至10月，孙某代表X煤炭物资经销处在向S热电有限责任公司

销售原煤的过程中,为了结算货款,通过按增值税专用发票开具金额的17%支付开票费的方式,让赵某1和赵某2(二人另案处理)为其开具了盖有S煤业(集团)有限责任公司发票专用章的增值税专用发票10份,虚开金额8,533,079.56元,税额1,450,623.52元,价税合计9,983,703.08元。经S市国家税务局第二稽查局委托中国人民银行印制科学技术研究所认定,上述10份增值税专用发票,其中5份系伪造,涉及税额724,710.01元。

2008年至2009年,孙某代表X煤炭物资经销处在向S热电有限责任公司销售煤的过程中,为了结算货款,经他人介绍,采取向F市国家税务局A税务所按发票开具金额的6%或3%支付开票费的方式,让A税务所虚开了四家煤矿厂的增值税专用发票354份,虚开金额34,541,192.58元,税额1,743,791.02元,价税合计36,284,983.60元。2010年3月,孙某代表X煤炭物资经销处在向S热电有限责任公司销售煤的过程中,为了结算货款,采取按发票开具金额的17%支付开票费的方式,让赵某1和赵某2虚开了盖有某物资有限公司的增值税专用发票22份,发票虚开金额2,179,487.19元,税额370,512.81元,价税合计2,550,000.00元。

2008年7月,杨某伙同张某到F市国家税务局A税务所,按增值税专用发票金额的6%支付开票费后,让该税务所以某煤矿的名义,虚开增值税专用发票2份,虚开金额189,013.87元,税额11,340.83,价税合计200,354.70元。

2008年7月至2010年8月,杨某为了帮助他人将购买煤的支出列入购买方的会计账簿和抵扣税款,伙同他人一起到A税务所按增值税专用发票金额的6%或3%支付开票费后,让A税务所虚开了增值税专用发票67份,虚开金额6,098,041.42元,税额23,611.036元,价税合计6,334,154.78元。

综上所述,孙某让他人代自己虚开增值税专用发票386份,虚开增值税专用发票金额45,253,759.33元,虚开税额3,564,927.35元,税价合计48,818,686.68元。上述增值税专用发票已向税务机关申报抵扣了全部税款。杨某共计介绍他人虚开增值税专用发票423份,虚开金额40,828,247.87元,税额1,991,245.21元,价税合计42,819,493.08元。

(三)各方观点

公诉机关认为:被告单位X煤炭物资经销处、被告人孙某、杨某在明知其没有从增值税专用发票开具方真实购买货物的情况下,为了结算货款,采取按增值税专用发票开具金额不同比例支付开票费的方式,让他人代自己为S热电有限责任公司虚开增值税专用发票,数额特别巨大,其行为均已构成虚开增值税专用发票罪,应依法追究其刑事责任。

被告人孙某及辩护人辩称：(1)因 X 煤炭物资经销处不够一般纳税人资格，无法开具增值税专用发票，孙某为结算货款以他人名义开具增值税专用发票，并按规定标准纳税，没有骗取国家税款目的，主观上不符合虚开增值税专用发票罪的犯罪构成要件。(2)孙某通过他人购买增值税发票的抵扣行为发生在 S 热电有限责任公司，孙某足额缴纳了税款才使 S 热电有限责任公司能够抵扣税款，实质是“让他人为他人虚开”，不符合虚开增值税发票罪的客观表现，更符合非法购买增值税专用发票罪。

法院认为：(1)X 煤炭物质经销处向 S 热电有限责任公司销售的煤炭，因不能开具增值税专用发票，其法定代表人孙某为结算货款，无奈到凤城、内蒙古等外地国税局开增值税专用发票。发票上的数量、金额均与实际发生的销售煤炭的数量、金额一致。被告人孙某主观方面没有偷税、漏税的故意，其行为不符合虚开增值税专用发票罪的构成要件，故不构成虚开增值税专用发票罪。但其从赵某 1、赵某 2 购买的 10 份发票中，经鉴定有 5 份系伪造发票，造成了国家税收损失，故其行为应构成非法购买增值税专用发票罪。(2)X 煤炭物质经销处系集体所有制企业，孙某系该单位的法定代表人，其非法购买增值税专用发票系职务行为，故 X 煤炭物质经销处不构成虚开增值税专用发票罪，而应构成非法购买增值税专用发票罪。

(四)争议焦点

孙某通过其他企业开具增值税专用发票的行为是否构成虚开增值税专用发票罪。

(五)争议解决

最终，法院认定孙某不构成虚开增值专用发票罪，而是以非法购买增值税专用发票罪对其定罪量刑。

二、税务律师点评

(一)虚开增值税专用发票罪与非法购买增值税专用发票罪的区别

最高人民法院《印发〈关于适用《全国人民代表大会常务委员会关于惩治虚开、伪造和非法出售增值税专用发票犯罪的决定》的若干问题的解释〉的通知》(法发〔1996〕30 号)规定：“一、根据《决定》第一条规定，虚开增值税专用发票的，构成虚开增值税专用发票罪。具有下列行为之一的，属于‘虚开增值税专用发票’：(1)没有货物购销或者没有提供或接受应税劳务而为他人、为自己、让他人为自己、介绍他人开具增值税专用发票;(2)有货物购销或者提供或接受了应税劳务但为他人、为自己、让他人为自己、介绍他人开具数量或者金额不实的增值税专用发票;(3)进行了实际经营活动,但让他人为自己代开增值税专用发票……非法购买增值税专用发票或者购买伪造的增值税专用发票的,构成非法购买增值税专用发票、伪造的增值税专用发票罪……非法购买真、伪两种增值税专用发票的,数量累计计算,不实行数罪并罚。”

《刑法》第 205 条规定,虚开增值税专用发票或者虚开用于骗取出口退税、抵扣税款的其他发票,是指有为他人虚开、为自己虚开、让他人为自己虚开、介绍他人虚开增值税专用发票行为之一的。第 208 条规定,非法购买增值税专用发票或者购买伪造的增值税专用发票的,处 5 年以下有期徒刑或者拘役,并处或者单处 2 万元以上 20 万元以下罚金。非法购买增值税专用发票或者购买伪造的增值税专用发票又虚开或者出售的,分别依照该法第 205 条、第 206 条、第 207 条的规定定罪处罚。

对比《刑法》第 205 条与第 208 条可知:犯虚开增值税专用发票罪,最高可判处无期徒刑;犯非法购买增值税专用发票罪,最高判处 5 年以下有期徒刑。这是从法定处罚结果来看的,并未涉及两罪的核心区别。结合相关法律规定及案例判决,笔者认为,两罪有以下三大核心区别:

1. 目的犯与行为犯的区别。认定构成虚开增值税专用发票罪时,需要行为人主观上具有骗取国家税款目的,客观上造成了国家税款损失。而非法购买增值税专用发票犯罪是一种行为犯,主观上行为人只要对非法买卖的行为有认知即可,无须附加其他主观目的;客观上只要实施了非法买卖的行为,无须造成一定的危害后果。

2. 侵害对象不同。虚开增值税专用发票侵犯的是增值税征收管理制度和国家税收利益,非法购买增值税专用发票犯罪侵犯的是增值税专用发票领购制度。所以,《发票管理办法》第 22 条规定,开具发票应当按照规定的时限、顺序、栏目,全部联次一次性如实开具,并加盖发票专用章。第 15 条规定,需要领购发票的单位和个人,应当持税务登记证件、经办人身份证明、按照国务院税务主管部门规定式样制作的发票专用章的印模,向主管税务机关办理发票领购手续。

3. 经济收益不同。虚开增值税专用发票罪并不要求开票方获得直接的经济收益,但受票方须有骗取国家税款目的,且客观上造成了国家税款损失。非法购买增值税专用发票罪则要求购买方至少认知到会获得超过购买发票费用金额的发票经济收益。

（二）成立虚开增值税专用发票罪应当以行为人主观上具有骗抵增值税税款的目的、客观上造成国家增值税税款损失为必要条件

为正确适用关于虚开增值税专用发票罪的规定，最高人民法院研究室《〈关于如何认定以“挂靠”有关公司名义实施经营活动并让有关公司为自己虚开增值税专用发票行为的性质〉征求意见的复函》（法研〔2015〕58 号）认为：“虚开增值税发票罪的危害实质在于通过虚开行为骗取抵扣税款，对于有实际交易存在的代开行为，如行为人主观上并无骗取抵扣税款的故意，客观上未造成国家增值税款损失的，不宜以虚开增值税专用发票罪论处。虚开增值税专用发票罪的法定最高刑为无期徒刑，系严重犯罪，如将该罪理解为行为犯，只要虚开增值税专用发票，侵犯增值税专用发票管理秩序的，即构成犯罪并要判处重刑，也不符合罪刑责相适应原则。”根据《刑法》第 205 条的规定和上述复函以及刑法解释和刑法理论，笔者认为，虚开增值税专用发票罪，不仅要从形式上把握是否存在虚假开具增值税专用发票的行为，还要从实质上把握行为人虚开增值税专用发票的主观心态以及客观后果：

1. 应当以行为人在主观上具有骗抵国家增值税税款的目的。刑法设立虚开犯罪的立法目的是打击侵害国家税收收入的犯罪行为。因此行为人不以骗抵国家增值税税款为目的的“虚开”行为不是《刑法》第 205 条的评价对象。虚开增值税专用发票罪应当以具有骗抵国家增值税税款的目的为构成要件。

2. 客观上造成国家增值税税款损失或产生损失的危险。从法益保护及犯罪本质角度考察，《刑法》第 205 条是“危害税收征管秩序罪”之一，所侵害的法益是国家的税收征管秩序，突出表现为对国家增值税税款的侵害。如果行为人所实施的行为对国家增值税税款没有造成侵害，或者没有造成损失的危险，就不具有严重的社会危害性，不应受到刑罚处罚。

（三）孙某让他人代开增值税专用发票的行为未造成国家增值税税款损失的后果

增值税是以商品和劳务、应税行为在流转过程中产生的增值额作为计税依据而征收的一种流转税。从计税原理上说，增值税是对商品生产、流通、劳务服务、应税行为中多个环节的新增价值或商品的附加值征收的一种流转税。就商品流通而言，增值税应纳税额的计算过程为首先计算出应税货物的整体税负，然后从整体税负中扣减法定外购项目已纳税额。《增值税暂行条例》第 4 条规定：“除本条例第十一条规定外，纳税人销售货物、劳务、服务、无形资产、不动产（以下统称应税销售

行为),应纳税额为当期销项税额抵扣当期进项税额后的余额……”第 8 条规定:“纳税人购进货物或者接受应税劳务(以下简称购进货物或者应税劳务)支付或者负担的增值税额,为进项税额。下列进项税额准予从销项税额中抵扣:(一)从销售方取得的增值税专用发票上注明的增值税额。……”

据此可知,只要商品流通各环节的供应商按照交易数量、金额如实开具增值税专用发票,按期、足额申报缴纳增值税税款,其向受票方开具增值税专用发票的行为就不会造成国家增值税税款的损失,受票方正常申报抵扣增值税进项税额的行为也不会造成国家增值税税款的损失。

本案中,孙某从 F 市等地开具的增值税专用发票已足额缴纳增值税税款,且 S 热电有限责任公司实际采购了煤炭货物,享有取得增值税专用发票并进行申报抵扣的权益,S 热电有限责任公司不会造成国家增值税税款的损失。

(四)没有真实经营行为的,构成非法购买增值税专用发票罪

实践中,对于没有真实购销交易经营行为的虚开发票应该如何定性一直存在争议,笔者认为,不存在真实的货物购销等经营行为,则缺乏向国家缴纳增值税款的事实基础,不会给国家税款造成实际损失,若行为人主观上不具有骗取国家税款的目的,客观上未给国家税款造成损失,则不构成虚开增值税专用发票罪。

增值税是以商品或应税劳务在流转过程中产生的增值额为计税依据而征收的一种流转税,增值税的征收以有实际商品流转或应税劳务发生且有增值为事实基础,同样开具增值税专用发票也应以实际发生商品流转或应税劳务为事实基础,在没有真实贸易的情况下开具增值税专用发票,就是一种虚假开具的行为,本质上属于虚开增值税专用发票行为,此种行为严重扰乱了增值税专用发票的正常管理秩序,已构成行政违法。

但作为刑事犯罪的虚开增值税专用发票罪,不仅要从形式上把握是否存在虚假开具增值税专用发票的行为,还要从实质上把握行为人虚开增值税专用发票的主观心态以及客观后果。最高人民法院在 2018 年 12 月 4 日召开新闻发布会,公布了“人民法院充分发挥审判职能作用保护产权和企业家合法权益典型案例(第二批)”,其中第一个案例为“张某强虚开增值税专用发票案”,在该案例中,最高人民法院指出:“被告人张某强以其他单位名义对外签订销售合同,由该单位收取货款、开具增值税专用发票,不具有骗取国家税款的目的,未造成国家税款损失,其行为不构成虚开增值税专用发票罪”,这就意味着在认定构成虚开增值税专用发票罪时,需要行为人主观上具有骗取国家税款目的,客观上造成了国家税款损失。

对于因融资、虚增业绩等虚开发票的行为,其主观上不具有骗取税款目的,由于不存在任何货物购销或应税服务等经营行为,因而不存在缴纳税款的事实基础,客观上不会给国家税款造成实际损失。因此,行为人不构成虚开增值税专用发票罪,但该行为仍然侵犯了国家对增值税专用发票的管理制度,实践中已出现多个改判为非法购买增值税专用发票罪的案例。

三、本案启示

根据《发票管理办法》的规定,需要领购发票的单位和个人,应当持税务登记证件、经办人身份证明、按照国务院税务主管部门规定式样制作的发票专用章的印模,向主管税务机关办理发票领购手续。除去税务机关外,任何单位和个人都无权出售增值税专用发票。因此,是否构成非法购买增值税专用发票罪,主要在于判断是否构成"非法购买"。从社会危害性上看,非法购买增值税专用发票罪是要轻于虚开增值税专用发票罪的。目前相关规定的量刑标准也比虚开增值税专用发票罪低。

司法实践中,非法购买增值税专用发票罪与虚开增值税专用发票罪的认定存在争议,笔者建议还是按照犯罪构成来分析犯罪事实,纯粹为了融资、虚增业绩而购买增值税专用发票的行为,其没有骗抵增值税税款目的,没有造成国家增值税税款损失或产生损失的危险的,应定性为非法购买增值税专用发票罪。

外贸企业“假自营、真代理”出口退税争议案

【导读】

出口退税，是指国家为了增强出口商品的竞争能力，对报关出口的商品由税务当局将其中所含的增值税、消费税等间接税退还给出口企业，从而使出口商品以不含税价格进入国际市场，参与国际竞争的一种税制。出口退税符合公平贸易原则，是各国遵守公平税负、避免双重征税的必然要求，成为通行的国际惯例。我国目前的出口退税税制正在经历制度调整时期，并以增值税立法改革的推进为基础不断完善。对于国家不限制出口的货物，我国采取“征多少，退多少”“未征不退”的原则，根据出口企业的不同形式和出口货物的不同种类，分为出口免税并退税、出口免税但不退税以及出口不免税也不退税三种形式。其中，出口免税并退税的方法有两种，分别是“免、抵、退税”法和“免、退税”法。

目前我国出口退税税制的立法层级低，立法随意性较大，权力缺乏制约，税制体系存在较大弊端，重要事项的发文主体位阶较低，随意处分纳税人权利的现象严重。出口退税更大程度上被作为国家宏观调控的工具使用，偏离了其制度初衷和立法精神，纳税人的实体权利在立法上被惯性地程序化处理，无法得到较好的保障。部门规范性文件之间存在大量的矛盾和冲突，各地税务机关执法不一，税企双方容易发生退税争议。我国出口退税税制立法和执法上存在的问题加大了外贸企业的税务风险。本节中的案例即外贸企业与税务机关就部门规范性文件的适用存在异议而引发的出口退税不能的典型案件。

一、案情简介

（一）案件基本信息

案件类型：外贸企业增值税出口退税争议

涉案金额：增值税出口退税款 548 万元

法律风险：不予办结出口退税款 367 万元，退回已办结退税款 181 万元

（二）案件详情

G 电力燃料有限公司（以下简称 G 公司）成立于 2009 年 2 月 20 日，注册地位于广东省 A 市 B 区，是一家某国有企业的全资子公司。G 公司是增值税一般纳税

人，经营范围主要有批发煤炭、销售电力燃料设备以及自营和代理各类商品、技术的进出口业务。H 制衣有限责任公司（以下简称 H 公司）成立于 2010 年 3 月 12 日，注册地址位于河南省 C 市 D 区，经营范围为：布料织造、绣花、针织、纯棉制衣生产及销售；从事货物及技术的进出口业务。

2013 年，G 公司凭借自身拥有的广泛境外客户资源，开始经营纺织品自营出口业务。2013 年 4 月 25 日，G 公司与 H 公司签署《出口销售框架协议》，由 G 公司从 H 公司采购一批服装、布匹等纺织品，并出口给 G 公司的境外客户。

2013 年 4 月至 10 月，G 公司与 H 公司陆续签订购销合同 52 份，从 H 公司采购成衣共计约 3425 万元（不含税），并陆续全部向 H 公司开具了增值税专用发票，价税合计约 4007 万元。在此期间，G 公司与其原有的三家境外客户签署了销售合同，按照境外购买方的要求将从 H 公司采购的成衣陆续出口，实现出口销售收入约 4300 万元。在出口过程中，G 公司完成报检手续并支付了报检费用，同时 G 公司委托某报关公司代为完成报关手续，并支付了报关费用。G 公司按照 A 市 B 区国家税务局要求的程序分期申请增值税出口退税 548 万元。B 区国家税务局向有关部门发调查函进行比对，证实了 G 公司出口贸易的真实性，并已办结退税款 181 万元。

2013 年 10 月，B 区国家税务局对 G 公司进行例行税务检查时，根据《出口销售框架协议》中由 H 公司承担汇率变动风险的约定，认定 G 公司与 H 公司之间的贸易安排属于委托代理出口，而并非 G 公司自营出口，G 公司是委托代理出口的受托方。根据财政部、国家税务总局《关于出口货物劳务增值税和消费税政策的通知》（财税〔2012〕39 号）第 7 条第 1 项第 7 目之（5）的规定以及第 9 条第 2 项第 5 目的规定，B 区国家税务局不允许 G 公司继续在 B 区办理出口退税，并要求 G 公司退回已办结的税款 181 万元。

收到不予退税通知后，G 公司将出口材料寄送至 H 公司，商讨由 H 公司在生产地申报退税。2014 年 3 月 14 日，H 公司向 D 区国家税务局请示办理与 G 公司购销业务的出口退税事宜（见图 1）。

关于[redacted]制衣有限公司与[redacted]电力燃料有限公司
产品购销业务在[redacted]退税的请示

[redacted]国税局:

[redacted]制衣有限公司是 2010 年 3 月由[redacted]市政府从[redacted]招商引资成立的服装出口企业，注册资金 1000 万元，法人代表：[redacted]，公司经营范围：布料织造、绣花、针织、纯棉制衣生产及销售；从事货物及技术的进出口业务。公司经过近几年来的运作，目前已建立起良好的供销网络，拥有比较稳定的供销客户，公司生产经营有序快速发展，财务状况保持良好状态。为[redacted]的经济建设以及为社会创造就业机会方面做出了一定的贡献。

[redacted]制衣有限公司与[redacted]电力燃料有限公司于 2013 年 4 月正式发生业务往来，自 2013 年 4 月至今，与[redacted]电力燃料有限公司签订购销合同 52 份，共发生经济业务 34247164.39 元。制衣[redacted]公司已全部向[redacted]电力燃料公司开具增值税专用发票，[redacted]电力燃料公司已认证，并自行办理出口报关手续。但[redacted]税务局对制衣[redacted]公司与[redacted]电力燃料公司的业务往来存在一些异议，致使电力燃料公司出口业务退税款项一直未能退还。[redacted]税务局建议[redacted]制衣有限公司与[redacted]电力燃料有限公司之间发生的经济业务在货物生产地退税比较适宜，因此，特向贵局申请我公司与[redacted]电力燃料有限公司发生的购销业务共计 34247164.39 元所涉及的退税款项在[redacted]市当地办理。

特此申请，妥否请批示。

[redacted]制衣有限公司
2014 年[redacted]月 14 日

图 1 H 公司向 D 区国家税务局提交的出口退税的请示

2014年3月17日，D区国家税务局书面回复H公司，称G公司与H公司之间的业务属于国内购销业务，非委托代理出口业务，应该在出口地办理退税(见图2)。

<table><tr><td>

回　复

H制衣有限责任公司：

你单位《关于H制衣有限责任公司与G电力燃料有限公司产品购销业务在××退税的请示》，我局已收悉。我局组织相关人员对你公司的请示进行了研究，现答复如下：

你单位和G电力燃料有限公司签有购销合同，合同明确约定了双方的权利和义务，你单位向G电力燃料有限公司开具了增值税专用发票，对方自行报关出口，根据以上内容认定你们两者之间的业务属于国内的购销业务，而非委托代理业务，应该按照国家税务总局相关公告的规定，在出口地办理退税。

根据国家税务总局公告2014年第13号《国家税务总局关于外贸综合服务企业出口货物退(免)税有关问题的公告》的规定，国家对综合服务企业的业务限制是越来越宽松的，你单位可以根据实际情况尽快和出口企业联系，积极协助对方在出口地税务机关申报退税，以免贻误造成损失。

特此回复！

D区国家税务局
2014年×月×日

</td></tr></table>

图2　D区国家税务局给予H公司的回复

H公司将D区国家税务局的意见反馈给G公司后，G公司于2014年4月多次向B区国家税务局提交情况说明，B区国家税务局表示需要进一步调查核实再作出最终处理。

(三)各方观点

B区国家税务局认为：G公司与H公司签署的《出口销售框架协议》约定由H公司承担汇率变动风险，实为代理出口协议，G公司并非自营出口，因此增值税出口退税应当在生产地办理而非出口地办理。

G公司认为：其与H公司签署的《出口销售框架协议》明确双方之间并非委托

代理出口的商业安排,而是纯粹国内购销业务安排。B 区国家税务局不予办理退税的行为没有事实依据和法律依据。

(四)争议焦点

1. G 公司与 H 公司之间是国内购销业务关系还是代理出口业务关系。

2. G 公司向境外客户出售购进纺织品是否享有出口退税权。

3. B 区国家税务局拒绝 G 公司出口退税申请是否有法律依据。

(五)争议解决

2014 年 1 月 8 日,华税律师接受 G 公司的委托,指派两名律师成立专项工作组,就本案的出口退税相关税务事项提供专项的税法咨询服务。专项工作组对本案中涉及的购销业务、合同、发票、报关、报检、出口退税申请等事实和证据进行了充分了解和搜集,对本案涉及的出口退税税务问题向 G 公司提供了专业的咨询建议。通过整理本案涉税争议相关资料文件,为 G 公司出具了化解本案出口退税争议的法律意见书,并协助 G 公司与 B 区国家税务局就本案的事实认定和法律适用进行了充分的沟通和协商,最终成功协助 G 公司办理了出口退税。

二、税务律师点评

(一)G 公司与 H 公司之间构成国内购销合同关系

生产企业与外贸企业之间法律关系的确定决定了出口退税权的归属以及一系列出口退税程序的遵从方法。按照本案发生时的税法规定,生产企业与外贸企业签署委托代理出口协议的,生产企业享有增值税“免、抵、退”的出口退税权,由外贸企业协助生产企业在生产企业所在地税务当局办理出口退税,退税财政负担在生产企业当地,生产企业应当承担出口退税不能的合同风险以及违规违法办理出口退税的税务行政以及刑事法律责任。生产企业与外贸企业签署国内购销协议的,生产企业无权办理出口退税,外贸企业对外出口购进的货物可以享有增值税“免、退”的出口退税权,应在其当地自行办理出口退税,退税财政负担在外贸企业当地。外贸企业应当承担出口退税不能的合同风险以及违规违法办理出口退税的法律责任。

确定生产企业与外贸企业之间属于委托代理出口关系还是货物购销合同关系,应当依照生产企业与外贸企业之间签署的合法有效的合同及交易的实际情况认定。本案中,G 公司是具有从事进出口经营权的外贸公司,具有广泛的境外客户资源。H 公司是一家境内中型纺织品生产企业,缺乏境外客户资源。G 公司与 H

公司于2013年4月25日签署了《出口销售框架协议》,并于2013年4月至10月,签订了52份购销合同,由G公司向H公司购买其境外客户要求的纺织品。G公司也已经向H公司全额开具了增值税专用发票。H公司仅对G公司承担货物质量责任,与境外客户不发生关系。G公司对境外客户承担货物质量责任以及汇率风险、退税风险等。综上所述,G公司与H公司之间存在国内购销业务关系,2013年4月至10月,G公司与H公司发生的购销业务均有合同、货物流、发票等真实、合法、有效的凭证,G公司与H公司不存在委托代理出口关系。B区国家税务局认定G公司与H公司之间存在委托代理出口关系与事实不符。

(二)G公司与H公司之间不构成“假自营、真代理”,税务机关拒绝退税系法律适用错误

在出口退税领域,有自营出口、委托代理出口、外综服代办退税三种模式,为了预防骗取出口退税违法犯罪行为,税法禁止出口企业以自营名义实质为代理出口行为的发生,即禁止以“假自营、真代理”方式出口申报退税,否则企业将会被追缴已退税款、按视同内销征税、罚款、停止出口退税权,甚至以骗取出口退税罪追究刑事责任。

国家税务总局、商务部《关于进一步规范外贸出口经营秩序切实加强出口货物退(免)税管理的通知》(国税发〔2006〕24号)第2条,财政部、国家税务总局《关于出口货物劳务增值税和消费税政策的通知》(财税〔2012〕39号)第7条第1项第7目对“假自营、真代理”的情形作出了规定,其中第5点规定,出口企业以自营名义出口,但不承担出口货物的质量、收款或退税风险之一的,即出口货物发生质量问题不承担购买方的索赔责任(合同中有约定质量责任承担者除外);不承担未按期收款导致不能核销的责任(合同中有约定收款责任承担者除外);不承担因申报出口退(免)税的资料、单证等出现问题造成不退税责任的,不得申报办理出口退税。本案中,B区国家税务局即是以G公司和H公司之间的贸易安排属于“假自营、真代理”,违反财税〔2012〕39号文第7条第1项第7目之(5)的规定,而不允许G公司继续办理出口退税,并要求其退回已办结的税款。其主要的事实依据是G公司和H公司签订的《出口销售框架协议》中约定由H公司承担汇率变动风险,属于财税〔2012〕39号文第7条第1项第7目之(5)中的出口企业以自营名义出口,但不承担出口货物收款风险的情形。然而,B区国家税务局的这一判断其实是对财税〔2012〕39号文进行了错误适用。财税〔2012〕39号文第7条第1项第7目之(5)规定,出口企业以自营名义出口,但不承担出口货物的收款风险是指不承担未按期

收款导致不能核销的责任。

本案B区国家税务局据以不予G公司办理退税的事实基础是《出口销售框架协议》约定的G公司不承担汇率变动风险。而未按期收款的风险与汇率变动风险并不是等同概念。对于收付款事项的约定是合同的核心内容之一,是买卖合同中双方权利义务的主要体现,如果约定出口企业不承担收款风险,则意味着出口企业在实际上并不作为出口合同的权利义务主体,因而被认定为是“假自营、真代理”的情形之一;而汇率变动风险是出口企业与上游企业对于货款支付的合理约定,是对由汇率变动导致的溢价、跌价部分双方如何承担损失的约定,该约定只能影响H公司的收益情况,而不会改变G公司在出口合同中的收付款权利义务,也就不会影响其作为出口合同真正的权利义务主体。因此,不能将不承担汇率变动风险等同于不承担收款风险,不能将此作为认定“假自营、真代理”的情形的依据。因此,B区国家税务局依据财税〔2012〕39号文拒绝G公司的退税申请其实是对法律进行了错误适用,本案中G公司和H公司就汇率风险作出的约定并不属于“假自营、真代理”的情形。

(三)G公司向境外客户出售购进纺织品属于自营出口,应当享有出口退税权

前文已述及,在国际出口贸易业务中,外贸企业的地位决定了其是否享有出口退税权。在委托代理出口关系中,外贸企业不享有出口退税权,其在出口贸易中只扮演一个贸易服务机构的角色。而如果外贸企业在国内购进货物后自营出口,那么外贸企业扮演的是一个出口企业的角色,享有出口退税权。《出口货物退(免)税管理办法(试行)》(国税发〔2005〕51号)第2条规定,出口商自营或委托出口的货物,可在货物报关出口并在财务上做销售核算后,凭有关凭证报送所在地国税局批准退还或免征其增值税。出口商包括对外贸易经营者、没有出口经营资格委托出口的生产企业和特定退(免)税的企业、人员。财税〔2012〕39号文第2条第2项规定,不具有生产能力的出口企业即外贸企业出口货物劳务,免征增值税,相应的进项税额予以退还。上述规定赋予了外贸企业自营出口的增值税免退税的权利。财税〔2012〕39号文对外贸企业自营出口增值税免退税权利的适用条件、适用范围、计税依据、计算方法等作了具体规定。总结来看,外贸企业自营出口适用增值税免退税的条件有:(1)外贸企业完成报关且货物已离境;(2)外贸企业在财务上已做销售处理;(3)出口已由外贸企业收汇并核销;(4)不存在国家规定的不得适用增值税免退税的情形。在委托代理出口关系中,外贸企业一般仅负责报关,在财务上不会体现离境的货物,收汇后由委托方负责核销,出口退税权由委托方行使。

本案中,G 公司与 H 公司签订购销合同后,作为出口商与境外客户签署了销售合同,尽管货物流没有经过 G 公司而是直接从 H 公司运到境外客户指定的港口,但货物的报检、报关、收汇核销均由 G 公司负责完成,并且 G 公司与 H 公司签订完国内购销合同后全部向 H 公司开具了增值税专用发票,G 公司的会计账簿上也明确体现了货物的购进和出售。因此,G 公司向境外出售购进的纺织品属于自营出口,有权向 G 公司所在地税务机关申请增值税的出口退税。

(四)结论

G 公司与 H 公司之间仅存在国内购销合同关系,不存在"假自营、真代理"情形。G 公司从 H 公司处购买纺织品再出口的行为符合税法规定的外贸企业自营出口,应当适用增值税退(免)税政策。根据我国出口退税相关政策规定,G 公司享有出口退税权,有权在出口地申请增值税出口退税,B 区国家税务局拒绝 G 公司出口退税申请属于事实认定错误以及法律适用错误。

三、本案启示

税务风险是外贸企业的重要风险因素,如何防范和化解税务风险是外贸企业能够健康、稳定发展的重要课题。外贸企业面临的税务风险具有很鲜明的特殊性,相较于一般企业更为复杂和难以应对,税务风险因素也有着不同的特点,总体来看,主要有以下四类:

1. 税收政策变化风险。由于我国出口退税政策的立法层级低,出口退税作为国家宏观调控的一种工具,使我国出口退税的税法政策变动和调整十分频繁,带给外贸企业不可逆的税收影响。

2. 时效风险。由于外贸领域的税收政策十分繁杂,涉及的时间规定较多,办理涉税事项一旦逾期,就有可能给企业带来损失。因此,外贸企业的涉税时效风险非常突出。例如,按照税法规定,外贸企业如果未在规定时间内进行退免税申报,或未申请开具外贸企业出口视同内销货物税额抵扣证明的,则外贸企业既不能退税,也不能抵扣增值税税款。

3. 单证及发票涉税风险。外贸企业涉税单证种类多、来源广,办理程序非常烦琐,法律形式上的要求十分严格,很容易引发税务风险。例如,单证形式、内容不符合税法的要求,其他企业出于逃税、骗税等目的伪造单证,单证的备案、管理不规范导致证据不足等。外贸企业的单证一旦出现问题,将会导致出口退税申请被拒绝的后果,经济损失严重。一些外贸企业购进货物取得增值税专用发票后,因会计处理不当,存在既申报抵扣进项税额又申报出口退税的一票两用情况,从而导致涉税风险。

4.税务执法不当风险。外贸企业申请出口退税需要经过税务机关的审核,如果税务机关存在认定事实错误、适用法律错误的执法不当行为,就会引发税企双方的税务争议,延误退税办理,导致退税款的不良占用。出口退税政策立法体系混乱、立法不明确,使税务执法人员对税法政策的理解和把握不一,在执法过程中对税法规定任意扩大解释,造成外贸企业退税受阻。受分税制影响,地方上的出口退税均以本地财政负担,而且境内流转环节的增值税征收和出口环节的增值税退税经常由不同的地方财政负责,造成各地财政收支不匹配,导致各地相互推脱退税责任。允许企业在自己辖区内办理出口退税,则意味着有可能需要动用自己的地方财政,而所要退税的交易往往并未在本地缴纳任何增值税,这会使出口地的税务执法人员倾向性地要求出口企业在生产地办理退税,导致外贸企业在出口地退税受阻。

为有效应对税务风险,避免税务风险损失,降低税务争议成本,外贸企业应当强化税务风险意识,建立健全税务风险管理制度,提高税务风险识别能力,准确把握税务风险环节,合理规划涉税业务流程,合法地进行税收筹划,有效地防范和管理税务风险。在应对税收政策变化风险方面,外贸企业应当特别注重对出口退税、增值税、纳税申报等领域的税收政策的学习和研究,及时更新最新的税收政策,了解税收政策的变化,全面、准确地把握与外贸企业相关的税收政策。根据最新的税收政策测算外贸企业的税收成本,及时调整业务模式和方向。同时,要同步更新与外贸企业联系密切的会计准则的变化,研究税收政策与会计政策的差异,防止因忽视政策差异而给企业的税务管理决策、税款缴纳、税收筹划带来的负面影响。在应对税务执法风险方面,外贸企业应当加强与税务机关的沟通、协调,在开展税务风险管理过程中,主动寻求税务机关的指导和帮助,通过税务机关及时获得出口退税等方面的相关信息,对有关税收政策把握不准的时候主动向税务机关咨询,制订税收筹划方案时要遵循合法原则,并努力获得税务机关的认可。发生非正常涉税事项或者极有可能引发税务争议时,应当及时主动地通报税务机关,与税务机关展开沟通与协调,妥善处理税务争议,必要时可以借助税务律师的帮助努力降低风险损失。

* * *

【链接】

外贸企业“假自营、真代理”的表现形式、法律风险及防范

一、表现形式

“假自营、真代理”，是指出口企业接受委托以自营名义出口、申报退税，但实质上并未实质参与出口交易活动，仅收取部分代理服务费的经营行为。为防范和打击骗取出口退税的违法犯罪活动，税务机关打击出口企业从事“假自营、真代理”行为，出发点是基于“假自营、真代理”多与骗税相关。根据国税发〔2006〕24 号文第 2 条、财税〔2012〕39 号文第 7 条第 1 项第 7 目的规定，“假自营、真代理”的表现形式主要有以下几类：

1. 出口企业以自营名义出口，其出口业务实质上是由本企业及其投资的企业以外的其他经营者（或企业、个体经营者及其他个人）假借该出口企业名义操作完成的；

2. 出口企业以自营名义出口，其出口的同一批货物既签订购货合同，又签订代理出口合同（或协议）的；

3. 出口企业以自营名义出口，但不承担出口货物的质量、结汇或退税风险的，即出口货物发生质量问题不承担外方的索赔责任（合同中有约定质量责任承担者除外）；不承担未按期结汇导致不能核销的责任（合同中有约定结汇责任承担者除外）；不承担因申报出口退税的资料、单证等出现问题造成不退税责任的；

4. 出口企业未实质参与出口经营活动、接受并从事由中间人介绍的其他出口业务，但仍以自营名义出口的。

在实践中，“外贸综合服务出口”与“假自营、真代理”具有相似性，容易被混为一谈，但前者属于合法的外贸出口方式，与“假自营、真代理”的性质截然相反，因此应当对二者进行严格区分和谨慎判断。

二、法律风险

在出口退税领域，严厉禁止“假自营、真代理”出口退税行为，其根本原因在于此种代理行为多与骗取出口退税税收违法犯罪行为相关，扰乱了正常的出口退税经营秩序。但部分出口企业为了经济利益以及创汇需要等原因仍然侥幸从事“假自营、真代理”出口业务，其面临的主要法律风险有以下几点：

(一)已退税款予以追缴、未退(免)税款不再办理

国税发〔2006〕24 号文第 3 条规定,出口企业从事前述“假自营、真代理”业务并申报退(免)税的,一经发现,该业务已退(免)税款予以追回,未退(免)税款不再办理。财税〔2012〕39 号文第 9 条第 2 项第 5 目则规定,发生增值税、消费税不应退税或免税但已实际退税或免税的,出口企业和其他单位应当补缴已退或已免税款。

(二)视同内销征税

根据财税〔2012〕39 号文第 7 条的规定,出口企业采用前述“假自营、真代理”方式出口货物劳务,不适用增值税退(免)税政策,按视同内销货物征收增值税。

(三)涉嫌骗税

1. 罚款。根据《税收征收管理法》第 66 条、国税发〔2006〕24 号文第 3 条的规定,骗取出口退税款的,由税务机关追缴其骗取的退税款,并处骗取退税款 1 倍以上 5 倍以下罚款。

2. 停止出口退税权。《税收征收管理法》第 66 条规定,对骗取国家出口退税款的,税务机关可以在规定期间内停止为其办理出口退税。财税〔2012〕39 号文第 9 条第 1 项第 3 目规定,出口企业或其他单位骗取国家出口退税款的,经省级以上税务机关批准可以停止其退(免)税资格。而国税发〔2006〕24 号文第 3 条则规定,骗取出口退税款的,由省级以上(含省级)税务机关批准,停止其半年以上出口退税权。在停止出口退税权期间,对该企业自营、委托或代理出口的货物,一律不予办理出口退(免)税。

3. 追究刑事责任。根据国税发〔2006〕24 号文第 3 条的规定,骗取出口退税款涉嫌构成犯罪的,移送司法机关依法追究刑事责任。最高人民法院《关于审理骗取出口退税刑事案件具体应用法律若干问题的解释》(法释〔2002〕30 号)第 6 条规定:“有进出口经营权的公司、企业,明知他人意欲骗取国家出口退税款,仍违反国家有关进出口经营的规定,允许他人自带客户、自带货源、自带汇票并自行报关,骗取国家出口退税款的,依照刑法第二百零四条第一款、第二百一十一条的规定定罪处罚。”

三、企业风险防范提示

对出口企业而言,有真实货物和出口是申请出口退税的基础和条件,企业申报退税附送的资料足以证实交易真实发生并真实出口的情况下,企业就应当享有退税的权益。对货物和服务贸易出口给予出口退税是国际通行的做法,符合国际税

收公平原则和国民待遇原则。税务机关在无充分有效证据证明企业虚假出口、存在出口退税税收违法犯罪行为的情况下,不能否认货物已真实出口的事实。税务机关在没有确凿的证据证明某一或特定税务违法事实或行为存在的情况下,应该先认定纳税人是诚实的、可以信赖的和无过错的,直到有足够的证据并由执法机关来推翻这一认定为止。出口企业申请出口退税时,同时具备以下四个条件即可申请出口退税:一是增值税、消费税征收范围内的货物;二是报关离境;三是财务上已作出口销售;四是已收汇并经核销。

然而,由于实践中"假直营、真代理"出口模式多数伴随骗税,骗税分子利用出口企业出口退税经营资质实施骗税,因而出口企业在没有参与实质交易但以"自营"名义出口的情况下,所面临的法律风险极大。尤其我国为预防骗税违法犯罪行为的发生,对出口退税征管的规定尤为复杂、繁多和严格,一旦不符合相关规定,即面临涉嫌骗税的风险。因此,出口企业以"自营名义"申报出口切记要对货源、货物质量、价格以及纳税、客商资信等情况进行认真了解,对交易、仓储、运输、报关等具体出口贸易环节进行监管。

而出口企业既往业务中存在"假自营、真代理"行为的,建议进行税务风险梳理,采用补救措施用以防范潜在法律风险的爆发。在目前"以票控税""进销连坐"的税收征管方式下,出口企业应做好内部风险管理制度的贯彻执行,从供应商的选择、出口各环节的把控到规范申报出口退税,都应树立风险控制理念,做好税务风险管理。企业若对出口退税政策不了解,对相关的法律责任掌握不到位,建议及时与税务机关沟通解决。同时,出口企业抗辩税务机关不予退税、追缴退税等决定,应收集相关的资料,积极充分向税务机关或司法机关证明其交易和出口的真实性,通过验货报告、出口确认函、购销合同、付款凭证、出口合同、物流单据、报关单、舱单、收汇凭证等交易资料予以证实。

外贸综合服务企业涉嫌骗取出口退税案

【导读】

外贸综合服务企业是指为国内外向型中小生产企业出口提供物流、报关、信保、融资、收汇、退税等服务的外贸企业。当前进入外贸综合服务行业的企业主要以供应链公司和外贸公司为主，外贸综合服务业务的内容主要包括物流、退税、通关等基础性服务以及融资、信保、报检、业务推介、展览、互联网信息化平台等特色服务。外贸综合服务企业在代办退税过程中，应加强风险控制，严格审查生产企业的经营情况和生产能力，确保申报出口退(免)税货物的国内采购及出口的真实性。本节是一则外贸综合服务企业涉嫌骗取出口退税税务稽查案件，希望通过这篇案例给外贸综合服务企业以内控方面的启示。

一、案情简介

(一)案件基本信息

案件类型：外贸综合服务企业涉嫌骗取出口退税案

涉案金额：税款272,329,862.99元

法律风险：追回已退税款、视同内销征税、不予退税，并可能被认定为骗取出口退税的风险

(二)案件详情

P贸易公司(以下简称P公司)自2014年启动外贸综合服务业务。P公司开展外贸综合服务过程中主要与其他五方主体建立了法律关系。具体包括：(1)P公司与律师事务所签署《法律顾问聘请合同》，聘请律师事务所对供货商进行尽职调查；(2)P公司与供货商签署《出口合作协议》及《购销合同》，从供货商处购进货物，并提供外贸综合服务；(3)P公司与供货商的法定代表人签署《保证担保合同》，由供货商的法定代表人为供货商提供连带保证担保；(4)P公司与外商签署《出口合同》，将货物出口至外商；(5)P公司与物流公司(报关行)签署运输、委托清关协议，委托物流公司(报关行)提供运输及清关服务。

2015年11月，某省国家税务局统一部署对全省外贸企业开展年度核查工作，某市国家税务局具体执行其辖区内的核查工作。某市某区国家税务局在对P公司

的供应商 WX 电子有限公司(以下简称 WX 公司)的主管税务机关发函确认时,因该公司已于 2015 年 9 月变更法人与营业地址无法联系到企业和法人落实情况,其主管税务机关回函确认“涉嫌虚开”增值税专用发票,某市国家税务局以此为由暂不为 P 公司办理出口退税。除 WX 公司以外,P 公司的其他至少三家供货商也受到了某市某区国家税务局的函查。2016 年 4 月,某市国家税务局为 P 公司启动除前述有疑点业务之外的其他出口退税业务的办理工作。P 公司陆续成功退税 1516 万元。自 2015 年年末至 2016 年年初,P 公司的出口退税办理呈缓慢态势。

2016 年 5 月,国家税务总局、公安部、海关总署、人民银行四部门联合召开全国打击骗取出口退税和虚开增值税专用发票工作部署会议。由于 P 公司在 2014 年度至 2015 年度的外贸出口额及出口退税额呈高速增长态势,被国家税务总局列为预警企业。为配合该轮“双打”行动,某市国家税务局稽查局于 2016 年 7 月 21 日起对 P 公司 2013 ~ 2015 年度涉税情况进行检查。同时,某市国家税务局为配合稽查局的税务稽查工作,暂缓 P 公司已申报但尚未审批的增值税出口退税款约 16,503 万元,P 公司另有可以申报但尚未申报的出口退税款约 3477 万元。经稽查发现,P 公司上游供货企业部分存在走逃失联的情况,另外,P 公司与供货企业签订的《出口合作协议》约定 P 公司不承担出口货物质量、收款和退税风险。2019 年,国家税务总局某市税务局稽查局向 P 公司出具了《税务处理决定书》(见图 1)。

稽查初期,税务机关认为 P 公司自营出口业务是“假自营、真代理”,涉嫌骗取出口退税,应适用增值税视同内销征税政策,追缴退税款,并视情况可能移送公安机关。P 公司认为,其业务模式是外贸综合服务企业自营出口退税业务,符合《关于外贸综合服务企业出口货物退(免)税有关问题的公告》(国家税务总局公告 2014 年第 13 号)[1] 的要求,应给予退税,并非骗取出口退税行为。

---

〔1〕 该文件已于 2017 年 11 月 1 日被国家税务总局《关于调整完善外贸综合服务企业办理出口货物退(免)税有关事项的公告》(国家税务总局公告 2017 年第 35 号)废止。

国家税务总局某市税务局稽查局
税务处理决定书

×稽处〔2019〕×号

P贸易有限公司:

我局于2016年7月20日至2017年11月21日对你公司2013年1月1日至2016年12月31日的纳税情况进行了检查,违法事实及处理决定如下:

一、违法事实

(一)你公司2015年1月、2月、3月、4月、5月收到××电子有限公司虚开的增值税专用发票555份,金额50,766,339.94元,税额8,630,277.4046元,你公司在2015年将上述虚开发票对应的货物已作出口销售,销售金额51,304,854.99元,并向税务机关办理出口退税,申报退税8,630,277.46元(其中已退税款6,396,814.33元,未退税款2,233,463.13元),根据《国家税务总局关于〈出口货物劳务增值税和消费税管理办法〉有关问题的公告》(公告2013年第12号)第五条第(九)项第1目、国家税务总局《关于出口货物劳务增值税和消费税政策的通知》(财税〔2012〕39号)第七条第(一)项第4目、第5目之规定,上述虚开发票对应的出口货物应视同内销货物征税。

(二)你公司在与××电子科技有限公司、××电子有限公司、××通讯有限公司、××设备有限公司等20户供货企业签订的《出口合作协议》明确:"甲方(供货企业,下同)保证因出口货物的品种、质量、规格、数量及知识产权等原因导致境外客户提起的诉讼、仲裁、索赔等要求,甲方将全面负责处理该事宜,乙方(P贸易有限公司,下同)对此不负责""外汇在外汇管理局规定的核销期限内没及时收回的,则乙方由此的一切责任和损失概由甲方承担""因退税资料引起的全部责任和纠纷,概由甲方负责,与乙方无关"等免责条款,你公司以自营名义出口,但不承担出口货物的质量、收款和退税风险,根据《关于出口货物劳务增值税和消费税政策的通知》(财税〔2012〕39号)第七条第(一)项第7目(5)之规定,你公司从上述20户企业购进货物并出口的贸易应视同内销货物征税。

二、处理决定

根据《中华人民共和国税收征收管理法》(中华人民共和国主席令第49号)第三十一条、《中华人民共和国增值税暂行条例》(国务院令2008年第538

号)第一条、第二条、第四条、第五条、第六条、第八条之规定,你公司向××电子科技有限公司、××电子有限公司等20户企业购进货物并出口的销售金额(含税)共计1,814,873,618.11元,计征销项税额263,699,585.53元,允许抵扣外贸出口货物取得的进项税额295,732,695.62元,对已办理退税额105,515,491.10元予以追回,抵减留抵进项税额后实际追缴73,482,381.01元。未办理退税额198,847,481.98元不再予以办理退税。

限你公司自接到本决定书之日起十五日内到国家税务总局××区税务局办税服务厅将上述税款缴纳入库。逾期未缴清的,将依照《中华人民共和国税收征收管理法》(中华人民共和国主席令第49号)第四十条的规定强制执行。

你公司若同我局在纳税上有争议,必须先依照本决定的期限缴纳税款及滞纳金或者提供相应的担保,然后可自上述款项缴清或者提供相应担保被税务机关确认之日起六十日内依法向国家税务总局××省税务局申请行政复议。

国家税务总局
某市税务局稽查局
二〇一九年×月×日

图1 国家税务总局某市税务局稽查局向P公司出具的《税务处理决定书》

(三)各方观点

某市税务局稽查局认为:P公司自营业务出口是“假自营、真代理”,涉嫌骗取出口退税,应适用增值税视同内销征税政策,追缴退税款,并视情况可能移送公安机关。

P公司认为:公司业务模式是外综服企业自营出口退税业务,符合国家税务总局公告2014年第13号的规定,并非骗取出口退税行为,依法享有退税权益。

(四)争议焦点

P公司的业务模式是否属于外贸综合服务业务,是否可以申请退税,是否涉嫌骗取出口退税。

(五)争议解决

华税律师接受P公司委托后,积极应对。最终,税务机关未认定P公司的业务为“假自营、真代理”,P公司避免了骗取出口退税刑事责任风险。但是由于P公司在从事外贸综合服务业务过程中疏于合规管理、未尽充分的尽职调查义务,因此被视同内销征税。

二、税务律师点评

(一)P公司自营业务属于外贸综合服务企业自营出口业务

2014年2月27日,国家税务总局发布国家税务总局公告2014年第13号,明确界定外贸综合服务企业是指为国内中小型生产企业出口提供物流、报关、信保、融资、收汇、退税等服务的外贸企业,并对外贸综合服务企业的出口退税问题作出了三项原则性的规定:(1)外贸综合服务业务允许适用增值税出口退免税政策;(2)外贸综合服务业务不属于"假自营、真代理"的税收违法行为;(3)外贸综合服务企业的义务、责任及其免除。

根据国家税务总局公告2014年第13号的规定,外贸综合服务企业以自营方式出口国内生产企业与境外单位或个人签约的出口货物的,可以由外贸综合服务企业按自营出口的规定申报退免税,其条件包括:(1)出口货物为国内生产企业自产的货物;(2)国内生产企业已将出口货物销售给外贸综合服务企业;(3)国内生产企业与境外单位或个人已经签订出口合同,并约定货物由外贸综合服务企业出口至境外单位或个人,货款由境外单位或个人支付给外贸综合服务企业;(4)外贸综合服务企业以自营方式出口。

因此,本案中,P公司的自营出口业务符合前述外贸综合服务企业自营业务的条件。但是由于P公司在业务管理过程中疏于合规管理、欠缺供货商和外商签署的出口合同,出现上游客户大量走逃、失联、注销的情况,且经企业与税务机关联合排查均无法确证是否存在真实的生产、销售,也无法进一步核实外商采购的真实情况。最终,税务机关虽认为P公司业务不属于"假自营、真代理",但是由于欠缺相关业务资料,申请退税不符合税法规定,要求P公司视同内销缴税。

(二)P公司主观上不具有骗取出口退税的故意,客观上未实施骗取出口退税的行为

根据国家税务总局公告2014年第13号第3条的规定,外贸综合服务企业应加强风险控制,严格审查生产企业的经营情况和生产能力,确保申报出口退(免)税货物的国内采购及出口的真实性。P公司已依照该文件的规定履行了审查供货商生产能力、生产资质及出口货物真实性的义务。

P公司在开展外贸综合服务的过程中,聘请某律师事务所对供货商的主体资格、生产资质、生产能力、信用状况及其生产的相关产品等情况进行尽职调查,并取

得了该律师事务所出具的《尽职调查报告》。同时,P 公司对每笔出口业务均安排专人实施货物查验,监督货物装箱装车,并制作《验货报告》,以确保其采购及出口的真实性。因此,P 公司在开展外贸综合服务业务的过程中已经依照税法的规定充分审查了国内生产企业生产能力及出口货物真实性,尽到了必要的审慎义务。

根据《税收征收管理法》第 66 条第 1 款的规定,出口企业以假报出口或者其他欺骗手段骗取国家出口退税款,经税务机关查证属实的,税务机关有权追缴其骗取的退税款,并处骗取税款 1 倍以上 5 倍以下的罚款。可见,纳税人构成骗取出口退税需满足以下三个构成要件:(1)纳税人在主观上具有骗取国家出口退税款的故意;(2)纳税人在客观上实施了骗取国家出口退税款的行为;(3)纳税人的行为导致国家出口退税款被骗取的后果。

P 公司主观上不具有骗取出口退税款的故意,客观上未实施骗取出口退税款的行为。首先,P 公司已经在业务开展过程中聘请专业的律师对供货商的主体资格、生产资质和生产能力等信用状况进行尽职调查并出具《尽职调查报告》;在货物采购出口环节安排专人进行货物查验,并制作《验货报告》。P 公司已经过审查确认了货物采购及出口的真实性,因此在主观上不存在明知存在骗取出口退税款可能性的心理状态。其次,骗取出口退税的税收违法行为主要表现为行为人实施虚构已税货物出口事实的行为,包括:(1)伪造或签订虚假的买卖合同;(2)伪造、变造出口货物报关单、出口收汇核销单、出口货物专用缴款书等有关出口退税单据、凭证;(3)虚开、伪造、非法购买增值税专用发票或者其他可以用于出口退税的发票;(4)将未纳税或者免税货物作为已税货物出口;(5)虽有货物出口,但虚构该出口货物的品名、数量、单价等要素,骗取未实际纳税部分出口退税款;(6)虽有货物出口,但虚构该出口货物的单价,以低报高,多报出口货物价格,骗取未实际缴纳部分出口退税款;(7)故意错误运用退税率,采用提高退税率的手段骗取出口退税款;等等。而 P 公司在开展外贸综合服务业务的过程中未实施过任何上列税收违法行为,也未实施过其他任何欺骗手段骗取国家出口退税款,不构成骗取出口退税的客观行为要件。

(三)P 公司的涉案业务应承担税务行政责任

前文已述及,P 公司的申请退税不符合国家税务总局公告 2014 年第 13 号的规定。税务机关在核查案件相关事实后,认定 P 公司行为不涉嫌骗取出口退税,仅是不合规行为。因此,要求 P 公司按照国家税务总局《关于〈出口货物劳务增值税和消费税管理办法〉有关问题的公告》(国家税务总局公告 2013 年第 12 号)第 5 条第

9 项第 1 目以及财政部、国家税务总局《关于出口货物劳务增值税和消费税政策的通知》(财税〔2012〕39 号)第 7 条第 1 项第 4 目、第 5 目、第 7 目的规定,视同内销缴税。

三、本案启示

根据国家税务总局公告 2014 年第 13 号第 3 条规定,外贸综合服务企业应加强风险控制,严格审查生产企业的经营情况和生产能力,确保申报出口退(免)税货物的国内采购及出口的真实性。上述条款只规定了外贸综合服务企业应当承担的审查义务,并没有对审查的具体内容、方式、范围、“严格”的标准等作出明确规定,除此之外没有设置与该义务相对应的法律责任条款,没有明确、清楚地表达违反审查义务与骗取出口退税、虚开增值税专用发票等税收违法行为之间的关系。该公告将外贸综合服务企业视为自营出口的外贸实体,使外贸综合服务企业涉嫌退税不合规被税务稽查的案件在全国范围内开始逐渐增多,即使在《关于调整完善外贸综合服务企业办理出口货物退(免)税有关事项的公告》(国家税务总局公告 2017 年第 35 号)颁布并彻底废止了国家税务总局公告 2014 年第 13 号的背景下,税务机关依据已废止的旧政策对外贸综合服务企业既往业务进行稽查的力度并未减轻,外贸综合服务企业面临的税务风险非常高。

外贸综合服务企业提供外贸综合服务,出现以下情况,会面临税务机关的检查,并由此承担不利法律后果:(1)生产企业因涉嫌虚开发票、骗税被当地税务机关立案检查,外贸综合服务企业存在虚受发票的情况;(2)生产企业存在工商变更、注销甚至走逃、失联的情况;(3)生产企业购进、生产产品与销售给外贸综合服务企业的产品不符,成本与收入不配比的情况;(4)生产企业进销不符,自身无生产经营能力,生产业务不真实,外贸综合服务企业没有尽到审查义务;(5)外贸综合服务企业与生产企业之间没有真实货物购销交易,生产企业为外贸综合服务开具的发票为虚开发票,外贸综合服务企业用其申报办理出口退税;(6)生产企业与外贸综合服务企业签署的合作协议,约定了外贸综合服务企业对出口货物及退税等事项的免责条款;(7)外贸综合服务企业出口申报过程中涉嫌存在提供虚假备案单证及申报不实等问题。

当外贸综合服务企业面临税务稽查,被税务机关指出存在上述情况,会面临的潜在的法律风险有:

1. 暂不办理出口退税、暂扣出口退税款。当税务机关在审核外贸综合服务企业出口退税申报过程中发现申报存在疑点，在核查、核实及稽查过程中，依职权暂停办理外贸综合服务企业出口退税业务。对于外贸综合服务企业已经取得出口退税款的业务发现疑点，以存在疑点的已经取得的退税款为限对外贸综合服务企业申报的已经通过审核但尚未退税的其他出口退税业务的退税款予以暂扣。

2. 适用增值税征税政策。税务机关通常依据财税〔2012〕39 号文第 7 条和国家税务总局公告 2013 年第 12 号第 5 条的规定，对外贸综合服务企业作出视同内销征收增值税的处理决定，已退税款予以追回，未退税款不再办理。这也是外贸综合服务企业承受的最严重的经济负担。

3. 构成骗取出口退税承担的行政责任，补缴税款及缴纳罚款、停止出口退税权。根据《税收征收管理法》第 66 条的规定，若外贸综合服务企业存在骗取出口退税的违法行为，经查证属实，会承担补缴税款、缴纳罚款和停止出口退税权的法律责任。

4. 构成骗取出口退税罪，承担刑事责任。若外贸综合服务企业以假报出口或其他欺骗手段骗取国家出口退税款，数额较大，构成骗取出口退税罪的，外贸综合服务企业会面临单位犯罪罚款的后果，直接负责的主管人员和其他直接责任人员将会面临最高刑可以到无期徒刑的刑事责任。

因此，在国家税务总局公告 2014 年第 13 号对外贸综合服务企业履行审查义务规定存在标准不清、责任不明和退税不合规及骗税的责任主体不明确的情况下，应参照国家税务总局公告 2017 年第 35 号的规定，将生产企业列为出口退税责任主体，在外贸综合服务企业未能履行严格审核义务的情况下，对生产企业未能补缴入库所涉税款承担连带责任。外贸综合服务企业在从事代办退税业务过程中，应建立完善的内控制度和信息系统，严格按照国家税务总局公告 2017 年第 35 号的规定做好审查义务和留存好相关资料，做好单证备案。

* * *

【链接】

外贸综合服务企业相关税收政策梳理

一、国务院层面的政策

2013 年 7 月 24 日，国务院常务会议提出了促进贸易便利化、推动进出口稳定发展的六项措施，其中第四项即为“支持外贸综合服务企业为中小民营企业出口提供融资、通关、退税等服务”。这是国家第一次在政府层面提出“外贸综合服务企业”的全新概念,为传统外贸企业的转型发展提供了新的政策支持。2013 年 7 月 28 日,国务院办公厅随即发布《关于促进进出口稳增长、调结构的若干意见》(国办发〔2013〕83 号),明确提出要充分发挥外贸综合服务企业的作用,为中小企业出口提供通关、融资、退税等服务,抓紧研究促进外贸综合服务企业发展的支持政策。

2014 年 5 月 4 日,为促进外贸回稳向好,国务院办公厅发布了《关于支持外贸稳定增长的若干意见》(国办发〔2014〕19 号),明确提出了“支持各类外贸企业发展、推动外贸发展方式的转变、支持外贸综合服务企业发展,为小微企业出口提供专业化服务”的发展战略。

2015 年 2 月 12 日,国务院颁布《关于加快培育外贸竞争新优势的若干意见》(国发〔2015〕9 号),要求加快培育新型贸易方式,培育一批外贸综合服务企业,加强其通关、物流、退税、金融、保险等综合服务能力。

2015 年 4 月 1 日,国务院颁布《关于改进口岸工作支持外贸发展的若干意见》(国发〔2015〕16 号),在加强口岸建设、推动外贸转型升级方面明确要求支持新型贸易业态和平台发展,推动外贸综合服务企业加快发展,支持扩大外贸出口。

2015 年 7 月 22 日,国务院办公厅发布了《关于促进进出口稳定增长的若干意见》(国办发〔2015〕55 号),明确要求商务部、发改委、税务总局、海关总署等有关部门要制定支持外贸综合服务企业发展的政策措施。

2016 年 5 月 5 日,国务院出台了《关于促进外贸回稳向好的若干意见》(国发〔2016〕27 号),明确提出要“开展并扩大跨境电子商务、市场采购贸易方式和外贸综合服务企业试点,加快建立与外贸综合服务企业发展相适应的管理模式”。

据上述国务院的规范性文件规定及我国当前外贸发展战略,推动外贸转型升级、大力发展跨境电子商务平台和外贸综合服务企业是国务院一贯认可、支持和大力倡导的。

二、国家税务总局层面的税收政策规定

(一)国家税务总局公告 2014 年第 13 号

2014 年 2 月 27 日,国家税务总局发布国家税务总局公告 2014 年第 13 号,明确界定外贸综合服务企业是指为国内中小型生产企业出口提供物流、报关、信保、融资、收汇、退税等服务的外贸企业,并对外贸综合服务企业的出口退税问题作出了三项原则性的规定:

1. 外贸综合服务业务允许适用增值税出口退免税政策

外贸综合服务企业以自营方式出口国内生产企业与境外单位或个人签约的出口货物的，可以由外贸综合服务企业按自营出口的规定申报退免税，其条件包括：(1)出口货物为国内生产企业自产的货物；(2)国内生产企业已将出口货物销售给外贸综合服务企业；(3)国内生产企业与境外单位或个人已经签订出口合同，并约定货物由外贸综合服务企业出口至境外单位或个人，货款由境外单位或个人支付给外贸综合服务企业；(4)外贸综合服务企业以自营方式出口；(5)外贸综合服务企业申报出口退(免)税时，在《外贸企业出口退税进货明细申报表》第15栏(业务类型)、《外贸企业出口退税出口明细申报表》第19栏[退(免)税业务类型]填写"WMZHFW"。

2. 外贸综合服务业务不属于"真代理、假自营"的税收违法行为

外贸综合服务企业在符合上述条件下以自营名义出口的行为，不属于国家税务总局、商务部《关于进一步规范外贸出口经营秩序切实加强出口货物退(免)税管理的通知》(国税发〔2006〕24号)所规定的"出口企业以自营名义出口，其出口的同一批货物既签订购货合同，又签订代理出口合同(或协议)的行为"，也不属于财税〔2012〕39号文所规定的"以自营名义出口，其出口的同一批货物既签订购货合同，又签订代理出口合同(或协议)的行为"，不适用增值税征税政策，应当适用外贸企业的出口退、免税政策。

3. 外贸综合服务企业的义务、责任及其免除

外贸综合服务企业如发生虚开增值税扣税凭证、骗取出口退税等涉税违法行为的，应作为责任主体按规定接受处理。同时，外贸综合服务企业如发生善意取得增值税扣税凭证或能够证明已经尽到严格审查生产企业的经营情况和生产能力、严格核实出口货物的国内采购及出口的真实性的注意义务的，不应承担相应责任。

(二)《关于贯彻落实〈国务院办公厅关于促进进出口稳定增长的若干意见〉的通知》(税总函〔2015〕440号)

2015年8月11日，为贯彻落实国办发〔2015〕55号文的意见，国家税务总局发布税总函〔2015〕440号文，在进一步加快出口退税进度和进一步落实出口退税政策两个方面作出了明确指示和规定。

在进一步加快出口退税进度、确保及时足额退税方面，该文规定，税务机关要严格按照《全国税务机关出口退(免)税管理工作规范(1.0版)》规定的要求和时限审核、审批出口退免税，进一步提高工作效率，准确、及时办理出口退税；严格按

照规定的要求和时限开展函调工作,所有的发函、复函及结果处理,必须通过出口货物税收函调系统网上处理,不允许"机外运行";要进一步提高发函的针对性,回函地国税机关收到函调后,要及时核查,对能够在规定时限内完成核查的,不得随意延期复函,复函须明确无歧义;当出现出口退税计划不足时,要及时向上级税务机关反映,申请追加计划,不得以计划不足等原因拖延办理出口退税。

在进一步抓好出口退税政策的落实方面,该文明确规定,税务机关要认真落实外贸综合服务企业税收政策,发挥外贸综合服务企业提供出口服务的优势,支持中小企业有效开拓国际市场;及时跟踪外贸综合服务企业出口退(免)税管理中出现的新情况、新问题,采取有效措施予以解决。

(三)《出口退(免)税企业分类管理办法》(国家税务总局公告 2016 年第 46 号)

2016 年 7 月 13 日,国家税务总局为深入贯彻落实国发〔2016〕27 号文的意见,专门针对外贸综合服务企业的特殊情况修订了国家税务总局公告 2016 年第 46 号并予以公布,在外贸综合服务企业管理方面,明确规定了"外贸综合服务业务"的构成条件及外贸综合服务企业"一类"级别的评定保准:

1. 外贸综合服务业务的构成条件。办法明确界定了"外贸综合服务业务"的构成条件,包括(1)出口货物为国内生产企业自产的货物;(2)国内生产企业已将出口货物销售给外贸综合服务企业;(3)国内生产企业与境外单位或个人已经签订出口合同,并约定货物由外贸综合服务企业出口至境外单位或个人,货款由境外单位或个人支付给外贸综合服务企业;(4)外贸综合服务企业以自营方式出口;(5)外贸综合服务企业申报出口退(免)税时,在《外贸企业出口退税进货明细申报表》第 15 栏(业务类型)、《外贸企业出口退税出口明细申报表》第 19 栏[退(免)税业务类型]填写"WMZHFW"。

2. 外贸综合服务企业的评级标准。办法明确规定了外贸综合服务企业"一类出口企业"的评定标准,相较于一般的外贸企业,条件有所放宽。一类外贸综合服务企业应同时符合以下条件:(1)近 3 年未发生过虚开增值税专用发票或者其他增值税扣税凭证、骗取出口退税行为;(2)上一年度的年末净资产大于上一年度该企业已办理出口退税额的 30%;(3)上一年度申报从事外贸综合服务业务的出口退税额,大于该企业全部出口退税额的 80%;(4)评定时纳税信用级别为 A 级或 B 级;(5)评定时海关企业信用管理类别为高级认证企业或一般认证企业;(6)评定时外汇管理的分类管理等级为 A 级;(7)企业内部建立了较为完善的出口退(免)

税风险控制体系。

对于外贸综合服务企业一类以外的评级标准参照外贸企业的相关规定。

(四)《关于进一步优化外贸综合服务企业出口货物退(免)税管理的公告》(国家税务总局公告2016年第61号)

2016年9月19日,为贯彻落实国发〔2016〕27号文的意见,进一步优化外贸综合服务企业出口货物退免税管理,国家税务总局颁布了国家税务总局公告2016年第61号,主要内容包括以下两个方面:

1.外贸综合服务企业的出口退税办理期限。税务机关应当落实外贸综合服务企业的分类管理,并根据管理类别分别采取不同的退税管理措施及期限:退税管理类别为一类的外贸综合服务企业申报的出口退(免)税,国税机关经审核,同时符合规定条件的,应自受理企业申报之日起,5个工作日内办结出口退(免)税手续;退税管理类别为二类的外贸综合服务企业申报的出口退(免)税,国税机关经审核,同时符合规定条件的,应自受理企业申报之日起,10个工作日内办结出口退(免)税手续;退税管理类别为三类的外贸综合服务企业申报的出口退(免)税,国税机关经审核,同时符合规定条件的,应自受理企业申报之日起,15个工作日内办结出口退(免)税手续;退税管理类别为四类的外贸综合服务企业申报的出口退(免)税,国税机关审核完成并排除所有审核疑点后,应自受理企业申报之日起,20个工作日内办结出口退(免)税手续。

2.外贸综合服务企业出具《代理出口货物证明》。外贸综合服务企业受中小企业委托代理出口的货物,由外贸综合服务企业申请开具《代理出口货物证明》的,外贸综合服务企业应在《代理出口货物证明申请表》"备注"栏内注明"WMZHFW"标识;国税机关不再出具纸质《代理出口货物证明》,将电子信息传递给委托方中小企业的主管国税机关。由外贸综合服务企业开具了《代理出口货物证明》的出口业务,按现行规定由委托企业申报出口退(免)税,委托企业申报退(免)税时,不再提供纸质《代理出口货物证明》。

(五)《关于促进外贸综合服务企业健康发展有关工作的通知》(商贸函〔2017〕759号)

商贸函〔2017〕759号文的出台,对于外贸综合服务企业的法律地位给予了明确定义:外贸综合服务企业是代理服务企业,外贸综合服务企业是指具备对外贸易经营者身份,接受国内外客户委托,依法签订综合服务合同(协议),依托综合服务信息平台,代为办理包括报关报检、物流、退税、结算、信保等在内的综合服务业务和协助办理融资业务的企业。商贸函〔2017〕759 号文第 2 条第 3 款对综合服务企业和生产企业的责任分配进行了明确划分,规定:生产企业为退税主体,承担主体责任,综合服务企业承担相应的连带责任。明确了综合服务企业仅承担连带责任的法律地位。

(六)《关于调整完善外贸综合服务企业办理出口货物退(免)税有关事项的公告》(国家税务总局公告 2017 年第 35 号)

国家税务总局公告 2017 年第 35 号重新设定了外贸综合服务企业代办退税业务的条件和程序,明确了生产企业委托综合服务企业代办退税业务的准入条件:(1)出口货物为生产企业的自产货物或视同自产货物;(2)生产企业为增值税一般纳税人并已按规定办理出口退(免)税备案;(3)生产企业已与境外单位或个人签订出口合同;(4)生产企业已与综合服务企业签订外贸综合服务合同(协议),约定由综合服务企业提供包括报关报检、物流、代办退税、结算等在内的综合服务,并明确相关法律责任;(5)生产企业向主管税务机关提供代办退税的开户银行和账号(以下简称代办退税账户)。国家税务总局公告 2017 年第 35 号为外贸综合服务企业代办退税业务规定了新的流程:(1)生产企业和外贸综合服务企业需分别在各自主管税务机关办理代办退税备案;(2)在出口货物时,生产企业先按出口货物离岸价格和适用税率计算销项税额申报缴纳税款,同时向所委托的外贸综合服务企业开具备注栏内注明“代办退税专用”字样的增值税专用发票,作为外贸综合服务企业代办退税的凭证,但不能作为外贸综合服务企业的抵扣凭证和自营出口业务的退税凭证;(3)税务机关审核后,税款将退至生产企业指定账户中;(4)外贸综合服务企业就其向生产企业收取的各项代理服务费申报纳税。

国家税务总局公告 2017 年第 35 号将外贸综合服务企业开展出口业务的三种模式理顺为:(1)为适格生产企业及适格出口业务代办退税同时提供其他综合服务业务;(2)为其他企业提供代办退税之外的其他综合服务业务;(3)自营出口业务。

依据商贸函〔2017〕759 号文的精神,国家税务总局公告 2017 年第 35 号也在委托代办退税的条件及流程上更加突出了外贸综合服务企业的代理地位,并依此明确了外贸综合服务企业的各项责任。国家税务总局公告 2017 年第 35 号规定了外贸综合服务企业承担相应的连带责任的范围,即如果代办退税的出口业务有按规定应予追回退税款情形,而外贸综合服务企业未能按照国家税务总局公告 2017 年第 35 号第 9 条的规定履行其风控职责,外贸综合服务企业应当在生产企业未能按规定将税款补缴入库的承担连带责任,将生产企业未能补缴入库所涉及的税款进行补缴。若发生骗取出口退税等涉税违法行为时,承担法律责任的主体为生产企业,而综合服务企业不再承担主体责任;综合服务企业如无非法提供银行账户、发票、证明或者其他方便的行为,亦未参与生产企业骗取出口退税等涉税违法行为,则综合服务企业不应受行政处罚。

(七)《关于外贸综合服务企业办理出口货物退(免)税有关事项的公告》(国家税务总局公告2018年第25号)

国家税务总局公告2018年第25号明确了外贸综合服务企业新老政策衔接问题,规定:外贸综合服务企业在2017年11月1日至2018年2月28日出口的货物,符合国家税务总局公告2014年第13号规定的,允许在2018年6月30日前,按照国家税务总局公告2014年第13号的规定申报办理出口退(免)税。另外,国家税务总局公告2018年第25号明确了申报资料的填报事项。规定外贸综合服务企业按照该公告第1条的规定申报出口退(免)税时,必须在《外贸企业出口退税进货明细申报表》"备注"栏、《外贸企业出口退税出口明细申报表》"备注"栏填写"WMZHFW"。否则,不得执行该公告第1条的规定。

第三章

个人所得税争议

个人终止投资所得个人所得税争议案

【导读】

我国《个人所得税法》及其实施条例对个人终止投资取得所得如何征税没有明确的规定。国家税务总局比照企业终止投资企业所得税的处理办法,对此类问题制定了规范性文件。根据《关于个人终止投资经营收回款项征收个人所得税问题的公告》(国家税务总局公告2011年第41号)的规定,对个人终止投资撤回资金取得的各项所得,依照"财产转让所得"征收个人所得税。在本案中,征纳双方就自然人股东的个人所得税应纳税所得额发生争议,笔者结合案情作详细分析。

一、案情简介

(一)案件基本信息

案件类型:个人终止投资所得个人所得税应纳税所得额争议

涉案金额:个人所得税税款约1.6亿元

法律风险:调增个人所得税应纳税所得额8亿元,补缴个人所得税约1.6亿元

(二)案件详情

某集团有限公司(以下简称H公司)成立于1996年10月,注册地位于T市,成立时公司的注册资本为20,000万元,经营范围系房地产开发及商品房销售。H公司的股东均为自然人,属于家族企业,由贾某及其家庭其他成员持有股权。公司成立之初,贾某出资5600万元,持股比例为28%,贾某之妻王某出资10,200万元,持股比例为51%,其他股东出资剩余的4200万元,共计持股21%;王某的出资份额实际上由贾某承担,因此贾某实际可控制H公司的股权比例为79%,并担任H公司的法定代表人、董事长及经理职务。H公司自成立后经营状况良好,持续处于盈利状态。

2013年,因股东之间就公司经营问题发生分歧,贾某欲稀释王某手中持有的H公司51%的股权以保全自己的财产。2014年1月8日,贾某召集除王某之外的其他股东召开股东会临时会议,除王某之外,H公司全体自然人股东均出席参加。在股东会上,贾某提议H公司的增资方案,即由贾某之子贾小某以现金方式向H公司注资20,000万元用于补充H公司现金资产,H公司增加注册资本20,000万元,

增资后贾小某持有 H 公司 50% 股权,其他股东的股权比例相应减少一半(王某股权比例由 51% 降低为 25.5%)。贾某利用自己伪造的王某的授权委托书代表王某在 H 公司增资的股东会决议上签字,其他股东均不表示异议,也完成签字。2014 年 4 月 25 日,贾某代其子贾小某向 H 公司缴纳了出资共 20,000 万元。2013 年 4 月 26 日,T 市 J 会计师事务所为 H 公司出具了验资报告。2014 年 5 月 10 日,H 公司完成了工商变更登记,注册资本由 20,000 万元变更为 40,000 万元。

2013 年 4 月底,王某得知 H 公司已完成增资之事后,认为 H 公司 2013 年年底净资产约 20 亿元,贾小某不能仅以 2 亿元的出资份额直接持有当前公司 50% 的股权比例,自己在 H 公司中持有的股权比例不应降低为 25.5%,且贾某在股东会决议上签署自己的名字并未取得自己的任何授权。贾某将王某伪造其授权委托书一事告知其他股东。2014 年 7 月 30 日,在其他股东的压力下贾某承认自己的错误并且希望妥善解决公司的增资事宜。2014 年 8 月 15 日,H 公司召开股东会,作出股东会决议,确认 2014 年 1 月 8 日的股东会决议无效,并决定将注册资本由 4 亿元减为 2 亿元,退还贾小某的出资 2 亿元。2014 年 9 月,H 公司完成了减资的工商变更登记手续。

2015 年 10 月,T 市地方税务局对 H 公司 2013 年 7 月的减资事项进行税务检查,认为撤回投资的贾小某应当承担个人所得税纳税义务,H 公司未进行代扣代缴个人所得税款,要求 H 公司通过自查的方式纠正这一行为。

(三)各方观点

T 市地方税务局认为:贾小某撤回 H 公司 50% 的股权比例,应当取得的对价为 10 亿元,股权成本为 2 亿元,个人所得税的应纳税所得额为 8 亿元,H 公司未依法履行对贾小某个人所得税款的代扣代缴义务,双方应当通过自查的方式依法补缴相应税款。

H 公司认为:贾小某实际出资为 2 亿元,撤回出资后实际取得的收入也为 2 亿元,贾小某实际上对 H 公司只享受 2 亿元净资产的权益份额。因此,贾小某撤回投资后并没有产生个人所得税应纳税所得额,H 公司不应代扣代缴贾小某的个人所得税税款。

(四)争议焦点

贾小某终止对 H 公司投资后的个人所得税应纳税所得额如何计算。

二、税务律师点评

(一)个人撤回投资所得应视为“财产转让所得”征收个人所得税

国家税务总局公告 2011 年第 41 号第 1 条规定:“个人因各种原因终止投资、联营、经营合作等行为,从被投资企业或合作项目、被投资企业的其他投资者以及合作项目的经营合作人取得股权转让收入、违约金、补偿金、赔偿金及以其他名目收回的款项等,均属于个人所得税应税收入,应按照‘财产转让所得’项目适用的规定计算缴纳个人所得税……应纳税所得额 = 个人取得的股权转让收入、违约金、补偿金、赔偿金及以其他名目收回款项合计数 - 原实际出资额(投入额)及相关税费。”同时,国家税务总局公告 2011 年第 41 号第 2 条规定,上述个人所得税的征管应按照股权转让所得个人所得税的征管具体规定执行。

根据上述规定,在被投资企业减资时,个人股东因撤回或终止对被投资企业的投资而取得的由被投资企业或其他股东支付的各项股权转让收入、违约金、补偿金、赔偿金以及其他名目的收回款项的,均视为个人股东转让相应比例的股权转让所得征收个人所得税。

(二)贾小某撤回出资的个税应纳税所得额不应被调整

本案中,H 公司的减资使贾小某取得了 2 亿元的收回款项,符合国家税务总局公告 2011 年第 41 号规定的情形,发生了财产转让所得(股权转让所得)个人所得税纳税义务。根据国家税务总局公告 2011 年第 41 号的规定,贾小某收回的款项为 2 亿元,原实际投资成本为 2 亿元,应纳税所得额为零。本案争议在于,T 市地方税务局认为,H 公司在减资前,根据 H 公司的公司章程记载,贾小某持有公司股权的比例为 50%,2014 年 6 月 30 日根据 H 公司月末资产负债表显示,H 公司 2014 年 6 月 30 日的净资产为 20 亿元,贾小某在 H 公司 2014 年 9 月完成减资前实际持有 H 公司的权益金额为 10 亿元,因此应纳税所得额应调整为 8 亿元。

但是,笔者认为,本案贾小某的个人所得税应纳税所得额不应简单调整为 8 亿元,这种调整于事实不顾,且没有具体的税法依据,理由如下:

1. 贾小某的出资行为被追认无效,实际不享有 H 公司 50% 的权益份额

《公司法》第 22 条第 2 款及第 4 款规定:“股东会或者股东大会、董事会的会议召集程序、表决方式违反法律、行政法规或者公司章程,或者决议内容违反公司章程的,股东可以自决议作出之日起六十日内,请求人民法院撤销……公司根据股东会或者股东大会、董事会决议已办理变更登记的,人民法院宣告该决议无效或者撤销该决议后,公司应当向公司登记机关申请撤销变更登记。”据此规定,公司的股东

会或股东大会的会议召集程序、表决方式违反法律、行政法规或者公司章程的,股东有权请求法院作出判决,撤销股东会或股东大会的决议。决议被撤销的,自始无效,公司应当向登记机关申请撤销相应的变更登记。

本案中,贾某在2013年3月2日召集召开的股东会临时会议的表决上,通过伪造股东王某的授权签字等方式通过了H公司增资决议,违反了公司章程和《公司法》关于股东会表决方式的具体规定,其他股东有权针对该增资决议向法院提请撤销诉讼。因此,H公司于2014年8月15日召开股东会,确认H公司的增资决议无效,贾小某实际不享有公司50%的权益份额,退回贾小某的出资款2亿元,且贾小某本人也同意这项股东会决议。至此,贾小某在2014年对H公司的出资行为被追认为无效,实际上并不能够享受H公司50%的权益比例,否则将会对公司的其他股东产生不公平的后果。

同时,由于H公司的不当增资事宜并没有通过法院判决途径解决,而是H公司股东会通过确认增资决议无效的方式解决,因此H公司无法根据《公司法》第22条第4款的规定直接向公司登记机关申请撤销增资的变更登记,只能够再通过减资程序办理工商变更手续。

2. 贾小某享有H公司的实际权益金额仅限2亿元,只能取得2亿元的投资收回款项

H公司在2014年1月8日的股东会决议中已经表明,由于贾小某以2亿元的出资金额取得H公司50%的股权比例与H公司的净资产明显不配比,严重侵害了其他股东的合法权益,因此作出确认贾小某取得H公司50%比例的股权决议和章程修改均无效的决议。而且在事实上,贾小某对H公司也只有2亿元的资金投入,并在4个月后终止了对H公司的投资,其间也没有发生H公司股东权益的增减变动。因此,在H公司实际的股东权益比例结构中,贾小某只占有H公司2亿元净资产的权益份额。因此,贾小某终止对H公司的投资后也只能取得2亿元的投资收回款项。

3. 贾小某收回投资的个人所得税应纳税所得额不符合核定征收的条件

《税收征收管理法》第35条规定:"纳税人有下列情形之一的,税务机关有权核定其应纳税额:(一)依照法律、行政法规的规定可以不设置帐簿的;(二)依照法律、行政法规的规定应当设置帐簿但未设置的;(三)擅自销毁帐簿或者拒不提供纳税资料的;(四)虽设置帐簿,但帐目混乱或者成本资料、收入凭证、费用凭证残缺不全,难以查帐的;(五)发生纳税义务,未按照规定的期限办理纳税申报,经税务机关

责令限期申报，逾期仍不申报的；（六）纳税人申报的计税依据明显偏低，又无正当理由的。税务机关核定应纳税额的具体程序和方法由国务院税务主管部门规定。”

本案中，贾小某撤回投资所得的计税依据可能存在明显偏低又无正当理由的情形，当税务机关有证据证明其计税依据明显偏低又无正当理由的，则有权实施核定征收。但是，根据前述两点事实，贾小某实际不享受 H 公司 50% 比例的权益份额，实际享有的 H 公司净资产权益份额仅为 2 亿元，其个人所得税应纳税所得额不存在明显偏低的问题，因此不具备启动核定征收的条件。

4. 贾小某收回投资的个税应纳税所得额不符合特别纳税调整的条件

《税收征收管理法》第 36 条规定：“企业或者外国企业在中国境内设立的从事生产、经营的机构、场所与其关联企业之间的业务往来，应当按照独立企业之间的业务往来收取或者支付价款、费用；不按照独立企业之间的业务往来收取或者支付价款、费用，而减少其应纳税的收入或者所得额的，税务机关有权进行合理调整。”

根据上述规定，税务机关进行特别纳税调整的对象限于“企业或者外国企业在中国境内设立的从事生产、经营的机构、场所”与“关联企业”之间的交易。企业与自然人之间发生的各类交易不属于可以进行特别纳税调整的范围。

本次交易中，增资及减资交易的当事人均包括 H 公司及贾小某等自然人股东，税务机关无法依据《税收征收管理法》第 36 条的规定进行纳税调整。

（三）结论

在 H 公司减资时，贾小某从 H 公司撤回投资取得投资收回款应当依照“财产转让所得”的税目缴纳个人所得税。由于贾小某在对 H 公司增资时股东会约定的贾小某的股权比例已经被确认为无效，且贾小某实际只向 H 公司出资 2 亿元。因此，贾小某实际上不享有 H 公司 50% 的股权比例，只享有 H 公司 2 亿元的净资产份额权益。贾小某只能够取回投资收回款 2 亿元，扣除其投资成本 2 亿元，贾小某此次财产转让所得的应纳税所得额为零。H 公司无须为贾小某履行代扣代缴个人所得税的义务。

同时，贾小某个人所得税的应纳税所得额不符合核定的条件，也不符合特别纳税调整的条件，不构成计税依据明显偏低，且没有偷逃税款的故意和事实，税务机关不能针对贾小某的个人所得税义务实施核定征收与纳税调整。

三、本案启示

随着我国资本市场的活跃，越来越多的个人开始投入创业和实业投资之中，并取得较高的回报。但是需要提醒的是,个人在投资创办企业的资本运营过程中,应当注意识别和预防各项税务风险,特别是在资本退出阶段应当关注交易各方的纳税义务,避免因适用税法不当导致纳税义务人、扣缴义务人面临补税、缴纳滞纳金的风险,甚至有可能被税务机关认定构成偷税从而引发罚款的法律风险。

* * *

【链接】

个人资本投资运营的常见类型及其税务风险

笔者结合个人在投资资本运营过程中常见的几种类型,对相应的税务风险进行提示和分析如下:

一、被投资企业增资时个人股东的税法风险

(一)案例

A 有限公司(以下简称 A 公司)由李某、王某二人共同出资设立,注册资本为 100 万元,李某、王某各持有股权比例为 50%。2016 年 1 月,A 公司引入 B 合伙企业作为其天使投资人,拟对 A 公司投资 1000 万元。李某、王某及 B 企业根据未来收益法对 A 公司 2015 年年末的企业价值达成共识,认定 A 公司现有企业价值为 4000 万元,B 企业投入资金后应当占有的股权比例为 20%。因此,A 公司通过增资决议,B 企业向 A 公司投入 1000 万元资金,持有 A 公司 20% 的股权比例,其中,该 1000 万元资金中的 25 万元直接增为注册资本,剩余款项计入资本公积。根据决议,A 公司完成增资,注册资本由原来的 100 万元增加到 125 万元。

2016 年 2 月,由于 A 公司账上仍有 975 万元的股本溢价,因此 A 公司股东会通过决议,将 975 万元的资本公积根据现有股东的持股比例同比例转增资本。根据该项决议,A 公司再度完成增资,注册资本由原来的 125 万元增加到 1100 万元。

(二)税法风险提示

A 公司在第一轮增资时,原个人股东李某、王某二人不产生纳税义务,不存在税法风险。但是,A 公司在完成第二轮增资后,即用资本公积转增资本后,原个人股东李某、王某二人将面临沉重的纳税负担。

根据国家税务总局《关于股权奖励和转增股本个人所得税征管问题的公告》(国家税务总局公告 2015 年第 80 号)第 2 条的规定,上市公司或在全国中小企业股份转让系统挂牌的企业转增股本(不含以股票发行溢价形成的资本公积转增股本),按现行有关股息红利差别化政策执行;非上市及未在全国中小企业股份转让系统挂牌的中小高新技术企业以未分配利润、盈余公积、资本公积向个人股东转增股本,并符合财政部、国家税务总局《关于将国家自主创新示范区有关税收试点政策推广到全国范围实施的通知》(财税〔2015〕116 号)有关规定的,纳税人可分期缴纳个人所得税;非上市及未在全国中小企业股份转让系统挂牌的其他企业转增股本,应及时代扣代缴个人所得税。根据现有的政策规定,除上市公司和新三板公司外,企业以未分配利润、盈余公积、资本公积向个人股东转增股本的,个人股东应当按照"股息、红利所得"缴纳个人所得税,符合特定条件的企业转增股本的,个人股东可以享受 5 年分期缴纳的政策。

在上述案例中,A 公司的李某、王某自然人股东因 A 公司的第二轮增资分别获得了 390 万元(975 ×40%)的股息红利所得,应当缴纳个人所得税税款分别为 78 万元,并由 A 公司履行代扣代缴的义务。因此,李某、王某因 A 公司的第二轮增资在实际上没有取得任何现金资产的情况下仍然需要承担 78 万元的个人所得税税款,税负成本较大,税法风险高。

二、被投资企业减资时个人股东的税法风险

根据国家税务总局公告 2011 年第 41 号的规定,个人终止对被投资企业的投资并撤回资金或资产取得所得的,应当依照财产转让所得缴纳个人所得税。个人取得的投资收回款、股权转让款、各种约定的价款、资产等应当作为应税收入,扣除原始投资成本及各项税费后确定个人所得税的应纳税所得额。

本文案件真实地反映了被投资企业减资个人股东所承担的此类税法风险,在此不再赘述。

三、被投资企业向个人股东借款的税法风险

(一)案例

C 公司是由赵某、刘某两人共同出资设立的有限责任公司。2009 年,赵某向 C 公司借款 300 万元。2010 年,赵某向 C 公司借款 265 万元。2015 年,赵某将 565 万元的借款归还 C 公司。

(二)税法风险提示

财政部、国家税务总局《关于规范个人投资者个人所得税征收管理的通知》(财税〔2003〕158 号)规定,纳税年度内个人投资者从其投资企业(个人独资企业、合伙企业除外)借款,在该纳税年度终了后既不归还,又未用于企业生产经营的,其未归还的借款可视为企业对个人投资者的红利分配,依照"利息、股息、红利所得"

项目计征个人所得税。

根据上述规定,自然人股东当年取得被投资企业的贷款并没有在当年度归还被投资企业,且贷款的用途不是用于被投资企业的生产经营的,自然人股东取得的贷款金额视为当年度被投资企业向该自然人股东分配的股息、红利,个人股东应当缴纳个人所得税。

在本案中,赵某从C公司共取得贷款565万元,且均未在借款当年度归还。如果赵某取得的565万元贷款并非用于C公司的生产经营,尽管其在2015年度归还了这笔贷款,税务机关仍有权对赵某进行股息红利所得进行个人所得税的纳税调整。赵某将面临较为沉重的税收成本,目前,已有人民法院对此类案件作出判决,其税法风险非常大。

房地产公司借个人资质贷款融资引发个人所得税代扣代缴争议案

【导读】

房地产开发过程中，假借购房人名义申请银行贷款，由房地产企业取得贷款同时承担贷款本息是实践中较为常用的融资手段之一。在这类交易中，房地产开发公司代为支付的银行贷款利息是否应当认定为购房人的所得进而征收个人所得税？本节通过一则真实案例对类似交易各方的纳税义务作出简要分析，供读者参考。

一、案情简介

（一）案件基本信息

案件类型：个人所得税代扣代缴争议

涉案金额：税款 1,470,484.44 元及滞纳金

法律风险：被追缴税款、滞纳金

（二）案件详情

C 公司成立于 1992 年 10 月 22 日，住所位于某省 L 市 Q 区，经营范围为：房地产开发、经营管理公寓、写字间及附属商场、车队、停车场（涉及行政许可的须凭许可证经营）。

为实现房地产开发融资目的，2007 年至 2009 年，C 公司与甲某等约 20 人（以下统称甲某等个人）签署商品房销售合同，约定甲某等个人以银行贷款方式购买 C 公司开发的坐落于 L 市 Q 区某地住宅。同时，双方另约定房屋、贷款及相关手续材料由 C 公司保管，后续贷款及利息归还事宜由 C 公司全权处理（以下简称本次交易）（见图 1）。

贷款

编号＿＿＿＿＿＿

商品房销售合同

（DF－20－001）

签订日期：　　年　　月　　日

市房地产开发管理领导小组办公室
市房地产管理局　　监制
市工商行政管理局

商品房销售合同

本合同双方当事人：

卖方（以下简称甲方）：[redacted]

买方（以下简称乙方）：[redacted]

根据《中华人民共和国合同法》、《中华人民共和国城市房地产管理法》及其它有关规定，为明确商品房买卖双方的权利、义务，经甲、乙双方协商一致，签订本合同并共同遵守。

一、商品房基本情况

1．甲方依据[redacted]许字第[redacted]号《商品房销售许可证》将座落在[redacted]市[redacted]区[redacted]路（街）[redacted]号（小区）[redacted]号楼、总层数[redacted]用途住宅、框架结构[redacted]单元[redacted]层[redacted]号（管理号[redacted]）[redacted]室[redacted]厅的商品房出售给乙方。

2．乙方购买的商品房[redacted]套，建筑面积大写[redacted]平方米，小写[redacted]平方米。房屋建筑面积以[redacted]市房地产管理局实地测量后计算出的测量结果为准。

3．乙方购买的商品房的土地使用权以出让方式（划拨、出让）取得，土地使用权年限至50年—月—日。

4．甲方于[redacted]年[redacted]月[redacted]日前将上述所列房屋交付乙方使用。

5．甲方出售的商品房除《商品房住宅使用说明书》所列设施外，还有该房屋已装修 有室内空调、卫生洁具等设施。

二、总价款及付款方式

1．经双方协商一致，甲方同意将该商品房按建筑面积每平方米[redacted]元销售给乙方，总价款小写[redacted]元，大写[redacted]

— 1 —

2. 自本合同签订之日起_壹_日内，乙方应向甲方交付购房定金_[redacted]_元。

3. 乙方可将购房款一次付清，也可分期付款。乙方一次性付款的，应于_____年___月___日前付清全部房款；乙方分期付款的，其购房定金在第_一_次付款时冲抵，分期付款日期、金额为：

合同金额	[redacted]	付 款 日 期
定 金	[redacted]	[redacted] 年 月 日
一 期	大写 [redacted] 小写 [redacted]	年 [redacted] 月 [redacted] 日
二 期	大写 小写	年 月 日
三 期	大写 小写	年 月 日
四 期	大写 小写	年 月 日
五 期	大写 小写	年 月 日
贷 款	大写 [redacted] 小写 [redacted]	[redacted] 年 月 [redacted] 日

4. 其中第_[redacted]_期乙方申请贷款。付款期限届满金融机构未批准贷款，且乙方无力支付该款项的，甲方应在十五日内将其已收取的房款返还乙方，本合同解除。如因一方故意造成贷款未获批准，或乙方逾期不申领贷款，另一方有权要求对方承担违约责任。

— 2 —

甲方：[redacted]	乙方：[redacted]盖章)
营业执照号：	营业执照号 或身份证号：[redacted]
地址：	地址：[redacted]
法定代表人（签名）	法定代表人（签名）
代理人：	代理人：
开户银行：	开户银行：
账号：	账号：
电话：[redacted]	电话：[redacted]
邮政编码：[redacted]	邮政编码：[redacted]

鉴证部门意见	房产管理部门意见
经办人[redacted]鉴证机关 （章） 鉴证日期[redacted]年　月　日	经办[redacted]登记机关 （章） 登记日期[redacted]年　[redacted]

— 7 —

图1　C公司与甲某等个人签署的《商品房销售合同》(之一)

L市地方税务局第四稽查局于2013年6月13日向C公司下达《税务处理决定书》(L地税四查税稽处〔2013〕661号,以下简称《税务处理决定书》),认定C公司将甲某等个人“在银行办理按揭贷款(2009年至2012年)所发生的利息支出7,352,423.21元,计入开发成本中,造成少代扣代缴个人所得税1,470,484.44元”;决定“依据《中华人民共和国个人所得税法》第一条、第二条第十款、第五条第五款的规定,追缴个人所得税1,470,484.44元”(见图2)。

L市地方税务局第四稽查局
税务处理决定书

L地税四查税稽处〔2013〕661号

C公司:

我局于××××年××月××日至××××年××月××日对你单位××××年××月××日至××××年××月××日遵守税收法律、法规及规章,履行地方税收纳税义务、代扣代缴义务及有关规费缴纳情况进行了检查,违法事实及处理决定如下:

一、违法事实

1. ×××××××

2. ×××××××

3. ×××××××

4. ×××××××

5. 你单位将20余个人在银行办理按揭贷款(××××年至××××年)所发生的利息支出××××××元,计入开发成本中,造成少代扣代缴个人所得税××××××元。

二、处理决定

(一)处理决定(税款)

1. ×××××××

2. ×××××××

3. ×××××××

4. 根据《中华人民共和国个人所得税法》第六条、第二条第(十)款、第五条第(五)款的规定,追缴个人所得税××××××元。

……

(二)处理决定(滞纳金)

依据《中华人民共和国税收征收管理法》第三十二条、《中华人民共和国税收征收管理法实施细则》第一百零九条的规定,加收营业税滞纳金×××××元,土地增值税滞纳金×××××元,印花税滞纳金××××元,房产税滞纳金××××元。

合计加收滞纳金××××××元。

个人所得税、印花税罚款另案处理。

限你单位自收到本决定书之日起15日内到你单位开户银行将上述税款及滞纳金缴纳入库,并按照规定进行相关账务调整。逾期未缴清的,将依照《中华人民共和国税收征收管理法》第四十条规定强制执行。

你单位若同我局在纳税上有争议,必须先依照本决定的期限缴纳税款及滞纳金或者提供相应的担保,然后可自上述款项缴清或者提供相应担保被税务机关确认之日起六十日内依法向L市地方税务局申请行政复议。

L市地方税务局第四稽查局

××××年××月××日

图2　L市地方税务局第四稽查局向C公司下达的《税务处理决定书》(部分)

C公司认为,要求其代扣代缴甲某等个人的个人所得税将造成税收不公平的结果,不服《税务处理决定书》,提起税务行政复议。

(三)各方观点

L市地方税务局第四稽查局认为:C公司向甲某等个人支付贷款利息,未代扣代缴个人所得税,应当予以追缴。

C公司认为:本次交易为C公司,要求其代扣代缴甲某等个人的个人所得税将造成税收不公平的结果。

(四)争议焦点

1. 本次交易的经济实质是什么。

2. 本次交易个人是否产生所得,C公司是否有代扣代缴个人所得税义务。

(五)争议解决

复议过程中,华税律师事务所以税收法律为依据,充分发挥第三方的协调作用。复议机关最终认可了我们的观点,本着实质课税原则认定甲某等个人无个人所得税纳税义务,保障了纳税人的合法权益。

二、税务律师点评

(一)本次交易的目的是融资,经济实质为借款行为

C公司因商品房开发建设过程中资金短缺,获取银行贷款难度较大,面临迫切的融资需求。本次交易的目的是促成C公司取得银行贷款用于项目开发。甲某等个人出具的《证明》印证了这一交易目的。《证明》显示,其认可与C公司签署商品房销售合同,并在W银行L市支行办理了按揭抵押贷款的事实。同时强调,签订商品房销售合同的目的是帮助朋友融资贷款,房屋、贷款相关手续资料均在C公司,并由C公司全权处理后续还贷款及利息事宜。从本次交易的结果来看,C公司最终取得银行贷款款项,达成了融资目的。

本次交易中,虽以甲某等个人名义与银行办理贷款手续,但贷款所得款项最终全部用于C公司运营,贷款实际由C公司负责偿还,并支付贷款利息。因此,C公司与银行之间存在实质上的借款关系,借款人为C公司,贷款人为银行。

(二)本次交易中个人无所得,税务机关要求C公司代扣代缴缺乏事实依据

1. C公司支付的甲某等个人的贷款利息不构成甲某等个人所得

前文已述及,本次交易的经济实质是借款行为。本次交易后续偿还贷款利息事宜全权由C公司处理。因此,C公司向个人支付的利息实质上为C公司向银行支付的贷款利息。

从本次交易的结果来看,C公司向甲某等个人支付的银行贷款利息直接用于偿还向银行贷款的利息,甲某等个人不实际占有该笔资金,因此,不应认定甲某等个人取得了C公司支付贷款利息的所有权。事实上,甲某等个人亦未因C公司支付利息而享受任何收益,C公司支付的利息不应认定为甲某等个人的所得。相应地,C公司无须代扣代缴个人所得税。

2. 税务机关认定个人取得利息收入违背量能课税原则,或造成税收不公

税务机关认定个人取得利息收入的逻辑在于将“C公司代甲某等个人支付银行贷款利息”这一个行为拆分为两部独立的交易看待,第一个交易为甲某等个人从银行取得贷款,向银行支付利息;第二个交易为C公司从甲某等个人处取得贷款,

向甲某等个人支付利息。

从合同相对性角度而言，上述拆分方法并无不当。但是从C公司、甲某的意思表示来看，显然上述拆分方法违背了双方意愿。并且，从税收公平原则角度而言，上述拆分方法使甲某等自然人背负了不合理的税收负担，这样的拆分逻辑存在明显缺陷。若将甲某等个人换作企业，则企业取得利息收入与发生利息支出相等，二者在计算企业所得税时相互抵销，没有产生所得，与实际情况一致，企业没有产生税负。但是，甲某等作为自然人个人，其发生的贷款利息支出不能在计算个人所得税时扣除，若税务机关认定甲某等个人取得了利息收入，则违背量能课税原则，对甲某等个人而言造成不公。

（三）本次交易应当遵循实质课税原则进行征税

实质课税原则，是指不能仅根据交易的外观和形式确定是否应予课税，而应根据实际情况，尤其应当注意根据其经济目的和经济活动的实质，判断是否符合课税要素，以公平、合理、有效地课征税款。实质课税原则不仅是税款征收应当遵循的原则之一，也是实现量能课税和税收公平的必然要求。

综合以上分析，本次交易应视为一个整体，即C公司向W银行L市支行贷款，而不应按照税务机关的逻辑拆分为两个交易行为。因此，应将C公司向甲某等个人支付的贷款利息认定为C公司的融资成本，准予其在企业所得税税前扣除，而甲某等个人实质上未取得C公司支付的贷款利息的所有权，也即未取得任何所得，因此不负有个人所得税纳税义务。相应地，C公司无须代扣代缴个人所得税。

（四）结论

课税应当遵循交易的形式还是交易的实质，这是一个在实践中经常导致税务争议的焦点问题。本案中，虽然交易在形式上看为C公司代甲某等个人支付银行贷款利息，甲某等个人取得了利息所得，但实质上是C公司的融资行为，甲某等个人未取得任何实质收益。复议机关经审查认为，从交易的实质出发更符合交易的实际情况，有利于保护纳税人的合法权益。这也是依法治税精神的内在要求。

三、本案启示

本案中，C公司借个人贷款购房的形式交易，拟完成C公司融资的实质交易，因交易形式与实质的不一致造成税务机关及C公司对应如何纳税发生了争议。实践中，企业往往借助虚假的交易形式达到自身目的。通过本案，需要房地产开发企业予以重视，类似的交易方式往往会暗含不可预见的法律风险。笔者也在此建议广大纳税人遵纪守法、依法纳税,以免遭受更大的损失。

* * *

【链接】

以“购房诚意金”名义融资引发企业所得税争议案

资金是房地产企业的命脉,一旦某一建设项目资金流断裂,房地产企业所有的在建项目均受到影响,因此融资是房地产企业面临的重大问题之一。除了上文通过个人贷款方式融资外,房地产企业还可能通过关联企业进行资金拆借,但为了规避国家金融管理制度的监管,通过购房“定金”“意向金”等方式收取资金,待资金充裕后解除购房合同、退还“定金”“意向金”。但是,如同上文案例,此种行为虽为房地产企业解决资金周转的燃眉之急,但同样暗藏税务风险。本案中,法院认定房地产企业收取的“购房诚意金”应当及时确认为销售房产收入进行申报,税务机关对房地产企业延期申报而作出的补缴滞纳金的处理决定并不违法。

一、案情简介

上诉人S置业有限公司(以下简称S置业),被上诉人国家税务总局Q市税务局稽查局、Q市政府。

2011年9月16日,S集团有限公司(以下简称S集团)通过董事会决议,载明“因集团战略要求,我司预计2011年意向购买S置业在Q市所开发的商业房产用于连锁经营”。

2011年11月24日,S置业作出会议纪要,载明“工程项目已接近尾声,有大量工程款需要支付,公司申请向S集团于2011年11月无息资金拆借4.193亿元,用于支付项目工程款及日常经营用款”。2011年12月,S置业收取了S集团的“购房诚意金”4.193亿元,并于2013年5月31日将上述4.193亿元的诚意金按照预计利润的20%缴纳企业所得税。

2012年11月23日,S集团作出会议纪要,载明“关于电器集团向S置业支付4.193亿元意向金,意向购买S生活广场负一层至五层……经过讨论,形成取消购买该项物业的决定,S置业将支付的意向金退回至电器集团公司”。2014年7月,S置业将上述4.193亿元通过电汇方式退回S集团,收款收据中“收款事由”显示为“退购房诚意金”。2014年7月31日及2015年5月27日,S置业向Q市地方税务局某分局申请退税,但未被同意。

2013 年 8 月 5 日,Q 市地方税务局稽查局对 S 置业 2010 年 1 月 1 日至 2012 年 12 月 31 日涉税情况进行检查。2017 年 7 月 27 日作出了《税务处理决定书》(Q 地税稽处〔2017〕61 号),认定 2011 年收取的“购房诚意金”依法应当缴纳企业所得税,而 S 置业于 2013 年 5 月缴纳,则依法应当收取滞纳金。

S 置业不服,向 Q 市政府提起行政复议申请。Q 市政府作出《行政复议决定书》,决定对该税务处理决定予以维持。S 置业仍不服,遂提起本案行政诉讼,并提出对 Q 市地方税务局《关于转发〈国家税务总局关于印发《房地产开发经营业务企业所得税处理办法》的通知〉的通知》(Q 国税发〔2009〕84 号)的合法性一并进行审查。

二、争议焦点与各方观点

本案争议焦点系 S 置业 2011 年收取的“购房诚意金”的性质以及对收取的“购房诚意金”是否应当缴纳企业所得税。

S 置业的观点:该诚意金的性质属于企业间资金拆借,不属于企业所得,不应收取企业所得税。

原审法院观点:根据证据显示,S 集团向 S 置业支付诚意金 419,300,000 元,系因其意向购买 S 置业开发的 S 生活广场项目裙楼商铺用于集团的商业项目经营。因此该诚意金的性质非 S 置业所称的企业拆借资金,而是商铺预售收入。且当时我国法律也不允许企业之间资金拆借。S 置业 2011 年收取的该“购房诚意金”依法应当缴纳企业所得税,而直至 2013 年 5 月才缴纳,依法应当收取滞纳金。

二审法院观点:本案中,S 置业与 S 集团之间虽并未就生活广场项目裙楼商铺正式签订相关销售合同或者预售合同,但结合证据《董事会决议》将该笔资金作为“购房诚意金”的认定以及 S 置业提交的退税申请中亦自认其收取的 4.193 亿元购房诚意金系 S 集团意向购置 S 生活广场项目裙楼商铺用于项目经营,可以认定 S 置业实际与 S 集团达成房屋买卖的合意并收取购房意向金,该 4.193 亿元应系预售收入,依法应缴纳企业所得税。S 置业依法应于 2012 年 1 月 19 日前申报缴纳该部分企业所得税,其于 2013 年 5 月 31 日才缴纳入库,加收定额滞纳金的处理决定并无不当。

三、华税观点

(一)被诉税收规范性文件并不抵触上位法

该税收规范性文件制定的上位法依据系国家税务总局《关于印发〈房地产开发经营业务企业所得税处理办法〉的通知》(国税发〔2009〕31 号)。国税发〔2009〕31

号文第 8 条规定:"企业销售未完工开发产品的计税毛利率由各省、自治区、直辖市国家税务局、地方税务局按下列规定进行确定……"第 9 条规定:"企业销售未完工开发产品取得的收入,应先按预计计税毛利率分季(或月)计算出预计毛利额,计入当期应纳税所得额。开发产品完工后……"即第 8 条和第 9 条规定了房地产开发企业销售未完工开发产品应当纳税。

Q 国税发〔2009〕84 号文第 2 条对"销售未完工开发产品收入的范围"明确为"房地产开发企业销售未完工开发产品收入包括开发产品完工前以各种形式向购买方收取的款项,包括预收款、定金、订金、意向金、预约保证款、合同保证金等"是仅对国税发〔2009〕31 号文"房地产开发企业销售未完工开发产品收入"进行了解释,并未额外增加纳税人义务,也未擅自扩大上位法规定的范围。

(二)法院从证据角度判断"购房意向金"系预收房款

从证据来看,上诉人 S 置业出于拆借资金用于发放工程款的目的,收取 S 集团 4.193 亿元。但是从 S 集团角度而言,其公司决议等文件均未显示资金拆借事项,而是反映出购买房产用于经营的意向。这成为上诉人 S 置业最为不利的证据。同时,上诉人 S 置业在向税务机关申请退税时,亦采用的是"退回购房意向金"的说法,与诉讼中的主张不一致。

由判决书可见,法院亦没有只听一家之言,而是综合考虑所有证据作出的认定。资金拆借,属于双方行为,借贷双方均认可才能成立。本案中上诉人 S 置业显然没有做好与集团公司的沟通,导致 S 集团的相关决议中没有体现资金拆借的事项。或许是由于集团公司想避免"资金拆借"可能带来的违反国家金融监管法规的风险,但是,在税务方面确实给集团子公司带来了损失。

(三)发生退款的应当在完工后汇算清缴时申请退税

以国家税务总局最新发布的《关于修订〈中华人民共和国企业所得税月(季)度预缴纳税申报表(A 类,2018 年版)〉等报表的公告》(国家税务总局公告 2020 年第 12 号)为例(见图 3)。

A200000中华人民共和国企业所得税月（季）度预缴纳税申报表（A类）

税款所属期间：　　年　月　日至　年　月　日

纳税人识别号（统一社会信用代码）：□□□□□□□□□□□□□□□□□□

纳税人名称：　　　　　　　　　　　　　　　金额单位：人民币元(列至角分)

预缴方式	□ 按照实际利润额预缴	□ 按照上一纳税年度应纳税所得额平均额预缴	□ 按照税务机关确定的其他方法预缴
企业类型	□ 一般企业	□ 跨地区经营汇总纳税企业总机构	□ 跨地区经营汇总纳税企业分支机构

按　季　度　填　报　信　息

项　目	一季度		二季度		三季度		四季度		季度平均值
	季初	季末	季初	季末	季初	季末	季初	季末	
从业人数									
资产总额（万元）									
国家限制或禁止行业	□ 是　□ 否				小型微利企业				□ 是　□ 否

预　缴　税　款　计　算

行次	项　目	本年累计金额
1	营业收入	
2	营业成本	
3	利润总额	
4	加：特定业务计算的应纳税所得额	
5	减：不征税收入	
6	减：免税收入、减计收入、所得减免等优惠金额（填写A201010）	
7	减：资产加速折旧、摊销（扣除）调减额（填写A201020）	
8	减：弥补以前年度亏损	
9	实际利润额（3+4-5-6-7-8）\ 按照上一纳税年度应纳税所得额平均额确定的应纳税所得额	
10	税率(25%)	
11	应纳所得税额（9×10）	
12	减：减免所得税额（填写A201030）	
13	减：实际已缴纳所得税额	
14	减：特定业务预缴（征）所得税额	
L15	减：符合条件的小型微利企业延缓缴纳所得税额（是否延缓缴纳所得税　□ 是　□ 否）	
15	本期应补（退）所得税额（11-12-13-14-L15）\ 税务机关确定的本期应纳所得税额	

图3　企业所得税月(季)度预缴纳税申报表

第4行"特定业务计算的应纳税所得额"：从事房地产开发等特定业务的纳税人，填报按照税收规定计算的特定业务的应纳税所得额。房地产开发企业销售未完工开发产品取得的预售收入，按照税收规定的预计计税毛利率计算的预计毛利额填入此行。

企业开发产品完工后，其未完工预售环节按照税收规定的预计计税毛利率计算的预计毛利额在汇算清缴时调整，月(季)度预缴纳税申报时不调整。本行填报金额不得小于本年上期申报金额。

房地产开发企业在预售时要按照预计毛利额预缴企业所得税，在完工后，要按照实际毛利额再次预缴企业所得税。假设发生本案中的退款，当季度退款远大于预售收入，则可能造成多预缴税款。例如，某房地产开发企业在2018年一、二季度分别取得预售收入5亿元、2亿元，适用的预计毛利率为20%，二季度部分客户解除购房合同,退款4.193亿元。由于该栏次在二季度申报时填报数据不得小于1亿元(5亿×20%),上述退房款的影响无法在申报表中体现;在会计利润为正的情况下,上述退款也无法抵减当期会计利润,可能造成多预缴税款,需年度所得税汇算清缴时申请退税。

(四)房地产企业须加强内部税务风险控制

本案中,虽然上诉人可以就发生的退款申请退税,但是,拆借资金被认定为预售房款,会占用企业大量流动资金,引发资金周转失灵。正如前述,上诉人需要在获取资金的季度预缴20%的企业所得税,即4.193亿×20%=8386万元,而且只有待工程完工汇算清缴时方能申请退税,将给房地产企业的现金流带来一定的压力。更严重的是,若发生本案延期缴纳的情况,还将面临日万分之五的滞纳金。

本案的结果提醒广大房地产企业,内部资料、会议文件等形成的决议,在追求经济效益的同时,务必考虑税收负担与税务风险。集团与子公司之间资金拆借、无息借款、资产划拨等重大事项,须经法务部门的风险审查,重点考量是否违反国家经济法、税法,并谨慎处理相关决议、合同、协议条款的表述,避免出现本案中借贷双方决议文件相冲突的情况。必要时,房地产企业可以寻求专业税务律师的协助,牢牢把控企业税务风险。

企业向股东家庭成员低价销售房产引发个人所得税争议案

【导读】

对于企业与自然人股东之间产生的房屋买卖行为，实践中认定为“买卖”还是企业对股东的“利润分配”存在较大的争议。本案中，房地产开发企业将涉案房产转让给自然人股东，税务机关认定为受让人无偿取得房地产企业开发的商品房是企业对个人股息、红利分配，自然人股东应缴纳个人所得税，同时对同一交易行为对房地产开发企业作出了征收营业税及其附加、企业所得税的处理，认定为不动产销售行为。本案是否适用纳税人视同股利分配缴纳个人所得税的情形值得我们探讨，对商事行为定性的不同也就意味着涉税企业及个人面临不同的涉税法律后果。

一、案情简介

（一）案件基本信息

案件类型：个人所得税扣缴争议

涉案金额：17,416,440.56 元

法律风险：代扣代缴个人所得税 13,944,243.2 元；补缴营业税 2,970,155.32 元，城市维护建设税 207,910.87 元，企业所得税 1,207,275.54 元，并加收相应的滞纳金；罚款 3,472,197.36 元

（二）案件详情

A 房地产开发有限公司（以下简称 A 公司）成立于 1997 年 7 月，注册资本 900 万元，注册地位于某省 B 市郊区私营工业园，经营范围包括房地产开发及房屋销售。A 公司法定代表人系李某。A 公司的股东为南某、李甲、C 科技贸易集团有限责任公司。李甲、李乙系 C 科技贸易集团有限责任公司的自然人股东。李某与南某系夫妻关系，李甲、李乙系李某、南某之子。

A 公司自行开发建设的长江中路红楼商城于 2003 年竣工决算并于当年进行销售。2003 年，A 公司将红楼商城部分商品房出售给李甲、李乙，但未签署房屋买卖合同。

2014 年，A 公司与李甲、李乙补充签订了数份《商品房买卖合同》，均载明 A 公

司已于2001年将标的房产交付买受人、买受人已于2003年度付清房款、此份合同系补签等内容。

2014年,A公司按照与李乙签订的数份《商品房买卖合同》约定的交易价格总金额向李乙开具《某省B市销售不动产专用发票》三份,记载销售不动产金额为21,139,490.4元,A公司与李乙就标的房产办理完成了产权过户手续,李乙取得了房屋产权证。A公司开具的上列发票所载销售收入未入账,李乙至今尚未向A公司支付房款。

2014年,A公司按照与李甲签署的数份《商品房买卖合同》约定的交易价格总金额向李甲开具《某省B市销售不动产专用发票》两份,记载销售不动产金额为13,582,483.2元,A公司与李甲在房产部门办理了合同备案手续,并陆续办理了标的房产的产权变更手续,到2016年上半年办理完成了全部标的房产的过户手续,李甲取得标的房产的房屋产权证。A公司开具的上列发票所载销售收入未入账,李甲至今尚未向A公司支付房款。

2015年2月3日,B市地方税务局稽查局开始对A公司实施税务检查。2016年7月6日,B市地方税务局稽查局向A公司作出了《税务处理决定书》(B地税稽处〔2016〕18号)及《税务行政处罚决定书》(B地税稽罚〔2016〕20号)。

《税务处理决定书》(B地税稽处〔2016〕18号)在个人所得税方面认定A公司具有如下违法事实:(1)李甲、李乙系A公司个人投资者,无偿取得A公司开发的商品房应按股息、红利所得缴纳个人所得税,A公司为法定扣缴义务人;(2)A公司向李乙销售不动产,发票所载金额为21,139,490.4元,房产价格明显偏低,经B市价格认证中心对该房产进行价格认定,认定金额为44,545,881元(按照2014年房地产市场价格认定),A公司未代扣代缴李乙个人所得税8,909,176.2元;(3)A公司向李甲销售不动产,发票所载金额为13,582,483.2元,房产价格明显偏低,经B市价格认证中心对该房产进行价格认定(按照2014年房地产市场价格认定),认定金额为25,175,335元,A公司未代扣代缴李甲个人所得税5,035,067元。

《税务处理决定书》(B地税稽处〔2016〕18号)基于上列A公司的违法事实,作出了A公司应代扣代缴2014年度李甲、李乙个人所得税共计13,944,243.2元的处理决定(见图1)。

B 市地方税务局稽查局

税务处理决定书

B 地税稽处〔2016〕18 号

A 公司(地址:××××××××××)

法定代表人(李某):

我局于 2015 年 2 月 3 日至 2016 年 4 月 12 日对你单位 2000 年 1 月 1 日至 2014 年 12 月 31 日涉税情况进行了检查,违法事实及处理决定如下:

一、违法事实

(一)开具发票未计应税收入问题

你单位于 2008 年 10 月 9 日在管理分局领用××××销售不对称专用发票一本(发票代码:××××××,发票号码:××××××,25 份),未按规定在 2011 年 1 月 1 日前缴销,一直使用。经稽查局要求,你单位 2015 年 7 月 6 日缴销了该本发票。该本发票已开具 18 份,作废发票 3 份,空白发票 4 份,开具金额未 56,605,782.10 元,具体情况如下:

1. 你单位 2008 年度开具销售不动产发票给×××资源和社会保障局 2 份,金额 19,615,223 元,其中 16,595,873 元已计收入,并已缴纳了相关税费,另 3,019,350 元未计收入。

2. 你单位 2000 ~2010 年度开具销售不动产发票给×××等人 11 份,合计金额 2,268,585.50 元,未计收入。

3. 你单位开具销售不动产发票给李乙 3 份,金额 21,139,490.40 元,未计收入。李乙未支付相应房款,于 2014 年度办理房屋产权证。

4. 你单位开具销售不动产发票给李甲 2 份,金额 13,582,483.20 元,未计收入。李甲未支付相应房款,于 2014 年度申报缴纳契税和办理房产备案。

(二)营业税

1. 你单位开具销售不动产发票给×××资源和社会保障局 2 份,金额 19,615,223 元,其中 16,595,873 元已计收入,少计应税收入 3,019,350 元,应申报缴纳营业税 150,967.50 元,你单位未申报缴纳。

2. 你单位销售不动产给×××等人少计应税收入 2,268,585.50 元,应申报缴纳营业税 113,429.28 元,你单位未申报缴纳。

3. 你单位开具销售不动产发票给李甲、李乙的房产价格明显偏低,经××价格认证中心对你单位销售房产进行价格认定,认定价格为69,721,216元。你单位2014年度少计应税收入69,721,216元,应申报缴纳营业税3,486,060.80元,你单位未申报缴纳。

4. 你单位2000~2008年预收账款为63,236,126.31元,应申报缴纳营业税3,161,806.31元,实际已申报缴纳营业税3,942,108.58元,多申报缴纳营业税780,302.26元。

根据规定,多缴纳税款可在以后年度抵减。抵减后,你单位2014年度少申报缴纳营业税2,970,155.32元。

(三)城市维护建设税

你单位2014年度应申报缴纳城市建设维护税207,910.87元未申报缴纳。

(四)教育费附加

你单位2014年度应申报缴纳教育费附加89,104.66元未申报缴纳。

(五)地方教育附加

你单位2014年度应申报缴纳地方教育附加59,403.11元未申报缴纳。

(六)个人所得税

李甲、李乙系公司个人投资者,家庭成员关系,无偿取得本公司开发的商品房应缴纳个人所得税,你单位为法定扣缴义务人。你单位2014年度开具给××销售不动产发票金额为21,139,490.40元,房产价格明显偏低,经××价格认证中心进行价格认定,认定金额为44,545,881元,未代扣代缴个人所得税8,909,176.20元;你单位2014年度开具给×××销售不动产发票金额为13,582,483.20元,房产价格明显偏低,经××价格认证中心进行价格认定,认定金额为25,175,335元,未代扣代缴个人所得税5,035,067元。你单位2014年度未代扣代缴个人所得税合计13,944,243.20元。

(七)企业所得税

……

二、处理决定

(一)根据《中华人民共和国营业税暂行条例》第一条、第二条第一款、第四条、第七条,《中华人民共和国营业税暂行条例实施细则》第五条、第二十条,《中华人民共和国税收征收管理法》第五十一条,《中华人民共和国税收征收管理法实施细则》第七十九条的规定，你单位应补缴 2014 年度营业税 2,970,155.32 元。

（二）根据《中华人民共和国城市维护建设税暂行条例》第二条、第三条、第四条第一款的规定，你单位应补缴 2014 年度城市建设维护税 207,910.87 元。

（三）根据《征收教育费附加的暂行规定》第二条、第三条第一款的规定，你单位应补缴 2014 年度教育费附加 89,104.66 元。

（四）根据《安徽省地方教育附加征收和使用管理暂行办法》（财综〔2011〕349 号）第二条、第三条的规定，你单位应补缴 2014 年度地方教育附加 59,403.11 元。

（五）根据《中华人民共和国个人所得税法》第一条、第二条第七款、第三条第五款、第六条第六款、第八条、第十三条，《中华人民共和国个人所得税法实施条例》第十条，《财政部、国家税务总局关于规范个人投资者个人所得税征收管理的通知》（财税〔2003〕158 号），《财政部、国家税务总局关于企业为个人购买房屋或其他财产征收个人所得税问题的批复》（财税〔2008〕83 号）的规定，你单位应代扣代缴李甲 2014 年度个人所得税 89,091,76.20 元，应代扣代缴李乙 2014 年度个人所得税 5,035,067 元，合计 13,944,243.20 元。

（六）根据《中华人民共和国企业所得税法》第一条、第三条第一款、第四条第一款、第五条、第六条，《中华人民共和国税收征收管理法》第三十五条，《房地产开发经营业务企业所得税处理办法》（国税发〔2009〕31 号）第八条的规定，你单位应补缴 2014 年度企业所得税 1,207,275.54 元。

（七）根据《中华人民共和国税收征收管理法》第三十二条的规定，对你单位未按照规定期限缴纳 2014 年度营业税、城市建设维护税、企业所得税从滞纳之日起，按日加收滞纳税款万分之五的滞纳金。

（八）根据《中华人民共和国税收征收管理法》第六十三条第一款的规定，责令你单位将上述应补缴的营业税、城市建设维护税、教育费附加、地方教育附加、企业所得税及滞纳金限期缴纳入库。

（九）根据《中华人民共和国税收征收管理法》第六十九条，《国家税务总局关于贯彻〈中华人民共和国税收征收管理法〉及其实施细则若干具体问题的通知》（国税发〔2003〕47 号）第二条第三款的规定，责成你单位将上述未代扣代缴的个人所得税 13,944,243.20 元限期补扣入库。

> 限你单位自收到本决定书之日起15日内到B市地方税务局办税服务厅将上述税款及滞纳金缴纳入库,并按照规定进行相关账务调整,逾期未缴清的,将依照《中华人民共和国税收征收管理法》第四十条规定强制执行。
>
> 你单位若同我局在纳税上有争议,必须先依照本决定的期限缴纳税款及滞纳金或者提供相应的担保,然后可自上述款项缴清或者提供相应担保被税务机关确认之日起六十日内向B市地方税务局申请行政复议。
>
> B市地方税务局稽查局
>
> ××××年××月××日

图1　B市地方税务局稽查局向A公司作出的《税务处理决定书》

《税务行政处罚决定书》(B地税稽罚〔2016〕31号)在个人所得税方面认定A公司具有如下违法事实:(1)李甲、李乙系A公司个人投资者,无偿取得A公司开发的商品房应按股息、红利所得缴纳个人所得税,A公司为法定扣缴义务人;(2)A公司向李乙销售不动产,发票所载金额为21,139,490.4元,房产价格明显偏低,经B市价格认证中心对该房产进行价格认定,认定金额为44,545,881元(按照2014年房地产市场价格认定),A公司未代扣代缴李乙个税8,909,176.2元;(3)A公司向李甲销售不动产,发票所载金额为13,582,483.2元,房产价格明显偏低,经B市价格认证中心对该房产进行价格认定(按照2014年房地产市场价格认定),认定金额为25,175,335元,A公司未代扣代缴李甲个税5,035,067元。

《税务行政处罚决定书》(B地税稽罚〔2016〕31号)基于上列A公司的违法事实,对A公司作出了如下处罚决定:A公司向李甲、李乙销售不动产开具发票所载销售金额合计为34,721,973.6元,不考虑核定房价增加的销售金额,该发票所载金额部分应代扣代缴个税6,944,394.72元。A公司构成应扣未扣税款的违法行为,对其处以0.5倍的罚款3,472,197.36元。

A公司不服《税务处理决定书》(B地税稽处〔2016〕18号),于2016年8月21日向B市地方税务局申请行政复议;B市地方税务局以A公司没有按规定缴纳税款及滞纳金或提供相应担保为由不予受理(见图2)。

B 市地方税务局

行政复议不予受理决定书

B 地税复不受字〔2016〕001 号

A 公司：

你公司于 2016 年 8 月 21 日提出的行政复议申请收悉，经审查，本机关认为：你公司就纳税发生争议，没有按规定缴纳税款及滞纳金或者提供相应担保，根据《中华人民共和国税收征收管理法》第八十八条、《中华人民共和国行政复议法》第十七条规定，本机关决定不予受理。

如你公司对本决定不服，可以根据《中华人民共和国行政复议法》第十九条的规定，在收到本决定书之日起十五日内向有管辖权的人民法院提起行政诉讼。

B 市地方税务局

2016 年 8 月 25 日

图 2　B 市地方税务局向 A 公司作出的《行政复议不予受理决定书》

A 公司不服《税务行政处罚决定书》（B 地税稽罚〔2016〕20 号），于 2016 年 8 月 3 日向 B 地方税务局申请行政复议；2016 年 9 月 30 日，B 市地方税务局以《税务行政处罚决定书》（B 地税稽罚〔2016〕20 号）引用税法依据的条、款、项错误为由作出撤销决定，并责令 B 市地方税务局稽查局于 60 日内重新作出行政行为。2016 年 12 月 10 日，B 市地方税务局稽查局向 A 公司作出了《税务行政处罚决定书》（B 地税稽罚〔2016〕31 号），就个人所得税扣缴问题作出了同样的处罚（见图 3）。

B 市地方税务局稽查局
税务行政处罚决定书

B 地税稽罚〔2016〕31 号

A 公司(地址:×××××××××××××)

法定代表人(×××):

经我局于 2015 年 2 月 3 日至 2016 年 4 月 12 日对你单位 2000 年 1 月 1 日至 2014 年 12 月 31 日涉税情况进行检查,你单位存在违法事实及处罚决定如下:

一、违法事实

(一)开具发票未计应税收入问题

你单位于 2008 年 10 月 9 日在管理分局领用××××销售不对称专用发票一本(发票代码:××××××,发票号码:××××××,25 份),未按规定在 2011 年 1 月 1 日前缴销,一直使用。经稽查局要求,你单位 2015 年 7 月 6 日缴销了该本发票。该本发票已开具 18 份,作废发票 3 份,空白发票 4 份,开具金额未 56,605,782.10 元,具体情况如下:

1. 你单位 2008 年度开具销售不动产发票给×××资源和社会保障局 2 份,金额 19,615,223 元,其中 16,595,873 元已计收入,并已缴纳了相关税费,另 3,019,350 元未计收入,未计入账簿。

2. 你单位 2000 ~2010 年度开具销售不动产发票给×××等人 11 份,合计金额 2,268,585.50 元,未计收入,未计入账簿。

3. 你单位开具销售不动产发票给李乙 3 份,金额 21,139,490.40 元,未计收入,未计入账簿。李乙未支付相应房款,于 2014 年度办理房屋产权证。

4. 你单位开具销售不动产发票给李甲 2 份,金额 13,582,483.20 元,未计收入,未计入账簿。李甲未支付相应房款,于 2014 年度办理房产备案(到 2016 年上半年止已陆续办理了房屋产权证)。

(二)营业税

1. 你单位开具销售不动产发票给×××资源和社会保障局 2 份,金额 19,615,223 元,其中 16,595,873 元已计收入,少计应税收入 3,019,350 元,应申报缴纳营业税 150,967.50 元,你单位未申报缴纳。

2. 你单位销售不动产给×××等人少计应税收入2,268,585.50元,应申报缴纳营业税113,429.28元,你单位未申报缴纳。

3. 李甲、李乙均为A公司法定代表人李某的儿子,三人为家庭成员关系。你单位开具销售不动产发票34,721,973.60元给李甲、李乙的房产,在2014年度分别办理了房屋产权证及办理房产备案,价格明显偏低,经××价格认证中心对你单位销售的房产进行价格认定,认定价格为69,721,216元。你单位2014年度少计应税收入69,721,216元,应申报缴纳营业税3,486,060.80元,你单位未申报缴纳。

4. 你单位2000~2008年预收账款为63,236,126.31元,应申报缴纳营业税3,161,806.31元,实际已申报缴纳营业税3,942,108.58元,多申报缴纳营业税780,302.26元。抵减后,你单位2014年度少申报缴纳营业税2,970,155.32元。

(三)城市维护建设税

你单位2014年度应申报缴纳城市建设维护税207,910.87元未申报缴纳。

(四)教育费附加

你单位2014年度应申报缴纳教育费附加89,104.66元未申报缴纳。

(五)地方教育附加

你单位2014年度应申报缴纳地方教育附加59,403.11元未申报缴纳。

(六)个人所得税

李甲、李乙均为A公司法定代表人李某的儿子,三人为家庭成员关系。李甲、李乙未支付相应房款取得本公司开发的房产应缴纳个人所得税,你单位为法定扣缴义务人。你单位开具给李乙销售不动产发票金额为21,139,490.40元,2014年度办理了房屋产权证,房产价格明显偏低,经××价格认证中心进行价格认定,认定金额为44,545,881元,未代扣代缴个人所得税8,909,176.20元;你单位开具给李甲销售不动产发票金额为13,582,483.20元,2014年度办理房屋产权备案,房产价格明显偏低,经××价格认证中心进行价格认定,认定金额为25,175,335元,未代扣代缴个人所得税5,035,067元。你单位2014年度未代扣代缴个人所得税合计13,944,243.20元。

(七)企业所得税

……

二、处罚决定

(一)你单位开具销售不动产发票少计应税收入40,009,909.10元,未申报缴纳营业税2,000,495.46元,抵减以前年度多缴营业税780,302.26元,抵减后少申报缴纳营业税1,220,193.20元,城市维护建设税207,910.87元。根据《中华人民共和国营业税暂行条例》第一条、第二条第一款、第四条、第七条的规定,《中华人民共和国营业税暂行条例实施细则》第五条、第二十条、第二十四条的规定,《中华人民共和国城市维护建设税暂行条例》第二条、第三条、第四条第一款的规定,《中华人民共和国税收征收管理法》第五十一条的规定,《中华人民共和国税收征收管理法实施细则》第七十九条的规定,《中华人民共和国税收征收管理法》第六十三条第一款的规定,对你单位少申报缴纳的营业税、城市维护建设税合计1,305,606.72元处以50%的罚款652,803.36元。

(二)根据《中华人民共和国个人所得税法》第一条、第二条第七款、第三条第五款、第六条第六款、第八条、第十三条的规定,《中华人民共和国个人所得税法实施条例》第八条第一款第(七)项、第十条、第三十五条的规定,《中华人民共和国税收征收管理法》第六十九条的规定,对你单位开具给×××、×××销售不动产发票金额34,721,973.60元应扣未扣个人所得税6,944,394.72元处以50%的罚款3,472,197.36元。

以上应缴税款共计4,125,000.72元。限你单位自本决定书送达之日起15日内到B市地方税务局办税服务厅缴纳入库,到期不缴纳罚款,我局将依照《中华人民共和国税收征收管理法》第五十一条第(一)项规定,每日按罚款数额的百分之三加处罚款。

如对本决定不服,可以自收到本决定书之日起六十日内依法向B市地方税务局申请行政复议,或者自收到本决定书之日起六个月内依法向人民法院起诉。如对处罚决定逾期不申请复议也不向人民法院起诉、又不履行的,我局将采取《中华人民共和国税收征收管理法》第四十条规定的强制执行措施,或者申请人民法院强制执行。

B市地方税务局稽查局

二〇一六年十二月十日

图3 B市地方税务局稽查局向A公司作出的《税务行政处罚决定书》

2017 年 2 月 13 日，A 公司不服《税务行政处罚决定书》（B 地税稽罚〔2016〕31 号），再次向 B 市地方税务局申请行政复议并被受理。随后，当地公安机关以 A 公司涉嫌逃税犯罪实施立案侦查。B 市地方税务局于 2017 年 4 月 7 日作出《行政复议中止审理通知书》（B 地税复中字〔2017〕01 号），以 B 市公安局某分局已对该案涉嫌逃税案立案侦查为由，决定自 2017 年 4 月 7 日起中止该行政复议案件的审理（见图 4）。

B 市地方税务局

行政复议中止审理通知书

B 地税复中字〔2017〕01 号

A 公司：

你单位对 B 市地方税务局稽查局 2016 年 12 月 1 日作出的税务行政处罚行为（B 地税稽罚〔2016〕31 号）不服提出的行政复议申请，本机关依法已予以受理。因 B 市公安局某分局已对你公司涉嫌逃税案立案侦查，根据《中华人民共和国行政复议法实施条例》第四十一条第一款第七项、《税务行政复议规则》第七十九条第一款第八项的规定，现决定自 2017 年 4 月 7 日起中止该行政复议案件的审理。行政复议中止原因消除后，本机关将恢复行政复议案件的审理。

特此通知。

B 市地方税务局

2017 年 4 月 7 日

图 4　B 市地方税务局向 A 公司作出的《行政复议中止审理通知书》

2017 年 6 月 12 日，A 公司向 B 市地方税务局提交《管辖权异议书》，认为其不服 B 市地方税务局稽查局作出的《税务行政处罚决定书》（B 地税稽罚〔2016〕31 号）行政复议一案，B 市地方税务局对该案不具有管辖权，要求将该案移送某省地方税务局管辖。

2017 年 6 月 13 日，A 公司向某省地方税务局提交《关于监督 B 市地税局纠正行政复议管辖暨对本复议案件进行提审的请求》，请求某省地方税务局督促某省 B

市该案尽快进行移送管辖,并依法受理该案。

2017 年 6 月 20 日,A 公司向某省地方税务局申请行政复议,提出依法认定李甲、李乙不应承担个人所得税的纳税义务,A 公司不具有个人所得税的扣缴义务;依法撤销经 B 市地方税务局重大税务案件审理委员会审理并由 B 市地方税务局稽查局于2016 年12 月10 日作出的《税务行政处罚决定书》(B 地税稽罚〔2016〕31 号)。

2017 年 8 月 8 日,某省地方税务局作出《税务行政复议调解书》(某地税复调字〔2017〕01 号),A 公司与某省 B 市地方税务局达成如下调解意见:(1)A 公司应代扣代缴的个人所得税按照发票票面开具金额进行征税;(2)对 A 公司因未履行个人所得税代扣代缴义务而处以的行政处罚将视个人所得税纳税人税款的实际缴纳情况酌情予以减轻或从轻处罚(见图 5)。

税务行政复议调解书

某地税复调字〔2017〕01 号

申请人:A 公司

住所:×××××××××

法定代表人:李某

委托代理人:×××

被申请人:B 市地方税务局

住所:×××××××××

法定代表人:××

申请人对被申请人作出的 B 地税稽处〔2016〕18 号《税务处理决定书》和 B 地税稽罚〔2016〕31 号《税务行政处罚决定书》不服,于 2017 年 6 月 20 日向本机关申请行政复议,本机关依法已予以受理。

7 月 27 日,根据《××××系统税务行政复议和解调解办法》规定,省地税局行政复议委员会办公室组织召开了该行政复议案件的调解工作,省地税局相关处室负责人×××,省地税局法律顾问××、B 市地税局副局长×××及法规科、所得税科、劳财税科负责人、××律师及 A 公司代表人参见调解会议。

会议着重就复议申请中所涉及的个人所得税问题进行了调解,按照规定的程序，在充分听取征纳双方意见的基础上，本机关按照自愿、合法的原则进行调解，当事人达成如下协议：

一、根据现行税法规定及向税务总局请示的情况，对A公司应代扣代缴的个人所得税按照发票票面开具金额进行征收；

二、对A公司因未履行个人所得税代扣代缴义务而处以的行政处罚将视个人所得税纳税人税款的实际缴纳情况，按照《××省规范税务行政处罚裁量权实施办法》的规定酌情予以减轻或从轻处罚；

三、其他税款按税法规定进行征收。

上述调解结果，符合有关法律规定，本机关予以确认。

本调解书经双方当事人签字，即具有法律效力。

申请人：A公司（章）

2017年××月××日

被申请人：B市地方税务局（行政复议专用章）

2017年××月××日

某省地方税务局

（税务行政复议机关印章）

2017年8月8日

图5　某省地方税务局作出的《税务行政复议调解书》

（三）各方观点

税务机关认为：认定受让方无偿取得A公司开发的商品房且受让方系A公司投资人的家庭成员，应视为A公司向投资人分配股息红利，A公司应履行扣缴个人所得税义务；A公司向受让方开出的发票所载不动产金额系受让方的应税所得，应承担个人所得税纳税义务。

A公司认为：A公司向李甲、李乙交付标的房产是双方履行房屋买卖合同法律关系权利义务的体现，并非企业向个人投资者分配股息红利，李甲、李乙未取得应税所得，不应承担个人所得税纳税义务，A公司不应承担个人所得税扣缴义务。

(四)争议焦点

1. B 市地方税务局对本案是否具有复议管辖权,本案行政复议被申请人是不是B 市地方税务局稽查局。

2. 李甲、李乙是否应承担个人所得税的纳税义务,A 公司是否应承担个人所得税的扣缴义务。

3. 李甲、李乙在未由 A 公司代扣代缴个人所得税的情形下取得房产的行为是否构成逃税罪。

(五)争议解决

2017 年 5 月 19 日,华税律师事务所接受 A 公司委托,代为提起税务行政复议。华税律师制作了管辖权异议书、提请提审请求书以及行政复议申请书,分别提交给 B 市地方税务局和某省地方税务局。受理后,经复议机关协调,B 市地方税务局与 A 公司于 2017 年 8 月 8 日达成和解协议,甲公司按照发票票面开具金额代扣代缴个人所得税,极大程度上减轻了委托人的税收成本,减少了约 699.98 万元的税款和 138.89 万元的罚款,最终对 A 公司处以应扣未扣个人所得税 694.44 万元的 0.1 倍的处罚。

二、税务律师点评

(一)B 市地方税务局对本案不具有复议管辖权,某省地方税务局对本案具有复议管辖权

1. 本案属于某省 B 市辖区内的重大税务案件,在税务稽查程序中 B 市地方税务局实施了集体审理、作出了集体决定

《重大税务案件审理办法》第 5 条规定:"省以下各级税务局设立重大税务案件审理委员会……"第 6 条规定:"审理委员会履行下列职责……(二)审理重大税务案件……"第 34 条规定:"稽查局应当按照重大税务案件审理意见书制作税务处理处罚决定等相关文书,加盖稽查局印章后送达执行。"根据上列规定,稽查局对重大税务案件在进行税务稽查过程中,应当由其所在税务机关的重大税务案件审理委员会对案件实施审理并作出审理意见,稽查局应当根据该审理意见作出处理及处罚决定。

本案中,《税务行政处罚决定书》(B 地税稽罚〔2016〕31 号)向申请人作出的税务行政处罚金额总计为 4,125,000.72 元,属于某省 B 市辖区内的重大税务案件,且在税务稽查程序中,B 市地方税务局的重大税务案件审理委员会对本案进行了

集体审理并向B市地方税务局稽查局出具了审理意见。B市地方税务局稽查局根据B市地方税务局重大税务案件审理委员会的审理意见向申请人作出了处理及处罚决定。因此,本案虽然由B市地方税务局稽查局作出处罚决定,但该决定已经代表了B市地方税务局的意见和决定,并以稽查局作出处罚决定的形式表现;B市地方税务局稽查局是在经过B市地方税务局的批准和同意后才作出的《税务行政处罚决定书》(B地税稽罚〔2016〕31号)。

2. 本案的行政复议被申请人不是B市地方税务局稽查局,而是B市地方税务局

《行政复议法实施条例》第13条规定:"下级行政机关依照法律、法规、规章规定,经上级行政机关批准作出具体行政行为的,批准机关为被申请人。"《税务行政复议规则》第29条第2款规定:"申请人对经重大税务案件审理程序作出的决定不服的,审理委员会所在税务机关为被申请人。"根据上述规定,对于重大的税务行政处罚案件,在行政复议程序中,如果某一税务机关的重大税务案件审理委员会作出集体审理与集体决策的,则该审理委员会所在税务机关为复议的被申请人,作出税务行政处罚决定的稽查局不是被申请人。

本案中,由于B市地方税务局稽查局在作出处罚决定之前,B市地方税务局对本案已经进行了多次集体审理与集体决策,B市地方税务局稽查局是按照B市地方税务局的重大税务案件审理委员会的审理意见作出的处罚决定,因此本案的行政复议被申请人不是B市地方税务局稽查局,而是B市地方税务局。

3. 某省地方税务局对本案具有复议管辖权

《行政复议法》第12条规定:"对县级以上地方各级人民政府工作部门的具体行政行为不服的,由申请人选择,可以向该部门的本级人民政府申请行政复议,也可以向上一级主管部门申请行政复议。"《税务行政复议规则》第17条规定:"对各级地方税务局的具体行政行为不服的,可以选择向其上一级地方税务局或者该税务局的本级人民政府申请行政复议。"

根据上述规定,确定行政复议案件的复议机关的前提是确定复议案件的被申请人,相对人以某一级地方税务局作为被申请人提起行政复议的,应当由该地方税务局的上一级地方税务局或者本级人民政府作为复议机关进行审理和管辖。

需要关注的是,2018年我国进行了国地税合并改革,2018年6月15日,国家税务总局对《税务行政复议规则》进行修订,第16条规定:"对各级税务局的具体行政行为不服的,向其上一级税务局申请行政复议。对计划单列市税务局的具体行政行为不服的,向国家税务总局申请行政复议。"至此,各级人民政府不再享有税

务行政案件的复议权。

但由于本案发生于《税务行政复议规则》修订前,复议被申请人是B市地方税务局,因此某省地方税务局及B市人民政府对本案的复议审理具有管辖权。为了保证复议的专业性,华税律师选择被申请人的上一级地方税务机关,即某省地方税务局审理本案。

(二)李甲、李乙未取得应税所得,不应承担个人所得税纳税义务,A公司不应承担个人所得税扣缴义务

1. A公司向李甲、李乙交付标的房产是双方履行房屋买卖合同法律关系权利义务的体现,并非企业向个人投资者分配股息红利

A公司开发建设的本案标的房产于2003年度完成竣工结算并对外销售。根据A公司与李甲、李乙签署的《商品房买卖合同》,申请人已于2001年将标的房产交付李甲、李乙,说明双方已经达成了房屋买卖合意。2014年,为了顺利实现房屋产权变更手续,申请人与李甲、李乙补充签署了数份《商品房买卖合同》,后双方依照买卖合同约定陆续将标的房产的产权变更手续办理完毕。根据《合同法》[1]及《城市房地产转让管理规定》的有关规定,A公司与李甲、李乙之间存在真实、合法、有效的房屋买卖合同法律关系。

2014年度,A公司与李甲、李乙签署的《商品房买卖合同》陆续经由当地房管部门完成备案。房管部门的备案行为是对双方达成房屋买卖合同法律关系的行政确认,具有行政公信力,也充分证明了申请人与李甲、李乙之间存在真实、合法、有效的房屋买卖合同法律关系。

在A公司与李甲、李乙的房屋买卖合同法律关系中,A公司是标的房产的出让方,李甲、李乙是标的房产的受让方,A公司负有向李甲、李乙交付标的房产的合同义务,李甲、李乙享有取得标的房产所有权的合同权利。2014年至2016年,A公司陆续向李甲、李乙交付房产并办理房屋产权变更登记是双方履行房屋买卖合同义务、实现合同权利的行为表现,不属于A公司向李甲、李乙支付股息、红利的行为。

2. 李甲、李乙暂未向申请人支付房款的事实不能否定双方存在房屋买卖合同的法律关系

A公司并未明确以口头或书面方式承诺免除李甲、李乙支付房款的合同义务,李甲、李乙仍然负有向申请人支付房款的合同义务。由于李甲、李乙与A公司的

[1] 《合同法》已于2021年1月1日被《民法典》废止,相关规定参见《民法典》合同编。

股东南某、法定代表人李某是亲属关系，因此A公司默许李甲、李乙暂缓履行支付房款的合同义务便具有一定的合理性，不能因为李甲、李乙暂未向申请人支付房款而否定双方之间存在的真实、合法、有效的房屋买卖合同法律关系，继而得出A公司向李甲、李乙分配股息红利的结论。

3. 李甲、李乙未取得应税所得，不应承担个人所得税纳税义务，申请人不应承担个人所得税扣缴义务

《个人所得税法》第2条规定："下列各项个人所得，应纳个人所得税……七、利息、股息、红利所得。"[1]《个人所得税法实施条例》第8规定："税法第二条所说的各项个人所得的范围……（七）利息、股息、红利所得，是指个人拥有债权、股权而取得的利息、股息、红利所得……"[2]《个人所得税法》第8条中规定："个人所得税，以所得人为纳税义务人，以支付所得的单位或者个人为扣缴义务人。"[3]《个人所得税法实施条例》第35条第1款规定："扣缴义务人在向个人支付应税款项时，应当依照税法规定代扣税款，按时缴库，并专项记载备查。"[4]

根据上述规定，个人取得股息、红利所得是指个人因拥有股权而取得的股息、红利所得，并产生个人所得税的纳税义务。个人取得应税所得的，支付所得的单位或个人负有个人所得税的代扣代缴义务。前文已述及，在本案中李甲、李乙取得申请人交付的标的房产是负有合同对价义务的权利实现行为，并非取得股息、红利所得，申请人向李甲、李乙交付标的房产是享有合同对价权利的义务履行行为，并非向二人支付所得的行为，因此李甲、李乙不应产生个人所得税的纳税义务，申请人同时不具有个人所得税的代扣代缴义务。

（三）本案李甲、李乙不构成逃税罪，公安机关不应对其实施刑事立案侦查

《刑法》第201条及最高人民法院《关于审理偷税抗税刑事案件具体应用法律若干问题的解释》（法释〔2002〕33号）及有关司法解释明确规定了逃税罪的犯罪构成要件。本案中李甲、李乙不满足逃税罪的构成要件：

1. 在主体要件方面，李甲、李乙未依法产生个人所得税纳税义务，不是本罪的

---

〔1〕 本案中适用的是2011年修正的《个人所得税法》，参见现行2018年修正版《个人所得税法》第2条第6项，条款内容未发生重大变化。

〔2〕 本案中适用的是2011修订的《个人所得税法实施条例》，参见现行2018年修订版《个人所得税法实施条例》第6条第6项，条款内容未发生重大变化。

〔3〕 本案中适用的是2011年修正的《个人所得税法》，参见现行2018年修正版《个人所得税法》第9条第1款，条款内容未发生重大变化。

〔4〕 本案中适用的是2011修订的《个人所得税法实施条例》，参见现行2018年修订版《个人所得税法实施条例》第24条第1款，条款内容未发生重大变化。

适格主体。根据《刑法》第201条的规定,逃税罪的主体包括纳税人和扣缴义务人。本案中李甲、李乙未产生个人所得税法所规定的应税所得,不是个人所得税的纳税义务主体,而行为人构成逃税罪的必须是法定的纳税人或扣缴义务人,因此李甲、李乙不是逃税罪的适格主体。

2. 在主观要件方面,李甲、李乙不具有逃税的主观故意。根据《刑法》第201条的规定,逃税罪的主观要件系故意,即行为人明知其行为会发生逃税的不法后果仍然积极追求不法后果的发生。本案中,在认识因素方面,李甲、李乙在主观上对其取得A公司交付房产的认知系依照合同约定实现合同权利,且该合同权利的实现并不会导致自身逃避纳税义务及国家税款损失的后果;在意志因素方面,李甲、李乙在主观上并没有积极追求逃税及其他不法后果的意志。因此,李甲、李乙在主观上并不具有逃避缴纳税款的犯罪故意。

3. 在客观要件方面,李甲、李乙未实施逃税的犯罪行为,未造成不缴或少缴税款的后果。逃税罪的客观要件主要包括行为要件和结果要件。根据《刑法》第201条及法释〔2002〕33号文的有关规定,本罪的结果要件要求行为人在一个纳税年度各税种偷税总额在5万元以上且占各税种应纳税额总额的10%以上;本罪的行为要件要求行为人实施了下列五类逃税行为之一:①伪造、变造、隐匿、擅自销毁账簿、记账凭证、原始凭证;②在账簿上多列支出或者不列、少列收入;③经税务机关通知申报而拒不申报纳税;④进行虚假纳税申报;⑤缴纳税款后,以假报出口或者其他欺骗手段,骗取所缴纳的税款。(1)在行为要件方面,由于李甲、李乙均为自然人,因此在客观上根本不可能实施第①、②、⑤类的行为;对于第③类犯罪行为,即"经税务机关通知申报而不申报",由于李甲、李乙依法不需要进行税务登记,只有当本案税务机关依法向李甲、李乙下达书面通知后二人仍然拒不申报的,方可成立本类行为,由于在本案中税务机关并没有依法向李甲、李乙作出书面的通知,因此,李甲、李乙也不构成本类行为;对于第④类犯罪行为,即"进行虚假纳税申报",由于李甲、李乙自始至终没有向税务机关实施过纳税申报行为,因此也不存在实施虚假的纳税申报行为。(2)在结果要件方面,由于李甲、李乙没有取得应税所得,没有产生个人所得税的纳税义务,因此也就不存在不缴或少缴税款的后果。

综上所述,A公司向李甲、李乙交付房产在民法上属于买卖合同关系,在税法上属于转让房地产的销售行为,不属于公司与股东之间的股息红利分配行为,李甲、李乙不具有个人所得税纳税义务,A公司也不具有个人所得税扣缴义务;B市地方税务局稽查局作出的《税务处理决定书》(B地税稽处〔2016〕18号)及《税务行政处罚决定书》(B 地税稽罚〔2016〕31 号)认定事实不清、适用法律错误、超越职权,依法应予撤销;李甲、李乙不满足逃税罪的犯罪构成要件,不应以逃税罪论,公安机关不应对二人进行刑事立案侦查。

三、本案启示

涉税企业在与税务机关产生争议时,应从程序角度和实体角度两个方面来争取权利的最大化救济。本案中,因税务机关告知涉税企业复议机关错误,因税务机关的原因造成 A 公司向有管辖权的复议机关提请复议的时间被延误,复议的时限应从自申请人知道正确的复议机关之日起算,同时对于税务机关越权审理的行政行为应认定为无效,从程序角度最大化地保障申请人救济的复议权利。

税务机关及其工作人员对税收法律、法规、政策制度的执行的水平既影响国家财税收入来源的稳定,也关系到纳税人的切身利益。当发生纳税争议时,针对税务机关所作的征税行为的合法、合理性的认定,应当积极寻求涉税专业律师的帮助和支持,充分行使其陈述、申辩、复议和诉讼的法律救济权利,从程序和实体角度最大化维护自身的合法权益,避免因税务机关的认定错误以及个人权益得不到救济而遭受经济损失,甚至面临“牢狱之灾”。

* * *

【链接】

新《个人所得税法》视野下反避税规则及“视同股利分配”规则探析

2018 年,我国个人所得税法进行了重大修订,实施了综合与分类相结合的个人所得税制。同时,新《个人所得税法》的亮点还在于引入反避税条款,弥补了个人所得税的征管漏洞。

新《个人所得税法》第 8 条规定:“有下列情形之一的,税务机关有权按照合理方法进行纳税调整:(一)个人与其关联方之间的业务往来不符合独立交易原则而减少本人或者其关联方应纳税额,且无正当理由;(二)居民个人控制的,或者居民个人和居民企业共同控制的设立在实际税负明显偏低的国家(地区)的企业,无合理经营需要,对应当归属于居民个人的利润不作分配或者减少分配;(三)个人实施其他不具有合理商业目的的安排而获取不当税收利益。税务机关依照前款规定作出纳税调整,需要补征税款的,应当补征税款,并依法加收利息。”该条列举了三种反避税情形,第一种、第二种属于特殊反避税(类似于转让定价、CFC 受控外国企业),第三种属于一般反避税。避税不完全等同于偷税,因此税务机关实施反避税时,不能处以税务行政处罚和加收滞纳金,只能加收利息。

在新《个人所得税法》引入反避税条款之前,税务机关根据《个人所得税法实施条例》的授权,对个人取得的、难以界定应纳税所得项目的所得,以税务规范性文件的方式进行确认,堵塞征管漏洞。例如,财政部、国家税务总局出台了一系列视同股息、红利所得征收个人所得税的政策,具体情形如下:

1. 投资者向企业借款可视同企业对个人投资者的股利分配

根据财政部、国家税务总局《关于规范个人投资者个人所得税征收管理的通知》(财税〔2003〕158 号)的规定,纳税年度内个人投资者从其投资企业(个人独资企业、合伙企业除外)借款,在该纳税年度终了后既不归还,又未用于企业生产经营的,其未归还的借款可视为企业对个人投资者的红利分配,依照"利息、股息、红利所得"项目计征个人所得税。

上述文件只约束投资者借款,在实际工作中,有的投资者将借款转化为投资者的配偶、子女或其他亲属借款,为此,财政部、国家税务总局《关于企业为个人购买房屋或其他财产征收个人所得税问题的批复》(财税〔2008〕83 号)规定,将投资者从企业借款不还视同股息、红利所得征收个人所得税的政策延伸至投资者家庭成员。该文件规定,投资者家庭成员向企业借款用于购买房屋及其他财产,将所有权登记为投资者家庭成员,且借款年度终了后未归还借款的视同投资者取得股息、红利所得征收个人所得税。

2. 投资者将企业资金用于消费性支出或财产性支出,视为企业对个人投资者的股利分配

根据财税〔2003〕158 号文的规定,个人独资企业、合伙企业的个人投资者以企业资金为本人、家庭成员及其相关人员支付与企业生产经营无关的消费性支出及购买汽车、住房等财产性支出,视为企业对个人投资者的利润分配,并入投资者个人的生产经营所得,依照"个体工商户的生产经营所得"项目计征个人所得税。除个人独资企业、合伙企业以外的其他企业的个人投资者,以企业资金为本人、家庭成员及其相关人员支付与企业生产经营无关的消费性支出及购买汽车、住房等财产性支出,视为企业对个人投资者的红利分配,依照"利息、股息、红利所得"项目计征个人所得税。企业的上述支出不允许在所得税税前扣除。

财税〔2008〕83 号文规定,针对实际中存在的大量企业资产计入个人名下,即

使为企业使用，同样要征收个人所得税。企业出资购买房屋及其他财产，将所有权登记为投资者个人、投资者家庭成员的，无论所有权人是否将财产无偿或有偿交付企业使用，其实质均为企业对个人进行了实物性质的分配，应视同投资者取得股息、红利所得，缴纳个人所得税。为企业所用的个人资产提取的折旧不得在企业所得税税前扣除。

3. 盈余公积转增实收资本，视为企业对个人投资者的股利分配

国家税务总局《关于股份制企业转增股本和派发红股征免个人所得税的通知》（国税发〔1997〕198 号）规定，股份制企业用盈余公积金派发红股属于股息、红利性质的分配，对个人取得的红股数额，应作为个人所得征税。国家税务总局《关于盈余公积金转增注册资本征收个人所得税问题的批复》（国税函〔1998〕333 号）规定，公司将从税后利润中提取的法定公积金和任意公积金转增注册资本，实际上是该公司将盈余公积金向股东分配了股息、红利，股东再以分得的股息、红利增加注册资本。因此，对属于个人股东分得并再投入公司，转增注册资本的部分应按照“利息、股息、红利所得”项目征收个人所得税。税款由股份有限公司在有关部门批准增资、公司股东大会决议通过后代扣代缴。

4. 未分配利润转增实收资本，视为企业对个人投资者的股利分配

国家税务总局《关于企业股权投资业务若干所得税问题的通知》（国税发〔2000〕118 号）[1]规定，除另有规定外，不论企业会计账务中对投资采取何种方法核算，被投资企业会计账务上实际作利润分配处理（包括以盈余公积和未分配利润转增资本）时，投资方企业应确认投资所得的实现。因此，未分配利润转增资本应视同利润分配，缴纳个人所得税和企业所得税。公司股改通过未分配利润来折股是最常用的方法，如果股东是个人，那么未分配利润折股视同利润分配，要为股东代扣代缴 20% 的个人所得税。

5. 资本公积金转增实收资本，视为企业对个人投资者的股利分配

国税发〔1997〕198 号文规定：“股份制企业用资本公积金转增股本不属于股息、红利性质的分配，对个人取得的转增股本数额，不作为个人所得，不征收个人所得税。”虽然该文件明确规定资本公积金转增股本不征税，但是，在随后的国家税务总局《关于原城市信用社在转制为城市合作银行过程中个人股增值所得应纳个人所得税的批复》（国税函〔1998〕289 号）中进行了相应的补充说明，国税发〔1997〕

〔1〕　该文件已于 2011 年 1 月 4 日被国家税务总局《关于公布全文失效废止、部分条款失效废止的税收规范性文件目录的公告》（国家税务总局公告 2011 年第 2 号）废止。

198 号文中所说的资本公积金转增个人股本无须征税,专指股份制企业股票溢价发行收入形成的资本公积金转增个人股本不作为应税所得,不征收个人所得税,而与此不相符合的其他资本公积金转增个人股本,应当依法征收个人所得税,包括企业接受捐赠、拨款转入、外币资本折算差额、资产评估增值等形成资本公积金转增个人股本要征收个人所得税。

6. 应付股利挂账未支付,视为企业对个人投资者的股利分配

国家税务总局《关于利息、股息、红利所得征税问题的通知》(国税函〔1997〕656 号)明确规定,扣缴义务人将属于纳税义务人应得的股息、红利收入,通过扣缴义务人的往来会计科目分配到个人名下,收入所有人有权随时提取,即应认为所得支付,应及时代扣代缴个人所得税。

上述“视同股利分配”规则与反避税规则的性质存在不同。就法律效力层面而言,“视同股利分配”规则的合法性受到税法学界与实务界的质疑:其制定源于《个人所得税法实施条例》的授权,非源于《个人所得税法》的直接授权,且对于个人所得税应税所得范围这一重要的税收基本要素,只能由法律规定,财政部、国家税务总局无权界定,这也是税收法定原则的要求。而反避税规则被写入新《个人所得税法》,税务机关实施反避税即具有正当的法律依据。但是,我国《个人所得税法》中的反避税规则仍不完善,反避税实施所需要配套的程序规定,如立案、调查、结案、争议处理程序等均有待明确,纳税人在反避税程序中的合法、正当权益难以得到周全保障。

自然人股东逾期归还被投资企业借款个人所得税代扣代缴争议案

【导读】

自然人股东与其投资企业之间实施借款行为的,除要确保自身的商业行为符合公司法的有关规定,还要注意规避税法风险。2015 年 4 月 2 日,H 市中级人民法院对一起股东取得企业长期借款被税务稽查局要求补缴个人所得税案进行了二审判决。最终,二审法院认可了稽查局对借款是股息、红利的性质认定,认为企业应当补扣补缴个人所得税款。

笔者认为,本案的一审和二审判决均存在重大错误,首先是对财政部、国家税务总局《关于规范个人投资者个人所得税征收管理的通知》(财税〔2003〕158 号)的适用存在错误,其次是对稽查局的执法权限审查缺失。本节将对案例判决作出分析,并对如何有效防范类似税法风险提出建议。

一、案情简介

(一)案件基本信息

案件类型:股息计征个税案

涉案金额:税款 174 万元

法律风险:股东长期借款将视为股息分配从而征收个人所得税

(二)案件详情

H 市 D 房地产开发有限公司(以下简称 D 公司)是由 D 投资控股有限公司(以下简称投资公司)、苏某某、倪某某、洪某某四名股东共同投资成立的公司。2009 年至 2010 年,D 公司分别向其股东苏某某、倪某某、洪某某借款 300 万元、265 万元、305 万元。2012 年 5 月,上述三名股东将上述借款悉数归还给 D 公司。

2013 年 2 月 28 日,H 市地方税务局稽查局对 D 公司涉嫌税务违法行为立案稽查,并于 2014 年 2 月 20 日对 D 公司作出《税务行政处理决定书》(H 地税稽处〔2014〕5 号),认定 D 公司少代扣代缴个人所得税 174 万元,责令 D 公司补扣、补缴相应税款。

D 公司不服该处理决定,向 H 市人民政府提出行政复议申请,H 市人民政府作出《行政复议决定书》(H 政复决〔2014〕41 号),维持了《行政处理决定》(H 地税稽处〔2014〕5 号)。D 公司不服该复议决定,遂向 H 市某区人民法院(以下简称一审法院)提起行政诉讼。

一审法院认为,D 公司借款给自然人股东,且该借款并未用于 D 公司的生产经营活动,三名自然人股东虽有归还借款的事实,但已超出税法规定的纳税年度期限;根据财税〔2003〕158 号文第 2 条的规定:"纳税年度内个人投资者从其投资企业(个人独资企业、合伙企业除外)借款,在该纳税年度终了后既不归还,又未用于企业生产经营的,其未归还的借款可视为企业对个人投资者的红利分配,依照'利息、股息、红利所得'项目计征个人所得税。"根据该规定,D 公司应履行个人所得税的代扣代缴义务,稽查局责令其补扣补缴并无不当。一审法院判决维持 H 市地方税务局稽查局的《税务处理决定书》(H 地税稽处〔2014〕5 号)。

D 公司不服一审法院判决,向 H 市中级人民法院(以下简称二审法院)提出上诉,请求撤销一审判决及《税务处理决定书》(H 地税稽处〔2014〕5 号)。二审法院经审理认为:首先,稽查局依法实施税务稽查,查处税收违法行为,有权对 D 公司涉税事项进行检查处理;其次,财税〔2003〕158 号文属于本案的法律依据;最后,D 公司向股东借款的行为符合财税〔2003〕158 号文第 2 条规定的行为,且事实清楚,证据确凿。综上,H 市地方税务局稽查局的《税务处理决定书》(H 地税稽处〔2014〕5 号)认定事实清楚,处理程序合法,处理决定适当,一审判决正确,遂判决驳回 D 公司的上诉,维持原判。

(三)各方观点

H 市地方税务局稽查局认为:(1)根据财税〔2003〕158 号文第 2 条的规定,D 公司借给股东 870 万元,至 2011 年年末都未归还,此借款也未用于 D 公司经营,因此上述借款应视作企业对个人的红利分配。(2)答辩人在税务专项检查中发现 D 公司涉嫌税务违法,遂进行立案稽查,处理程序合法。(3)D 公司未履行扣缴义务人的法定义务,要求 D 公司限期补扣补缴的行政处理有法律依据。H 市地方税务局稽查局请求二审法院依法维持一审法院判决。

D 公司认为:(1)一审法院错误地理解了财税〔2003〕158 号文,投资者借款归还后,借款人已属不得者,在借款人还款后仍然按借款数额征收借款者个人所得税显然是错误的。(2)财税〔2003〕158 号文并没有规定纳税年度终了后多少时间内还款,稽查时已确认三个投资者还清了所有借款,该借款不能视作企业对投资者的红利分配。

法院认为:H市地方税务局稽查局依法实施税务稽查,查处税收违法行为,有权对D公司涉税事项进行检查处理。H市地方税务局稽查局查明D公司股东从D公司借款超过一个纳税年度,该借款又未用于D公司经营,H市地方税务局稽查局将D公司股东在超过一个纳税年度内未归还的借款视为D公司对个人投资者的红利分配,依照财税〔2003〕158号文第2条规定决定计征个人所得税,该决定符合财政部、国家税务总局关于个人投资者从投资的企业借款长期不还的处理问题的意见。

(四)争议焦点

D公司股东在超过一个纳税年度内未归还的借款是否视为D公司对个人投资者的红利分配,是否应当依照财税〔2003〕158号文第2条的规定计征个人所得税。

二、税务律师点评

(一)财税〔2003〕158号文并非本案法定依据,二审适用法律有误

1. 财税〔2003〕158号文不能作为人民法院审理行政诉讼的依据

我国《行政诉讼法》第63条规定:"人民法院审理行政案件,以法律和行政法规、地方性法规为依据。地方性法规适用于本行政区域内发生的行政案件。人民法院审理民族自治地方的行政案件,并以该民族自治地方的自治条例和单行条例为依据。人民法院审理行政案件,参照规章。"根据此条规定,法院审理行政案件的法定定案依据仅包括法律、行政法规、地方性法规、自治条例、单行条例以及规章。

《税务部门规章制定实施办法》规定,税务规章的名称一般称"办法""规定""规程""规则""决定""实施细则",并以国家税务总局令公布。而财税〔2003〕158号文系通知,在性质上不属于税务部门规章,因此不能作为人民法院审理行政诉讼的依据。

2. 本案不属于财税〔2003〕158号文规定的情形

财税〔2003〕158号文制定的背景是实践中大量出现了个人投资者凭借其股东身份从被投资企业取得资金以私用且长期不归还、无意归还的现象。这种行为不仅损害企业、其他股东利益,同时个人投资者规避了从企业取得股息、红利应纳个人所得税的纳税义务,损害国家税收利益。因此,为了弥补征管漏洞,财政部、国家税务总局制定了财税〔2003〕158号文,规定纳税年度内个人投资者从其投资企业(个人独资企业、合伙企业除外)借款,在该纳税年度终了后既不归还,又未用于企业生产经营的,其未归还的借款可视为企业对个人投资者的红利分配,依照"利息、

股息、红利所得”项目计征个人所得税。

可见,财税〔2003〕158 号文针对的是借款后“不归还”,又“未用于企业生产经营”的情况。但是本案中,三名股东均在借款纳税年度终了后归还了借款,不具有占有私用、不欲归还的主观目的与客观行为,不属于财税〔2003〕158 号文规定的情形。

(二)稽查局对个税扣缴的处理决定属越权执法,应当依法撤销

1. 税法明确限定了稽查局的税收执法权限

《税收征收管理法》第 14 条规定:“本法所称税务机关是指各级税务局、税务分局、税务所和按照国务院规定设立的并向社会公告的税务机构。”《税收征收管理法实施细则》第 9 条规定:“税收征管法第十四条所称按照国务院规定设立的并向社会公告的税务机构,是指省以下税务局的稽查局。稽查局专司偷税、逃避追缴欠税、骗税、抗税案件的查处。”上述规定不仅赋予了税务稽查局的法定执法主体资格,而且限定了税务稽查局的执法权限和范围,稽查局的执法权限是专门对偷税、逃避缴纳欠税、骗税以及抗税案件进行税务稽查和税务处理。

2. 本案 D 公司的行为不涉及偷税、逃避追缴欠税、骗税、抗税,稽查局无权进行税务处理

本案中,H 市地方税务局稽查局对 D 公司实施税务稽查后,发现 D 公司存在未代扣代缴股东个人所得税的税收违法行为。假设该税收违法行为成立,那么 D 公司的税收违法行为属于违反了《税收征收管理法》第 68 条“纳税人、扣缴义务人在规定期限内不缴或少缴应纳或应解缴的税款”的行为。该项税收违法行为不属于偷税、逃避追缴欠税、骗税及抗税行为,因此,H 市地方税务局稽查局无权对该行为实施税务处理决定。

国家税务总局《关于印发〈税务稽查工作规程〉的通知》(国税发〔2009〕157 号)第 18 条规定:“税收违法案件举报中心应当对检举信息进行分析筛选,区分不同情形,经稽查局局长批准后分别处理……(三)属于税务局其他部门工作职责范围的,转交相关部门处理……”本案中,H 市地方税务局稽查局在对 D 公司进行税务稽查过程中,发现 D 公司涉嫌违反《税收征收管理法》第 68 条的规定后,应当将案件移交税务局负有追缴欠税职能的相关部门进行查处,而不是自己直接出具税务处理决定书。稽查局的税务处理不仅超越了其法定职权,也不符合稽查程序。根据《行政诉讼法》第 70 条的规定,一审法院应当判决撤销被诉税务行政处理决定。

三、本案启示

由于税法专业性极强，一般行政庭法官无法全面、深刻掌握税法规定，因此在审判实践中，“参照规章”几乎成为“依据规章”，在个案中对税务部门规章一并进行合法性审查的情形较为罕见。因此，财税〔2003〕158号文作为税收规范性文件，在法律、法规、规章作出不同规定之前，仍具有普遍的适用性和约束力，企业及其自然人股东在进行关联借贷交易时应当注意防范个人所得税的扣缴风险，避免与税务机关产生纳税争议。尤其是在企业集团内部进行资产重组，或者企业之间存在并购、分立、债务重组等重大交易行为时，一定要全面审查交易行为的税法遵从情况，注意避免产生股东与投资企业之间的借贷交易，防止因税法障碍而减损整个交易方案的可操作性。

有限合伙企业股权转让核定征收改查账征收争议案

【导读】

有限合伙企业实现了管理权与收益权的相对分离，设立程序比有限责任公司更为简便，成为一些持股平台青睐的组织形式。且合伙企业作为税收透明实体，税法采取了先分后税原则，将合伙企业收入穿透到合伙人，根据合伙人的性质进行征税，避免了企业所得税的重复征税问题。同时，与个体工商户类似，合伙企业在核定征收方面亦能够受到地方税务局的关照，合伙人的税负进一步降低。但是，有限合伙企业转让股权取得收益的个税问题仍然存在争议，不同地方存在按“生产、经营所得”适用5% ~35%税率与按“财产转让所得”适用20%税率的不同做法。本案中，税务机关不认可合伙企业对股权转让收入适用核定征收，拟对其追缴税款、滞纳金，双方产生争议。

一、案情简介

(一)案件基本信息

案件类型：有限合伙企业转让股权个人所得税纳税争议

涉案金额：税款及滞纳金数百万元

法律风险：有限合伙企业转让股权代扣代缴个人所得税错误导致补缴税款、滞纳金

(二)案件详情

A商务咨询中心是设立在某省B县级市的有限合伙企业，其中普通合伙人一名(自然人)，有限合伙人六名(自然人)，经营范围系企业管理及咨询；商务信息、税务信息、财务信息咨询(除金融类)；文化教育信息咨询；网络信息咨询及技术服务；市场管理、市场调查；市场营销策划、企业形象策划(涉及许可经营项目，应取得相关部门许可后方可经营)。

2017年6月，A商务咨询中心取得B市地方税务局《税务事项通知书》(B税通〔2017〕6号)，通知其自2017年1月1日至2017年12月31日取得收入按10%应税所得率计算个体户生产经营所得、征收个人所得税。“征收率”以及“月应纳

税所得额”两栏为空白。《税务事项通知书》(B 税通〔2017〕6 号)栏目还包括:“行业类别”“生产经营地址”“经营范围”(见图 1)。

《税务事项通知书》(个人所得税核定通知)

B 市地方税务局

B 税通〔2017〕6 号

纳税人识别号:××××××××××××××××

纳税人名称:A 商务咨询中心(有限合伙)

事由:个人所得税核定通知

依据:《财政部、国家税务总局关于印发〈关于个人独资企业和合伙企业投资者征收个人所得税的规定〉的通知》(财税〔2000〕91 号)第八条、第九条和《国家税务总局关于个人住房转让所得征收个人所得税有关问题的通知》(国税发〔2006〕108 号)第三条

通知内容:对你(单位)的应税所得率/征收率/应纳税所得额核定如下:

行业类别	其他未列明商务服务业		生产经营地址	××××××	
经营范围	企业管理及咨询:商务信息、财务信息咨询、××××××				
核定期限起	2017 - 01 - 01		核定期限止	2017 - 12 - 31	
序号	征收项目	征收品目	应税所得率	征收率	月应纳税所得额
1	个人所得税	个体生产经营所得	0.1		

B 市办税服务厅

(9)

业务专用章

××××年××月××日

图 1 B 市地方税务局向 A 商务咨询中心作出的《个人所得税核定通知》

2017 年 10 月,A 商务咨询中心将持有的某公司股权协议转让给第三方,约定转让方自行办理纳税事项。转让协议生效、完成股权变更登记后,A 商务咨询中心

以股权转让收入乘以0.1(10%)应税所得率计算应纳税所得额,再将所得额在合伙人之间按合伙协议分配,并按照“财产转让所得”20%税率代扣代缴合伙人个人所得税。

2018年1月,由于某合伙人的外部矛盾,B市地方税局接到举报,称A商务咨询中心取得巨额股权转让收益而未依法纳税,B市地方税务局税源管理分局初步判断该商务咨询中心合伙人税负明显偏低,遂于2018年1月1日向该商务咨询中心作出《责令限期改正通知书》(B税三限改〔2018〕1号),告知其2017年10月1日至2017年12月31日个人所得税(个体户生产经营所得)未按期进行申报,要求其携带相关资料前来办理有关事项(见图2)。

B市地方税务局税源管理三分局
责令限期改正通知书

B税三限改〔2018〕1号

A商务咨询中心(有限合伙)(纳税人识别号:××××××××××):

你(单位)2017-10-01至2017-12-31个人所得税(个体户生产经营所得)未按期进行申报。

根据《中华人民共和国税收征收管理法》第六十二条的规定,限你(单位)于2018年1月21日前携带相关资料至我局申报办理相关事项。

如对本通知不服,可自收到本通知之日起,六十日内依法向B市地方税务局申请行政复议;或者自收到本通知之日起,六个月内依法向人民法院起诉。

B市地方税务局税源管理三分局
二〇一八年一月一日

图2 B市地方税务局税源管理三分局向A商务咨询中心作出的《责令限期改正通知书》

在向税务机关提供相应资料后,2018年2月1日,A商务咨询中心收到B市地方税务局税源管理分局《税务事项通知书》((B税三通〔2018〕2号),告知A商务咨询中心“经我分局对你单位投资者生产经营所得个人所得税申报纳税情况进行检查,发现你单位投资者未如实办理纳税申报”,通知“限你单位于2018年3月31日前如实办理投资者生产经营个人所得税年度汇算清缴”(见图3)。

B 市地方税务局税源管理三分局
税务事项通知书

B 税三通〔2018〕2 号

A 商务咨询中心(有限合伙)(纳税人识别号:××××××××××):

事由:经我分局对你单位投资者生产经营所得个人所得税申报纳税情况进行检查,发现你单位投资者未如实办理纳税申报。

依据:《中华人民共和国税收征收管理法》第二十五条、《中华人民共和国个人所得税法》第九条之规定。

通知内容:限你单位于2018年3月31日前如实办理投资者生产经营所得个人所得税年度汇算清缴,逾期仍未申报缴纳或申报不真实的,我局将按照《中华人民共和国税收征收管理法》第四十条、第六十八条的规定处理。

如对本通知不服,可按照本通知要求缴清税款、滞纳金或者提供纳税担保被税务机关确认之日起六十日内,依法向 B 市地方税务局或 B 市人民政府申请行政复议。

B 市地方税务局税源管理三分局
2018 年 2 月 1 日

图 3　B 市地方税务局资源管理三分局向 A 商务咨询中心作出的《税务事项通知书》

经与税务机关沟通,A 商务咨询中心得知税务机关并不认可其对股权转让所得适用核定征收方式并适用 20% 税率代扣代缴合伙人个人所得税,认为其编造虚假的计税依据、进行虚假纳税申报,拟移交稽查局进行税务处理、处罚。

(三)各方观点

A 商务咨询中心认为:既已取得核定征收资格,对股权转让收入适用核定的应税所得率正确。且根据《关于发布〈股权转让所得个人所得税管理办法(试行)〉的公告》(国家税务总局公告 2014 年第 67 号),个人转让股权按“财产转让所得”缴纳个人所得税于法有据,税务局不应当责令企业再次申报补缴税款。

税务机关认为:A 商务咨询中心核定征收适用的范围不包括股权转让收入,且根据国务院《关于个人独资企业和合伙企业征收所得税问题的通知》(国发〔2000〕

16号)以及《个体工商户个人所得税计税办法》,合伙企业转让股权适用5% ~35%五级累进税率。A商务咨询中心申报不实,构成偷税,应当予以追征税款、滞纳金并进行处罚。

A商务咨询中心的六名有限合伙人认为:有限合伙人没有偷税故意,少缴税款系合伙企业错误履行代扣代缴义务导致,因此滞纳金乃至罚款部分应由执行合伙企业事务的普通合伙人单方承担,有限合伙人仅承担补缴税款的责任。

(四)争议焦点

1. 合伙企业股权转让所得的性质与适用税率。

2. 合伙企业股权转让所得能否同时适用核定征收。

3. 税务局再次要求合伙企业补充申报追缴税款是否合法。

4. 滞纳金以及罚款应当由谁承担。

(五)争议解决

经内部合伙人协商一致,A商务咨询中心最终接受税务机关的指导,按照5% ~35%五级累进税率补缴了相应税款、滞纳金,该案件没有移交稽查局进一步处理、处罚,避免了潜在的偷税处罚风险。

二、税务律师点评

(一)从合伙企业股权转让所得性质分析适用"财产转让所得"20%税率的合法性、合理性

从各地征管实践来看,对合伙企业转让股权所得存在两种征税方式:一是按"生产、经营所得"适用5% ~35%税率;二是按"财产转让所得"适用20%税率。单从现行税收法律、法规、规章来看,无论按"生产、经营所得"适用5% ~35%税率,还是按"财产转让所得"适用20%税率,均具有法律依据。

国发〔2000〕16号文规定,自2000年1月1日起,对个人独资企业和合伙企业停止征收企业所得税,其投资者的生产经营所得,比照个体工商户的生产、经营所得征收个人所得税。

财税〔2000〕91号文规定,合伙企业每一纳税年度的收入总额减除成本、费用以及损失后的余额,作为投资者个人的生产经营所得,比照《个人所得税法》的"个体工商户的生产经营所得"应税项目,适用5% ~35%的五级超额累进税率,计算征收个人所得税。收入总额,是指企业从事生产经营以及与生产经营有关的活动所取得的各项收入,包括商品(产品)销售收入、营运收入、劳务服务收入、工程价款

收入、财产出租或转让收入、利息收入、其他业务收入和营业外收入。

《个体工商户个人所得税计税办法》规定，个体工商户从事生产经营以及与生产经营有关的活动取得的货币形式和非货币形式的各项收入，为收入总额。包括：销售货物收入、提供劳务收入、转让财产收入、利息收入、租金收入、接受捐赠收入、其他收入。

因此对合伙企业的个人投资者取得股权转让所得，按 5% ~35% 的税率征税的逻辑是：合伙企业个人投资者比照个体工商户征收个人所得税—个体工商户生产经营收入包括财产转让收入—股权转让收入属于财产转让收入—股权转让作为个体工商户“生产经营收入”按 5% ~35% 征税。

在我国民法体系中，个体工商户和农村承包经营户均为“自然人”的特殊形式，法律地位视为自然人。例如，《民法典》中“个体工商户和农村承包经营户”属于第二章“自然人”下的第四节。国家税务总局公告 2014 年第 67 号规定，个人转让股权，以股权转让收入减除股权原值和合理费用后的余额为应纳税所得额，按“财产转让所得”缴纳个人所得税。因此，对合伙企业的个人投资者取得股权转让所得，按 20% 的税率征税的法律依据与逻辑则为：合伙企业个人投资者比照个体工商户征收个人所得税—个体工商户属于自然人—自然人转让股权按 20% 征税。

2018 年 8 月初，国家税务总局稽查局发布《关于 2018 年股权转让检查工作的指导意见》（税总稽便函〔2018〕88 号），提到个别地区将投资类合伙企业向自然人分配收益统一按 20% 征收个人所得税的做法不妥，应该纠正。且国家税务总局在 2018 年 8 月 30 日举行的第三季度税收政策解读会上对相关信息进行了回应：按照现行《个人所得税法》规定，合伙企业的合伙人为其纳税人，合伙企业转让股权所得，应按照“先分后税”原则，根据合伙企业的全部生产经营所得和合伙协议约定的分配比例确定合伙企业各合伙人的应纳税所得额，其自然人合伙人的分配所得，应按照“个体工商户的生产、经营所得”项目缴纳个人所得税。

至此，合伙企业转让股权所得按“生产、经营所得”适用 5% ~35% 税率看似尘埃落定，但是，国家税务总局这样的观点符合税法原理吗？笔者认为，按“财产转让所得”适用 20% 税率更符合税法原理，理由如下：

1. 合伙企业属于所得税的税收透明体，对于自然人有限合伙人取得所得性质的界定，不应该由于税收透明体的存在而导致性质发生改变。国家税务总局其实已经意识到这一点。国家税务总局《关于〈关于个人独资企业和合伙企业投资者征收个人所得税的规定〉执行口径的通知》（国税函〔2001〕84 号）规定，个人独资企业和合伙企业对外投资分回的利息或者股息、红利,不并入企业的收入,而应单独作为投资者个人取得的利息、股息、红利所得,按“利息、股息、红利所得”应税项目计算缴纳个人所得税。如果股息红利按20%,而财产转让仍旧按生产经营所得适用5% ~35%税率,既不符合税制原理,也会造成新的税制不公。

2. 国家税务总局对国发〔2000〕16号文中规定的“生产经营所得”进行了不当的扩大解释。无论是财政部、国家税务总局《关于印发〈关于个人独资企业和合伙企业投资者征收个人所得税的规定〉的通知》(财税〔2000〕91号),还是《个体工商户个人所得税计税办法》,均“一刀切”地将财产出租或转让收入、利息收入归于生产经营所得,而忽视了财产出租或转让收入、利息收入的性质与生产经营所得本身的性质存在根本不同。在我国收入分配制度中,财产出租或转让收入与生产经营收入分属于按生产要素分配中的资本要素与劳动力要素,二者性质存在根本不同。且在税法对个人从按资本要素分配中取得的收入与从按劳动力要素分配中取得的收入作出区别对待的情况下,对合伙企业这样的税收透明体也应作出区分。

3. 国发〔2000〕16号文和财税〔2000〕91号文发布时适用的《合伙企业法》尚未允许有限合伙企业,2006年《合伙企业法》修订正式增加了这一形式,但税收政策并未及时修订,属于税收政策滞后,导致与现实的脱节。因此,地方根据修订后的法律对新出现的有限合伙的自然人合伙人股权转让收入按20%税率征税更具有合理性。

4. 假使按经营所得征税,股权转让所得将以股权转让收入减去生产、经营活动中发生的各项直接支出和分配计入成本的间接费用以及销售费用、管理费用、财务费用,固定资产和存货的盘亏、毁损、报废损失,转让财产损失,坏账损失,自然灾害等不可抗力因素造成的损失以及其他损失后的余额为计税依据。没有综合所得的,还应当减除费用、专项扣除、专项附加扣除以及依法确定的其他扣除。在成本、费用这一块,由于缺乏明确的指引,存在较大的避税空间,反而造成国家税款流失与征管不便。

(二)无论采取何种税率,B市地方税务局均面临征管困境

假设依据B市地方税务局观点,对合伙企业股权转让所得按“生产、经营所得”适用5% ~35%税率,那么此部分“生产、经营所得”便符合核定征收的范围,A商务咨询中心以股权转让收入乘以10%应税所得率计算应纳税所得额没有错误,仅需将适用税率由20%调整为5% ~35%五级累进税率。如此计算,A商务咨询中心各合伙人补税、滞纳金的金额将极大减少,而B市地方税务局不认同核定征收

的观点没有法律依据。

假设B市地方税务局认同对合伙企业股权转让所得按“财产转让所得”适用20%税率，则A商务咨询中心不得适用核定征收，须以股权转让收入减除股权原值和合理费用后的余额为计税依据适用20%税率。如此计算，A商务咨询中心各合伙人补税、滞纳金的金额将极大增加，但是B市地方税务局对此行使税收管辖权将受到质疑。

根据前述国家税务总局公告2014年第67号的规定，个人股权转让所得个人所得税，以股权转让方为纳税人，以受让方为扣缴义务人，以被投资企业所在地地税机关为主管税务机关。因此，即便本案纳税人、扣缴义务人错误履行义务，B市地方税务局也不能行使管辖权，而应当由被投资企业所在地地税机关行使管辖权。

综上所述，无论采取何种税率，B市地方税务局均面临征管困境，其根本原因在于我国税法、税收政策规定尚存在不明确之处，导致税务机关实际征管时难以统一执法尺度，造成争议频发。

（三）合伙企业扣缴义务人身份存在争议，股权转让行为的个人所得税扣缴义务不得随合同转移

前文已述及，对合伙企业转让股权所得存在两种征税方式：一是按“生产、经营所得”适用5%～35%税率，二是按“财产转让所得”适用20%税率。在这两种征税方式下，合伙企业是否作为扣缴义务人这一问题存在争议。

1. 在按“生产、经营所得”适用5%～35%税率的情况下，根据财税〔2000〕91号文的规定，投资者应向企业实际经营管理所在地主管税务机关申报缴纳个人所得税。投资者从合伙企业取得的生产经营所得，由合伙企业向企业实际经营管理所在地主管税务机关申报缴纳投资者应纳的个人所得税，并将个人所得税申报表抄送投资者。即意味着，A商务咨询中心应当向B市地方税务局申报缴纳其合伙人个税，并将个税申报表抄送合伙人。

对于此种情况下A商务咨询中心是不是扣缴义务人，存在两种观点：一种观点认为，财税〔2000〕91号文规定的是“代为申报、缴纳”，并非“代扣代缴”，且根据国家税务总局《关于印发〈个人所得税全员全额扣缴申报管理暂行办法〉的通知》（国税发〔2005〕205号）[1]的规定，个税全额扣缴申报的应税所得并不包含“生产、经营所得”“承包、承租经营所得”，因此合伙企业并非扣缴义务人，而是申报义务

〔1〕 该文件已于2019年1月1日被《关于发布〈个人所得税扣缴申报管理办法（试行）〉的公告》（国家税务总局公告2018年第61号）废止。

人。另一种观点认为,根据《个人所得税法》以"所得人为纳税义务人,以支付所得的单位或者个人为扣缴义务人"的原则,财税〔2000〕91 号文"代为申报、缴纳"即为"代扣代缴",不应咬文嚼字,且各地征管实践中,亦普遍将合伙企业作为扣缴义务人。

笔者认为,在税法规定不明确的情况下,合伙企业应当遵循主管税务机关的指导。经调研,各地税务机关对合伙企业是否代扣代缴规定亦不统一。在较为普遍的情况下,合伙企业直接就股权转让收入代扣代缴,例如深圳,税务局要求合伙企业在成立后应在电子税务局中同时开通个人合伙人的电子申报和固定业户的电子申报,然后将其绑定在企业身上,一经税务局、企业、银行签订三方协议,合伙企业即代扣代缴。也有部分地方采取合伙企业代申报后从合伙人的个人银行账户中扣税的方法,例如上海,在企业、税务局和银行签订三方扣税协议的同时绑定个人合伙人的个人银行账户,在企业完成报税后,税务局将应该由个人合伙人承担的个税从个人银行账户中扣税,合伙企业非扣缴义务人。

2. 在按"财产转让所得"适用 20% 税率的情况下,不适用财税〔2000〕91 号文对合伙企业"代为申报、缴纳"合伙人"生产、经营所得"的规定,而适用前述国家税务总局公告 2014 年第 67 号,以股权受让方为扣缴义务人。在本案中,尽管 A 商务咨询中心在股权转让协议中约定自行办理纳税事项,但是纳税义务、扣缴义务均为法定义务,不能通过民事主体的协议方式变更、转移与消灭,因此,A 商务咨询中心并非真正的扣缴义务人。由于 A 商务咨询中心履行相关义务错误,导致纳税义务人、真正的扣缴义务人产生滞纳金、罚款损失的,各方应当通过合伙协议、股权转让协议的相关规定,启动民事诉讼程序追偿。

综上所述,合伙企业扣缴义务人身份在理论与实践中均存在争议,是否应当履行代扣代缴义务,应当遵循当地税务机关的指导,且无论真正的扣缴义务人是何方,该扣缴义务不能以合同约定转移。

(四)核定征收之后税务局再次行使查账征收权有损行政机关公信力

根据行政法理论,具体行政行为一经作出,即具有公定力、存续力、拘束力以及执行力。其中,存续力可分为形式存续力和实质存续力,形式存续力是指行政行为如不能再以通常之救济途径,加以变更或撤销,该行政行为即具有形式的存续力,亦称为不可撤销性或不可争力。实质存续力是指行政行为一经作出,所有当事人包括作出该行为的行政机关均受该行为规制内容的限制,行政机关只有在具备一定要件的情况下,始得撤销或废止该行政行为。意即行政行为一经确定,行政机关虽然在法理上仍有权将其予以撤销或废止，但行政机关行使这种撤销或废止权时必须具备法定要件，而并非毫无限制。因此，本案税务机关若要对合伙企业重新进行查账征收，须先撤销原先作出的核定征收决定，且须存在法定撤销事由的情况下方得撤销。

以北京、杭州为例，北京市财政局、北京市地方税务局《关于调整个人独资企业和合伙企业投资者个人所得税核定征收方式鉴定工作的通知》（京财税〔2011〕625号）规定："除特殊情形外，征收方式确定后，在一个纳税年度内不做变更。"杭州市财政局《关于印发〈杭州市个人独资企业和合伙企业核定征收个人所得税暂行规定〉的通知》（杭地税二〔2004〕421 号）规定："个人独资企业和合伙企业个人所得税征收方式一经确定，如无特殊情况，在一个纳税年度内一般不得变更。"因此，本案税务机关在把握"特殊情况"时应当谨慎，避免"朝令夕改"损害行政机关公信力。

三、本案启示

2018 年 9 月 6 日，国务院常务会议决定，保持地方已实施的创投基金税收支持政策稳定，由有关部门结合修订《个人所得税法实施条例》，按照不溯及既往、确保总体税负不增的原则，抓紧完善进一步支持创投基金发展的税收政策。国务院的决定给针对股权转让案件的频繁稽查踩下急刹车，缓解了行业矛盾。但是时至今日，新《个人所得税法》以及实施条例仍未作出明确规定，合伙企业股权转让税收问题仍然悬而未决。

在此情况下，笔者建议投资人、合伙企业在作出投资行为前对当地的税收政策深入调研，加强与当地税务机关的沟通，确保适用优惠政策的连续性、稳定性，能够将税务机关意见形成书面材料的，尽量形成书面文件，以保障自身合法权益。

当然，与税务机关良好沟通的前提是如实陈述信息。本案中，A 商务咨询中心在取得核定征收资格时，并未使主管税务机关知晓拟转让股权的事项，这就解释了为何主管税务机关坚持让 A 商务咨询中心补缴税款、滞纳金，甚至移交稽查局作出处罚。

个人非货币性资产投资未申报个税争议案

【导读】

随着我国资本市场持续发展，企业兼并重组、增资扩股、定向增发等经济活动越来越多，个人直接以股权、科技成果、不动产等非货币性资产进行投资屡见不鲜。2015年3月30日，财政部、国家税务总局《关于个人非货币性资产投资有关个人所得税政策的通知》（财税〔2015〕41号），明确个人转让非货币性资产所得，应按照“财产转让所得”项目，依法计算缴纳个人所得税。2015年4月8日，配套文件《关于个人非货币性资产投资有关个人所得税征管问题的公告》（国家税务总局公告2015年第20号）发布，至此，关于个人非货币性资产投资的所得税处理问题尘埃落定。那么，个人今后在进行非货币性资产投资时应如何依据文件精神合理合法地减轻或延缓自身税收负担？本节结合上述个人非货币性资产投资税收政策，梳理个人投资者采取股权等非货币性资产投资过程中税收政策适用要点，以控制潜在的税务风险与法律责任。

一、案情简介

（一）案件基本信息

案件类型：个人非货币性资产投资纳税争议

涉案金额：个人所得税5000余万元

法律风险：补缴税款、滞纳金

（二）案件详情

H矿冶煤化集团有限公司（以下简称H公司）成立于2003年6月6日，注册资本100,000万元，现系中国H能源集团有限公司（以下简称中国H集团）的全资子公司。2010年12月31日，H公司的股权结构为C某持有99.39%的股权、Z某持有0.61%的股权。

自2011年年初，H公司的投资人开始着手实施股权重组，陆续将其持有的H公司的股权向中国H集团进行增资，并取得中国H集团定向增资的对价，最终实现由中国H集团对H公司100%持股的商业目的。上述股权重组安排分三步实施完成：

1. 2011 年 3 月，C 某、Z 某将其持有的 H 公司 50.69%、0.31% 的股权对中国 H 集团进行增资，并相应取得中国 H 集团 46.65% 的股权。股权重组完成后，H 公司的股权结构变更为 C 某持有 48.7% 的股权、Z 某持有 0.3% 的股权、中国 H 集团持有 51% 的股权。

2. 2011 年 9 月，Z 某将其持有的 H 公司 0.3% 的股权让与 C 某。股权转让完成后，H 公司的股权结构变更为 C 某持有 49% 的股权、中国 H 集团持有 51% 的股权。

3. 2011 年 12 月，C 某将其持有的 H 公司 49% 的股权对中国 H 集团进行增资，并相应取得中国 H 集团 22.50% 的股权。股权重组完成后，H 公司的股权结构变更为中国 H 集团持有 100% 的股权。至此，H 公司的股权重组安排实施完毕。

2016 年，国家税务总局大企业司在对中国 H 集团的纳税风险分析中发现上述 2011 年所发生的 H 公司的股权转让交易存在涉税风险点，并存在久拖未决的问题。2016 年 7 月，国家税务总局大企业司在 T 省召开协调会，要求 T 省地方税务局等有关单位尽快妥善解决 H 公司股权转让的涉税问题。2016 年 11 月 22 日，T 省地方税务局检查人员对 H 公司的有关人员进行了询问。此后，H 公司与 T 省地方税务局进行了沟通与协调，阐述企业方面的意见，但主管税务机关仍于 2016 年 12 月 16 日向 H 公司出具了《责令限期改正通知书》，要求 H 公司于 2016 年 12 月 20 日之前进行纳税申报。

（三）各方观点

T 省地方税务局认为：C 某、Z 某将其持有的 H 公司的股权对中国 H 集团进行增资，属于非货币性资产投资，应当缴纳个人所得税。

C 某、Z 某认为：其并未从增资行为中取得现金对价，所得没有实现，没有纳税义务。

（四）争议焦点

C 某、Z 某以 H 公司股权投资中国 H 集团，是否应当缴纳个人所得税。

（五）争议解决

经与税务机关沟通，C 某、Z 某认可了纳税义务已经产生，并补缴了个人所得税。

二、税务律师点评

（一）本案税法分析

个人以股权增资在税法上属于非货币性资产投资行为，视为“转让非货币性资产”和“投资”同时发生,依据《个人所得税法》等相关税法规定,对个人“转让非货币性资产”的所得,应按照“财产转让所得”项目,以转让财产的收入额减除财产原值和合理费用后的余额,按照20%的税率,依法计算缴纳个人所得税。考虑到本案的股权转让交易发生于2011年,相关政策发生调整,具体分析如下:

1. 2011年1月之前

国家税务总局于2005年以批复的方式发布规范性文件《关于非货币性资产评估增值暂不征收个人所得税的批复》(国税函〔2005〕319号),文件规定:“对个人将非货币性资产进行评估后投资于企业,其评估增值取得的所得在投资取得企业股权时,暂不征收个人所得税。在投资收回、转让或清算股权时如有所得,再按规定征收个人所得税,其‘财产原值’为资产评估前的价值。”2011年1月4日,该文件被《关于公布全文失效废止、部分条款失效废止的税收规范性文件目录的公告》(国家税务总局公告2011年第2号)废止。

本案中,C某、Z某以其持有的H公司的股权向中国H集团增资,第一次增资行为发生在2011年3月,第二次增资行为发生在2011年12月,均发生于国税函〔2005〕319号文被废止之后。

2. 2011年1月至2021年

2014年12月7日,《关于发布〈股权转让所得个人所得税管理办法(试行)〉的公告》(国家税务总局公告2014年第67号)第3条明确将“以股权对外投资或进行其他非货币性交易”纳入股权转让行为,应以股权转让收入减除股权原值和合理费用后的余额为应纳税所得额,按“财产转让所得”缴纳个人所得税。以股权转让方为纳税人,以受让方为扣缴义务人。根据该公告第20条的规定,扣缴义务人、纳税人应当于“股权转让协议已签订生效”的次月15日向主管税务机关申报纳税。

2015年3月30日,财政部、国家税务总局联合发布财税〔2015〕41号文,明确规定“个人以非货币性资产投资,应按评估后的公允价值确认非货币性资产转让收入”“应按照‘财产转让所得’项目,依法计算缴纳个人所得税”,并规定:“纳税人一次性缴税有困难的,可合理确定分期缴纳计划并报主管税务机关备案后,自发生上述应税行为之日起不超过5个公历年度内(含)分期缴纳个人所得税。”“本通知规定的分期缴税政策自2015年4月1日起施行。对2015年4月1日之前发生的个人非货币性资产投资,尚未进行税收处理且自发生上述应税行为之日起期限未超过5年的,可在剩余的期限内分期缴纳其应纳税款。”

本案中,C某及Z某两次向中国H集团增资的行为,已经超出5年的期限,不能适用分期缴纳的政策规定。

(二)本案涉税风险分析

自2011年以来,股权转让、非货币性资产投资一直是税务机关检查和稽查的重点,本案属于国家税务总局发起"千户集团税收风险分析"被查案件。基于笔者多年来丰富的税务争议解决实践及税务风险管理经验来看,笔者对本案涉税争议所可能引致的法律风险进行如下分析:

1. 不进行纳税申报的法律风险

《税收征收管理法》第64条第2款规定:"纳税人不进行纳税申报,不缴或者少缴应纳税款的,由税务机关追缴其不缴或者少缴的税款、滞纳金,并处不缴或者少缴的税款百分之五十以上五倍以下的罚款。"

在本案中,股权转让方C某、Z某未在H公司的股权转让完成后申报缴纳个人所得税款,涉嫌构成不进行纳税申报的税收违法行为。同时,对H公司而言,从《责令限期改正通知书》的内容也可以看到,H公司作为被投资企业,被主管税务机关认定为具有为股权转让方所可能产生的个人所得税承担代扣代缴的义务。由于在本案中,H公司也尚未履行其代扣代缴义务,税务机关同样可能会根据《税收征收管理法》第64条第2款的规定追究H公司的相应法律责任。

2. 经通知申报而拒不申报的法律风险

《税收征收管理法》第63条规定:"纳税人伪造、变造、隐匿、擅自销毁帐簿、记帐凭证,或者在帐簿上多列支出或者不列、少列收入,或者经税务机关通知申报而拒不申报或者进行虚假的纳税申报,不缴或者少缴应纳税款的,是偷税。对纳税人偷税的,由税务机关追缴其不缴或者少缴的税款、滞纳金,并处不缴或者少缴的税款百分之五十以上五倍以下的罚款;构成犯罪的,依法追究刑事责任。扣缴义务人采取前款所列手段,不缴或者少缴已扣、已收税款,由税务机关追缴其不缴或者少缴的税款、滞纳金,并处不缴或者少缴的税款百分之五十以上五倍以下的罚款;构成犯罪的,依法追究刑事责任。"

本案中,如果税务机关向股权转让方C某、Z某作出责令其限期申报纳税的通知后,股权转让方逾期仍然拒不申报纳税的,将可能会构成偷税的税收违法行为。同时,H公司尚未履行其代扣代缴义务,且主管税务机关已向其送达了《责令限期改正通知书》,如H公司自收到该通知书后逾期仍拒不履行申报义务的,将极有可能构成"经通知申报而拒不申报"的偷税行为,并承担上述相应的法律责任。

3. 欠税的法律风险

在本案中,如主管税务机关经税务检查、稽查程序认定股权转让方、被投资企业存在少缴或未缴税款事实并作出相应税务处理决定及税务处罚决定后,股权转让方、被投资企业仍然拒不缴纳相应税款、滞纳金及罚款的,将会构成欠税的税收违法行为。

根据《税收征收管理法》第 65 条的规定,经税务机关查证属实纳税人存在欠税违法行为的,税务机关有权追缴其欠缴税款、滞纳金,并处欠缴税款 50% 以上 5 倍以下的罚款;构成犯罪的,依法追究刑事责任。

根据国家税务总局、公安部《关于印发〈阻止欠税人出境实施办法〉的通知》(国税发〔1996〕215 号)的有关规定,经税务机关调查核实,欠税人未按规定结清应纳税款又未提供纳税担保且准备出境的,税务机关可依法向欠税人申明不准出境;对已取得出境证件执意出境的,税务机关可函请公安机关办理边控手续,阻止其出境。与此同时,根据有关税收政策规定,欠税人也将会在纳税信用评价、涉税违法信息公开等领域承担相应的不利法律后果。

4. 潜在的刑事责任风险

根据《税收征收管理法》第 63 条的规定,税务机关经查实纳税人、扣缴义务人存在偷税行为且涉嫌构成犯罪的,应当将案件移送司法机关处理。根据《刑法》第 201 条及最高人民法院《关于审理偷税抗税刑事案件具体应用法律若干问题的解释》(法释〔2002〕33 号)第 1 条的规定,纳税人、扣缴义务人逃避缴纳税款的,逃税数额占应纳税额的 10% 以上且逃税数额在 10,000 元以上的,纳税人、扣缴义务人应以逃税罪论并追究其刑事责任。在本案中,无论是股权转让方还是被投资企业,均可能存在被认定为偷税的法律风险,进而可能存在潜在的构成逃税罪的刑事责任风险。

三、本案启示

实践中,自然人进行非货币性资产投资时未获得现金支付对价,缴纳个人所得税款存在较大难度,自然人向主管税务机关申请延期缴纳个人所得税的安排具有合理性。而在适用财税〔2015〕41 号文时需注意以下几个问题:

(一)纳税义务发生时间争议

财税〔2015〕41 号文第 2 条规定:“个人以非货币性资产投资,应按评估后的公允价值确认非货币性资产转让收入。非货币性资产转让收入减除该资产原值及合理税费后的余额为应纳税所得额。个人以非货币性资产投资，应于非货币性资产转让、取得被投资企业股权时，确认非货币性资产转让收入的实现。”换句话说，确认自然人非货币性资产转让收入的确认时点（或纳税义务发生时间），应同时满足以下两个条件：(1)自然人将持有的股权过户至受让方名下；(2)自然人取得受让方股权。若以上两个条件没有同时满足的，则自然人非货币资产投资交易的个人应税收入、所得税税基均无法确定。

（二）税款缴纳期限

有关个人股权转让交易或非货币性资产投资，纳税人/扣缴义务人通常应在纳税义务发生的次月 15 日内申报缴纳或者代扣代缴个人所得税。

对于个人非货币性资产投资纳税人获取的股份支付部分的税款缴纳期限和应税收入金额的确定，可以参照《个人所得税法》有关纳税期限的规定，纳税人应在应税收入能确认的次月 15 日内申报个人所得税。参照财税〔2015〕41 号文的规定，纳税人可以最晚在 5 年期限届满时缴纳个人所得税。另外，由于涉案金额巨大，如果要求纳税人将非货币性资产投资取得的非货币对价（股份支付部分）一次缴纳个人所得税，个人可能由于缺乏可缴税资金而在客观上无法缴纳个人所得税。所以，在符合条件的情况下，自然人向主管税务机关申请延期缴纳个人所得税的安排具有合理性，应该可以获得税务机关认可。

* * *

【链接】

非货币性资产投资税收政策一览

一、企业所得税

财政部、国家税务总局《关于非货币性资产投资企业所得税政策问题的通知》（财税〔2014〕116 号）和《关于非货币性资产投资企业所得税有关征管问题的公告》（国家税务总局公告 2015 年第 33 号）对非货币性资产投资企业所得税如何缴纳进行了明确：(1)实行查账征收的居民企业（以下简称企业）以非货币性资产对外投资确认的非货币性资产转让所得，可自确认非货币性资产转让收入年度起不超过连续 5 个纳税年度的期间内，分期均匀计入相应年度的应纳税所得额，按规定计算缴纳企业所得税。(2)企业以非货币性资产对外投资，应对非货币性资产进行评估并按评估后的公允价值扣除计税基础后的余额，计算确认非货币性资产转让所得。

二、个人所得税

财税〔2015〕41 号文和国家税务总局公告 2015 年第 20 号就非货币性资产投资个人所得税政策进行了明确:(1)个人以非货币性资产投资,属于个人转让非货币性资产和投资同时发生。对个人转让非货币性资产的所得,应按照“财产转让所得”项目,依法计算缴纳个人所得税。(2)个人以非货币性资产投资,应按评估后的公允价值确认非货币性资产转让收入。非货币性资产转让收入减除该资产原值及合理税费后的余额为应纳税所得额。(3)个人应在发生前述应税行为的次月 15 日内向主管税务机关申报纳税。纳税人一次性缴税有困难的,可合理确定分期缴纳计划并报主管税务机关备案后,自发生上述应税行为之日起不超过 5 个公历年度内(含)分期缴纳个人所得税。

三、增值税

财政部、国家税务总局《关于股权转让有关营业税问题的通知》(财税〔2002〕191 号),对股权转让的营业税问题作出规定:“一、以无形资产、不动产投资入股,参与接受投资方利润分配,共同承担投资风险的行为,不征收营业税。二、对股权转让不征收营业税。”因此,企业以无形资产、不动产投资入股,参与接受投资方利润分配,共同承担投资风险的行为,以及股权转让行为,均不缴纳营业税。

2016 年 5 月 1 日起,营业税改征增值税(以下简称营改增)全面推开,那么,企业发生无形资产、不动产投资入股、股权转让行为,营改增前不征营业税,营改增后是否改为不征增值税?对于这个问题,财政部、国家税务总局《关于全面推开营业税改征增值税试点的通知》(财税〔2016〕36 号)中没有单列明确。该《通知》的附件一《营业税改征增值税试点实施办法》第 10 条中规定:“销售服务、无形资产或者不动产,是指有偿提供服务、有偿转让无形资产或者不动产。”第 11 条规定:“有偿,是指取得货币、货物或者其他经济利益。”该《通知》的附件二《营业税改征增值税试点有关事项的规定》规定:“适用一般计税方法的试点纳税人,2016 年 5 月 1 日后取得并在会计制度上按固定资产核算的不动产或者 2016 年 5 月 1 日后取得的不动产在建工程,其进项税额应自取得之日起分 2 年从销项税额中抵扣,第一年抵扣比例为 60%,第二年抵扣比例为 40%。取得不动产,包括以直接购买、接受捐赠、接受投资入股、自建以及抵债等各种形式取得不动产,不包括房地产开发企业自行开发的房地产项目。”

根据上述规定,企业将无形资产、不动产投资入股换取被投资企业股权的行为属于有偿取得“其他经济利益”，且被投资企业取得不动产包括“接受投资入股”形式取得的不动产，其进项税额准予从销项税额中抵扣。这就意味着企业以不动产投资应作为销售缴纳增值税，并可计算销项税额、开具增值税专用发票给被投资企业作为抵扣进项税额的凭据，打通了增值税“环环征收、层层抵扣”的链条，从而说明以不动产投资入股行为列入了增值税“销售不动产”税目的征税范围。

另外，根据《增值税暂行条例》及其实施细则，财政部、国家税务总局《关于全国实施增值税转型改革若干问题的通知》（财税〔2008〕170 号）和国家税务总局《关于增值税简易征收政策有关管理问题的通知》（国税函〔2009〕90 号）等文件的规定，以设备、货物等对外投资需要缴纳增值税，以维护增值税抵扣链条的完整性。

至于股权转让是否征收增值税问题，从财税〔2016〕36 号文附件一《营业税改征增值税试点实施办法》“附：《销售服务、无形资产、不动产注释》”中看，股权转让行为不属于营改增试点征收范围，因此，股权转让行为原来不征营业税，营改增后也不征增值税。

四、土地增值税

财政部、国家税务总局《关于企业改制重组有关土地增值税政策的通知》（财税〔2015〕5 号）[1]第 4 条规定：“单位、个人在改制重组时以国有土地、房屋进行投资，对其将国有土地、房屋权属转移、变更到被投资的企业，暂不征土地增值税。”第 5 条规定：“上述改制重组有关土地增值税政策不适用于房地产开发企业。”第 8 条规定：“本通知执行期限为 2015 年 1 月 1 日至 2017 年 12 月 31 日。”财政部、国家税务总局《关于土地增值税一些具体问题规定的通知》（财税字〔1995〕48 号）第 1 条、第 3 条，财政部、国家税务总局《关于土地增值税若干问题的通知》（财税〔2006〕21 号）第 5 条同时废止。

因此，企业以国有土地、房屋进行投资符合条件的，可以享受相关土地增值税优惠政策。

五、印花税

根据《印花税暂行条例》的规定，产权转移书据按所载金额万分之五贴花，包括财产所有权和版权、商标专有权、专利权、专有技术使用权等转移书据，均应当按规定缴纳印花税。因此非货币性资产投资应当缴纳相关印花税。

---

〔1〕 该文件已于 2020 年 1 月 23 日被财政部《关于公布废止和失效的财政规章和规范性文件目录（第十三批）的决定》（财政部令第 103 号）废止。

个人股权转让价款与清债款项约定不明补税争议案

【导读】

在企业经营过程中,股东为解决企业经营的融资难题往往会以自己名义为企业垫支经营款项,在股东与被投资企业之间形成资金借贷关系。在股权转让交易中,新股东通常会为被投资企业向原股东代为偿付已经形成的垫支款项。原股东取得新股东代为偿付的垫支经营款项在性质上是否属于股权转让收入在税收征管实践中多有争议。本案中股东以个人名义借款并为公司垫资,后在股权转让协议当中获得了对该笔垫资的偿还,那么,该笔还款是否应当计入股东股权转让收入,并且缴纳个人所得税,各方产生了争议。

一、案情简介

(一)案件基本信息

案件类型:股权转让收入确定案

涉案金额:税款 20 万元

法律风险:垫资偿还款的部分将计入股权转让所得征收个人所得税

(二)案件详情

A 县自来水公司位于广西壮族自治区柳州市 A 县,性质系全民所有制企业。2008 年 3 月 28 日,A 县自来水公司与自然人党某、杨某、杨某某共同出资成立 A 县×龙泉供水有限公司(以下简称供水公司)。供水公司的注册资本为 625 万元,其中 A 县自来水公司实缴出资 250 万元,持股比例为 40%,党某、杨某、杨某某三人各实缴出资 125 万元,持股比例各为 20%。

供水公司成立后,由于公司自有注册资本不足以完成既定供水基础设施项目建设,自 2008 年 4 月至 2014 年 6 月,党某多次向第三方借款后垫支在供水公司用于项目建设。截至 2016 年 1 月 27 日,党某垫支在供水公司项目建设的资金共计 308 万余元。

2015 年 10 月,应 A 县人民政府要求,供水公司四名股东在 A 县政府供水公司改制重组工作组的组织下对供水公司进行改制重组。为确定股权转让价格,供水公司委托广西某会计师事务所进行审计,并出具清查报告,其中核实了党某为供水公司垫支款项的情况。

2016 年 1 月 27 日，党某、杨某、杨某某与 A 县自来水公司签订《股权转让协议》，约定 A 县自来水公司以 1466 万元的总价收购党某、杨某、杨某某持有供水公司的 60% 股权；党某垫支在供水公司的工程款包含在股权转让总价中，不再另行支付。2016 年 2 月 23 日，供水公司的股权交割完成。

2016 年 3 月 29 日，A 县地方税务局第一税务所向党某发出《税务事项通知书》，要求党某于 2016 年 3 月 30 日前缴纳个人所得税 72.73 万元。党某不服该通知书，于 2016 年 3 月 30 日向 A 县地方税务局提交了垫支款项的证据材料，认为 A 县地方税务局计算个人所得税方式错误，应当考虑其垫支费用对个人所得税金额的影响。2016 年 4 月 1 日，A 县自来水公司根据 A 县地方税务局第一税务所的要求在向党某支付股权转让款时扣缴其个人所得税 72.73 万元。

2016 年 4 月 27 日，党某向 A 县地方税务局提起行政复议。为解决争议纠纷，A 县自来水公司与党某于 2016 年 6 月 8 日共同核实并签署了《垫支款项情况说明》，称：(1)已核实截至 2015 年 12 月 31 日党某共向供水公司垫支款项 308 万余元，供水公司已归还垫支款项 10 万元，尚欠党某 298 万余元；(2)A 县自来水公司向三名自然人股东支付的股权转让价款中包含垫支款项。

2016 年 6 月 17 日，A 县地方税务局作出复议维持决定。党某不服，向 A 县人民法院提起行政诉讼。A 县人民法院经审理认为 A 县地方税务局第一税务所在对党某征收个人所得税时没有将股权转让总价中包含垫支款的情况予以考虑，不能完整、准确合理地计算股权原值，其征税行为的主要证据不足，遂判决撤销其作出的《税务事项通知书》，重新作出行政行为。

(三)各方观点

A 县地方税务局认为：根据党某与 A 县自来水公司签署的《股权转让协议》，党某向 A 县自来水公司转让其 20% 的供水公司股权取得股权转让收入 488.67 万元(1466 ÷ 3)，党某实缴出资 125 万元，股权原值为 125 万元，根据我国《个人所得税法》及国家税务总局的有关规定，党某转让供水公司股权的个人所得税应纳税所得额为 363.67 万元(488.67 − 125)，应缴个税 72.73 万元(363.67 × 20%)。根据《关于发布〈股权转让所得个人所得税管理办法(试行)〉的公告》(国家税务总局公告 2014 年第 67 号)第 8 条的规定，转让方取得的与股权转让相关的各种款项均应计入股权转让收入；根据该管理办法第三章的规定，股东为企业垫支的款项不属于股权原值，不应予以扣除。

党某认为:在供水公司改制重组工作启动后,供水公司已经聘请会计师事务所对供水公司的净资产进行清查,其中核实了党某垫支的款项;党某与受让方A县自来水公司在出具的情况说明材料中也核实了垫支款项事宜;在党某与A县自来水公司签署的《股权转让协议》中也对垫支款项的偿还作出了约定。因此,在计算党某个人所得税的应纳税所得额时应当扣除其取得的垫支款项。

法院认为:根据双方提交的证据,党某为供水公司项目建设垫支款项的事实真实发生、金额明确,为党某、供水公司和A县自来水公司共同认可;A县地方税务局第一税务所在确定党某个人所得税时没有将垫支款项的有关情况予以考虑,导致不能准确计算和确定党某的应纳税所得额,其征税行为缺乏必要事实和证据;与此同时,党某已经向A县地方税务局第一税务所明确说明了垫支款项的情况,A县地方税务局应当对该事实对个人所得税产生何种影响予以说明,因此A县地方税务局应当重新作出具体行政行为。

(四)争议焦点

A县地方税务局第一税务所确定和计算党某股权转让的个人所得税应纳税所得额时是否应当扣除垫支款项。

二、税务律师点评

(一)本案党某取得垫支款项的性质不属于股权转让收入

根据国家税务总局公告2014年第67号的规定,个人转让股权,其应纳税所得额为股权转让收入减去股权原值和合理费用。该办法第二章和第三章具体规定了股权转让收入和股权原值的计算方式。

根据该办法的规定,股权转让收入是指转让方因股权转让而获得的现金、实物、有价证券和其他形式的经济利益,其范围系转让方取得与股权转让相关的各种款项,包括违约金、补偿金以及其他名目的款项、资产、权益等。在本案中,党某与税务机关的核心争议焦点就在于A县自来水公司作为股权收购方在股权转让交易中支付给党某股权转让价款中所包含的偿还垫支款项是否属于股权转让收入。

1.本案党某、供水公司及A县自来水公司的法律关系分析

首先,从党某与供水公司之间的角度看,党某与供水公司之间存在清楚、明确且经审计的借贷法律关系,供水公司尚欠党某借款298万元。其次,党某在向A县自来水公司转让其所持有的供水公司股权时,双方所签订的股转协议从实质上看是A县自来水公司作为供水公司的原股东和股权收购方代供水公司清偿对党某

的借款后再行支付的股权转让价款。因此从法律实质上看,该1466万元的股权转让价款中包含了298万元的清偿款和1168万元的股权转让对价。因此,党某与供水公司、A县自来水公司之间的法律关系可总结如下:(1)党某与供水公司为借贷关系;(2)党某与A县自来水公司为股权转让关系;(3)供水公司与A县自来水公司为代为偿债关系。

三方在上列法律关系中通过履行债务、实现债权后,党某与供水公司之间的借贷关系因清偿而消灭,供水公司不再负有对党某的债务;党某与A县自来水公司的股权转让关系因履行而终结,党某不再是供水公司的股东;A县自来水公司向党某代为偿付借款后,双方形成代偿关系,供水公司转而负有向A县自来水公司清偿的债务。

2. 党某取得代偿款项的税法分析

党某取得A县自来水公司代供水公司偿付的垫支款项从性质上看属于借贷法律关系的清偿,并非党某取得的一项所得。尽管该项清偿是以股权转让价款的名义作出,但根据实质重于形式原则,不应认定该款项属于股权转让收入。与此同时,国家税务总局公告2014年第67号规定股权转让收入是因股权转让行为而产生的各类款项,换言之,转让方取得的股权转让收入应当是以支付股权为对价,其产生原因是交付股权。而党某取得的垫支款项偿还款并非其支付股权的对价,而是垫支款项的对价,也就是说,即便没有发生股权转让的行为,党某还是能够取得该笔款项。因此,党某取得代偿款并非基于股权转让行为而产生,只是在这一股权转让交易过程中一并完成的。

3. 党某的证据优于税务机关的证据

从优势证据证明标准角度考察,税务机关认定股权转让收入的主要证据就是股权转让协议。而党某所提出的证据包含会计师事务所的审计材料、党某与A县自来水公司的书面签章声明,且能够提交向第三方借款的原始证据资料。因此税务机关的证据的证明力要明显低于党某。当然,如果党某能够出具由党某、杨某、杨某某共同签署的如何划分1466万元的股权转让价款的书面声明以及实际取得价款情况的证据的话,党某的证据的证明力将更加高于税务机关。

综上所述,党某取得A县自来水公司为供水公司代为偿还的垫支款项在性质上不属于股权转让收入。税务机关认定该笔垫支款项属于股权转让收入存在事实不清、证据不足、适用法律错误的严重瑕疵。

(二)本案中确定股权转让方取得股权转让收入的方法

本案中,股权转让方共有党某、杨某及杨某某三人,且三人持股比例相同。由于股权转让价款中包含了对党某偿还的垫支款项298万元,因此党某、杨某、杨某某各自取得的股权转让收入应为(1466－298)÷3＝389.33万元,其中杨某和杨某某各自取得389.33万元,党某取得687.33万元。

因此,党某在本此股权转让交易中的个人所得税应为(389.33－125)×20%＝52.87万元。

三、本案启示

股东在转让股权交易过程中所取得的偿付垫支经营款项在性质上属于实现借贷法律关系中债权的行为,不具有所得性质,且该款项的取得并非以交付股权为对价,并非基于股权转让关系而直接发生,因此不能认定为股权转让收入,唯此方符合实质重于形式原则及量能课税原则。原股东在交易股权时应当注重股权转让协议中所涉的税法风险,将所取得的各类款项在协议中明确说明其产生原因及性质,避免在形式上出现瑕疵,以确保在法律形式和税法实质上吻合。

名义股东转让代持股涉嫌逃税犯罪案

【导读】

代持股是指公司实际股东或者出资人由于某种原因以其他人或组织的名义作为股东办理公司注册及工商登记。最高人民法院《关于适用〈中华人民共和国公司法〉若干问题的规定(三)》(以下简称《公司法解释三》)在法律上认可了代持股,但目前税法对代持股法律关系中的纳税义务并未统一规定。那么在代持股情形下,名义股东和实际股东的涉税刑事责任应如何认定?本节案例对转让代持股逃避缴纳税款的刑事责任予以了明确。

一、案情简介

(一)案件基本信息

案件类型:逃避缴纳税款

涉案金额:税款及滞纳金6,636,000元

法律风险:3年以上7年以下有期徒刑,并处偷税数额1倍以上5倍以下罚金

(二)案件详情

陈某于2004年在A市B区工商局注册成立了C商贸有限责任公司(以下简称C公司),因注册该公司需要两名以上股东,故陈某让其朋友张某挂名担任公司股东,其中陈某持有公司90.91%的股份,张某持有公司9.09%的股份,但公司实际由陈某出资并管理,张某未出资、未参与经营管理也未从该公司获取任何利益。

陈某于2007年12月14日将C公司股权转让给D公司,共获取股权转让费72,000,000元。B区地方税务局在对C公司股权转让检查时,发现陈某在获得转让费之后,一直未申报缴纳税款。B区地方税务局于2013年10月14日向陈某、张某分别下达了《限期缴纳税款通知书》(B地税限通字〔2013〕002号)和《限期缴纳税款通知书》(B地税限通字〔2013〕003号)。陈某就该股权转让事项应缴纳税额及滞纳金共计6,778,247.6元(其中包含个人所得税6,545,520元、印花税32,727.6元、滞纳金200,000元);张某就该股权转让事项应缴税额共计657,752.4元(其中包含个人所得税654,480元、印花税3272.4元),陈某及张某合计应缴税额及滞纳金7,436,000元。陈某在收到《限期缴纳税款通知书》后,分别于2013年

9月12日、11月5日向B区地方税务局缴纳500,000元、300,000元的税款,剩余6,636,000元未按期缴纳。

B区公安局于2013年11月15日对本案立案侦查。2014年1月17日陈某向B区地方税务局缴纳剩余款项6,636,000元。2014年1月23日,陈某到B区公安局投案自首。

B区人民法院经审理认为,被告人陈某采用欺骗、隐瞒手段,不申报纳税,逃避缴纳税款数额巨大并且占应纳税额30%以上,其行为已构成逃税罪。被告人有自首情节,依法减轻处罚;被告人已全部缴纳税款及滞纳金,可以从轻处罚,判决如下:被告人陈某犯逃税罪,判处有期徒刑2年零6个月,缓刑3年,并处罚金5万元。

(三)各方观点

B区检察院认为:陈某涉嫌逃税罪。

B区人民法院认为:被告人陈某犯逃税罪的罪名成立,犯罪事实清楚,证据确实、充分。被告人有自首情节,依法减轻处罚;被告人已全部缴纳税款及滞纳金,可以从轻处罚。

陈某认为:其对犯罪事实无异议,请求从轻处罚。

(四)争议焦点

转让"代持股"未纳税,逃避缴纳税款的刑事责任由实际股东还是名义股东承担。

二、税务律师点评

(一)现行税法对转让代持股纳税义务无统一规定

1."代持股"的合法性认定

《公司法解释三》第24条第1款规定:"有限责任公司的实际出资人与名义出资人订立合同,约定由实际出资人出资并享有投资权益,以名义出资人为名义股东,实际出资人与名义股东对该合同效力发生争议的,如无法律规定的无效情形,人民法院应当认定该合同有效。"同时《公司法解释三》还作出规定,实际出资人与名义股东因投资权益的归属发生争议,实际出资人以其实际履行了出资义务为由向名义股东主张权利的,人民法院应予支持。名义股东以公司股东名册记载、公司登记机关登记为由否认实际出资人权利的,人民法院不予支持。名义股东将登记于其名下的股权转让、质押或者以其他方式处分的,实际出资人以其对于股权享有实际权利为由,请求认定处分股权行为无效的,人民法院可以参照《民法典》第 311 条的规定处理。

从《公司法解释三》上述规定来看,这是在法律上认可了代持股这一经济现象,对代持股法律关系予以法律保护,并从公司法和《民法典》层面对代持股行为带来的主要法律问题明确了处理意见。

2. 现行税法对转让代持股纳税义务无统一规定

税法上对代持股情形下的纳税义务并未作出统一规定,仅在《关于企业转让上市公司限售股有关所得税问题的公告》(国家税务总局公告 2011 年第 39 号)中规定企业转让代个人持有的限售股征税问题,明确因股权分置改革造成原由个人出资而由企业代持有的限售股,企业在转让代持的限售股时,由名义股东代持企业计算缴纳企业所得税。税法作出前述规定由名义股东承担纳税义务,是为了方便税收征管,提高执法效率。但是对于什么情况属于因股权分置改革造成的代持股并没有明确规定,以及对其他情况的代持股转让征税是否按前述规定处理,在实际执法中存在争议。

本案中,工商登记中显示陈某持有公司 90.91% 的股份,张某持有公司 9.09% 的股份,该登记具有公信力,税务机关依据工商登记的股东持股信息向陈某、张某分别下达《限期缴纳税款通知书》,要求其履行纳税义务。

(二)实际股东陈某构成逃税罪

《刑法》第 201 条规定:"纳税人采取欺骗、隐瞒手段进行虚假纳税申报或者不申报,逃避缴纳税款数额较大并且占应缴纳税额百分之十以上的,处三年以下有期徒刑或者拘役,并处罚金;数额巨大并且占应纳税额百分之三十以上的,处三年以上七年以下有期徒刑,并处罚金。扣缴义务人采取前款所列手段,不缴或者少缴已扣、已收税款,数额较大的,依照前款的规定处罚。对多次实施前两款行为,未经处理的,按照累计数额计算。有第一款行为,经税务机关依法下达追缴通知后,补缴应纳税款,缴纳滞纳金,已受行政处罚的,不予追究刑事责任……"

根据上述规定,逃税罪的犯罪构成为:(1)犯罪主体要件,包括纳税人和扣缴义务人,既可以是自然人,也可以是单位。(2)犯罪主观方面,具有逃避缴纳税款的故意。(3)犯罪客体要件侵犯了我国的税收征收管理秩序。(4)犯罪客观方面,纳税人采取欺骗、隐瞒手段,进行虚假纳税申报或者不申报,逃避缴纳税款数额较大且占应纳税额 10% 以上;扣缴义务人采取欺骗、隐瞒手段不缴或者少缴已扣、已收税款,数额较大的行为。

最高人民法院《关于审理偷税抗税刑事案件具体应用法律若干问题的解释》(法释〔2002〕33号)对逃避缴纳税款的具体情形作出如下规定:“纳税人实施下列行为之一,不缴或者少缴应纳税款,偷税数额占应纳税额的百分之十以上且偷税数额在一万元以上的,依照刑法第二百零一条第一款的规定定罪处罚:(一)伪造、变造、隐匿、擅自销毁帐簿、记帐凭证;(二)在帐簿上多列支出或者不列、少列收入;(三)经税务机关通知申报而拒不申报纳税;(四)进行虚假纳税申报;(五)缴纳税款后,以假报出口或者其他欺骗手段,骗取所缴纳的税款。”“具有下列情形之一的,应当认定为刑法第二百零一条第一款规定的‘经税务机关通知申报’:(一)纳税人、扣缴义务人已经依法办理税务登记或者扣缴税款登记的;(二)依法不需要办理税务登记的纳税人,经税务机关依法书面通知其申报的;(三)尚未依法办理税务登记、扣缴税款登记的纳税人、扣缴义务人,经税务机关依法书面通知其申报的。”

本案中,转让方陈某为个人,不需要办理纳税登记。依法不需要办理税务登记的纳税人,经税务机关依法书面通知其申报的即构成“经税务机关通知申报”。陈某在经税务机关依法下发《限期缴纳税款通知书》书面通知其申报而仍拒不申报部分税额,逃避缴纳税款数额巨大并且占应纳税额30%以上,主观上具有逃避缴纳税款的故意,危害了我国税收征收管理秩序。因此陈某符合逃税罪的犯罪构成要件。

(三)名义股东张某不构成逃税罪

根据上述有关逃税罪的规定,本案中,张某虽然是C公司的名义股东,转让代持股时,税务机关可依据工商登记显示的股东信息向张某追缴欠缴税款。虽其未按照法律规定缴纳转让代持股个人所得税,但张某是为陈某代持股权,张某主观上不具有逃避缴纳税款的故意,因此张某不具备构成逃税罪的主观要件,不构成逃税罪。

三、本案启示

对于代持股情形下的纳税义务,现行税法无统一规定,在实践中,税务机关的执法也存在不一的情形。税务机关多要求名义股东履行纳税义务。在本案中,法院对转让代持股情形下,逃避缴纳税款的刑事责任予以明确,对代持股东不追究刑事责任。但是名义股东还是会面临如下法律风险:(1)被要求履行公司出资义务的风险。由于代持协议的效力不能对抗善意第三人,因此,名义股东承担公司的出资义务。如果出现实际股东违约不出资,那么名义股东面临着必须出资的风险。在实践中,也存在出资不实被公司或善意第三人要求补足出资的情形,这种情形下名义股东不得以代持协议对抗公司或善意第三人。(2)税收风险。股权代持中,当条件成熟、实际股东准备解除代持协议时,实际股东和名义股东都将面临税收风险。(3)如果代持股东同时是公司法定代表人,当公司出现重大税收违法案件时,法定代表人面临联合惩戒措施[惩戒措施具体内容详见《关于对重大税收违法案件当事人实施联合惩戒措施的合作备忘录(2016版)》(发改财金〔2016〕2798号)]。

* * *

【链接】

代持股转让所得的纳税人究竟是名义股东还是实际股东

股权代持是目前资本市场中比较常见的一种持股模式,根据《公司法解释三》的规定,代持股这一模式已经为法律所认可。然而,税法对于代持股的税收问题目前尚无系统规定。实践中,对于代持股的税收征管,尤其是代持股转让所得的纳税义务主体的确定存在较多争议。下面,笔者通过对广西壮族自治区税务局的一份税务处理决定书和福建厦门市税务局的一则答复函所表达的观点进行对比,对代持股转让的所得税纳税义务主体问题进行讨论,探究民商法与税法在代持股领域的规范差异,并对代持股模式下的相关税收风险作出提示并提供应对建议。

一、广西:实际股东是代持股转让所得的纳税义务主体

2020年9月8日,国家税务总局广西壮族自治区税务局官方网站公布了一则对自然人罗某送达《税务处理决定书》的公告。在该份《税务处理决定书》中,广西壮族自治区税务局认为实际股东(隐名股东)为代持股转让所得的纳税人,对于代持股转让所得,应按照“财产转让所得”申报缴纳个人所得税。具体案情如下:

2011年3月10日,广西T公司的原股东陈某某、唐某某与深圳市B公司签订了一份《股权收购协议》,约定陈某某、唐某某将所持有的T公司股权转让给B公司和杨某,其中陈某某转让60%、唐某某转让40%,转让后B公司持股比例为95%,杨某持股比例为5%,股权转让价格总计5300万元。经核实:T公司工商登记的股东为陈某某、唐某某,分别持股60%、40%,而实际上,陈某某持股30%,代李某某持股30%,罗某40%股权由唐某某代持,即陈某某、李某某、罗某是T公司的实际股东(见图1)。

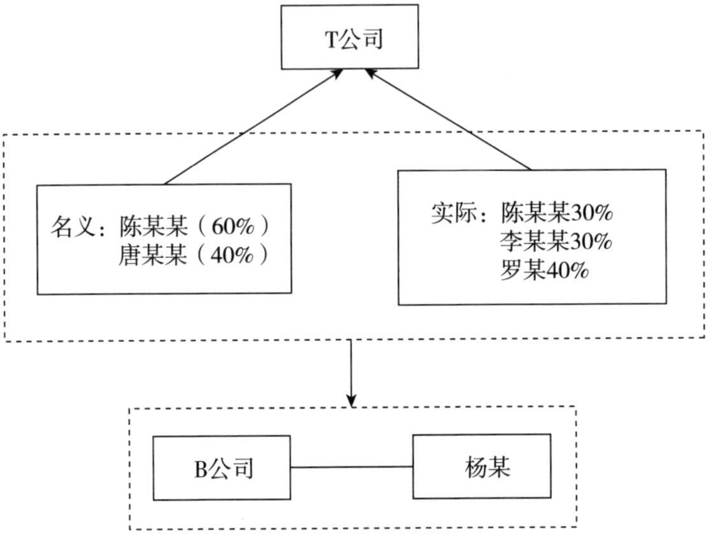

图1　T公司股权情况

2011年4月14日,陈某某收到B公司支付的第一期股权转让款并按原持股比例进行了分配,其中,罗某分得920万元。由于股权转让双方之间因股权转让的效力、金额等问题一直存在争议,故第二期股权转让款一直未支付。经民事诉讼一审、二审程序,法院判决最终确认陈某某、李某某、罗某与B公司、杨某的股权转让行为有效,B公司仍需向罗某支付1200万元。

2020年9月7日,广西壮族自治区税务局第一稽查局向罗某作出《税务处理决定书》(桂税一稽处〔2020〕25号),根据《个人所得税法》第2条第1款第8项、第3条第3项、第6条第1款第5项,《关于发布股权转让所得个人所得税管理办法(试行)》的公告》(国家税务总局公告2014年第67号)第3条第1项、第4条、第5条、第15条、第19条、第20条的规定,认定罗某转让T公司股权给B公司及杨某,B公司向罗某支付了部分股权转让款,并完成了工商的股权变更登记,作为股权实际转让方,是个人所得税的纳税人,应按"财产转让所得"申报缴纳个人所得税,罗某应向主管税务机关申报缴纳个人所得税。

二、福建厦门:名义股东是代持股转让所得的纳税义务主体

2020年8月19日,国家税务总局厦门市税务局在其官方网站公布了《厦门市税务局关于市十三届政协四次会议第1112号提案办理情况答复的函》,对于股权代持关系下的纳税义务主体和双重征税问题,厦门市税务局的观点为:名义股东(显名股东)为代持股转让所得的纳税义务人,应当依法履行纳税义务。具体内容如下：

“根据《中华人民共和国税收征收管理法实施细则》第三条第二款规定：‘纳税人应当依照税收法律、行政法规的规定履行纳税义务；其签订的合同、协议等与税收法律、行政法规相抵触的，一律无效。’显名股东作为登记在股东名册上的股东，可以依股东名册主张行使股东权利，依据《中华人民共和国企业所得税法》《中华人民共和国个人所得税法》，是符合税法规定的转让股权和取得投资收益的纳税人，其取得股息红利所得、股权转让所得，应当依法履行纳税义务。《公司注册资本登记管理规定》（国家工商行政管理总局令第64号）第八条‘股东或者发起人必须以自己的名义出资’，明确了行政管理的方式是要求股东以自己的名义出资。而《最高人民法院关于适用〈中华人民共和国公司法〉若干问题的规定（三）》第二十五条的相关规定，仅说明人民法院认可代持合同具有法律效力，规范的是代持当事人内部的民事法律关系，不属于对《公司注册资本登记管理规定》中关于股东出资规定的调整或变化。”

在此基础上，厦门市税务局进一步阐明，显名股东将取得的税后股息红利所得、股权转让所得转付给隐名股东时，如果隐名股东为自然人的，隐名股东不需要申报缴纳个人所得税；如果隐名股东为企业的，则需要计入企业所得税应税收入并申报缴纳企业所得税。具体内容如下：

“关于隐名股东纳税义务的认定。1. 隐名股东为自然人的情形。《中华人民共和国个人所得税法》第二条规定，明确了应当缴纳个人所得税的九种所得，显名股东将取得的税后股息红利所得、股权转让所得，转付给隐名股东（自然人），不属于法律规定应当缴纳个人所得税的所得。2. 隐名股东为企业的情形。《中华人民共和国企业所得税法》第六条规定，企业以货币形式和非货币形式从各种来源取得的收入，为收入总额，包括其他收入；第七条、第二十六条，分别列明了法定的不征税收入和免税收入。据此，隐名股东（企业）从显名股东取得基于代持合同关系产生的所得，不属于法定的不征税收入和免税收入，应当按照企业所得税法规定缴纳企业所得税。”

三、代持股转让所得的纳税人究竟应当是名义股东还是实际股东

对于代持股转让所得纳税义务主体的确定，广西壮族自治区税务局的个案处理和厦门市税务局的不特定性回复给出了截然相反的答案，也导致了完全不同的税负差异和法律性双重征税问题。那么，代持股转让所得的纳税人究竟应当是谁，厦门市税务局的观点所导致的法律性双重征税是否合理？

(一)税法如何确定代持股转让所得的纳税主体,存在形式课税与实质课税的争议

当前,对于代持股税收问题的争议集中体现在代持股所得税问题上,并且以代持股转让所得税纳税人的确定问题为争议核心。对于这一问题,长期以来存在形式课税与实质课税的争议,并在实务操作中产生不同的税务处理。

形式课税原则的观点认为,税法的规定以形式课税为基础,对于代持股转让所得,应将名义股东作为纳税人,令其承担纳税义务,这符合税收法定原则的要求。而实质课税原则的观点认为,税法应探究经济关系的实质,以经济利益的最终归属确定纳税义务的归属,对于代持股转让所得,应将实际股东作为纳税人,令其承担纳税义务,这符合税法量能课税原则的要求。

基于形式课税原则和实质课税原则,实践中对于代持股转让所得纳税义务主体的确定出现不同做法和观点,前述广西壮族自治区税务局的税务处理决定的做法即是采用实质课税原则的体现,将"股权的实际转让方"即实际股东作为代持股转让所得的纳税人,而厦门市税务局的复函的观点则是对形式课税原则的体现,以税法的形式规定作为纳税人确定的依据,将显名股东作为代持股转让所得的纳税人。

(二)公司法层面肯定实际股东的法律地位,税法现有规定与公司法规定相左,使纳税主体的确定更加扑朔迷离

《公司法解释三》规定,实际出资人与名义股东因投资权益的归属发生争议,实际出资人以其实际履行了出资义务为由向名义股东主张权利的,人民法院应予支持。名义股东以公司股东名册记载、公司登记机关登记为由否认实际出资人权利的,人民法院不予支持。从这一规定可知,公司法层面肯定了实际股东的法律地位,认为实际股东对投资权益享有权利。

然而,对于代持股转让所得纳税人的认定问题,税法并未采取与公司法完全相同的处理方式。与此相反,对于企业将为个人代持的限售股转让的情形,税法将名义股东认定为纳税人,即根据国家税务总局公告 2011 年第 39 号的规定,对于因股权分置改革造成原由个人出资而由企业代持有的限售股,企业转让上述限售股取得的收入,应作为企业应税收入计算纳税。

对于这一情形的处理,税法的规定与公司法司法解释的规定态度完全相反,而对于此情形之外的代持股转让所得,税法目前并没有特别规定。在此情况下,税法是应当与公司法司法解释所体现的精神保持一致,将实际股东作为纳税人,还是应

当参照国家税务总局公告2011年第39号的规定，将名义股东作为纳税人，这一问题究竟应如何处理变得更加扑朔迷离。

（三）以名义股东为纳税人符合税法形式规定，但将违反量能课税原则，并产生双重征税问题

以形式课税原则将名义股东确定为纳税人，符合税法的形式规定，能够保证税务机关的征管效率，然而，名义股东并非股权转让所得的最终享有者，其并不具有税收负担能力，将其作为纳税人向其征税将违反量能课税原则。此外，如果按照形式课税原则确定纳税人，在名义股东将股权投资收益向实际股东转移时，还将产生双重征税的问题。如按照厦门市税务局的复函，显名股东将取得的税后股息红利所得、股权转让所得转付给隐名股东时，如果隐名股东为企业的，需要计入企业所得税应税收入并申报缴纳企业所得税。按照这一规定，对于同一笔股权投资收益，对显名股东和隐名股东两次征收所得税，股权代持的本意是显名股东为隐名股东代持股，在代持股法律关系中，股权实际上原本就属于隐名股东，因此在显名股东向隐名股东转移投资收益时，隐名股东并未取得所得，此时对隐名股东征税显然不合理，与交易的经济实质相背离。

（四）应采用实质课税原则，“穿透”名义股东对实际股东征税，实现税收公平与税制合理

相较于形式课税原则，采用实质课税原则“穿透”名义股东，将实际股东确定为纳税人课税更为合理。一方面，采用实质课税原则将实际股东认定为代持股转让所得的纳税人向其征税与量能课税原则的要求相契合。实际股东是股权的实际所有者，也是股权投资所得的最终归属者，那么也应当作为税收负担的承担者。所得的归属意味着税收负担能力的归属，向实际股东课税符合量能课税原则。而量能课税是实现税收公平的重要途径，因而采用实质课税原则确定纳税人也有助于实现税收公平。另一方面，采用实质课税原则将实际股东确定为纳税人将消除双重征税问题。按照实质课税原则，实际股东为股权转让所得的纳税人，因此在获得投资收益时，即直接向实际股东征税，在名义股东将股权投资收益向实际股东转让时，便不需要再次征收所得税，这使代持股所得税的征收更加合理。同时，采用实质课税原则，将实际股东认定为纳税人，可实现反避税的目标，能够维护税法的公平与正义。例如，税法中对于外籍个人从外商投资企业取得的股息、红利有免税规定，那么有些自然人就可以通过委托外籍个人持股来规避个人所得税。在此情况下，根据实质课税原则将实际股东认定为纳税人，则能够满足反避税的要求。

采用实质课税原则确定纳税人的一个弊端在于,在某些情况下,税务机关对于代持股实际股东的确定存在困难,进而将面临无法确定纳税人的问题。对此,笔者认为,可例外地允许税务机关对名义股东征税,以保证税收征管的效率。

四、代持股模式面临的税收风险与应对建议

(一)税收风险

1. 税收负担转移的风险

当前,在代持股模式下,以名义股东为纳税人,由名义股东承担纳税义务的做法普遍存在,因此,对于名义股东而言,代持股模式下面临的一个涉税风险就是要承担税收负担,而对于承担的税收负担是否能够通过代持股关系向实际股东转移,则存在不确定性。一旦发生纳税义务无法转移的情况,名义股东必然与实际股东之间发生争议,处理不当则容易造成自身权益的损失。

2. 股权归位被征税的风险

股权代持是实际股东为了实现某种目的而由名义股东代为持有股权,而如果目的实现,则会发生股权代持解除,股权归位的情形,即名义股东将股权变更到实际股东名下,实际股东由隐名状态变为显名状态。在此情况下,面临税务机关将此认定为股权转让,从而征收股权转让所得税的情形,即出现前述双重征税的问题。

(二)应对建议

1. 对于名义股东承担税负风险的应对建议

在签订代持股协议时,名义股东应将税收负担考虑在内,与实际股东就税收负担的承担作出明确约定,以免在承担纳税义务后无法将税收负担向实际股东转移,造成自身权益的损失。

2. 对于股权归位被征税风险的应对建议

在股权更名的情况下,并未发生股权的实质转移,并未产生股权转让所得,因此,可争取通过实质课税原则与税务机关进行沟通,避免被征收税款。

此外,对于股权归位面临的税收风险,也可以通过以下方式预防:

(1)合法"低价转让"。在立法不尽完善以及各地税务机关征管口径不一的背景下,如果不能实现实质课税,会被税务机关认定为"股权转让"行为,而如果能实现低价或平价转让,也可以实现股权的归位。

国家税务总局公告2014年第67号第13条规定:"符合下列条件之一的股权转让收入明显偏低,视为有正当理由……(四)股权转让双方能够提供有效证据证明其合理性的其他合理情形。"投资者可以利用该兜底条款,以证明名义股东和实际股东之间低价交易的合理性。

而在实际操作中,还会面临税务机关认定不统一,执行不一致的地方。建议个人在适用上述“正当理由”时,与当地的税务机关做好沟通。

(2)恰当选择名义股东。对于企业股东而言,如能选择相关的具有股权关系或业务关系的公司作为代持股份的主体,则在避免重复缴纳企业所得税或降低税负方面会有更多的空间。

对于个人投资者而言,国家税务总局公告2014年第67号第13条规定:“符合下列条件之一的股权转让收入明显偏低,视为有正当理由……(二)继承或将股权转让给其能提供具有法律效力身份关系证明的配偶、父母、子女、祖父母、外祖父母、孙子女、外孙子女、兄弟姐妹以及对转让人承担直接抚养或者赡养义务的抚养人或者赡养人。”因此可以选择此范围内的个人作为名义股东,实现股权代持且避免股权归位带来的税收风险。

综上所述,华税建议纳税人重新审视股权代持的法律风险,并尽可能减少股权代持的交易架构。如果股权代持的交易安排确有必要,则名义股东、实际股东均应做好税收风险的应对准备,以避免潜在税收风险的发生。如果股权代持的交易安排确已发生,对于出现的涉税风险,则应与税务机关加强沟通,并且通过专业律师争取有利的税务处理,从而最大限度地维护自身的合法权益。

第四章

税收征管争议

纳税人不服《税务事项通知书》起诉被驳回案

【导读】

《税务事项通知书》作为用于对纳税人纳税事项进行告知的文书，是否会对纳税人的权利义务产生实际影响？纳税人是否可以对其提起法律救济程序？本案中，人民法院、纳税人和华税律师对这一问题持不同观点。

一、案情简介

（一）案件基本信息

案件类型：未按规定取得发票并在企业所得税前列支

涉案金额：税额 2,851,095.28 元

法律风险：补缴欠缴税款及滞纳金

（二）案件详情

2011 年 12 月 12 日，N 市 T 区国家税务局作出 T 国税稽处〔2011〕170 号税务处理决定书，决定追缴江苏 G 起重机械有限公司（以下简称 G 公司）2008 年度至 2010 年度企业所得税 2,851,095.28 元，并决定对该企业少缴企业所得税从滞纳之日起依法计算加收滞纳金。另外，T 区国家税务局一并作出 T 国税罚〔2011〕120 号税务行政处罚决定书，决定对 G 公司取得不符合规定发票的违法行为处罚款 5000 元。该处罚决定书与 T 国税稽处〔2011〕170 号税务处理决定书一并向 G 公司送达。

G 公司不服 T 国税稽处〔2011〕170 号税务处理决定书，向 N 市 T 区人民法院起诉。2013 年 4 月 3 日，N 市 T 区人民法院作出（2012）T 行初字第 0045 号行政判决书，判决驳回 G 公司的诉讼请求。G 公司不服，提起上诉。N 市中级人民法院作出（2013）T 中行终字第 0061 号行政判决书，判决驳回上诉，维持原判。G 公司不服二审判决而申请再审，N 市中级人民法院作出（2013）通中行监字第 0053 号行政裁定书，裁定驳回 G 公司的再审申请。

2014 年 9 月 24 日，T 区国家税务局作出 T 国税八 T〔2014〕34 – 36 号《税务事项通知书》，通知 G 公司在 2014 年 10 月 4 日前缴纳（解缴）2008 年度至 2010 年度应纳企业所得税税款共计 2,851,095.28 元，同时按规定缴纳自滞纳之日至缴款之

日的滞纳金。逾期不缴纳,按《税收征收管理法》有关规定处理。该通知中一并告知G公司,如对通知不服,可自收到通知之日起60日内依法向T区国家税务局申请行政复议,或者自收到通知之日起3个月内依法向人民法院起诉。同日,T区国家税务局作出国税八T〔2014〕37号税务事项通知书,通知G公司在2014年10月4日前缴纳(解缴)2007年1月1日至2010年12月31日应缴纳税务部门的其他罚没收入税款(小写)5000元,同时按规定缴纳自滞纳之日至交款之日的滞纳金。

G公司不服T区国家税务局作出的T国税八T〔2014〕34－36号《税务事项通知书》,向J省R县人民法院起诉撤销前述《税务事项通知书》。R县人民法院于2014年12月31日立案受理。

(三)各方观点

T区国家税务局认为:涉诉《税务事项通知书》系被告T区国家税务局在作出强制执行决定前的催告通知,原告G公司对涉诉通知书仅享有陈述和申辩的权利,而无权提起行政复议或行政诉讼。

R县人民法院认为:涉诉《税务事项通知书》未对原告G公司的权利义务产生实际影响,不属于法院行政诉讼的受案范围,驳回原告G公司的起诉。

G公司认为:涉诉《税务事项通知书》无事实和法律依据,请求法院撤销。

(四)争议焦点

1.涉诉《税务事项通知书》是否对原告G公司的权利义务产生实际影响,是否属于法律规定的可诉事项。

2.原告G公司是否因被告T区国家税务局告知其可就涉诉《税务事项通知书》提起诉讼而对该通知书享有诉权。

(五)争议解决

R县人民法院于2015年4月10日作出裁定,驳回G公司的起诉。

二、税务律师点评

(一)G公司对《税务事项通知书》享有诉诸法律救济的权利

1.本案中,《税务事项通知书》对纳税人的权利义务产生实际影响,属于行政诉讼的受案范围

《行政诉讼法》第12条、第13条及相关司法解释对行政诉讼案件的受案范围作出规定,其中最高人民法院《关于执行〈中华人民共和国行政诉讼法〉若干问题的解释》(法释〔2000〕8号)第1条第2款规定:"公民、法人或者其他组织对下列行

为不服提起诉讼的,不属于人民法院行政诉讼的受案范围……(六)对公民、法人或者其他组织权利义务不产生实际影响的行为。"[1]上述"对公民、法人或者其他组织权利义务不产生实际影响的行为"包括行政机关在行政系统内部所为的纯事实行为以及行政指导行为。

就本案而言,《税收征收管理法》第40条规定,税务机关具有行政强制执行权,可对未履行法定义务的纳税人、扣缴义务人、纳税担保人采取相应强制执行措施。据此,T区国家税务局作为税务机关对其作出的行政决定享有行政强制执行权,有权对行政相对人采取强制执行措施。另据《行政强制法》第34条、第35条的规定,行政机关依法作出行政决定后,当事人在行政机关决定的期限内不履行义务的,具有行政强制执行权的行政机关依法强制执行。行政机关作出强制执行决定前,应当事先书面催告当事人履行义务,T区国家税务局待其所作国税稽处〔2011〕170号税务处理决定书发生法律效力后,作出国税八T〔2014〕34-36号《税务事项通知书》,系根据《行政强制法》的要求,在作出强制执行决定前以涉诉《税务事项通知书》的形式催告原告G公司限期履行生效法律文书确定的义务。国税八T〔2014〕34-36号《税务事项通知书》对G公司的权利义务产生实际影响,不属于最高人民法院《关于执行〈中华人民共和国行政诉讼法〉若干问题的解释》第1条第2款第6项规定的"对公民、法人或者其他组织权利义务不产生实际影响的行为",属于行政诉讼的受理范围。

2. 根据国家税务总局《关于印发全国统一税收执法文书式样的通知》(国税发〔2005〕179号),T区国家税务局应在《税务事项通知书》中告知G公司其享有法律救济权利

国税发〔2005〕179号中统一了税务机关使用和管理税收执法文书的标准,其中《税务事项通知书》用于税务机关对纳税人、扣缴义务人通知有关税务事项。除法定的专用通知书外,税务机关在通知纳税人缴纳税款、滞纳金,要求当事人提供有关资料,办理有关涉税事项时均可使用此文书。

国税发〔2005〕179号文对于《税务事项通知书》的格式也作出了统一规定,在通知内容中,通知纳税人、扣缴义务人、纳税担保人缴纳税款、滞纳金的,应告知被通知人:如对通知不服,可自收到通知之日起60日内按照通知要求缴纳税款、滞纳金,然后依法向税务机关申请行政复议;其他通知事项需要告知被通知人申请行政

〔1〕 该文件已于2018年2月8日被最高人民法院《关于适用〈中华人民共和国行政诉讼法〉的解释》废止,相关规定参见后者第1条第2款第10项。

复议或者提起行政诉讼权利的,应告知被通知人。

本案中,T 区国家税务局向 G 公司作出国税八 T〔2014〕34 -36 号《税务事项通知书》,要求其缴纳(解缴)2008 年度至 2010 年度应纳企业所得税税款及滞纳金,按照国税发〔2005〕179 号文的相关规定,T 区国家税务局应当告知纳税人其享有法律救济权利。

3. 本案中,《税务事项通知书》已告知 G 公司享有法律救济权利,应保护 G 公司信赖利益

纳税人信赖利益就是指纳税人基于信赖国家现行的相关税务法律规定或税务机关税收征收行为的存续状态而作出相应的行为后,税务行政机关不得随意变更税务行政行为,由此给纳税人造成的损失应当承担赔偿责任。依据信赖利益保护原则,行政机关对自己的行为或承诺应诚实守信,不得随意变更。

本案中,G 公司根据《税务事项通知书》中告知的法律救济权利,向法院提起行政诉讼,纳税人基于此存在信赖利益,应予以保护。

(二)因诉讼标的已为生效判决的效力所羁束,法院可按照规定裁定驳回起诉

最高人民法院《关于执行〈中华人民共和国行政诉讼法〉若干问题的解释》第 44 条规定了应当裁定不予受理或者裁定驳回起诉的情形,其中第 1 款第 10 项为"诉讼标的为生效判决的效力所羁束的"。[1] 该规定是依据一事不再理原则,提高司法效率,对就诉讼标的已经作出生效判决的案件,应不予受理或者驳回起诉。

本案中,如前述分析,T 区国家税务局作出国税八 T〔2014〕34 -36 号《税务事项通知书》,系作出国税稽处〔2011〕170 号税务处理决定书发生法律效力后,其根据《行政强制法》的要求,在作出强制执行决定前以涉诉《税务事项通知书》的形式催告原告 G 公司限期履行生效法律文书确定的义务。而在 G 公司就国税八 T〔2014〕34 -36 号《税务事项通知书》提起行政诉讼前,其已就国税稽处〔2011〕170 号税务处理决定书提起行政诉讼,并且法院已经作出生效判决。因此对于 G 公司就国税八 T〔2014〕34 -36 号《税务事项通知书》提起行政诉讼,法院可依据最高人民法院《关于执行〈中华人民共和国行政诉讼法〉若干问题的解释》第 44 条第 1 款第 10 项的规定,认定其提起的诉讼属于诉讼标的为生效判决的效力所羁束,裁定驳回起诉。

---

〔1〕 该文件已于 2018 年 2 月 8 日被最高人民法院《关于适用〈中华人民共和国行政诉讼法〉的解释》废止,相关规定参见后者第 69 条第 1 款。

三、本案启示

华税律师认为，本案中的《税务事项通知书》影响纳税人的权利义务，属于行政诉讼受案范围；并且基于信赖利益保护，纳税人享有法律救济权利。但因该案诉讼标的已为生效判决的效力所羁束，法院可按照最高人民法院《关于执行〈中华人民共和国行政诉讼法〉若干问题的解释》第 44 条的相关规定裁定驳回起诉。

通常来说，《税务事项通知书》用于税务机关对纳税人、扣缴义务人通知有关税务事项，内容包括办理通知事项的时限、资料、地点、税款及滞纳金的数额、所属期等具体内容。纳税人是否可以对《税务事项通知书》提起法律救济不可一概而论。当《税务事项通知书》通知内容属于行政指导，不影响纳税人权利义务时，纳税人不享有法律救济权利；但当《税务事项通知书》影响纳税人权利义务时，纳税人享有法律救济权利。

* * *

【链接】

《税务事项通知书》未告知企业救济途径，法院判决撤销

前已述及，当《税务事项通知书》的内容影响纳税人的权利义务时，纳税人享有法律救济的权利。下面以一则因税务局出具的《税务事项通知书》未告知企业享有的权利及救济途径而被法院确认程序违法撤销税案为例，向读者解析《税务事项通知书》的使用范围，并提出企业收到《税务事项通知书》后的权利救济建议。

一、基本案情

2016 年 9 月 7 日，张家口市国家税务局第三稽查局向张家口市秦同实业有限责任公司（以下简称秦同实业公司）（原告）下达了《税务事项通知书》（张国税稽通字〔2016〕15 号），以秦同实业公司取得的由天津津旅物贸实业有限公司开具的 18 份增值税发票涉嫌虚开，已抵扣税款 2,906,022.14 元为由，依据《税收征收管理法》第 38 条的规定，通知秦同实业公司在接到该通知书 15 日内到宣化区国税局办税服务厅预缴该笔税款，逾期不缴纳将按照《税收征收管理法》第 40 条的规定采取强制措施。秦同实业公司以原告是合法经营的公司法人，不存在虚开或者利用虚开增值税发票抵扣税款的情形，且被告作为执法机关，以通知的形式要求原告预缴巨额税款，不告知其享有的行政复议和诉讼权利的行为明显违法为由，向法院提起了行政诉讼，请求法院依法撤销《税务事项通知书》（张国税稽通字〔2016〕15 号）。

张家口市国家税务局辩称,该通知书不属于行政诉讼受案范围通知类文书,仅是告知原告方依法履行缴纳税款义务的催缴税款文书,该催告行为并不增加或减损原告的权利义务,对其没有实际影响。原告抵扣税款的行为是违法的,应依法缴纳税款。请求法院驳回原告的诉讼请求。

一审法院经审理后认为,本案被告以《税务事项通知书》(张国税稽通字〔2016〕15 号)通知原告在接到该通知书 15 日内到宣化区国税局办税服务厅预缴税款 2,906,022.14 元,逾期不缴纳将按照《税收征收管理法》第 40 条的规定采取强制措施,且未明确告知原告方享有的权利及救济途径,此行为对于原告确实产生实际影响,属人民法院受案范围,且程序违法,应予撤销。故判决撤销张家口市国家税务局《税务事项通知书》(张国税稽通字〔2016〕15 号)。

二、华税观点

(一)《税务事项通知书》的使用范围及要求

2005 年 11 月,国家税务总局发布了国税发〔2005〕179 号文,对税收执法文书式样进行统一的规范,就税收执法文书如何合法、准确、规范地使用作出了要求,并且规定税务机关要充分认识税收执法文书的重要性,严格按照规定的权限及程序使用和管理税收执法文书。国税发〔2005〕179 号文的附件 1《全国统一税收执法文书式样》对《税务事项通知书》的使用作出了具体的说明:"……2. 适用范围:税务机关对纳税人、扣缴义务人通知有关税务事项时使用。除法定的专用通知书外,税务机关在通知纳税人缴纳税款、滞纳金,要求当事人提供有关资料,办理有关涉税事项时均可使用此文书。……4. 通知内容:填写办理通知事项的时限、资料、地点、税款及滞纳金的数额、所属期等具体内容。通知纳税人、扣缴义务人、纳税担保人缴纳税款、滞纳金的,应告知被通知人:如对本通知不服,可自收到本通知之日起六十日内按照本通知要求缴纳税款、滞纳金,然后依法向税务机关申请行政复议;其他通知事项需要告知被通知人申请行政复议或者提起行政诉讼权利的,应告知被通知人:如对本通知不服,可自收到本通知之日起六十日内依法向税务机关申请行政复议,或者自收到本通知之日起三个月内依法向人民法院起诉。告知税务行政复议的,应写明税务复议机关名称。"

本案中,张家口市国家税务局第三稽查局使用《税务事项通知书》通知企业缴纳税款,但因未告知法律救济权利及救济途径程序违法而导致本案的发生。

(二)本案税务机关应告知企业救济途径

国税发〔2005〕179 号文对《税务事项通知书》的使用说明,要求税务机关在"通知内容"栏中应填写办理通知事项的时限、资料、地点、税款及滞纳金的数额、所属期等具体内容。通知纳税人、扣缴义务人、纳税担保人缴纳税款、滞纳金的,应告知被通知人相应的行政复议救济权利。也就是说,应当列明原告享有的法律救济权利和救济途径。本案中,被告下达的《税务事项通知书》(张国税稽通字〔2016〕15号)并未载明此项法律救济权利及救济途径,法院认定其程序违法。

新《行政诉讼法》实施以来,许多案例被法院认定属于违反法定程序、应当予以撤销的范畴。本案就属其中之一。本案中《税务事项通知书》(张国税稽通字〔2016〕15号)形式上不符合法律规定,法院对其合法性也不予认可。

在此需要说明的是,国税发〔2005〕179号文实施的时间为2006年,当时依据的是1989年《行政诉讼法》,1989年《行政诉讼法》第39条规定:"公民、法人或者其他组织直接向人民法院提起诉讼的,应当在知道作出具体行政行为之日起三个月内提出。法律另有规定的除外。"2014年,《行政诉讼法》进行了修正,第46条第1款规定:"公民、法人或者其他组织直接向人民法院提起诉讼的,应当自知道或者应当知道作出行政行为之日起六个月内提出。法律另有规定的除外。"也就是说,按照2014年修正后的《行政诉讼法》的规定,自2015年5月1日起向法院提起行政诉讼的诉讼时效是6个月。"五指山剑英杰土建工程有限公司与海南省五指山市地方税务局第四税务分局一审行政案"中,因海南省五指山市地方税务局第四税务分局在《税务事项通知书》中将行政诉讼起诉期限6个月错误地告知为3个月,被法院认为告知诉权内容错误,认定程序违法。税务机关应谨防此类程序违法的执法风险。

(三)《税务事项通知书》对纳税人权利义务产生实际影响,应属行政诉讼受案范围

最高人民法院《关于适用〈中华人民共和国行政诉讼法〉的解释》第1条第2款第10项规定,对公民、法人或者其他组织权利义务不产生实际影响的行为不属于人民法院行政诉讼的受案范围。本案中,被告方以《税务事项通知书》(张国税稽通字〔2016〕15号)通知原告在接到该通知书15日内到宣化区国税局办税服务厅预缴税款2,906,022.14元,逾期不缴纳将按照《税收征收管理法》第40条的规定采取强制措施,但未明确告知原告方享有的权利及救济途径,此行为对于原告方权利义务已产生实际影响,法院的判决对此也持相同观点。《税务事项通知书》是否可诉,要具体根据通知事项是否对纳税人的权利义务产生实际影响进行判断。当《税务事项通知书》的通知内容属于行政指导,不影响纳税人权利义务时,纳税人

不享有法律救济权利；但当《税务事项通知书》影响纳税人权利义务时，纳税人享有法律救济权利。纳税人收到税务机关的执法文书，应有核查和权利救济的意识，避免企业遭受不必要的损失。

如果《税务事项通知书》中未告知涉税当事人可以通过复议或诉讼进行权利救济的相关内容，根据最高人民法院《关于适用〈中华人民共和国行政诉讼法〉的解释》第 64 条第 1 款的规定："行政机关作出行政行为时，未告知公民、法人或者其他组织起诉期限的，起诉期限从公民、法人或者其他组织知道或者应当知道起诉期限之日起计算，但从知道或者应当知道行政行为内容之日起最长不得超过一年。"也就是说，即使税务机关没有告知涉税当事人权利救济的途径，涉税当事人从知道或者应当知道行政行为内容之日起，有最长 1 年的诉讼期。

企业逾期清税致行政复议申请权丧失争议案

【导读】

《行政复议法》第9条规定,公民、法人或者其他组织认为具体行政行为侵犯其合法权益的,可以自知道该具体行政行为之日起60日内提出行政复议申请。而根据《税收征收管理法》第88条的规定,纳税人同税务机关在纳税上发生争议时,必须先依照税务机关的纳税决定缴纳或者解缴税款及滞纳金或者提供相应的担保,然后可以依法申请行政复议,即纳税人就纳税争议提请行政复议必须满足解缴税款、滞纳金或提供担保的前置条件。因此,税收征管实践中往往存在行政复议法与税收征管法关于复议权规定的衔接争议,例如,复议期间的起算与纳税人超过税务机关规定期限缴清税款,是否必然丧失复议权等问题。在本节分析的案例中,税务机关因纳税人逾期缴纳税款,对其行政复议申请不予受理,引发了争议。

一、案情简介

(一)案件基本信息

案件类型:行政复议不予受理争议案

涉案金额:税款753万元

法律风险:丧失行政复议权

(二)案件详情

A房地产开发有限公司(以下简称A公司)成立于2016年2月,注册资本2100万元,注册地位于X市,经营范围系房地产开发。

2014年4月11日至6月27日,X市地方税务局稽查局对A公司2004年至2013年度履行纳税义务及扣缴义务情况进行了检查。2014年7月16日,X市地方税务局稽查局对A公司作出了《税务处理决定书》,认定A公司应补缴税款共计753万余元,并告知:"限你单位自收到本决定书之日起15日内到X市地方税务局将上述扣缴纳税款缴纳入库,逾期未缴清的,将依照《税收征收管理法》第四十条规定强制执行。""你单位若同我局在纳税上有争议,必须先依照本决定的期限缴纳税款及滞纳金或者提供相应的担保,然后可自上述款项缴清或者提供相应担保被税务机关确认之日起60日内向X市地方税务局或X市人民政府申请行政复议。"

2014年7月18日,X市地方税务局稽查局将该《税务处理决定书》送达A公司。2014年8月8日,A公司缴纳了部分税款及滞纳金。2014年8月13日,X市地方税务局稽查局向A公司作出并送达《税务事项通知书》,责令A公司限期缴纳剩余税款及滞纳金。A公司于2014年8月15日、22日、28日、29日分四次缴纳了全部的税款及滞纳金。

A公司不服X市地方税务局稽查局作出的《税务处理决定书》,于2014年9月11日向X市地方税务局提起行政复议。2014年9月16日,X市地方税务局作出《不予受理行政复议申请决定书》,认为A公司未在规定期限内缴纳税款和滞纳金,而是逾期后才将税款、滞纳金缴纳完毕,遂决定不予受理。

A公司不服X市地方税务局作出的不予受理复议决定,向X市某区人民法院提起诉讼,请求法院判决撤销X市地方税务局作出的不予受理复议决定。

(三)各方观点

A公司认为:(1)自A公司收到X市地方税务局稽查局作出的《税务处理决定书》后,由于短时间内无法筹集相应资金,已经尽了最大努力在可能的最快时间之内筹集资金并全数缴纳了税款和滞纳金,根据我国《税收征收管理法》的规定已经依法满足了复议前置的条件;(2)A公司收到处理决定的时间是2014年7月18日,根据我国《行政复议法》的规定,A公司提请行政复议申请的截止日期应当是2014年9月18日,而A公司是在2014年9月11日向X市地方税务局作出的复议申请,没有超过期限;(3)X市地方税务局以A公司逾期缴纳税款、滞纳金为由剥夺纳税救济复议权没有法律依据。

X市地方税务局认为:根据《税务行政复议规则》第33条第2款的规定,“申请人按照前款规定申请行政复议的,必须依照税务机关根据法律、法规确定的税额、期限,先行缴纳或者解缴税款和滞纳金,或者提供相应的担保,才可以在缴清税款和滞纳金以后或者所提供的担保得到作出具体行政行为的税务机关确认之日起60日内提出行政复议申请”,A公司只是按照《税务处理决定书》所确定的金额解缴了税款和滞纳金,但并没有按照《税务处理决定书》中规定的时限解缴税款,并没有满足取得复议权的条件。

X市某区人民法院经审理认为:(1)根据《行政复议法》第9条的规定,公民、法人或者其他组织认为具体行政行为侵犯其合法权益的,可以自知道该具体行政行为之日起60日内提起行政复议申请,但法律规定的申请期限超过60日的除外。本案原告申请行政复议是在其收到税务处理决定之日起第55日提起的复议申请,被告应予受理。(2)税务机关没有在税务处理决定中告知如不依照税务机关的纳税决定期限缴纳税款即丧失复议权的后果,应有的权利义务和责任没有完全告知纳税人,不符合法律救济的原则。(3)原告虽然逾期缴纳税款和滞纳金,但仍是在复议法规定的60日内提起的复议申请,被告作出的不予受理决定书适用法律不准确,对该决定书应予撤销。

(四)争议焦点

A公司逾期缴纳税款、滞纳金是否必然丧失税务行政复议权。

(五)争议解决

法院判决撤销X市地方税务局作出的《不予受理行政复议申请决定书》。

二、税务律师点评

(一)《税收征收管理法》的复议前置如何与《行政复议法》的复议权相衔接

1. 国家税务总局的现行"衔接方案"

《行政复议法》第9条第1款规定:"公民、法人或者其他组织认为具体行政行为侵犯其合法权益的,可以自知道该具体行政行为之日起六十日内提出行政复议申请;但是法律规定的申请期限超过六十日的除外。"据此规定,行政相对人提请行政复议的申请时限是60日,自知道具体行政行为之日起算,且其他法律只能够规定长于60日的时限,不能规定短于60日的时限。

在纳税争议的行政复议案件中,我国《税收征收管理法》规定了复议前置条件。《税收征收管理法》第88条第1款规定:"纳税人、扣缴义务人、纳税担保人同税务机关在纳税上发生争议时,必须先依照税务机关的纳税决定缴纳或者解缴税款及滞纳金或者提供相应的担保,然后可以依法申请行政复议;对行政复议决定不服的,可以依法向人民法院起诉。"根据此条规定,行政相对人就纳税争议取得复议权需要满足一个条件,即"依照税务机关的纳税决定缴纳或者解缴税款及滞纳金或者提供相应的担保"。由于税收征管法对复议前置条件的规定较为简单,没有很好地衔接《行政复议法》的规定,引发关于复议权取得、申请时限的计算等一系列问题。

国家税务总局出台的《税务行政复议规则》试图解决《税收征收管理法》与《行政复议法》在复议权的取得及申请时限的衔接问题。《税务行政复议规则》第33条第2款规定:"申请人按照前款规定申请行政复议的,必须依照税务机关根据法律、法规确定的税额、期限,先行缴纳或者解缴税款和滞纳金,或者提供相应的担保,才可以在缴清税款和滞纳金以后或者所提供的担保得到作出具体行政行为的税务机关确认之日起 60 日内提出行政复议申请。”

根据以上规定,可以清晰地看到国家税务总局在衔接《税收征收管理法》与《行政复议法》上的逻辑思路:首先,行政相对人取得纳税争议的复议权必须满足两个条件:(1)行政相对人依照税务机关根据法律、法规确定的税额、期限缴纳税款、滞纳金或提供相应的担保;(2)行政相对人解缴税款或提供担保的行为得到作出具体行政行为的税务机关的确认。其次,行政相对人就纳税争议提请行政复议的申请期限从税务机关确认税款解缴或提供担保之日起算。

2. 国家税务总局的衔接方案与《行政复议法》存在矛盾

根据《税务行政复议规则》第 33 条第 2 款的规定,国家税务总局把《税收征收管理法》第 88 条的复议前置条件予以具体化,尤其是将“税务机关的纳税决定”解读为“税务机关根据法律、法规确定的税额、期限”,这就要求行政相对人必须在一定期限之内全数解缴税款、滞纳金或提供担保;同时明确规定申请复议的时限从税务机关的确认之日起算。这种方案实际上是把复议的申请时限一分为二,即先缴税时限(通常为 15 日)和后申请时限(税务机关确认之日起 60 日),同时将后申请时限与复议权的取得建立必然的联系。

在这种具体制度设计下,如果行政相对人逾期缴纳税款的,则税务机关将可以直接否定行政相对人复议权的取得,以至于后申请时限将无法启动起算,行政相对人根本无法行使申请复议的权利。例如在本案中,X 市地方税务局认为,A 公司解缴税款超过了 X 市地方税务局稽查局要求的缴税时限,不能取得复议权,因此对其复议申请不予受理。

笔者认为,国家税务总局的这种衔接制度设计与《行政复议法》的具体规定和精神相矛盾,也没有《税收征收管理法》的依据支撑:首先,在作为案件中,行政相对人申请行政复议的起算时间是知道具体行政行为内容之日,《税务行政复议规则》却把申请时限的起算时间更改为税务机关确认之日,尽管这一规定看似合理,但却为税务机关剥夺行政相对人的复议权利理顺了思路。其次,《税收征收管理法》第 88 条仅从正面意义上规定了行政相对人取得复议权的条件,是积极条件,不是消极条件,从其立法本意看,目的是敦促行政相对人缴纳税款和滞纳金,不能得出行政相对人在逾期缴纳税款后不享有复议权的结论;而国家税务总局在《税务行政复议规则》中直接将缴税时限的条件解读为否定性的、禁止性的条件,违背了《税收征收管理法》的立法原意。最后,对于纳税争议案件,行政相对人取得复议权的法律根源是《行政复议法》和《税收征收管理法》,因此从根本上剥夺行政相对人复议权利的只能是《行政复议法》和《税收征收管理法》，只有《行政复议法》和《税收征收管理法》才可以明确规定不予受理复议案件的范围，国家税务总局出台的《税务行政复议规则》作为规章是无权剥夺行政相对人复议权的。由于《税收征收管理法》并没有明确规定行政相对人逾期缴税的情形属于法定的不予受理复议案件的事由，因此《税务行政复议规则》的规定超越了自身的立法范围，没有法律依据。

3. 复议权利应当如何衔接

尽管国家税务总局将申请时限“一分为二”的衔接模式存在一定问题，但对那些在缴税期限内缴纳税款的纳税人在起算申请时限时较为有利，因此从鼓励纳税人尽早解缴税款的角度出发，现有规定仍然可以继续沿用。

同时，不能因为纳税人逾期缴纳税款就彻底否定纳税人的复议权，因此，对于纳税人虽然已逾期但已经全数缴纳税款及滞纳金的，其复议申请的起算时间可以从其知道具体行政行为之日起算，只要其提请复议时没有超过申请时限，复议机关应当受理。

归根结底，关于《行政复议法》与《税收征收管理法》在复议权的适用问题上，《税收征收管理法》应当作出更为明确的规定。

（二）税务机关是否具有“逾期缴税将丧失复议权后果”的告知义务

本案中，法院提出的一项观点值得研讨。法院认为，如果税务机关以纳税人逾期缴纳税款为由剥夺其复议权利，则税务机关应当在作出税务处理决定时向纳税人履行告知义务。法院之所以认为 X 市地方税务局稽查局在本案中没有履行告知义务，是因为 X 市地方税务局稽查局所作出的《税务处理决定书》在最后部分的两段内容中只告知了缴税期限和复议申请期限的起算时间等内容，没有直接具体地告知相对人如逾期缴税将丧失复议权。

针对法院的这一观点，可能有的税务机关会认为，《税务处理决定书》是全国税务机关统一的制式文书，国家在制定制式文书的同时已考虑到了纳税人相关权利与义务的告知，如果推翻该制式文书，将会给整个税收执法带来不良影响。

笔者通过考察发现，国家税务总局在 2008 年 2 月 29 日发布《关于修订“税务处理决定书”式样的通知》（国税函〔2008〕215 号），在规定的税务处理决定书（式样）中的最后内容系：

“限你（单位）自收到本决定书之日起____日内到____________将上述税款及滞纳金缴纳入库，并按照规定进行相关账务调整。逾期未缴清的，将依照《中华人民共和国税收征收管理法》第四十条规定强制执行。

你(单位)若同我局(所)在纳税上有争议,必须先依照本决定的期限缴纳税款及滞纳金或者提供相应的担保,然后可自上述款项缴清或者提供相应担保被税务机关确认之日起六十日内依法向____________申请行政复议。"

可以看到,在全国通行的此版税务处理决定书中,提到了关于纳税人逾期未缴清税款的后果,即可能引发被强制执行,但却没有明确提到如果纳税人逾期未缴清税款、滞纳金的,将丧失复议权利的后果。因此,笔者认为,从行政法正当程序原则和行政机关履行告知义务的角度看,本案中法院所提出的观点应当值得肯定。国家税务总局出台的税务处理决定书统一式样有必要进行调整和修改,明确告知行政相对人关于逾期未缴清税款的后果。

三、本案启示

在纳税争议案件中,纳税人逾期未缴清税款并不直接产生丧失复议救济权的后果,如果纳税人超过税务机关规定的期限但仍然能够缴清税款、滞纳金,且其提请复议没有超过申请时限的,复议机关应当予以受理。

作为同一位阶的法律,《税收征收管理法》应当与《行政复议法》保持一致,其立法宗旨之一,亦应当是保护行政相对人/纳税义务人的合法权利。因此,在《税收征收管理法》对复议事项作出特别规定时,应当与《行政复议法》的立法精神保持一致,在对《税收征收管理法》与《行政复议法》的差异进行解释时,亦应当作出有利于纳税义务人的解释。可以预见,《税收征收管理法》在未来修订时,势必将复议前置或诉讼前置的规定予以细化,以便更好地衔接《行政复议法》或《行政诉讼法》的规定,避免损害行政相对人的法律救济权利。

同时,纳税义务人也应当严格遵守法律,执行纳税前置的规定,尊重并且按照税务机关的要求,在其规定的期限内履行义务,避免争议的产生。

税务机关税收强制执行前未履行告知义务败诉案

【导读】

根据《税收征收管理法》的规定，税务机关有权对纳税人、扣缴义务人采取从银行存款账户中扣缴税款、拍卖、变卖所查封、扣押的财产抵缴税款等税收强制执行措施。但是，税务机关采取税收强制措施的，应当按照法律、法规规定的程序进行，并充分保障行政相对人陈述、申辩的权利。违反法定程序的税收强制执行措施应当依法予以撤销。本节所分享的案例即是税务机关在未履行告知义务的情况下直接对纳税人实施了税收强制执行措施，法院最终判决税务机关败诉的案例。

一、案情简介

(一)案件基本信息

案件类型:偷税

涉案金额:企业所得税384,526.82元

法律风险:补缴税款384,526.82元，并加收滞纳金

(二)案件详情

2014年12月31日至2015年2月4日，N省Y市国家税务局稽查局对Y市B物资有限公司(以下简称B公司)2007年度至2014年度的纳税情况进行了检查，并于2015年3月25日作出了《税务处理决定书》(Y国税稽处〔2015〕33号)。

B公司对该处理决定书不服申请行政复议。2015年7月15日，N省国家税务局作出复议决定，撤销了Y市国家税务局稽查局作出的《税务处理决定书》(Y国税稽处〔2015〕33号)，并责令Y市国家税务局稽查局在收到复议决定书之日起60日内重新作出具体行政行为。

2015年8月28日，Y市国家税务局稽查局作出《冻结存款决定书》(Y国税稽冻〔2015〕11号)，决定对B公司以前纳税期的税款采取税收保全措施，冻结了B公司在中国建设银行Y北门支行的存款73万元。

2015年9月9日，Y市国家税务局稽查局向A公司作出了《税务处理决定书》(Y国税稽处〔2015〕133号)，责令原告自收到该决定书之日起15日内到Y市X区北区国家税务局缴纳企业所得税384,526.82元，从滞纳税款之日起按日加收滞

纳税款万分之五的滞纳金。2015 年 9 月 21 日,Y 市国家税务局稽查局将该决定书留置送达 B 公司的法定代表人,并对送达事项进行了公证。

经 Y 市国家税务局局长审批,Y 市国家税务局稽查局于 2015 年 11 月 2 日向 B 公司的法定代表人送达了《税收强制执行决定书》(Y 国税强扣〔2015〕002 号),并于同日向 B 公司的开户银行北门支行送达了《扣缴税收款项通知书》(Y 国税扣通〔2015〕002 号),从该银行扣缴 B 公司被冻结账户资金的 600,848.94 元缴入国库。同时,Y 市国家税务局稽查局在当日扣缴完税款后向该银行送达了《解除冻结存款通知书》(Y 国税稽解冻通〔2015〕002 号),解除了对 B 公司存款账户资金的冻结。

B 公司不服 Y 市国家税务局稽查局作出的《税收强制执行决定书》以及其扣划 B 公司银行账户存款的扣缴行为,向 Y 市 J 区人民法院(以下简称一审法院)提起行政诉讼。一审法院以 Y 市国家税务局稽查局违反法定程序为由确认其作出的《税收强制执行决定书》违法。Y 市国家税务局稽查局不服一审判决,向 Y 市中级人民法院(以下简称二审法院)提起上诉。

(三)各方观点

Y 市国家税务局稽查局认为:本案的强制执行行为是诉讼保全查封,是基于对 B 公司违反相关法规的特殊背景所作出的,符合案件执法实际,不存在损害 B 公司合法权益的情形。并且,未履行催告程序及未向 B 公司送达《解除税收保全措施通知书》,未对其权利义务产生实质影响。前述两个情况均不属于否定行政强制执行措施合法性的内容。

B 公司认为:按照《行政强制法》的相关规定,Y 市国家税务局没有履行告知义务的行为违反法定程序,所作出的《税收强制执行决定书》违法。

一审法院认为:Y 市国家税务局稽查局在作出涉案强制执行决定前,未履行法定的书面催告程序,剥夺了 B 公司陈述和申辩的权利;Y 市国家税务局稽查局在解除涉案税收保全措施时,未向 B 公司送达《解除税收保全措施通知书》,违反法定程序。Y 市国家税务局稽查局作出的《税收强制执行决定书》违法。二审法院与一审法院观点相同。

(四)争议焦点

1. Y 市国家税务局稽查局作出的《税收强制执行决定书》是否合法。

2.《解除税收保全措施通知书》的作出是否违反法定程序。

(五)争议解决

二审法院认同一审法院的观点,最终判决驳回上诉,维持原判。

二、税务律师点评

(一)违反法定程序的税收执法行为应当依法予以撤销

《行政诉讼法》第70条规定:"行政行为有下列情形之一的,人民法院判决撤销或者部分撤销,并可以判决被告重新作出行政行为:(一)主要证据不足的;(二)适用法律、法规错误的;(三)违反法定程序的;(四)超越职权的;(五)滥用职权的;(六)明显不当的。"《行政复议法》第28条第1款第3项规定:"具体行政行为有下列情形之一的,决定撤销、变更或者确认该具体行政行为违法;决定撤销或者确认该具体行政行为违法的,可以责令被申请人在一定期限内重新作出具体行政行为:1.主要事实不清、证据不足的;2.适用依据错误的;3.违反法定程序的;4.超越或者滥用职权的;5.具体行政行为明显不当的。"

根据上述规定,税收执法行为的程序性事项是司法审查和复议审查的重要内容。税务机关在税收执法过程中违反法定程序的,其所作出的税收执法行为存在合法性缺陷,依法应予撤销。违反法定程序作为行政行为一项撤销之理由,主要是因为行政机关在行政执法过程中如果违反了法定程序,那么极有可能会侵害到行政相对人的合法权益,包括知情权、陈述、申辩、听证以及救济权等。为了充分保障行政相对人上述合法权益,就必须撤销违反法定程序的执法行为,以为行政相对人实施上述权利创造条件。

(二)Y市国家税务局稽查局作出《税收强制执行决定书》违反法定程序,侵害了当事人陈述、申辩的权利,依法应予撤销

《行政强制法》第35条规定:"行政机关作出强制执行决定前,应当事先催告当事人履行义务。催告应当以书面形式作出,并载明下列事项:(一)履行义务的期限;(二)履行义务的方式;(三)涉及金钱给付的,应当有明确的金额和给付方式;(四)当事人依法享有的陈述权和申辩权。"第36条规定:"当事人收到催告书后有权进行陈述和申辩。行政机关应当充分听取当事人的意见,对当事人提出的事实、理由和证据,应当进行记录、复核。当事人提出的事实、理由或者证据成立的,行政机关应当采纳。"第37条第1款规定:"经催告,当事人逾期仍不履行行政决定,且无正当理由的,行政机关可以作出强制执行决定。"

根据上述规定,行政机关不能直接向行政相对人作出强制执行决定,应当履行告知义务,并充分保障行政相对人行使陈述、申辩的权利。因此,行政机关向行政相对人作出强制执行决定的,必须同时满足以下三个条件:(1)行政机关向当事人作出了书面催告,并说明了履行义务的期限、方式和享有的陈述、申辩权利;(2)当

事人在催告期内行使陈述、申辩权利的，行政机关进行了复核；(3)催告期届满当事人仍不履行且无正当理由。

我国《税收征收管理法》也对税务机关行使强制执行权作出了类似规定。《税收征收管理法》第40条规定："从事生产、经营的纳税人、扣缴义务人未按照规定的期限缴纳或者解缴税款，纳税担保人未按照规定的期限缴纳所担保的税款，由税务机关责令限期缴纳，逾期仍未缴纳的，经县以上税务局（分局）局长批准，税务机关可以采取下列强制执行措施：……"根据此规定，税务机关应当先向纳税人作出责令限期缴纳通知，责令期满后纳税人仍不履行纳税义务的，税务机关才可以向纳税人实施强制执行措施。在本案中，Y市国家税务局稽查局在没有向B公司作出书面催告的情况下直接向B公司作出了税收强制执行决定，扣缴了B公司的银行存款，不仅没有给予B公司一定的催告期间，而且严重侵害了B公司陈述、申辩的权利，属于违反法定程序，依法应当予以撤销。

（三）Y市国家税务局稽查局未向B公司告知解除税收保全措施，违反法定程序

在本案中，Y市国家税务局稽查局的主要问题是在作出税收强制执行措施之前未履行告知义务，同时，Y市国家税务局稽查局在对B公司采取税收保全措施方面也存在违反法定程序的问题。

国家税务总局《关于印发〈税务稽查工作规程〉的通知》（国税发〔2009〕157号）第37条第1款规定："解除税收保全措施时，应当向纳税人送达《解除税收保全措施通知书》，告知其解除税收保全措施的时间、内容和依据，并通知其在限定时间内办理解除税收保全措施的有关事宜：（一）采取冻结存款措施的，应当向冻结存款的纳税人开户银行或者其他金融机构送达《解除冻结存款通知书》，解除冻结。（二）采取查封商品、货物或者其他财产措施的，应当解除查封并收回《查封商品、货物或者其他财产清单》。（三）采取扣押商品、货物或者其他财产的，应当予以返还并收回《扣押商品、货物或者其他财产专用收据》。"根据此规定，税务机关向纳税人实施了税收保全措施之后需要解除的，应当向纳税人送达《解除税收保全措施通知书》，并采取相应措施。

本案中，Y市国家税务局稽查局于2015年11月2日对B公司实施了税收强制执行后向银行出具了《解除冻结存款通知书》（〔2015〕002号），解除了对B公司银行账户的税收保全措施，但并没有对B公司作出《解除税收保全措施通知书》，没有依法履行对B公司的告知义务，也违反了法定程序。

三、本案启示

违反法定程序是税务机关税收执法行为可撤销的一项重要理由，我国的税收征管程序设定的目的主要有两个：一是约束和规范税务机关的税收执法行为，二是充分赋予和保障纳税人的知情权、参与权与救济权等合法权益。当税务机关的税收执法行为违反法定程序并严重侵害到纳税人的程序性合法权益的，其税收执法行为应当依法予以撤销。

建立和健全纳税人程序性权利的保障体系不仅在于对纳税人权利的保护，也是实现对税务机关权力制约和规范的重要举措，有利于扩大纳税人的公众参与权，是推动我国税收法治进程的动力。

税务机关税务行政处罚前未履行告知义务败诉案

【导读】

我国《行政处罚法》第 31 条规定，行政机关在作出行政处罚决定之前，应当告知当事人作出行政处罚决定的事实、理由及依据，并告知当事人依法享有的权利。据此规定，行政机关未向行政相对人履行告知义务便作出的处罚决定属于无效行政行为，自始不发生行政行为的效力。在本节分享的案例中，税务机关将处罚事项告知书和处罚决定书在同一时间向纳税人送达，尽管处罚事项告知书中记载了纳税人的权利以及处罚的事实、理由和依据，但纳税人根本无法行使其陈述、申辩、申请听证的权利，事实上税务机关并未合法履行其告知义务，法院最终判决税务机关的处罚决定无效，税务机关败诉。本节希望通过案例分析的方式向税务机关和广大纳税人展现程序正义在税收征管过程中的重要性以及对纳税人程序权利保护的必要性。

一、案情简介

(一)案件基本信息

案件类型：偷税

涉案金额：企业所得税 270,325 元

法律风险：补缴税款 270,325 元；认定为偷税，并处偷税款 0.5 倍的罚款，计 135,162.5 元

(二)案件详情

J 公司住所地位于 H 市 X 区，系当地的房地产开发企业。2010 年，J 公司在成本列支中入账了两张由 L 公司开具的编号为 4476 号金额 59.5 万元及编号为 9561 号金额 48 万元的增值税普通发票。2011 年，J 公司在成本列支中入账了一张由 Y 商店开具的编号为 6023 号金额 49 万元的发票。

2014 年 H 市 X 区地方税务局调取了 J 公司 2010 年 1 月 1 日至 2011 年 12 月 31 日的账簿、记账凭证、报表和其他有关资料到税务机关，并进行了涉税情况检查。2015 年 12 月 30 日，X 区地方税务局对 J 公司作出了 2015 年第 6 号《税务行政处罚事项告知书》，认定 J 公司在 2010 年、2011 年取得的编号为4476 号、9561

号、6023 号三张增值税普通发票为虚假发票，并在成本中进行了虚假列支，致使 J 公司在 2011 年至 2012 年度少缴企业所得税 270,325 元，构成偷税，拟对 J 公司少缴税款处以 0.5 倍罚款，即 135,162.5 元。

2016 年 1 月 4 日，X 区地方税务局通知 J 公司到税务局领取上述处罚事项告知书，J 公司的副总经理孟某到达税务机关后以领导未授权签字为由，拒绝在送达回证上签字。2016 年 1 月 8 日，X 区地方税务局对 J 公司作出了 2015 年第 5 号《税务行政处罚决定书》。同日，X 区地方税务局工作人员到达 J 公司办公场所当场送达了 2015 年第 6 号《税务行政处罚事项告知书》以及 2015 年第 5 号《税务行政处罚决定书》。J 公司的法定代表人在两份文书的送达回证上均签了字。

J 公司不服 X 区地方税务局作出的税务行政处罚决定，向 H 市 X 区人民法院提起行政诉讼。2016 年 2 月 23 日，X 区人民法院受理本案，并于 2016 年 7 月 22 日公开开庭进行了审理。

（三）各方观点

税务机关认为：首先，处罚事项告知书中明确记载了当事人有陈述、申辩和申请听证的权利，并且详细记载了 J 公司的违法事实、拟作出的处罚决定和理由、依据，并未侵害 J 公司的合法权利；其次，2016 年 1 月 4 日尽管 J 公司的孟某拒绝签字，但事实上已经发生了送达的效果，2016 年 1 月 8 日 J 公司的负责人对处罚事项告知书的送达签字应当视为是对 2016 年 1 月 4 日的送达补签。因此，处罚事项告知书和处罚决定书并非在同一天送达。

J 公司认为：由于 2016 年 1 月 4 日 J 公司的副总经理孟某并未取得公司负责人的授权签收处罚事项告知书，因此该告知书并未产生送达的效果；2016 年 1 月 8 日 X 区地方税务局同时将处罚事项告知书和处罚决定书向 J 公司进行了送达，导致 J 公司在事实上无法行使陈述、申辩以及申请听证的权利。

X 区人民法院认为：X 区地方税务局未提交证明 2016 年 1 月 4 日为 J 公司送达告知书的程序合法的证据，即有见证人签名并记载受送达人拒收事由和日期的送达回证以及拍照、录像等证据。因此，该告知书在 2016 年 1 月 4 日送达程序不成立。对于 X 区地方税务局称 2016 年 1 月 8 日 J 公司的负责人对税务行政处罚事项告知书的送达签字是 2016 年 1 月 4 日送达程序的补签，我国法律没有补签的相关规定，法院对这一观点不予支持。J 公司负责人在同一天收到处罚告知书和决定书，说明 X 区地方税务局未给予 J 公司充分行使陈述、申辩及要求听证的权利，违反法定程序，所作被诉行政处罚决定无效。

(四)争议焦点

1. 2016 年 1 月 4 日 X 区地方税务局对 J 公司是否完成了 2015 年第 6 号《税务行政处罚事项告知书》的送达。

2. 2016 年 1 月 8 日 X 区地方税务局对 J 公司送达的 2015 年第 5 号《税务行政处罚决定书》是否侵害了 J 公司的陈述、申辩权利。

(五)争议解决

X 区人民法院作出判决,确认 X 区地方税务局于 2016 年 1 月 8 日作出的 2015 年第 5 号《税务行政处罚决定书》无效。

二、税务律师点评

(一)受送达人拒绝签收文书的,仅在满足法定条件下方构成送达

根据《税收征收管理法实施细则》第 101 条的规定,如果税务文书的受送达人是法人,签收人应当是该法人的法定代表人、财务负责人、负责收件的人或其代理人。上述签收人如果拒绝签收税务文书,则送达程序不成立。但为了提高文书送达效率,《税收征收管理法实施细则》第 103 条规定:"受送达人或者本细则规定的其他签收人拒绝签收税务文书的,送达人应当在送达回证上记明拒收理由和日期,并由送达人和见证人签名或者盖章,将税务文书留在受送达人处,即视为送达。"根据此规定,受送达人拒绝签收文书的,在满足一定的程序性条件和要求的情况下,法律拟制为送达成立。

而在本案中,2016 年 1 月 4 日 J 公司的代表孟某当场拒绝了签收处罚事项告知书,而 X 区地方税务局却并没有在送达回证上记载拒收理由和日期,也没有请相关见证人进行见证,同时,送达事项是在 X 区地方税务局发生不是在受送达人处发生,X 区地方税务局也无法将处罚事项告知书留在受送达人处,导致 X 区地方税务局不符合法律拟制的送达成立条件。

(二)税务机关作出处罚决定应当符合法定的程序性要件

税务机关拟对纳税人作出税务行政处罚的,必须满足法定程序性要件,包括向纳税人作出并送达《税务行政处罚事项告知书》,书面告知有关内容,为纳税人行使陈述、申辩、申请听证的权利提供保障性条件等。如国家税务总局《关于印发〈税务稽查工作规程〉的通知》(国税发〔2009〕157 号)第 51 条规定:"拟对被查对象或者其他涉税当事人作出税务行政处罚的,向其送达《税务行政处罚事项告知书》,告知其依法享有陈述、申辩及要求听证的权利。《税务行政处罚事项告知书》应当包括

以下内容:(一)认定的税收违法事实和性质;(二)适用的法律、行政法规、规章及其他规范性文件;(三)拟作出的税务行政处罚;(四)当事人依法享有的权利;(五)告知书的文号、制作日期、税务机关名称及印章;(六)其他相关事项。”第52条规定:“对被查对象或者其他涉税当事人的陈述、申辩意见,审理人员应当认真对待,提出判断意见。对当事人口头陈述、申辩意见,审理人员应当制作《陈述申辩笔录》,如实记录,由陈述人、申辩人签章。”第53条第1款规定:“被查对象或者其他涉税当事人要求听证的,应当依法组织听证。”

根据上述规定,税务机关向纳税人作出处罚决定的,应当先向纳税人作出并送达处罚事项告知书,不能在未向纳税人送达处罚事项告知书的情况下直接向纳税人作出并送达处罚决定书,也不能向纳税人同时作出并送达处罚事项告知书和处罚决定书。而在本案中,X区地方税务局在2016年1月8日同时向J公司送达了处罚事项告知书和处罚决定书,明显违反了法定程序。

(三)税务机关应当充分保障纳税人的陈述、申辩和申请听证的权利

《行政处罚法》第31条规定:“行政机关在作出行政处罚决定之前,应当告知当事人作出行政处罚决定的事实、理由及依据,并告知当事人依法享有的权利。”第41条规定:“行政机关及其执法人员在作出行政处罚决定之前,不依照本法第三十一条、第三十二条的规定向当事人告知给予行政处罚的事实、理由和依据,或者拒绝听取当事人的陈述、申辩,行政处罚决定不能成立;当事人放弃陈述或者申辩权利的除外。”根据此规定,行政机关在向行政相对人作出处罚决定之前,必须满足依法履行告知义务并保障行政相对人陈述、申辩权利的条件,否则处罚行为不能成立。

在本案中,X区地方税务局在同一日向J公司送达处罚事项告知书和处罚决定书的行为使J公司没有合理的时间行使陈述、申辩和申请听证的权利,X区地方税务局没有充分保障J公司的合法权益,因此根据《行政处罚法》第41条的规定,X区地方税务局所作出的处罚决定书不能成立。最高人民法院《关于执行〈中华人民共和国行政诉讼法〉若干问题的解释》(法释〔2000〕8号)[1]第57条第2款规定:“有下列情形之一的,人民法院应当作出确认被诉具体行政行为违法或者无效的判决:(一)被告不履行法定职责,但判决责令其履行法定职责已无实际意义的;(二)被诉具体行政行为违法,但不具有可撤销内容的;(三)被诉具体行政行为依

〔1〕 该文件已于2018年2月8日被最高人民法院《关于适用〈中华人民共和国行政诉讼法〉的解释》(法释〔2018〕1号)废止。

法不成立或者无效的。”因此,法院最终判决确认被诉处罚决定无效。

三、本案启示

税收征管过程中的法定程序是保护纳税人基本权利的重要保障,如果税收征管程序在制度设计以及实际操作中有诸多的不合理,无疑是对纳税人权利的“合法掠夺”。依照税法的规定,税务机关作出的税务文书必须完成送达后才对纳税人生效,送达方式和程序违反法律法规规定的,送达不能成立,对应的税务文书也不发生法律效力。税务机关向纳税人作出处罚决定之前应当履行告知义务并充分保障纳税人陈述、申辩和申请听证的权利,否则其作出的处罚决定不能成立。

企业突破“先缴税后复议再诉讼”程序规则争议案

【导读】

《城镇土地使用税暂行条例》第2条规定，在城市、县城、建制镇、工矿区范围内使用土地的单位和个人，为城镇土地使用税的纳税人。国家税务总局有关税收文件中界定“使用土地”的纳税人包括拥有土地使用权人和土地的实际使用人两类。本案中，征纳双方就纳税主体问题上发生了争议，而税务机关认定企业负有纳税义务的根据，是在尚未进行土地使用权登记的情况下，企业提前将土地使用权入账。同时，本案之判决延伸出了税法与其他部门法之间应该具有何种法律适用逻辑关系的重要问题，也为纳税争议“先缴税后复议再诉讼”的程序规则的突破提供了路径指导。

一、案情简介

（一）案件基本信息

案件类型：城镇土地使用税纳税义务主体确定争议

涉案金额：税款116万元

法律风险：提前将土地使用权入账可能被要求缴纳城镇土地使用税

（二）案件详情

2010年12月，M人民政府根据N省人民政府《关于H集团有限公司土地置换的批复》（函〔2010〕126号），将H集团有限公司（以下简称H集团）5000亩土地作价20.91亿元注入B农村信用社等13家农村信用社，并按照N省政府安排的时间节点要求于2010年12月29日先行制作土地使用权证，其中B农村信用社名下土地使用权面积564.61亩，土地证号××××。

由于B农村信用社与H集团之间的土地划转协议未兑现，H集团未向B农村信用社实际交付土地，土地收回、注销及土地用途变更手续均未办理完毕，不动产登记簿所载产权人仍为H集团。因此，M县国土局未对B农村信用社进行土地登记簿登记，并未向其发放土地使用权证。但是，由于B农村信用社已将受划拨的涉案土地进行了入账处理，因此自2011年至2014年，B农村信用社按照N省人民政府《关于印发N省支持农村信用社改革发展的若干意见》向M县地方税务局申请免交涉案土地的城镇土地使用税。

2015 年,M 县地方税务局第一分局认为涉案土地的城镇土地使用税免交期限已经届满,B 农村信用社未按照规定申报纳税,于 2015 年 5 月 19 日向 B 农村信用社作出《责令限期改正通知书》(M 地税限改〔2015〕78 号),限 B 农村信用社于 2015 年 5 月 22 日前予以改正。

由于期限届满,B 农村信用社未申报纳税,M 县地方税务局第一分局向 B 农村信用社作出《限期缴纳税款通知书》(M 地税限缴〔2015〕14 号),要求 B 农村信用社于 2015 年 6 月 12 日前到办税服务大厅缴纳 2015 年上半年涉案土地的城镇土地使用税及滞纳金。B 农村信用社未遵照上述文书申报纳税。

2015 年 6 月 18 日,M 县地方税务局第一分局向 B 农村信用社作出《强制执行催告书》(M 地税一分局催告〔2015〕10 号),要求 B 农村信用社自收到催告书之日起 5 日内缴纳税款 1,129,225.65 元及相应滞纳金,逾期则采取强制执行措施。B 农村信用社仍未遵照上述文书缴纳税款。

2015 年 6 月 24 日,M 县地方税务局向 B 农村信用社作出《税收强制执行决定书》(M 地税强扣〔2015〕2 号),强制扣划 B 农村信用社税款 1,129,225.65 元及滞纳金 31,053.71 元。

B 农村信用社不服 M 县地方税务局及其第一分局的上述税收执法行为,向 M 县人民法院提起行政诉讼。一审法院经审理认为两被告作出的被诉《责令限期改正通知书》《限期缴纳税款通知书》《强制执行催告书》《税收强制执行决定书》主要证据不足,适用法律错误,依法判决全部撤销。

M 县地方税务局及其第一分局不服一审判决,向 N 省第二中级人民法院提起上诉。

(三)各方观点

1. M 县地方税务局、M 县地方税务局第一分局认为:

(1)法院审理与判决程序违法。

①违反了纳税争议“先缴税后复议再诉讼”的法定程序。M 县地方税务局及其第一分局认为,根据《税收征收管理法》第 88 条的规定,本案 B 农村信用社不服对其作出的《强制执行催告书》《限期缴纳税款通知书》,在性质上属于纳税争议,B 农村信用社必须先缴纳税款及滞纳金后方可先行提起行政复议,对复议仍不服的才能提起行政诉讼。然而,B 农村信用社既没有依法缴纳税款及滞纳金,也没有提起行政复议,法院便对本案的纳税争议进行了司法审查并判决撤销,属于程序

违法。

②超越审判权限。本案审理的应是税收强制征收行政行为的合法性，而非审理政府颁发土地使用权证行政行为的合法性，而法院在审理本案及所作出的判决内容上看明显是在审查××××号土地证的合法性，超越了本案审判职权。

（2）B 农村信用社依法构成涉案土地的城镇土地使用税纳税人。

①B 农村信用社构成涉案土地的实际使用人。在本案中，自 2011 年至 2014 年 B 农村信用社享受了针对涉案土地的土地使用税的免税优惠待遇。同时，根据琼府函〔2010〕126 号文以及根据 0182 号土地证，涉案土地被注入 B 农村信用社，使其资产增加，并达到了央行票据兑付条件，其金融许可证得以延续，这足以证明 B 农村信用社已经是涉案土地的实际使用人并获得了相应的权益。

②B 农村信用社构成涉案土地的土地使用权人。M 县国土局已经将涉案土地的土地证××××号制作完毕，所载土地使用权人即为 B 农村信用社。至于涉案土地的登记过程手续是否存在瑕疵，是国土部门内部程序的问题，可由国土部门按规程完善，但不影响实质上的登记行为已经完成，故涉案土地使用权之不动产物权的设立已经发生效力。

尽管涉案土地的不动产登记簿所载产权人仍为 H 集团，但根据琼府函〔2010〕126 号文以及根据××××号土地证获得央行票据兑付等事实可以证明“不动产登记簿确有错误”，故涉案土地的权属应当以××××号土地证记载的事项为准。

③B 农村信用社依法构成纳税人。国家税务总局《关于未办理土地使用权证转让土地有关税收问题的批复》（国税函〔2007〕645 号）规定：“土地使用者转让、抵押或置换土地，无论其是否取得了该土地的使用权属证书，无论其在转让、抵押或置换土地过程中是否与对方当事人办理了土地使用权属证书变更登记手续，只要土地使用者享有占有、使用、收益或处分该土地的权利，且有合同等证据表明其实质转让、抵押或置换了土地并取得了相应的经济利益，土地使用者及其对方当事人应当依照税法规定缴纳营业税、土地增值税和契税等相关税收。”根据此规定，城镇土地使用税的纳税人是土地使用权人，也包括土地的实际使用人。因此，B 农村信用社系涉案土地的城镇土地使用税纳税人。

2. B 农村信用社认为：

（1）法院审理与判决程序合法。

M 县地方税务局作出的被诉《税收强制执行决定书》，是针对 M 县地方税务局第一分局的被诉《责令限期改正通知书》《限期缴纳税款通知书》《强制执行催告书》等行政决定作出的,只因 M 县地方税务局第一分局无强制执行权限,继而由 M 县地方税务局作出。对已进入行政强制执行阶段的税收征收行为,强制执行行为已将被诉《责令限期改正通知书》《限期缴款通知书》《强制执行催告书》等行为一并吸收,所以法院的审理程序合法有效。

(2)B 农村信用社并非涉案土地的城镇土地使用税纳税人。

M 县国土局并未将××××号土地证向 B 农村信用社颁发,且不动产登记簿所载产权人仍为 H 集团。M 县国土局向法院的回函明确表明,土地证尚未颁发、不动产登记簿所载产权人并非 B 农村信用社,涉案土地尚未交付 B 农村信用社使用。

3. N 省第二中级人民法院认为:

(1)关于法院的审理程序是否合法的问题。

本案中,M 县地方税务局、M 县地方税务局第一分局分别作出被诉的《责令限期改正通知书》《限期缴纳税款通知书》《强制执行催告书》《税收强制执行决定书》等行政行为共同构成一个完整的税收征缴行为,被诉行政行为均属于相互关联、分工配合的税收征缴行为,法院对被诉税收征缴行为合并进行审理、一并作出判决,并无不当。

(2)关于本案是否适用纳税争议的"先缴税后复议再诉讼"程序的问题。

根据《税收征收管理法》第 88 条的规定,纳税争议的"先缴税后复议再诉讼"程序规则仅适用于纳税义务人、扣缴义务人和纳税担保人三类主体。然而在本案中,B 农村信用社并未取得涉案土地的合法使用权,且 B 农村信用社不是涉案土地的实际使用人或代管人,其不是法律意义上涉案土地的纳税人、扣缴义务人、纳税担保人,故税务机关不应要求 B 农村信用社在提起本案诉讼前应适用《税收征收管理法》第 88 条关于缴税及复议前置程序的规定。在 M 县地方税务局、M 县地方税务局第一分局作出的被诉税收征缴行为明显侵害 B 农村信用社的合法权益的情况下,B 农村信用社可以选择申请行政复议或提起行政诉讼。

(3)关于 B 农村信用社是否构成涉案土地的城镇土地使用税纳税人的问题。

《物权法》第 9 条第 1 款规定:"不动产物权的设立、变更、转让和消灭,经依法登记,发生效力;未经登记,不发生效力,但法律另有规定的除外。"[1]《城镇土地使用税暂行条例》第 2 条第 1 款规定:"在城市、县城、建制镇、工矿区范围内使用土地

---

〔1〕《物权法》已于 2021 年 1 月 1 日被《民法典》废止,相关规定参见《民法典》第 209 条。

的单位和个人,为城镇土地使用税(以下简称土地使用税)的纳税人,应当依照本条例的规定缴纳土地使用税。”财政部、国家税务总局《关于城镇土地使用税若干具体问题的解释和暂行规定》(〔1988〕国税地字 015 号)第 4 条规定:“关于纳税人的确定。土地使用税由拥有土地使用权的单位或个人缴纳。拥有土地使用权的纳税人不在土地所在地的,由代管人或实际使用人纳税;土地使用权未确定或权属纠纷未解决的,由实际使用人纳税;土地使用权共有的,由共有各方分别纳税。”

本案中,在涉案土地的划拨、交付、税费承担、过户登记等手续尚未完善的情况下,M 县国土局先行制作了××××号土地证但其从未向 B 农村信用社依法颁发或送达该证,M 县国土局对 B 农村信用社就涉案土地的颁证行为或过户登记行为尚未完成,××××号土地证对外并不发生法律效力,B 农村信用社也未实际使用或占有涉案土地,故 B 农村信用社未取得涉案土地的合法使用权,本案涉案土地的权属尚存在争议。

M 县地方税务局、M 县地方税务局第一分局未提交确凿、充分的证据证实 B 农村信用社对涉案土地享有使用权或 H 集团已将涉案土地实际交付给 B 农村信用社使用。虽然 B 农村信用社已将涉案土地入账,且其曾于 2011 年至 2014 年申请免缴涉案土地的土地使用税,但 B 农村信用社单方作出的将涉案土地入账的行为和申请免缴税款的行为并不能证实其已合法取得涉案土地的使用权。由于 B 农村信用社至今依法未取得涉案土地的占有、使用、收益、处分权利,其也不是涉案土地的实际使用人或代管人,B 农村信用社因不符合法定涉案土地纳税人的特征而无须对涉案土地直接负有纳税义务,故 B 农村信用社不是法律意义上涉案土地的土地使用税纳税人。

(4)关于被诉行政行为是否合法的问题。

由于 M 县地方税务局、M 县地方税务局第一分局向 B 农村信用社征税的前提和基础是 B 农村信用社对涉案土地享有使用权,但从本案查明的情况来看,B 农村信用社对涉案土地不享有合法的使用权,也不是涉案土地的实际使用人或代管人,故 B 农村信用社不应是法律意义上涉案土地的纳税人、扣缴义务人、纳税担保人。在 B 农村信用社不是涉案土地的纳税人、扣缴义务人、纳税担保人的情况下,M 县地方税务局、M 县地方税务局第一分局适用《税收征收管理法》、《城镇土地使用税暂行条例》、〔1988〕国税地字 015 号文等法律、法规的规定作出的被诉行政行为没有事实根据和法律依据,明显侵犯了被上诉人的合法权益,依法应予撤销。

（四）争议焦点

1. 法院审理程序是否合法。

2. 本案是否适用纳税争议的“先缴税后复议再诉讼”程序。

3. B 农村信用社是否构成涉案土地的城镇土地使用税纳税人。

4. 被诉行政行为是否合法。

（五）争议解决

二审法院经审理后作出驳回上诉、维持原判的判决。M 县地方税务局最终退还了其强制执行 B 农村信用社的全部税款及滞纳金。

二、税务律师点评

本案案情较为复杂，争议焦点较多，凸显了当前涉税争议案件中几个较为典型的、多发的争议问题。一审法院和二审法院的判决可以说较为完满地理解和适用了税法及其他有关法律法规，对于实务中争议较为突出的涉税问题提供了有益的指导，具有积极的参考意义。

（一）纳税争议的“先缴税后复议再诉讼”程序规则适用的例外

众所周知，《税收征收管理法》第 88 条为税收行政相对人就纳税争议启动法律救济程序设置了缴税的门槛和先复议再诉讼的安排。根据《税收征收管理法实施细则》第 100 条的规定，所谓纳税争议，是指纳税人、扣缴义务人、纳税担保人对税务机关确定纳税主体、征税对象、征税范围、减税、免税及退税、适用税率、计税依据、纳税环节、纳税期限、纳税地点以及税款征收方式等具体行政行为有异议而发生的争议。上述对纳税争议范围的界定从维护国家税收安全角度出发，基本上把征纳双方所可能发生的涉税争议点囊括其中，给税收行政相对人利用法律救济程序维护自身合法权益造成了极大的困难。

但是，“先缴税后复议再诉讼”程序规则并非完全绝对化地适用于任何纳税争议情形，至少从本案中我们可以获得两点规则适用之例外的启示，一为关联行政行为连带审查，二为“先缴税后复议再诉讼”程序规则的适用主体审查。

1. “先缴税后复议再诉讼”的例外之一：关联行政行为连带司法审查

所谓关联行政行为，是指同一行政机关或不同行政机关对同一行政相对人分别作出的行政行为，行政行为之间具有一定的关联性，主要表现为在后的行政行为需以在先的行政行为为依据，且从整体角度看，这些行政行为的目的具有一致性，各自具有阶段性。在税收征管领域，普遍存在关联行政行为。如税务机关认定纳税人存在违法行为并作出补税的税务行政处理决定后，当纳税人拒不履行补税责任的，税务机关依职权向纳税人作出税收强制措施或税收强制执行决定。税务机关作出的行政强制行为与其之前作出的税务行政处理行为即构成关联行政行为，表现为税务行政处理行为是税务行政强制行为的事实依据。

从目前的司法实践来看，法院对关联行政行为享有连带司法审查的权限。最高人民法院《关于审理行政许可案件若干问题的规定》（法释〔2009〕20 号）第 7 条规定："作为被诉行政许可行为基础的其他行政决定或者文书存在以下情形之一的，人民法院不予认可：（一）明显缺乏事实根据；（二）明显缺乏法律依据；（三）超越职权；（四）其他重大明显违法情形。"关联行政行为的连带司法审查不仅适用于行政许可诉讼案件，也适用于其他行政诉讼案件。当关联行政行为从未经历过司法审查且其合法性存在明显缺陷，而其作为被诉行政行为的依据直接决定被诉行政行为的合法性时，法院有权对该关联行政行为的合法性进行连带审查。

在本案中，B 农村信用社对《责令限期改正通知书》《限期缴纳税款通知书》《强制执行催告书》《税收强制执行决定书》一并提起行政诉讼，上述具体行政行为在性质上便属于关联行政行为，因此，法院显然有权对上述行政行为一并进行司法审查，而无须受到《税收征收管理法》第 88 条的约束。

2."先缴税后复议再诉讼"的例外之二："先缴税后复议再诉讼"程序规则的适用主体审查

本案法院认为，《税收征收管理法》第 88 条的规定仅适用于纳税义务人、扣缴义务人、纳税担保人三类主体，而本案原告不属于上述三类主体，因此其提起行政诉讼不受本条规定之限制。本案法院巧妙地绕过了《税收征收管理法》第 88 条的规定，也反映出了《税收征收管理法》第 88 条与《税收征收管理法实施细则》第 100 条的一个重大逻辑性缺陷。

《税收征收管理法实施细则》第 100 条将纳税主体争议划入纳税争议的范围之中，要求征纳双方如就纳税主体发生争议且行政相对人需要启动救济程序的，应当受到《税收征收管理法》第 88 条的约束。但是，从条款文本上看，《税收征收管理法》第 88 条所设置的救济程序启动门槛仅仅适用于纳税人等三类主体，法院在审查原告的起诉时就必须事先对纳税主体的问题进行审查，才能判断是否需要适用本条规定来评价原告的诉权。实际上这就产生了税收行政相对人无须受到《税收征收管理法》第 88 条的约束便可就纳税主体争议向法院提起诉讼，法院也无须受到《税收征收管理法》第 88 条的约束便可就纳税主体争议启动司法审查的效果。

因此,《税收征收管理法实施细则》第 100 条的规定在法律适用效果上架空了《税收征收管理法》第 88 条对就纳税主体争议启动救济程序的约束效力。

(二)城镇土地使用税的纳税义务人的确定

城镇土地使用税的纳税义务人之确定问题是本案的一个重要争议焦点,也反映出了税法和其他部门法之间的法律适用逻辑关系这一重要问题。根据我国税法的有关规定,城镇土地使用税的纳税人的确定规则系:(1)拥有土地使用权的单位或个人系纳税人;(2)土地使用权未确定或权属纠纷未解决的,实际使用人为纳税人;(3)土地使用权共有的,共有各方为纳税人。可以看到,本案征纳双方在上述第(1)、(2)项规则上均发生了争议,甚至延伸出了法院审理职权的争论。

就土地使用权证颁发的这一问题,税务机关认为国土局已经作出了土地证,只是还没有履行完毕颁发手续,结合有关交易事实及各方行为应视为颁证行为已完成。税务机关这一观点的逻辑性错误就在于对某一事实所适用的法律"张冠李戴",认为税法能够解决一切问题,就连界定国土部门是否完成颁发土地证的行为都要由税法来确定,这种观点显然是错误的。国土部门对土地的登记管理以及土地物权的变动是由我国的《物权法》[1]及《土地管理法》等特定的部门法所加以规定的,税法怎能越位?进而税务机关在本案中提出的所谓法院超越审理职权的问题也就不攻自破了,法院在审理一类特定类型的案件时,不可能仅适用某一类特定的部门法,而是会根据案件事实的需要对可能关涉到的不同部门法加以适用,这不属于超越审理职权。例如在本案中,法院恰恰反而需要综合适用《物权法》及土地登记管理的相关规定,结合案件事实作出判断,假如不允许法院适用除税法以外的其他法律,则案件的审理工作将根本无法进行。

就土地实际使用人的这一问题,税务机关认为,B 农村信用社已经将涉案土地作了入账处理,并且基于涉案土地在其账目中的反映,取得了央行兑换票据等一系列收益,应视为是土地的实际使用人。税务机关这一观点的逻辑性错误与上述错误是一致的,认为税法可以界定何为"土地的实际使用人",即只要将土地入账并获取一定收益,就是土地的实际使用人。然而,土地使用权的具体权能是由我国《物权法》与《土地管理法》具体规定的,从宏观上看包括占有、使用、收益、处分,本案中 B 农村信用社对涉案土地不具有任何使用权能,怎么能得出其是土地的实际使用人?

---

[1] 《物权法》已于 2021 年 1 月 1 日被《民法典》废止,相关规定参见《民法典》物权编。

综上所述，从本案征纳双方关于土地使用税纳税义务主体的争议焦点可以看到，税法是且仅是调整税收法律关系的法律，不是调整其他行政管理关系或民商事法律关系的法律，税法不能也无权决定其他行政管理法律关系或民商事法律关系的内容及样态，应当对其他法律关系予以尊重和认可。

三、本案启示

纳税争议“先缴税后复议再诉讼”的程序规则并不具有绝对化的适用效力，存在适用的例外，法院的关联行政行为连带司法审查制度和对纳税主体的审查在一定条件下可以突破上述规则。

通过对《税收征收管理法》的合理解释，法院巧妙解决了《税收征收管理法实施细则》与《税收征收管理法》可能存在的冲突，为更好地保护纳税人权利另辟蹊径，同时维护了法律法规的统一性。从法理上讲，税法应当对其他部门法所规范的各类法律关系予以尊重和认可。税务机关在税收执法过程中切忌唯税法是从，对有关涉税经济事实应准确理解、把握和适用具体的有关部门法规定。

未完税未复议税务处理与税务处罚关联审查行政诉讼案

【导读】

税务处理决定与税务处罚决定是税务机关稽查部门进行检查、审理后出具的税务文书，两者之间的关系问题一直是行政审判中的一大争议问题。司法实践对此存在三种裁判观点：征罚一体、征罚衔接以及征罚并立。在税务实践中，税务处理决定与税务处罚决定所依据的事实往往具有同一性，两个税务文书都是根据同一违法事实作出，在行政法原理上属于关联行政行为。由于纳税争议案件清税前置的规定，纳税人在无力承担税款提起复议的情况下会选择直接就税务处罚决定提起诉讼，但是紧接着就会产生税务处理决定如何进行处理的问题。在税务行政案件司法审判中，为了更好地维护纳税人的合法权益以及程序正义，当纳税人仅就税务处罚决定提起诉讼时，应就税务处理决定一同审查。

一、案情简介

（一）案件基本信息

案件类型：账簿上少列收入，税务处理决定与处罚决定关联性

涉案金额：税款 21,636,955.51 元

法律风险：责令限期缴纳税款及滞纳金，同时一并对造成偷税 21,636,955.51 元的行为处以 1 倍罚款，即 21,636,955.51 元

（二）案件详情

A 市国家税务局稽查局根据举报线索，Y 啤酒有限公司（以下简称 Y 公司）可能存在大量收入现金不入账的税收违法行为，于 2014 年 3 月 5 日对 Y 公司税务稽查立案，2014 年 3 月 19 日下达《税务检查通知书》，对 Y 公司实施检查和开展调查。

2015 年 12 月 9 日，A 市国家税务局稽查局向 Y 公司送达《税务行政处罚事项告知书》，告知对 Y 公司拟作出行政处罚的事实、理由和依据，并告知其享有陈述、申辩、申请听证的权利。Y 公司于 2015 年 12 月 14 日向 A 市国家税务局稽查局提交了《关于对〈A 市国家税务局稽查局税务行政处罚事项告知书〉的陈述申辩报

告》,A 市国家税务局稽查局经复核对 Y 公司的申辩理由不予采信。

2015 年 12 月 17 日,A 市国家税务局稽查局作出 A 国税稽处〔2015〕16 号《税务处理决定书》,认定 Y 公司销售啤酒采取在账簿上少列收入的方式,造成少缴 2013 年增值税、消费税 21,636,955.51 元的行为已构成偷税,责令 Y 公司限期缴纳税款及滞纳金,加收滞纳金的起止时间为税款缴纳期限届满之日起至纳税人实际缴纳之日止。同时一并对 Y 公司作出 A 国税稽罚〔2015〕17 号《税务行政处罚决定书》,对 Y 公司 2013 年采取销售啤酒在账簿上少列收入的方式,造成偷税 21,636,955.51 元的行为处予 1 倍即 21,636,955.51 元的罚款。

Y 公司不服 A 国税稽处〔2015〕16 号《税务处理决定书》和 A 国税稽罚〔2015〕17 号《税务行政处罚决定书》,均申请行政复议,复议机关以复议申请超过法定申请期限为由不予受理。由于税务处理决定提起诉讼前必须先经复议前置程序,税务行政处罚决定可以选择复议或诉讼,故被上诉人 Y 公司不能对 A 国税稽处〔2015〕16 号《税务处理决定书》提起行政诉讼,遂以 A 国税稽罚〔2015〕17 号《税务行政处罚决定书》为诉讼标的诉至一审法院,请求撤销该处罚决定。

(三)各方观点

一审法院未就税务处理决定进行审理,仅撤销被告 A 市国家税务局稽查局于 2015 年 12 月 17 日对 Y 公司作出的 A 国税稽罚〔2015〕17 号《税务行政处罚决定书》。

二审法院则认为,虽然 A 国税稽处〔2015〕16 号《税务处理决定书》并非本案的诉讼标的,且因 Y 公司在法定的申请复议期限内未申请复议已经丧失诉讼救济权。但该税务处理决定系本案被诉 A 国税稽罚〔2015〕17 号《税务行政处罚决定书》的基础性和关联性行政行为,该税务处理决定认定的 Y 公司少缴增值税、消费税税额同时成为本案被诉税务处罚决定的事实根据。且该税务处理决定与税务处罚决定系 A 市国家税务局稽查局同日作出,同日送达 Y 公司。因此,为了全案的妥善处理,减少当事人的诉累,取得良好的法律效果和社会效果,该税务处理决定所认定 Y 公司增值税、消费税偷税金额亦应当在本案中一并判决变更,即将该税务处理决定认定被上诉人 Y 公司少缴 2013 年增值税、消费税金额 21,636,995.51 元相应变更调整为 8,030,361.85 元。

A 市国家税务局稽查局认为:根据《税收征收管理法》第 63 条第 1 款的规定:"纳税人伪造、变造、隐匿、擅自销毁帐簿、记帐凭证,或者在帐簿上多列支出或者不列、少列收入,或者经税务机关通知申报而拒不申报或者进行虚假的纳税申报,不缴或者少缴应纳税款的,是偷税。对纳税人偷税的,由税务机关追缴其不缴或者少缴的税款、滞纳金,并处不缴或者少缴的税款百分之五十以上五倍以下的罚款;构成犯罪的,依法追究刑事责任。"Y 公司销售啤酒取得现金收入后,未计入其销售收入,属于在账簿上少列收入,造成少缴税款 21,636,955.51 元,构成偷税。应当依法追缴其少缴的税款及滞纳金,同时加处罚款。

Y 公司认为:认定偷税需要满足主观故意、偷税行为及造成税款损失三个条件。Y 公司在涉案业务中主观上没有偷逃税款的故意,不符合偷税的条件,不应对其进行处罚。

(四)争议焦点

1. 税务处理决定与税务处罚决定的关系。

2. 法院撤销税务处罚决定书,处理决定如何处理。

(五)争议解决

二审法院将税务处理决定认定被上诉人 Y 公司少缴 2013 年增值税、消费税金额 21,636,995.51 元变更调整为 8,030,361.85 元,同时撤销 A 国税稽罚〔2015〕17 号《税务行政处罚决定书》。

二、税务律师点评

(一)税务处理决定与处罚决定关系的裁判观点

在司法行政案件中,对税务处理决定与处罚决定关系的论述大致可以分为三类:征罚一体、征罚衔接以及征罚并立。下面分别列举三则案例,介绍一下司法实践中对于税务处理决定与处罚决定关系的裁判观点。

1. 征罚一体。A 市中级人民法院行政判决书(2017)黔 04 行终 27 号,也就是本节所分析的案例。本案中,法院认为税务处理决定属于税务处罚决定的基础性和关联性行政行为。

2. 征罚衔接。广东省中山市中级人民法院行政判决书(2014)中法行终字第 105 号:"市地税稽查局于 2013 年 8 月 12 日作出 M 市地税稽处(2013)102 号税务处理决定书,责令 Z 公司缴纳上述款项,并告知 Z 公司若不服,可申请行政复议,但 Z 公司未提出复议申请,即 Z 公司对其少缴的税款金额未依法提出异议。在此基础上,市地税稽查局根据《中华人民共和国税收征收管理法》第六十三条第一款的规定,对 Z 公司处以 2010 年度少缴的营业税 62,544 元、城建税 3127.23 元及企业所得税 435,854.41 元 0.5 倍的罚款,合计 250,762.86 元;处以 2011 年度少缴的营业税 39,325.45 元、城建税 1966.31 元及企业所得税 698,916.25 元 0.5 倍罚款,合计 370,104.04 元,合法合理。”该裁判文书中虽然没有明确表示税务处理决定与处罚决定的关系,但是明确了税务处罚决定是在税务处理决定的基础之上作出的,先有税务处理决定再有税务处罚决定。

3. 征罚并立。安徽省高级人民法院行政裁定书(2017)皖行申 124 号:“N 市国税局在作出税务行政处罚之前,作出了税务处理决定,应为两个不同的行政行为,本案申请人仅起诉税务处罚行为,其要求一并审查税务处理决定的理由没有法律依据。”该裁判文书中法院认为税务处理决定与处罚决定属于两个不同的行政行为,二者之间没有联系。

以上关于税务处理决定与税务处罚决定两者之间关系的类型化处理基本上可以概括司法实践中对于两者关系的大部分观点。接下来本文就税务处理决定与处罚决定的关系进行简要论述。

(二)本案税务处理决定与税务处罚决定属关联行政行为

根据行政法原理,关联行政行为主要是指同一行政机关或不同行政机关对同一行政相对人分别作出的行政行为,行政行为之间具有一定的关联性,主要表现为在后的行政行为需以在先的行政行为为依据,且从整体角度看,这些行政行为的目的具有一致性,各自具有阶段性。

在税收征管领域,普遍存在关联行政行为。例如,税务机关认定纳税人存在违法行为并作出补税的税务行政处理决定后,当纳税人拒不履行补税责任的,税务机关依职权向纳税人作出税收强制措施或税收强制执行决定。税务机关作出的行政强制行为与其之前作出的税务行政处理行为即构成关联行政行为,表现为税务行政处理行为是税务行政强制行为的事实依据。又如,同一税务机关对同一相对人作出了税务处理及处罚决定,所认定的违法事实及适用的法律依据均相同的行为。

本案中,A 市国家税务局稽查局向 Y 公司作出 A 市国税稽处〔2015〕16 号《税务处理决定书》与 A 市国税稽罚〔2015〕17 号《税务行政处罚决定书》,两份文书对 Y 公司销售啤酒在账簿上少列收入的行为均认定为偷税,且所得出的结论适用的依据相同,因此该两份文书属于关联行政行为。

(三)司法机关应对关联行政行为实施连带审查

在行政诉讼中,法院对行政机关作出的关联行政行为具有连带司法审查权。如最高人民法院《关于审理行政许可案件若干问题的规定》(法释〔2009〕20 号)第 7 条规定:“作为被诉行政许可行为基础的其他行政决定或者文书存在以下情形之一的,人民法院不予认可:(一)明显缺乏事实根据;(二)明显缺乏法律依据;(三)超越职权;(四)其他重大明显违法情形。”因此,对于复议机关而言,对行政机关所作出的关联行政行为也同样具有连带审查的权限和职责。

本案中,Y 公司针对税务处理决定无法满足税收征收管理法关于复议前置于诉讼的条件,无法对税务处理决定提起司法救济,但由于该税务处理决定与处罚决定在认定违法事实和适用依据方面存在一致性,因此本案司法机关有权对该两项关联行政行为均予以审查。

(四)人民法院可依职权对行政行为进行变更

《行政诉讼法》第 77 条第 1 款规定:“行政处罚明显不当,或者其他行政行为涉及对款额的确定、认定确有错误的,人民法院可以判决变更。”据此,二审法院对本案进行改判:变更 A 市国家税务局稽查局于 2015 年 12 月 17 日对 Y 公司作出的 A 市国税稽处〔2015〕16 号《税务处理决定书》中造成少缴 2013 年增值税和消费税 21,636,995.51元、加收滞纳金的起止时间、少缴税款及滞纳金缴纳期限的内容,改为:Y 公司少缴 2013 年增值税、消费税共计 8,030,361.85 元;变更 A 市国家税务局稽查局于2015 年12 月 17 日对 Y 公司作出的 A 市国税稽罚〔2015〕17 号《税务行政处罚决定书》中应缴款项 21,636,955.51 元及缴纳期限内容,改为:A 市国家税务局稽查局应当向 Y 公司追缴罚款 4,015,180.93 元。

(五)结论

虽然目前司法实践中对于税务处理决定与税务处罚决定的观点莫衷一是,但是笔者认为,出于保护纳税人合法权益以及行政救济权的需要,应该对税务处理决定与税务处罚决定的关系认定保持开放的态度,应从保护纳税人权益的角度出发进行合理的考量。就目前纳税人的救济程序而言,纳税争议案件存在“清税前置”和“复议前置”双重障碍,在纳税人无力清缴税款及滞纳金的情况下无法提起复议程序,权利也就无法得到有效救济。在此种形势下,部分纳税人选择“曲线救国”,就税务处罚决定书直接向法院提起诉讼,希望通过此途径对税务处理决定进行连带审理。然而,在现行纳税争议案件“双前置”的要求下,要想达到此目的并非易事。

三、本案启示

(一)取消“清税前置”条款的原因分析

就现行的税务行政救济程序而言,只有取消《税收征收管理法》第 88 条“清税前置”条款才能处理好税务处理决定与税务处罚决定之间的关系。取消“清税前置”条款不仅在于解决本节所要讨论的问题，主要原因还有以下四点：

1.“清税前置”条款“重”税权“轻”纳税人权益保障

《税收征收管理法》第1条就开章名义，确立了该法的立法目的，即保护国家税权和纳税人的合法权益，因此在税收征管实践中，两者应该同等保护，不应有所偏颇。但清税前置程序本质上彰显了对国家税收利益的过度重视，却忽视了纳税人合法权益的保障。其一，纳税前置程序实则是对提起行政复议主体预先推定为犯法的一种“过错推定”。在清税义务前置的语境下，前置之纳税义务等同于为补偿在先行为违法性而承担的法律责任，这不仅在法理学意义上混淆了法律义务与法律责任的时空关系与逻辑关系，还让纳税人在面对强大的税务机关时或自然或被动地把自己当成了弱势一方和过错一方。其二，公民基本权失范，平等保护受到冲击。税法领域的平等原则既体现在实体层面也体现在程序上。将无力缴纳税款、滞纳金，又无法提供担保的纳税人挡在了救济的大门之外，从而导致了当事人仅仅因为支付能力的差距而享有不同的救济权利。其三，纳税人寻求救济的渠道被堵塞。法谚有云，“无救济则无权利”。对于相当一部分无力缴纳税款的纳税人而言，良好的法律体系运行所需要具备的司法可及性被纳税前置的规定切断，因而使其获得救济的权利仅仅停留在纸面上。

2.“清税前置”在当前时代缺乏必要性

“清税前置”和“复议前置”制度产生于1992年颁布的第一版《税收征收管理法》，并在多次修订和修正中被保留了下来，这两个制度在保证国家税款及时入库和不被流失方面的确起到了一定积极作用，但这种效果的积极性仅限于税收征管手段不够丰富、税收保障制度不够完备的特定历史时期，而在如今国家财政收入不再捉襟见肘、税收保障措施完备、税收征管科技飞速进步、征管手段日益丰富的情况下，“复议前置”制度在缓冲税务行政诉讼压力方面还存在一定作用，而“清税前置”制度却完全失去了存在的必要性。

3.“清税前置”违背了税收法律关系平等性

国家的一切权力属于人民，国家权力来源于人民的委托，现代法治社会的重要特征在于对“公权力”的限制。在税收实践中，多年来，一个普遍性的共识是税收三性——强制性、无偿性、固定性，过多强调了纳税人作为税收法律关系中纳税主体的义务，在处理税收征纳关系上，绝大部分税务机关总是站在保护国家权利的角度依法行使征税权，却较少注重对纳税人权利的尊重和保护。

4.“清税前置”堵塞了涉税争议的解决渠道

自现行《税收征收管理法》实施以来,我国每年的税务行政复议和税务行政诉讼总数大约在2000起左右,这个数字占行政诉讼案件的比例不到1%,几乎可以视作为零。然而零复议、零诉讼并不能说明税收工作没有争议。众所周知,由于税法体系本身并不完善,涉税争议在征纳关系中几乎无处不在,而多数纳税人不对征税行为申请复议的原因,并不是不愿先交税,而是交不起税且提供不了纳税担保,往往涉税金额越大的争议越难通过申请复议的途径来解决,纳税人“有苦难言”,只能任由救济权利灭失,任由滞纳金数额如滚雪球般增长。正常的争议解决渠道不畅通,也为税务机关“权力寻租”创造了空间。

2015年1月,国务院法制办公布了《税收征收管理法修订草案(征求意见稿)》,取消了《税收征收管理法》第88条中关于复议前的“清税前置”的规定,然而最终的修正案却未采纳征求意见稿关于该条款所作的调整,关于“清税前置”制度的存废争议也延续至今。“清税前置”条款的存在,对于保障国家税收入库已经失去了意义,反而造成行政复议流于形式,纳税人救济权利无法得到充分保障的消极影响,已对经济发展和法治进步形成掣肘,改革势在必行。

(二)“清税前置”条款废止后程序完善建议

正所谓“有破必有立”,推动“清税前置”条款的废除,必将成为我国税收程序法发展进程中的一件里程碑事件。在此就“清税前置”条款废止后相关程序的完善提供以下三点建议:

1.确立纳税人诚信推定权

诚信推定也即在没有充分证据证明纳税人存在税收违法行为的情况下,就应当认为纳税人已经依法诚信纳税,不存在税收违法行为,因此就不能要求纳税人先缴清税款、滞纳金或提供担保。

2.完善纳税人诉讼保障机制

2015年征求意见稿在清税前置制度层面较之现行《税收征收管理法》有一定进步,取消了“清税前置于复议”的要求,但保留了“清税前置于诉讼”的安排。在“以人为本”和纳税人权利保护的时代背景下,为了平衡国家税权保障与纳税人权利保护两者之间的关系,建议将我国现行《税收征收管理法》第88条第1款修改为:“纳税人、扣缴义务人、纳税担保人同税务机关发生争议时,可以依法提起行政复议,也可以依法向人民法院起诉。”

3. 设立税务法庭,做好税务诉讼与复议制度的衔接协调

设立税务法庭,并推行税务法律顾问和税务公职律师制度,为纳税人权益提供更为专业的、更具针对性的保障,使纳税人体会到税法的具体正义和税收领域的良法善治,有助于涉税案件的有效解决和救济途径的畅通。取消“清税前置”,降低门槛,利用复议制度本身的优越性来吸引相对人选择行政复议程序,使争议最大限度地通过税务机关内部的救济程序解决,做好税务诉讼和行政复议制度的衔接协调。

诉讼权是救济权的表现形式之一,只有既保护纳税人的实体权利,又保护程序性权利,让每一个纳税人完整地享有救济权和监督权,反过来才能督促税务机关不断提高税收执法能力和水平,进而促进整个社会法治的进步。希望有关部门能够积极推动取消《税收征收管理法》第 88 条“清税前置”条款,切实让每一个纳税人在税收程序中感受到公平正义。

《已证实虚开通知单》可诉性之争引发税企争议案

【导读】

《已证实虚开通知单》是税务机关办理虚开案件中各税务机关之间的协查材料，由委托方税务机关（查办税收违法案件的税务局稽查局）根据案件查办情况，向受托方（有管辖权的税务局稽查局）发出《税收违法案件协查函》，其中《已证实虚开通知单》是《协查函》的附件之一。《协查函》是税务机关之间执法协作的告知函，并不具有对外效力，《已证实虚开通知单》亦如此，其不对相对人送达，一般不具有可诉性。在行政法领域，除了具有人事性质的内部行政行为在《行政诉讼法》中明确排除在行政诉讼的受案范围之外，其他内部行政行为是否具有可诉性，法律并未明确，因此在实务中也引发了诸多争议。《已证实虚开通知单》是否具有可诉性要看其是否对行政相对人（纳税人）产生拘束力，是否已经外化为对外发生法律效力的具体行政行为。

一、案情简介

（一）案件基本信息

案件类型：作为税务机关内部文书的《已证实虚开通知单》是否具有可诉性

涉案金额：税款212,162,956.04元

法律风险：单独就未外部化的《已证实虚开通知单》提起行政诉讼，很可能会被法院认定为不属于行政诉讼案件的受案范围而驳回

（二）案件详情

原F省N县国家税务局稽查局认为甲公司涉嫌发票违法，于2016年5月19日进行税务稽查立案，对甲公司的2013年1月1日至2015年12月31日的涉税情况实施检查。N县国家税务局稽查局于2016年5月19日至2017年7月3日对甲公司进行涉税检查，并于2017年7月14日作出N国税稽处〔2017〕2号《N县国家税务局稽查局税务处理决定书》。

该决定书认定甲公司在2013年1月1日至2015年12月31日向乙药业有限公司、丙医药有限公司、丁药材公司医药批发部等82家企业虚开增值税专用发票14,195份，金额1,268,389,011.34元，税额212,162,956.04元，虚构收购业务及虚构委托加工业务、财务做虚假核算等违法事实。该决定书对甲公司在2013年1

月 1 日至 2015 年 12 月 31 日向乙、丙、丁等 82 家企业开具增值税专用发票价税合计 1,480,551,967.38 元，确认为虚开增值税专用发票行为，向受票地税务机关发出《已证实虚开通知单》。该处理决定书已于 2017 年 7 月 14 日送达甲公司。从 2017 年 7 月 19 日开始，N 县国家税务局稽查局向下游企业所在税务机关陆续发出案件名称及文号为甲公司虚开发票案共计 17 份的《已证实虚开通知单》。另查明，下游企业所在的税务机关未对甲公司直接作出处罚。

（三）各方观点

一审法院认为：N 县国家税务局稽查局作出行政处理后，依据行政处理认定的事实向下游企业所在的税务机关发出讼争的 17 份《已证实虚开通知单》，并未对本案甲公司重新设定权利义务，未对甲公司产生行政法上的权利义务影响，因此不属于人民法院的受案范围。一审法院驳回了甲公司的诉讼请求。

甲公司不服提起上诉称，本案《已证实虚开通知单》载明“所涉及各单位名称、发票的份数、金额和要求下游企业所在的税务机关进行处理”等新内容，下游企业所在的税务机关据此责令下游受票企业补缴税款，下游受票企业因此向上诉人请求赔偿，致使上诉人的法律责任进一步扩大。上述内容和实际影响均因被上诉人发出了《已证实虚开通知单》后才产生的。一审裁定认定《已证实虚开通知单》未对上诉人权利义务产生实际影响错误。

N 县国家税务局稽查局辩称：《已证实虚开通知单》系税务机关内部文书、过程性文书，对被答辩人的权利义务不产生实际影响，不属于行政诉讼受案范围，一审裁定适用法律正确，应当予以维持。对甲公司权利义务产生实际影响的是税务处理行为，而非作出《已证实虚开通知单》的行为。就受票地税务机关对受票企业进行调查、处理而言，《已证实虚开通知单》及相关证据资料仅是为受票地税务机关查处受票方发票违法行为而提供的证据线索，《已证实虚开通知单》记载内容并不具有公定力、既定力，受票地税务机关收到《已证实虚开通知单》后，仍应当结合相关证据资料，进一步取证核实，履行稽查程序对受票企业涉嫌发票违法行为予以查处后，继而作出最终的处理、处罚决定。故导致受票企业补缴税款、甲公司面临索赔，对甲公司权利义务产生实际影响的应当是受票地税务机关作出的最终处理、处罚决定，而不可能是作为立案线索及证据的《已证实虚开通知单》。

二审法院审理后认为：《已证实虚开通知单》并不是税务机关最终的处理行为，其本身对当事人的权利和义务并不产生直接影响；况且，根据 N 县国家税务局稽查局的自认，N 国税稽处〔2017〕2 号《N 县国家税务局稽查局税务处理决定书》认定的82家虚开增值税专用发票的企业包含N县国家税务局稽查局向下游企业所在的税务机关发出的17份《已证实虚开通知单》所涉及的7家企业,N国税稽处〔2017〕2号《N县国家税务局稽查局税务处理决定书》已赋予上诉人救济途径,本案所诉的《已证实虚开通知单》并未对甲公司重新设定权利义务,对甲公司的权利义务亦不产生实际影响。综上所述,本案依法应当裁定驳回起诉。

(四)争议焦点

1.《已证实虚开通知单》是否属于税务机关内部文书。

2.《已证实虚开通知单》是否属于行政诉讼案件的受案范围。

(五)争议解决

二审法院审理后,裁定驳回上诉。

二、税务律师点评

(一)发送《已证实虚开通知单》属于税务机关内部行政行为

国家税务总局《关于印发〈税收违法案件发票协查管理办法(试行)〉的通知》(税总发〔2013〕66号)第9条规定:"已确定虚开发票案件的协查,委托方应当按照受托方一户一函的形式出具《已证实虚开通知单》及相关证据资料,并在所附发票清单上逐页加盖公章,随同《税收违法案件协查函》寄送受托方。通过协查信息管理系统发起已确定虚开发票案件协查函的,委托方应当在发送委托协查信息后5个工作日内寄送《已证实虚开通知单》以及相关证据资料。"(见图1)

已证实虚开通知单

案件名称及文号:
协查编号:

______________:

经查证,现将已证实虚开的发票××份、涉案发票金额××元、涉案税额××元告知你局,请按有关规定处理,并将有关情况及税务处理结果反馈我局。

附件:1发票清单
2其他相关资料

税务机关(章)
年 月 日

联系人:
联系电话:
地址:
邮政编码:

图1 《已证实虚开通知单》样本

结合上述条款,从文书类型的角度看,《已证实虚开通知单》属于异地税务机关之间的协查文件,仅供税务机关内部使用,并不直接送达行政相对人,对相对人的权利义务并不产生直接的影响。税总发〔2013〕66 号文第 15 条规定:"有下列情形之一的,受托方应当按照《税务稽查工作规程》有关规定立案检查:(一)委托方已开具《已证实虚开通知单》的……"根据该规定,受托方税务稽查局在收到《已证实虚开通知单》后应立案检查,对辖区内下游涉案企业展开调查,以调查下游企业是否存在虚开等其他税收违法行为。从形式上看,《已证实虚开通知单》仅作为税务机关的内部行政公文,是委托案件协查的内部文件,委托方税务机关向受托方税务机关发送《已证实虚开通知单》属于内部行政行为。

(二)从最高人民法院第 22 号指导案例看内部行政行为外化后的法律效果

1. 指导案例确立内部行政行为外部化的条件

根据最高人民法院发布的第 22 号指导性案例"魏某某、陈某某诉来安县人民政府收回土地使用权批复案"(最高人民法院审判委员会讨论通过,2013 年 11 月 8 日发布),内部行政行为外化为对外发生法律效力的具体行政行为从而具备可诉性,应当同时符合以下条件:

(1)内部行政行为是上级机关对下级部门的批复,二者在实体内容上具备同一性。在该案中,安徽省来安县国土资源和房产管理局向来安县人民政府报送《关于收回国有土地使用权的请示》,来安县人民政府就请示内容作出《关于同意收回永阳东路与塔山中路部分地块国有土地使用权的批复》,批复机关并未改变请示内容或作出任何新的决定。

(2)该内部行政行为直接被交付执行。在该案中,来安县人民政府作出批复后,来安县国土资源行政主管部门没有制作并送达对外发生效力的法律文书,即直接交来安县土地储备中心根据该批复实施拆迁补偿安置行为,对原土地使用权人的权利义务产生了实际影响。

(3)原土地使用权人也通过申请政府信息公开知道了该批复的内容,并对批复提起了行政复议,复议机关作出复议决定时也告知了诉权。

2. 指导案例提示的诉讼规则

本案的争议焦点为内部行政行为外化后该内部行政行为是否具有可诉性。从本案的"裁判理由"中可以抽象出三个具有一般意义的法院裁判规则:其一,上下级行政机关间的报告、请示与批复、指示等行政行为,原则上属于内部行政行为;其二,内部行政行为原则上不属于法定的行政诉讼受案范围;其三,在具体个案中,如果内部行政行为具备“对外付诸实施、实际影响相对人权利义务”要件,内部行政行为就会发生法律性质的改变,转变为可诉的行政行为,属于行政诉讼受案范围。

结合到本案来看,《已证实虚开通知单》是否可诉并不是由其是不是行政机关内部文书决定的,而是要看其是否对纳税人的权利义务产生实质的影响。

(三)纳税人在特定条件下可就《已证实虚开通知单》提起诉讼

《行政诉讼法》第2条第1款规定:“公民、法人或者其他组织认为行政机关和行政机关工作人员的行政行为侵犯其合法权益,有权依照本法向人民法院提起诉讼。”根据该规定,相对人认为行政行为侵犯其合法权益,即可提起诉讼。该法第12条规定:“人民法院受理公民、法人或者其他组织提起的下列诉讼:……(十二)认为行政机关侵犯其他人身权、财产权等合法权益的。”根据该规定,人民法院认为行政行为侵犯相对人合法权益的应当受理。

从以上条款可以看出,法院是否受理案件最终取决于行政行为是否有侵犯相对人合法权益的情形,而不是行政行为属于内部行政行为或是外部行政行为。从最高人民法院第22号指导案例中确立的诉讼规则可知,内部行政行为一旦对外付诸实施、实际影响相对人权利义务,行政相对人便可就该行政行为提起诉讼。

具体到税务案件中,主要分为两种情况:

1. 具有可诉性。上游税务稽查局也即委托方向下游税务稽查局也即受托方开具《已证实虚开通知单》后,如下游税务稽查局直接凭据《已证实虚开通知单》向下游企业追缴税款及滞纳金等,此时,稽查局的追缴行为便侵犯了相对人的财产权益,相对人即可针对《已证实虚开通知单》提起行政诉讼。

2. 不具有可诉性。税总发〔2013〕66号文第15条规定:“有下列情形之一的,受托方应当按照《税务稽查工作规程》有关规定立案检查:(一)委托方已开具《已证实虚开通知单》的……”如果受托方税务机关仅将委托方开具的《已证实虚开通知单》作为线索,对涉案企业开展立案检查,然后根据企业的税务违法情况作出处理的,《已证实虚开通知单》作为税务机关内部文书,并未对相对人的合法权益造成直接损害,便不具有可诉性。

综上所述,《已证实虚开通知单》作为税务机关内部协查文书,一般不具有可诉性,但是税务机关直接将《已证实虚开通知单》对外付诸实施、实际影响相对人权利义务的,相对人便可就《已证实虚开通知单》提起行政诉讼。

(四)本案《已证实虚开通知单》未外部化,不具有可诉性

本案中,N县国家税务局稽查局在发现甲公司存在虚开的违法行为后,对其进行了检查并作出了《税务处理决定书》。不仅如此,N县国家税务局稽查局还向甲公司下游企业所在地的税务机关发出协查函并附送《已证实虚开通知单》。受托方税务机关在收到N县国家税务局稽查局发送的《已证实虚开通知单》后便根据税总发〔2013〕66号文第15条的规定,将其作为立案检查的线索,通过进一步的调查核实,履行稽查程序对受票企业涉嫌发票违法行为予以查处后,继而作出最终的处理、处罚决定。整个过程中《已证实虚开通知单》并未对甲公司的权利义务产生影响。即便是受票地税务机关对受票企业作出处理后,甲公司面临受票方索赔也不是《已证实虚开通知单》直接作用的结果,不能以此说明《已证实虚开通知单》外部化对甲公司产生影响。因此,本案《已证实虚开通知单》并未外部化,不对行政相对人产生影响,涉案《已证实虚开通知单》不具有可诉性。

三、本案启示

行政行为是否具有可诉性的判断标准不是简单地根据其是内部行政行为还是外部行政行为,主要还是要看具体行政行为是否直接对纳税人的权利义务产生影响,之所以在很多状态下行政机关会判定内部行政行为不具有可诉性,主要是因为内部行政行为是行政机关内部作出的,不对行政相对人的权利义务直接产生影响。但是,由于行政机关内部使用公文不规范等情况的存在,导致一些本应属内部的行政行为外化,对行政相对人的权利义务产生直接的影响,才使外化的内部具体行政行为具有了可诉性。在司法实践中,单独就《已证实虚开通知单》提起诉讼大多数情况下会被驳回,无论是委托方税务机关还是受托方税务机关。只要严格按照发票违法行为查处以及税务稽查的程序进行,《已证实虚开通知单》一般不会产生外化的效果,不具有可诉性。

* * *

【链接】

就《已证实虚开通知单》提起行政复议应符合特定条件

《已证实虚开通知单》是税务机关办理虚开案件中各税务机关之间的协查材料,其是否属于行政复议的受案范围,实践中存在诸多争议。下文将援引两则纳税

人就《已证实虚开通知单》与其存在直接利害关系提起行政诉讼,后被税务机关驳回,起诉后也未获法院支持的案例,简要说明可以直接就《已证实虚开通知单》提起行政复议的特定条件。

一、两家企业就《已证实虚开通知单》提起行政复议被驳回后,起诉至法院的理由

(一)某某工程技术有限公司与江苏省B县国家税务局行政撤销一审行政判决书[(2017)苏1084行初123号]

某某工程技术公司认为,涉案《已证实虚开通知单》与其有直接的利害关系,对其合法权益产生了重大影响,并且损害了某某工程技术公司的合法权益,系具体行政行为。涉案《已证实虚开通知单》确认的是通知单项下的发票系虚开的发票,即认定江苏某某国际贸易有限公司向某某工程技术公司开具的增值税专用发票系虚开的发票。B国家税务局稽查局作出《已证实虚开通知单》后,Z国家税务局稽查局直接依据该通知单向某某工程技术公司作出了《税务处理决定书》,该通知单与某某工程技术公司有直接的利害关系,对其合法权益产生了重大影响。因此,B县国家税务局认定《已证实虚开通知单》不是行政行为,明显错误。

(二)上海某某贸易有限公司与国家税务总局H市M区国家税务局行政复议一审行政判决书[(2018)苏0803行初30号]

M区国家税务局稽查局行政行为程序违法、实体错误、法律依据不明。

1. 行政行为程序违法,应予纠正。(1)应该调查核实,客观上没有调查核实。"径行认定"某某能源有限公司向原告开具的发票为"虚开",程序违法;(2)"径行认定虚开",没有告知贸易公司享有知情、陈述、申辩权利,剥夺了贸易公司的合法权益;(3)违反国家税务总局关于健全税收执法调查取证、告知、听证、集体讨论、决定、文书送达等制度规定。

2. 实体错误。行政行为的法律依据不明确,将正常的经营业务错误认定为虚开,明显违法,应该予以纠正。(1)贸易公司与上下游企业均是正常的业务活动,如实申报了增值税等相关税费;(2)行政行为的法律依据不明确;(3)某某能源有限公司的纳税申报符合税法规定。

二、税务行政复议的受案范围以及其与行政诉讼受案范围的关系

从税务行政复议案件的受案范围来看,《税务行政复议规则》第三章对税务行政复议的范围予以了限定,其中一共包括12项。《税务行政复议规则》第33条属于税务案件复议前置的规定,即申请人对复议规则第14条第1项税务机关征税行

为不服的，需先向税务机关提起复议，才能提起行政诉讼。《税务行政复议规则》第34条第1款规定："申请人对本规则第十四条第（一）项规定以外的其他具体行政行为不服，可以申请行政复议，也可以直接向人民法院提起诉讼。"从《税务行政复议规则》第33条、第34条可以看出，只要属于税务行政复议的案件都可以进入行政诉讼阶段，唯一特殊的就是对于征税行为必须先行复议。换言之，从《税务行政复议规则》规定的层面来讲，只要属于税务行政复议案件受案范围的行政行为都属于行政诉讼的受案范围，既包括行政作为也包括行政不作为。

三、相对人在特定条件下可就《已证实虚开通知单》提起复议

从文书类型的角度看，《已证实虚开通知单》属于异地税务机关之间的协查文件，仅供税务机关内部使用，并不直接送达行政相对人，对相对人的权利义务并不产生直接的影响。受托方税务稽查局在收到《已证实虚开通知单》后对下游企业展开调查，以调查下游企业是否存在税收违法行为。从形式上看，《已证实虚开通知单》仅作为税务机关的内部行政公文，是委托案件协查的内部文件，属于"内部行政行为"，不属于行政复议案件的审理范围。但是，一旦内部行政行为"对外付诸实施、实际影响相对人权利义务"时，便就具有了可复议性的法理基础，存在一定的合理性与合法性。

内部行政行为外部化是指内部行政行为作出的本意是不对外产生法律效力，但其实施对行政机关以外的行政相对人产生了实际影响，其效力超出了机关内部的范围。内部行政行为不可复议或诉讼，理论上的重要依据之一即内部行政行为并未对外产生法律效力，对行政相对人的权利义务没有产生实际影响。但内部行政行为外部化后，即内部行政行为对外被付诸实施、对行政相对人权利义务产生了实际影响，内部行政行为就会发生法律性质的改变，转变为可复议的行政行为，属于行政复议受案范围。

四、列举案例所涉《已证实虚开通知单》均未"外部化"

税总发〔2013〕66号文第15条规定："有下列情形之一的，受托方应当按照《税务稽查工作规程》有关规定立案检查：（一）委托方已开具《已证实虚开通知单》的……"援引的两则案例中，下游税务局稽查局收到上游税务局稽查局发出的《协查函》《已证实虚开通知单》等文书材料后，根据上述规定进行立案检查，立案检查之初仅认定相对人"涉嫌税收违法""可能存在少缴增值税"等涉税违法行为，后经检查，然后根据相对人的税务违法情况作出处理，而非直接凭据《已证实虚开通知单》向相对人作出《税务处理决定书》，即《已证实虚开通知单》并未对相对人权利义务产生实际影响。换言之,案件中税务局稽查局并非直接将《已证实虚开通知单》对外付诸实施、实际影响相对人权利义务,故《已证实虚开通知单》并未由内部行政行为外化为外部行政行为。因此,援引的两则案例中复议机关均驳回了相对人的复议请求,起诉至法院后也未得到法院支持。

第五章

其他涉税争议

受票人揭发开票人虚开事实立功适用争议案

【导读】

在虚开增值税专用发票犯罪案件中，受票方作为刑事被告人向司法机关揭发开票方的虚开增值税专用发票违法事实是否构成立功，2014 年北京市房山区的一起案件与 2015 年山西省侯马市的一起案件给出了不同的答案。本节笔者结合上述两起案件的具体案情，对这一问题进行分析。

一、案情简介

（一）案件基本信息

案件类型：虚开增值税专用发票

涉案金额：虚开税款数额分别为 23 万余元、119 万元

法律风险：受票人揭发开票人虚开事实是否构成立功存在争议，可能无法产生有利于刑事被告人的减刑结果

（二）案件详情

1. 北京房山案：李某虚开增值税专用发票案

李某在北京经营一家商贸有限公司，2012 年 12 月 25 日，李某为使其公司少缴税款，在没有实际交易的情况下，以其公司名义从张某处购买增值税专用发票两张，税额共计 23 万余元。2014 年 4 月 17 日，李某因虚开增值税专用发票被公安机关查获归案。到案后，在侦查期间，李某向公安机关检举揭发了贩卖增值税专用发票的张某，并提供张某的手机号码，公安机关通过技侦手段锁定张某的位置，并将张某成功抓获。2014 年 11 月，北京市房山区人民法院对本案作出一审判决，对李某辩护人提出的李某构成立功的意见，认为李某向公安机关交代的内容属于如实供述其犯罪事实，不构成立功，认定李某犯虚开增值税专用发票罪，判处有期徒刑 3 年，缓刑 3 年。

2. 山西侯马案：侯某虚开增值税专用发票案

侯某在山西省侯马市经营一家贸易公司。2001 年 5 月至 6 月，侯某经人介绍结识某市某公司的董事长曾某，侯某与曾某联系好开票内容及开票所需钱数后，曾某公司向侯某公司虚开增值税专用发票共计 77 份，虚开税额共计 119 万元。2015

年2月,侯某到侯马市人民检察院投案并如实供述虚开增值税专用发票的犯罪事实,并在案件侦查阶段向公安机关揭发了曾某长期从事发票倒卖交易的事实。曾某当地公安机关取得线索后,对曾某实施了立案侦查,其犯罪事实经查证属实。2015年9月,山西省侯马市人民法院对本案作出了一审判决,认定侯某检举揭发曾某的犯罪事实构成立功,对其减轻处罚,认定侯某犯虚开增值税专用发票罪,判处有期徒刑3年,缓刑5年。

(三)各方观点

1. 北京房山案

北京市房山区人民法院认定李某向公安机关交代的内容属于如实供述其犯罪事实,不构成立功。

2. 山西侯马案

山西省侯马市人民法院认定侯某检举揭发曾某的犯罪事实构成立功。

(四)争议焦点

1. 北京房山案

李某向公安机关检举揭发贩卖增值税专用发票的张某,并提供张某的手机号码的行为是否构成立功。

2. 山西侯马案

侯某向公安机关揭发曾某长期从事发票倒卖交易的行为是否构成立功。

二、税务律师点评

(一)立功的构成要件

目前,我国刑法对立功作出的具体规定主要体现在《刑法》第68条、最高人民法院《关于处理自首和立功具体应用法律若干问题的解释》(法释〔1998〕8号)以及最高人民法院《关于处理自首和立功若干具体问题的意见》(法发〔2010〕60号)。总结以上规定,立功主要有四个构成要件,即主体要件、行为要件、来源要件和时间要件。

1. 主体要件,是指构成立功的主体必须是实施了犯罪行为的人。

2. 来源要件,是指犯罪嫌疑人揭发的事实或提供的线索必须具有合法的来源。

3. 时间要件,是指为立功的构成设定的一个区间,通常认定为以犯罪嫌疑人犯罪行为发生时开始,以犯罪人服刑结束时终止。

4. 行为要件,是指犯罪嫌疑人立功的客观行为表现,主要有四类行为:(1)揭发他人犯罪行为并经查证属实；(2)提供重要线索，从而得以侦破其他案件；(3)协助司法机关抓捕其他犯罪嫌疑人、同案犯；(4)阻止他人犯罪活动。行为要件是立功情节构成与否争议最多的要件，而在虚开增值税专用发票犯罪中，犯罪嫌疑人的行为是否属于前述立功行为类型，表现得并不明显。假定犯罪嫌疑人是虚开增值税专用发票的受票方，那么该犯罪嫌疑人揭发开票方的本罪行为、中间介绍人的本罪行为是否构成立功，该犯罪嫌疑人协助司法机关抓捕开票方、中间介绍人的行为是否构成立功等，往往需要结合《刑法》的规定以及案件的具体情况进行分析。

(二)北京房山案的李某不构成立功

北京市房山区人民法院审理的李某虚开增值税专用发票罪案中，李某主要有两个行为：一是检举揭发开票人张某为自己虚开增值税专用发票的行为；二是向公安机关提供了张某的手机号的行为。从李某的行为表现上看，可能会构成上述行为要件中的第(1)项和第(3)项，需要分别加以具体分析：

1. 李某不构成“揭发他人犯罪行为并经查证属实”

在李某的案件中，李某向公安机关检举、揭发的事实是张某向自己虚开增值税专用发票，张某的这一犯罪事实已经被公安机关所掌握，且没有超出李某罪行的事实范围，属于如实供述自己罪行的行为，而立功的构成要求犯罪分子检举揭发他人的犯罪行为是指所检举揭发的罪行是公安机关尚未掌握的罪行。因此，李某不构成“揭发他人犯罪行为并经查证属实”的立功。

2. 李某不构成“协助司法机关抓捕其他犯罪嫌疑人、同案犯”

在李某的案件中，张某与李某并非共同犯罪，张某因对外虚开增值税专用发票须经另案处理。因此，张某对于李某而言不是同案犯。并且，李某向公安机关提供张某手机号的行为尚无法构成“协助抓捕”。所谓“协助抓捕”是指犯罪分子向司法机关提供了基于司法机关正常办案程序无法获取的线索和信息，并且司法机关通过利用这些信息和线索对其他犯罪嫌疑人产生实际控制的效果，常见的“协助抓捕”型立功表现为犯罪分子通过打电话、发短信的方式约见其他犯罪嫌疑人或者带领司法机关直接到达其他犯罪嫌疑人的窝藏地点抓捕等。

在本案中，李某仅仅是向公安机关提供了张某的手机号，这一线索和信息并非司法机关无法取得的信息，而且李某对司法机关实际控制张某也没有产生重大影响，公安机关是根据自身的技侦手段实际控制了张某。综上所述，李某也不构成“协助司法机关抓捕其他犯罪嫌疑人、同案犯”的立功。

(三)山西侯马案的侯某构成“揭发他人犯罪行为并经查证属实”的立功

在侯某的案件中,侯某知道曾某专门从事倒卖发票的事实,并在案发后将这一情况及时向公安机关检举揭发。侯某检举揭发的事实,已经超出了其自身的罪行,所检举揭发的曾某的罪行是司法机关尚未掌握的情况,换言之,侯某完全可以只供述曾某对其虚开发票的事实,而不需要向司法机关供述曾某还向除自己以外的更多受票人开具过假发票的事实。同时,侯某检举揭发曾某向其他人虚开发票的事实经本案司法机关查证属实,因此构成“揭发他人犯罪行为并经查证属实”的立功。

三、案件启示

在虚开增值税专用发票犯罪案件的审判实践中,对于被告人是否构成立功,一项基本的判断标准是被告人是否检举揭发了与本案具体犯罪事实无关的其他犯罪事实,即司法机关尚未掌握的犯罪事实。因此,被告人检举揭发开票人或者受票人或者中间人的其他犯罪事实,符合一定条件的可以构成立功,从而取得从轻或减轻处罚的效果。

* * *

【链接】

虚开增值税专用发票罪由于入刑门槛相对较低、刑事责任较重,一旦行为人涉嫌虚开增值税专用发票罪,虚开税款数额达到 250 万元以上,则可能面临 10 年以上有期徒刑,有无自首、立功、从犯、补缴税款等从轻或减轻情节,对最终量刑也极为关键。以下附上本文所对比分析的两则案例的判决书,供读者研判。

北京牧风科技有限公司等虚开增值税专用发票案

北京市房山区人民法院
刑事判决书

(2014)房刑初字第 766 号

公诉机关北京市房山区人民检察院。被告单位北京牧风科技有限公司,法定代表人李×1。诉讼代表人王某。

被告人李×1。因涉嫌犯虚开增值税专用发票罪，于2014年4月17日被羁押，同年4月30日被逮捕，现羁押在北京市房山区看守所。

北京市房山区人民检察院以京房检公诉刑诉(2014)759号起诉书指控被告单位北京牧风科技有限公司、被告人李×1犯虚开增值税专用发票罪，于2014年10月17日向本院提起公诉。本院依法组成合议庭，公开开庭审理了本案。北京市房山区人民检察院指派代理检察员陈立娜出庭支持公诉，被告单位北京牧风科技有限公司的诉讼代表人王某、被告人李×1及其辩护人熊某到庭参加诉讼，现已审理终结。

北京市房山区人民检察院起诉书指控，被告人李×1系被告单位北京牧风科技有限公司法定代表人、总经理。2012年12月25日，被告人李×1为使被告单位少缴税款，在没有实际交易的情况下，以被告单位名义从李×2(另案处理)处购买增值税专用发票两张(发票号码为No:01942386、No:01942387，价税合计人民币1,621,608.6元，税额人民币235,618.35元)。后被告人李×1要求被告单位财务人员和库管人员制作虚假的买卖合同、货物入库单、出库单等凭证将上述增值税专用发票入账并抵扣税款。案发后，被告人李×1已补缴上述税金和滞纳金。被告人李×1于2014年4月17日被公安机关查获归案。

公诉机关就以上指控向本院提供了证人证言等证据材料，提请本院依照《中华人民共和国刑法》第205条第2款之规定，对被告单位北京牧风科技有限公司及被告人李×1依法惩处。

被告单位北京牧风科技有限公司的诉讼代表人及被告人李×1对公诉机关指控的事实及罪名均未提出异议。被告人李×1的辩护人的主要辩护意见为，对公诉机关的指控无异议。但被告人李×1有以下从轻处罚的理由：(1)被告人李×1向公安机关检举揭发了贩卖增值税专用发票的李×2，并提供李×2的联系方式，配合公安机关侦破了李×2等人虚开增值税专用发票案，李×2等人已被公安机关抓获，被告人李×1的行为构成立功。(2)被告人李×1系经电话传唤到案，并如实供述，应认定为自首。(3)抵扣的税款已经全部补缴，危害性较小。(4)被告人李×1系初犯、偶犯，且认罪态度好，有悔罪表现。综上，建议法庭对被告人李×1从轻处罚。

经审理查明，被告人李×1系被告单位北京牧风科技有限公司法定代表人、总经理。2012年12月25日，被告人李×1为使被告单位少缴税款，在没有实际交易的情况下，以被告单位名义从李×2(另案处理)处购买增值税专用发票两张(发票号码为No:01942386、No:01942387),价税合计人民币1,621,608.6元,税额人民币235,618.35元。后被告单位财务人员和库管人员按照被告人李×1的要求制作虚假的买卖合同及货物入库单、出库单等凭证将上述增值税专用发票入账并抵扣税金。案发后,被告单位北京牧风科技有限公司已补缴上述税款及滞纳金。被告人李×1于2014年4月17日被查获归案。

上述事实,被告单位北京牧风科技有限公司的诉讼代表人、被告人李×1及其辩护人在法庭审理过程中均未提出异议,且有经过庭审举证、质证,本院予以确认的被告人李×1供述,证人李×2、何×、张×1、赵×、汪×、张×2、陶×、张×3、曹×、段×等人证言,受案登记表,到案经过,企业法人营业执照,税务登记证,组织机构代码证,准予税务行政许可决定书,增值税专用发票复印件,记账凭证,网上银行支付申请表,收条复印件,北京农商银行王佐支行的交易单据复印件、客户对账单,入库单,钢材买卖合同复印件,北京市房山区国家税务局提供的发票信息及证明,电子缴税付款凭证,户籍信息等证据在案证实,足以认定。

本院认为,被告单位北京牧风科技有限公司及其直接负责的主管人员被告人李×1违反增值税专用发票管理规定,让他人为自己虚开增值税专用发票,虚开的税款数额较大,其行为均已构成虚开增值税专用发票罪,均应依法惩处。北京市房山区人民检察院指控被告单位北京牧风科技有限公司、被告人李×1犯有虚开增值税专用发票罪的事实清楚,证据确实、充分,罪名成立,本院予以支持。鉴于被告人李×1经电话传唤到案后如实供述自己所犯罪行,应认定为自首,且被告单位案发后积极退缴已抵扣税款,未造成国家税款流失,均可予以从轻处罚并对被告人李×1判处缓刑。关于辩护人所提被告人李×1有立功表现的辩护意见,经查,被告人李×1到案后如实供述了其公司取得的增值税专用发票系李×2提供,同时李×1向公安机关提供了李×2的联系方式,公安机关通过技侦手段锁定李×2的位置,从而将李×2抓获一节,属于被告人李×1如实供述犯罪事实,不应认定为有立功表现,该辩护意见,本院不予采纳;其他相关辩护意见,本院予以采纳。根据被告单位、被告人犯罪的事实、犯罪的性质、情节以及对于社会的危害程度,依照《中华人民共和国刑法》第205条,第30条,第31条,第52条,第53条,第67条第1款,第72条第1款,第73条第2款、第3款,第61条之规定,判决如下:

一、被告单位北京牧风科技有限公司犯虚开增值税专用发票罪,判处罚金人民币二十万元(已在案)。

二、被告人李×1犯虚开增值税专用发票罪,判处有期徒刑三年,缓刑三年。

（缓刑考验期限，从判决确定之日起计算。）

如不服本判决，可在接到判决书的第二日起十日内，通过本院或者直接向北京市第二中级人民法院提出上诉。书面上诉的，应当提交上诉状正本一份，副本二份。

审　判　长　千　妍
人民陪审员　陈永慧
人民陪审员　梁惠明
二〇一四年十一月二十七日
书　记　员　李　雪

侯××虚开增值税专用发票案

山西省侯马市人民法院
刑事判决书

（2015）侯刑初字第46号

公诉机关侯马市人民检察院。被告人侯××。

侯马市人民检察院以侯检公诉刑诉（2015）01号起诉书指控被告人侯××犯虚开增值税专用发票罪，于2015年4月20日向本院提起公诉。本院受理后，依法组成合议庭，适用普通程序，公开开庭审理了本案。侯马市人民检察院代理检察员李伟出庭支持公诉，被告人侯××等到庭参加了诉讼。经延期审理，现已审理终结。

侯马市人民检察院指控：2001年5月至2001年6月底，作为某县华龙有限公司法定代表人的被告人侯××，在无商品交易情况下，与某市世峰公司董事长曾××（另案处理）联系为本公司开具增值税专用发票，双方联系好开票内容及开票所需钱数后，侯××指派公司会计薛×（另案处理）、杨××（已判）先后四次去某市找曾××，按4%～5%的点交钱后，取回伪造的山西增值税专用发票77份及空白合同，虚开税额1,192,831.22元，并经杨××全部申报抵扣。现公司已将税款全部退还。2002年5月19日，侯××向临汾市公安局举报他人有虚开增值税专用发票的犯罪行为，后经查证属实。

公诉机关当庭宣读了证人证言，出示了书证等相关证据，认为被告人侯××的行为已构成虚开增值税专用发票罪,要求依法惩处。

被告人侯××认罪,辩解其有自首、重大立功情节,应减轻处罚。

经本院审理查明:2001年5月至2001年6月底,作为某县华龙有限公司法定代表人的被告人侯××,在无商品交易情况下,与某市世峰公司董事长曾××(另案处理)联系为本公司开具增值税专用发票,双方联系好开票内容及开票所需钱数后,侯××指派公司会计薛×(另案处理)、杨××(已判)先后四次去某市找曾××,按4%~5%的点交钱后,取回伪造的山西增值税专用发票77份及空白合同,虚开税额1,192,831.22元,并由杨××全部申报抵扣。现公司已将税款全部退还。

另查明:被告人侯××于2015年2月11日到侯马市人民检察院投案并如实供述虚开增值税专用发票的犯罪事实;2002年5月19日,侯××向临汾市公安局举报他人有虚开增值税专用发票的犯罪行为,且案情影响重大,后经查证属实。

上述事实,有经当庭质证、认证的下列证据予以证明:

1. 常住人口信息表证明:被告人侯××的身份信息。

2. 证人曾××(某市矿业公司董事长)的证言证明:2001年三四月,一个叫王××的来我公司办事,闲聊中王说能开下便宜的增值税发票,价税合计3.5%,问我要不,我说帮他问问。之后我去某县见到被告人侯××以价税合计4%问他要不,他说要,我回到某市找到王××说某县有人要……我就打电话给侯××……后来侯××派他的会计一共来了四次,开了77份票,税额是100多万元。

3. 证人赵××(某市矿业公司会计)的证言与证人曾××的证言能够相互印证。

4. 被告人侯××的供述与杨××的证言可以印证:是侯××联系好后,分别指派会计薛×、杨××带开票钱找曾××取回发票。

5. 某县华龙有限公司的营业执照证明该公司是企业法人,主营生铁冶炼、矿粉精选、生铁铸造等,法定代表人是侯××。

6. 某县华龙有限公司税务登记证证明该公司税务登记证号为1426××××××8295610。

7. 临汾地区公安处扣押物品清单证明已将虚开的77份增值税专用发票和虚假的合同扣押。

8. 扣押的增值税专用发票证明受票单位是某县华龙实业有限公司,虚开的税额共计1,192,831.22元。

9. 某县国家税务局的证明证实:某县华龙有限公司于2001年6月、7月将以上虚开的税款申报抵扣。

10. 缴款书证明:某县华龙有限公司已将税款全部退缴。

11. 侯马市人民检察院的接待笔录证明:2015 年 2 月 11 日被告人侯××主动投案,并如实供述虚开增值税专用发票的犯罪事实。

12. 公安部、国家税务总局联合下发公经(2002)8××号文件证明:被告人侯××举报他人虚开增值税专用发票的案情重大,要求涉案地公安经侦和国税稽查部门进行协查取证。

13. 临汾公安处报山西省经侦总队函、某市公安局杏花岭分局经侦科的询问笔录、立案报告表、山西省高级人民法院刑事判决书均证明:被告人侯××检举揭发他人虚开增值税专用发票罪,查证属实。

以上证据均经法庭质证,证据来源合法,相关内容相互印证,具有证据效力,足以认定。

本院认为,被告人侯××身为某县华龙有限公司法定代表人,为了单位的利益以单位名义,参与虚开增值税专用发票,数额巨大,并予以申报抵扣,应认定为单位犯罪中直接负责的主管人员,其行为已构成虚开增值税专用发票罪。侯马市人民检察院指控被告人侯××犯虚开增值税专用发票罪的事实清楚,证据确实、充分,本院予以支持。鉴于某县华龙有限公司已将抵扣的税款全部退缴,被告人侯××主动投案,并如实供述虚开增值税专用发票的犯罪事实,系自首,且检举揭发他人犯罪行为,案情影响重大,查证属实,系重大立功表现,应减轻处罚。为了打击刑事犯罪,保护国家对增值税专用发票的管理制度,依照《中华人民共和国刑法》第 204 条第 1 款、第 2 款,第 25 条第 1 款,第 67 条第 1 款,第 68 条,第 72 条第 1 款,第 73 条第 2 款、第 3 款之规定,判决如下:

被告人侯××犯虚开增值税专用发票罪,判处有期徒刑三年,缓刑五年。(缓刑考验期限从判决确定之日起计算。)

如不服本判决,可在接到判决书的第二日起十日内,通过本院或直接向临汾市中级人民法院提出上诉。书面上诉的,应提交上诉状正本一份,副本五份。

审　判　长　王　萍
审　判　员　常志斌
人民陪审员　张雪萍
二〇一五年九月十八日
书　记　员　尉志强

土地出让合同解除后纳税人请求退还已纳契税争议案

【导读】

2020年8月11日,《契税法》经第十三届全国人大常委会第二十一次会议审议通过,于2021年9月1日起正式施行。《契税法》明确了办理房屋、土地权属登记前,合同解除的,可向税务机关申请退还契税。出让国有土地使用权的,受让方应当申报缴纳契税,但是由于市场、政策等原因的影响,企业在办理土地使用证后,与国土部门达成合意解除土地出让合同的,企业能否向税务机关申请退还已经缴纳的契税?就合同解除,契税是否退还问题,不仅契税纳税人与税务机关产生争议,而且各地税务机关、法院对此问题的理解也不一致,因此在实践中产生了不同的行政决定与司法判决。本节将通过一则相关案例探讨其中的税法难点。

一、案情简介

(一)案件基本信息

案件类型:契税纳税义务确定争议

涉案金额:税款749万元

法律风险:所缴纳的契税749万元无法退回

(二)案件详情

N市E投资有限公司(以下简称E公司)成立于2010年11月,注册地位于浙江省N市,经营范围系房地产开发、实业项目投资等。

2010年8月17日,N市国土资源局发布国有建设用地使用权挂牌出让公告,决定以挂牌方式出让X地块。2010年9月20日,E公司竞得X地块的国有建设用地使用权,同日与N市国土资源局签订了《国有建设用地使用权出让合同》(以下简称《土地出让合同》),N市国土资源局交付了涉案土地。此后,E公司向N市Y地方税务局缴纳契税749万元。

2011年4月,E公司准备向N市规划局报送X地块的规划方案时,获悉N市委、市政府将制定实施“S核心区改造提升规划及城市设计”方案,因该方案中下穿式交通组织的北面隧道出入口正好位于X地块的沿街东侧路段,故N市规划局要求 E 公司暂缓 4 个月报批设计方案。此后，E 公司一直与 N 市政府、N 市规划局、N 市国土资源局进行交涉协商，要求将受让地块按总价值规模进行置换或减少土地出让价款，但 N 市国土资源局及有关部门一直没有明确答复。2012 年 4 月 16 日，N 市政府正式批准《N 市 S 核心区改造提升规划》，改变了原出让条件，E 公司再次向 N 市人民政府及 N 市国土资源局等有关部门反映，要求对该地块作出处理。后 E 公司在资金被长期占用、不能周转而导致资金链断裂的情况下，被迫同意与 N 市国土资源局协调。

E 公司经与 N 市国土资源局等有关部门多次协商无果后，2014 年 12 月 4 日，E 公司向 N 市仲裁委员会提出仲裁申请，要求解除与 N 市国土资源局签订的《土地出让合同》，并返还其土地出让金及已经缴纳的契税。2014 年 12 月 5 日，N 市仲裁委员会作出裁决，裁决内容包括：解除《土地出让合同》；N 市国土资源局扣除 20% 定金后将剩余土地出让金退还给 E 公司；E 公司已经缴纳的契税由 E 公司向 N 市 Y 地方税务局申请办理退税，N 市国土资源局予以协助。裁决生效后 E 公司归还土地并注销了原土地证，N 市国土资源局退还了 E 公司相应的土地出让金。

2014 年 12 月 19 日，E 公司向 N 市 Y 地方税务局提出退税申请。2015 年 1 月 20 日，N 市 Y 地方税务局向 E 公司作出《关于退税申请的答复》（以下简称《答复》），认定 E 公司与 N 市国土资源局签署《土地出让合同》并受让取得 X 地块使用权后，应当依法缴纳契税，解除《土地出让合同》不影响合同解除前纳税义务的发生与履行，不属于退税事由；决定不予退还 E 公司已缴纳的 X 地块土地出让契税。

E 公司不服，于 2015 年 2 月 28 日向 N 市 Y 区政府申请行政复议，2015 年 4 月 26 日复议机关作出了维持的复议决定。E 公司仍不服，向 N 市 Y 区人民法院提起行政诉讼，请求法院判决撤销 N 市 Y 地方税务局作出的《答复》、撤销 Y 区政府作出的复议维持决定并判令 N 市 Y 地方税务局退还已缴纳契税。

（三）各方观点

E 公司认为：E 公司与 N 市国土资源局签订的《土地出让合同》已经依法解除，N 市 Y 地方税务局原先向 E 公司征收的契税已经失去了基础事实和法定依据，理应恢复原状，否则就构成了“不当得利”；根据国家税务总局《关于办理期房退房手续后应退还已征契税的批复》（国税函〔2002〕622 号）[1]、国家税务总局《关于无效产权转移征收契税的批复》（国税函〔2008〕438 号）、《浙江省实施〈中华人民共和

〔1〕 该文件已于 2016 年 5 月 29 日被国家税务总局《关于公布全文失效废止和部分条款废止的税收规范性文件目录的公告》（国家税务总局公告 2016 年第 34 号）废止。

国契税暂行条例〉办法》(浙江省人民政府令第341号)等规范性文件的规定,只要E公司未实际取得X地块,那么N市Y地方税务局就应对E公司缴纳的契税予以退还;因N市政府变更城市设计规划的行政行为导致E公司受让土地的市场价值大为贬损,而N市国土资源局拒绝提供一定的补偿,E公司不得不解除《土地出让合同》,在E公司没有任何过错的情况下,N市Y地方税务局作出的答复明显不当。

N市Y地方税务局认为:征收E公司的契税于法有据;N市仲裁委员会作出的裁决不能直接作为退税依据,仲裁无权对所涉税款是否应予退还作出裁决;合同解除不构成退还契税的理由,根据《合同法》[1]的规定,合同解除不同于合同无效或被撤销,解除合同仅发生向后的法律效力,解除前既已发生的法律关系并不因合同解除而自始无效。对于本案而言,《土地出让合同》已解除,但并不能改变E公司实际已经取得过X地块的土地使用权的事实,故E公司的纳税义务仍然存在;税务机关为纳税人退税必须具有法定理由,本案没有法定退税理由,税务机关无权作出退税决定。

N市Y区人民法院认为:根据我国《契税暂行条例》的规定,E公司是契税的纳税义务人,应依照规定期限申报缴纳契税;《契税暂行条例》第6条明确规定了纳税人在具有契税纳税义务时减征或免征的情形,以及《税收征收管理法》明确规定对于税务机关多征、误征情况下应当退税,本案中E公司与N市国土资源局经仲裁解除《土地出让合同》的情形不属于减征、免征、退还契税的法定情形,遂最终判决驳回E公司的全部诉讼请求。

(四)争议焦点

E公司与N市国土资源局依法解除《土地出让合同》的情形,是否属于N市Y地方税务局退还E公司已缴纳契税的法定情形。

二、税务律师点评

(一)《契税法》明确,办理权属登记前,权属转移合同被解除的,纳税人可以向税务机关申请退还契税

根据《契税法》[2]第1条的规定,契税的征税范围为境内土地、房屋权属的转

[1] 《合同法》已于2021年1月1日被《民法典》废止,相关规定参见《民法典》合同编。

[2] 《契税暂行条例》虽未直接规定纳税人的退税请求权,但在国家税务总局的批复中,对《契税法》中的退税权规定已有体现。

移,包括土地使用权的出让、转让、房屋买卖、赠与和互换。该法第 12 条规定,在依法办理土地、房屋权属登记前,权属转移合同、权属转移合同性质凭证不生效、无效、被撤销或者被解除的,纳税人可以向税务机关申请退还已缴纳的税款,税务机关应当依法办理。《契税法》的上述规定明确了契税针对单位或个人所实施的承受不动产权属行为征税的基本特点,土地、房屋权属未发生转移的,不征收契税。

根据我国现行合同行为与物权行为二分的体系,民商事主体在不动产权属转移活动中的行为被分割为两个组成部分,即合同行为和物权行为,两类法律行为各有其法定的生效条件。契税的征收只有在民商事主体关于不动产权属转移的合同行为和物权行为都生效后才具有正当性和合理性。一旦民商事主体有关不动产权属转移的合同行为和物权行为都生效(合法完成了不动产权属转移登记),且不存在能够将该合同行为或物权行为判定为自始无效的情形下,不动产受让方的契税纳税义务便不可逆地发生。

(二)判定契税纳税义务存在与否的核心是受让物权行为的效力状态

纳税人承担契税纳税义务的正当性在于纳税人是土地权属的承受人,实际取得了土地的权属。对于纳税人尚未取得土地权属或已经取得土地权属的物权行为被自始判定为无效的情况下,该行为人则不再负有契税的纳税义务。《契税法》第 12 条规定所反映的契税的基本立法原理,在此前国家税务总局的批复中有所体现,《契税法》将相关规范性文件予以整合,以下列示《契税法》实施前,有关契税退还的相关政策:

国税函〔2002〕622 号文[1]规定:“对交易双方已签订房屋买卖合同,但由于各种原因最终未能完成交易的,如购房者已按规定缴纳契税,在办理期房退房手续后,对其已纳契税款应予以退还。”虽然国家税务总局的这一复函已经失效,但能够反映笔者所得出的结论。根据其规定,购房者虽然已经签订房屋买卖合同,但最终未能完成交易,所谓完成交易应当就是指完成房屋的交付及不动产变更登记。由于购房者未能实际取得房屋所有权及土地使用权,因而不产生契税的纳税义务,已交契税应予返还。

国税函〔2008〕438 号文规定:“按照现行契税政策规定,对经法院判决的无效产权转移行为不征收契税。法院判决撤销房屋所有权证后,已纳契税款应予退还。”国家税务总局的这一批复现行有效。根据其规定,如果受让方取得了土地权

〔1〕 该文件已于 2016 年 5 月 29 日被国家税务总局《关于公布全文失效废止和部分条款废止的税收规范性文件目录的公告》(国家税务总局公告 2016 年第 34 号)废止。

属,但经法院司法审查后判令其取得不动产权属的行为自始无效,则受让方不产生契税的纳税义务。

财政部、国家税务总局《关于购房人办理退房有关契税问题的通知》(财税〔2011〕32 号)规定:“对已缴纳契税的购房单位和个人,在未办理房屋权属变更登记前退房的,退还已纳契税;在办理房屋权属变更登记后退房的,不予退还已纳契税。”

《浙江省实施〈中华人民共和国契税暂行条例〉办法》第 11 条规定:“纳税人缴纳契税后,因所签订的土地、房屋权属转移合同无法履行申请退税的,经县级以上人民政府契税征收机关审核批准,准予退税。”此处,“合同无法履行”的时点并未明确是否必须在权属登记变更之前,但体现出权属变更的物权行为无法完成的,所缴纳契税应予退还。

(三)合同解除并不意味着必然应退还契税

根据我国《民法典》的相关规定,合同的解除明显区别于合同的撤销和无效合同。合同经法院或仲裁机关被判定无效或撤销后,该项合同自始无效,视为自始至终没有发生过效力;而合同经当事人协商或法院、仲裁机构判定解除的,合同自签署之日起至解除之日止仍然发生效力,只是自合同解除之后不再产生效力。具体至本案而言,E 公司与 N 市国土资源局 2010 年 9 月 20 日签署了《土地出让合同》,该《土地出让合同》后被仲裁解除,并非因违法情形被仲裁裁定为无效,且 E 公司在合同解除后,于 2014 年注销土地使用证,在该期间,E 公司的土地受让合同行为及所取得土地使用权登记及权证的物权行为处于完满状态,E 公司确实取得了土地使用权,其契税的纳税义务也已产生,不能因为其合同解除而否定契税纳税义务的存在。

三、本案启示

《土地出让合同》的解除并非必然意味着土地受让方可以申请退还已缴纳的契税。判定已缴契税是否能够退还的核心要素是考察不动产权属变更的物权行为是否发生或其效力状态。在两种情况下,受让方已经缴纳的契税应当予以退还:第一种情况是当受让方与出让方自始至终未完成不动产权属变更,即受让方尚未取得不动产权利时;第二种情况是当受让方已经取得不动产权属,但由于法院、仲裁机构判定其取得不动产权属的行为自始无效时。

因此,从当前实在法的规定看,本案 E 公司请求税务机关退还已缴契税并无法律依据。然而,不可否认的是,由此产生的后果是不合理的:本案土地出让合同虽曾有效存在,但E公司并未因此对相应土地实质上获取任何利益,并且土地出让合同的解除也非E公司过错造成,在此情况下,E公司没有获益,也没有过错,反而需要承担因缴纳契税造成的损失,明显对其不公平。从契税的本质看,其征收之正当性在于纳税人以税收换取产权保护,而这种保护不应流于形式。如果纳税人缴纳契税后虽然在形式上获得了相应产权,但却因客观原因导致产权根本无法享有,那么所谓产权保护是否真实发生,对此征收契税是否依然具有正当性则值得质疑。在当前税收法治建设的进程中,国家税收征收与纳税人权益保护处于同等重要的地位,在现有规定对纳税人权益无法实现有效维护,依照实在法将置纳税人于不公平处境时,则应当思考实在法规定的合理性。笔者认为,为避免本案这样结果的再现,应以保护纳税人权益为考量和担当,对当前实在法规定进行完善,以在税收征收与纳税人权利保护之间实现平衡。

* * *

【链接】

《契税法》规定的退税权,应否受3年退税期限的限制

税收法律关系从税收征管角度而言,包含一定的权力关系,但从税收实体法上的征纳关系而言,实质是债权债务关系。作为国家提供公共服务的对价,纳税人应依法向国家缴纳税款,而与此相对应,对于超过应履行纳税义务部分的"超纳税款"和无法律依据情况下的"误纳税款",纳税人无纳税义务,有依法请求退税的权利。根据《税收征收管理法》第51条的规定,超过应纳税额缴纳的税款,纳税人自结算税款之日起3年内申请退还,税务机关发现后应当立即退还且无期限限制。那么,"超纳税款"和"误纳税款"在退税请求权的时效主张上是否有差异,《契税法》第12条规定的退税请求权是否受到3年期限的限制,以下撰文探讨。

一、退税权的产生基础

税收返还请求权,简称退税权,是在纳税人履行纳税义务的过程中,由于征税主体对纳税人缴付的全部或部分款项的保有没有法律依据,因而纳税人可以请求予以退还的权利〔1〕。

〔1〕 张守文:《财税法疏议》,北京大学出版社2005年版,第209页。

退税权的产生基础,首先基于税收债务关系理论。税收债务关系本质上是国家要求纳税人履行税收债务的关系,税收法律关系包含一定的权力关系(如在税收征管方面),但其最基本的部分(税收实体法上的税收征纳关系)则是债权债务关系。因此,税收债权被认为是一种公法上的债权,征纳双方的债权债务关系除法律有规定外,适用于债法的一般法理[1]。此外,根据税收法定主义原则,税款征收应有法律依据,纳税人超过应纳税款缴纳、不应当缴纳而误纳税款或纳税人在缴纳税款后原缴纳税款依据灭失,纳税人享有要求税务机关退还税款的权利,而对于征税主体而言,纳税人的多纳、误纳税款构成征税主体的不当得利,应当退还。

二、退税权的行使期限

《税收征收管理法》一方面明确规定了纳税人依法享有申请减税、免税、退税的权利,另一方面在退还请求权的行使期限上也作出明确规定。具体而言,在超纳税款(超过应纳税款的溢纳税款部分)的退还方面,税务机关发现后无期限限制应立即退还,纳税人发现的,应当自结算税款之日起 3 年内提出。由此可以看出,对税款返还请求权,《税收征收管理法》规定了明确的时限,该 3 年期限为除斥期间。而《进出口关税条例》第 52 条则规定,海关发现多征税款的,应当立即通知纳税人办理退还,纳税人发现多缴纳税款的,自缴纳税款之日起 1 年内,书面形式要求海关退还。从前述规定可见,对退税请求权的期限根据权利受保护的程度不同不尽相同。但是,如果超过退税权的行使期限,纳税人都将丧失请求税务机关返还税款的权利。

三、《契税法》第 12 条规定的退税权不应受《税收征收管理法》第 51 条期限限制

《契税法》第 12 条规定,在依法办理土地、房屋权属登记前,权属转移合同、权属转移合同性质凭证不生效、无效、被撤销或者被解除的,纳税人可以向税务机关申请退还已缴纳的税款,税务机关应当依法办理。契税以房屋、土地使用权的转移为征税对象,若在权属变更、登记前,权属转移合同性质凭证不生效、无效、被撤销或解除,则课税基础丧失,不再负有纳税义务。在《契税法》出台之前,国家税务总局也发布相关通知、批复等,明确对无效产权转移行为(契税缴纳后,权属转移行为被宣告无效或撤销的)、因种种原因未完成权属登记的退还契税。

然而,《契税法》中所规定的退税情形与《税收征收管理法》所规定的退税情形

[1] [日]金子宏:《日本税法原理》,刘多田等译,中国财政经济出版社 1989 年版,第 18~21、286 页。

存在根本差别。《税收征收管理法》第 51 条规定的退税期限，是针对“纳税人超过应纳税额缴纳的税款”的情形，即针对“超纳税款”，纳税人可以自结算缴纳税款之日起 3 年内申请退还；《契税法》第 12 条规定的情形并不属于“纳税人超过应纳税额缴纳的税款”，而是由契税的课税基础丧失，纳税义务随之消失所造成的“误纳税款”，即第 51 条的退税期限的规定适用的情形与《契税法》第 12 条规定的情形完全不同。因此，《契税法》第 12 条规定的退税权并不适用《税收征收管理法》第 51 条，不应受 3 年期限的限制。

在“刘某秀诉国家税务总局北京市西城区税务局、北京市税务局行政复议纠纷案”中[1]，刘某秀于 2011 年将涉案房屋出售给沈某，并于 2011 年 9 月代沈某缴纳契税，在契税缴纳后，其与沈某之间的涉案房屋交易于 2012 年 11 月二审法院作出维持涉案房屋交易无效的判决，刘某秀于 2016 年 12 月向税务机关提出退税申请，税务机关以距离其结算缴纳税款时间已经超过 5 年，已过 3 年的退税申请期限，不予退税。一审法院认为，刘某秀曾缴纳的税款自其与沈某基于以房抵债的行为不具备法律效力时，已不符合税的根本属性，不具备课税要素条件和税收依据，依法应予退还，否则将有违税法的立法精神和宗旨。刘某秀缴纳的税款性质发生变化，国家作为公权力在已不具备课税要素以及税收依据的前提下应予以退还，如若不然，将不符合税收公平、适度、法治等基本原则，相对于个人私权而言，涉嫌存在税收利益的不平衡和不合理，有违保护纳税人合法权益，促进经济和社会发展的税法立法宗旨，违背法的公平正义的基本价值取向。二审法院认为，根据《税收征收管理法》第 51 条的规定，依法负有应纳税义务的纳税人多缴税款后，应适用第 51 条之规定，对多缴纳的税款予以退还。在税收征缴过程中，当事人缴纳了相关款项，但经查明实际上不负有纳税义务的，以缴纳税款名义实际缴纳的款项，该种情形不属于第 51 条规定的“超过应纳税额缴纳”问题，对该款项的退还，亦不宜适用前述第 51 条的规定。

四、建议在《税收征收管理法》中设置课税基础灭失产生的退税权的行使期限

同各类期限的一般功能相同，对退税权设置期限，对于保障交易安全和稳定社会秩序都起着非常重要的作用。如前所述，对于超纳税款产生的退税权的行使期限，《税收征收管理法》已有明确规定，这有助于纳税人和税务机关及时处理税款的溢缴问题，使税收征纳法律关系尽快得到稳定。而对于因合同未生效、无效、被撤

---

〔1〕 国家税务总局、北京市西城区税务局等与刘某秀行政复议纠纷案，北京市第二中级人民法院（2019）京 02 行终 964 号行政判决书。

销等原因造成课税基础灭失从而产生的退税权,由于其属于“误纳税款”,因而不能适用《税收征收管理法》第51条的规定,否则将造成不公平、不合理的结果。但是,如果不对此设置一定的期限限制,将导致税收征纳关系长期甚至无限期地处于不稳定的状态,既不利于税款的及时征收,也不利于纳税人权益的有效维护。

为此,笔者认为,应在《税收征收管理法》中对此另行作出规定,对“误纳税款”产生的退税权设置一定的行使期限,以督促纳税人及时行使权利。同时,退税权行使期限的起算不应以“纳税人结算缴纳税款之日”为起点,如此将造成纳税人在无法行使权利时期限已经经过的不合理后果,而是应当以纳税人可行使权利为期限起算点,即可以参照民法中关于诉讼时效期间的规定,将纳税人“知道或者应当知道”课税基础灭失之日作为退税权行使期限的起算时点,以保证纳税人权利能够得到有效行使,进而实现督促纳税人及时行使权利与保证纳税人有效行使权利的统一。

地方政府违背税收优惠行政允诺争议案

【导读】

2014年年底,国务院在全国范围内推动地方税收优惠政策的清理工作,至2015年年初该项全面清理工作中止。这一行动暴露出了长久以来各地税收优惠政策所存在的一项致命缺陷,即不具有合法性。违反现行税法规定的地方税收优惠政策将会给企业等纳税人带来严重的税务风险。随着税收法治的进步,地方政府不能随意作出税收优惠允诺,对于已经作出的承诺亦不应再履行。本节将对一则税务争议案件进行分析,该案例中,税务机关以地方政府出台的税收优惠政策违法为由"主动"违约不兑现承诺,企业虽然诉请履行但无法得到法院的支持而最终败诉。

一、案情简介

(一)案件基本信息

案件类型:地方政府税收优惠政策争议

涉案金额:税款2421万元

法律风险:地方政府作出的违反税收法定原则的税收优惠承诺将无法继续履行

(二)案件详情

S省F硅业科技有限责任公司(以下简称F公司)成立于2000年10月8日,注册地位于S省甲市乙区,经营范围为生产、销售多晶硅、单晶硅及其综合利用产品。甲市政府于2000年4月16日作出《关于支持1000吨/年多晶硅项目建设有关问题的通知》(甲府函〔2000〕49号,以下简称49号函),其中第3条规定,"1000吨/年多晶硅项目投产后,增值税前三年地方所得返企业用于还本付息,所得税前五年由同级财政先征后返,之后五年由财政按规定返还50%,若企业有困难,可全部返还"。

成立于2000年的F公司是甲市政府招商引资的重点高新技术企业,甲市政府有关部门领导曾与企业项目投资人明确承诺要按照上述49号函的规定给予F公司税收等优惠政策,并要求由甲市乙区政府及其有关部门共同遵照执行。F公司遂在甲市乙区于2000年10月8日成立。自2000年F公司投产以来至2012年,F公司与甲市乙区政府均依照49号函的规定履行了相关税收优惠政策。

2012年8月19日,国务院作出了《关于同意甲市高新技术产业园区升级为国家高新技术产业开发区的批复》(国函〔2012〕118号),同意甲市高新技术产业园区升级为国家高新技术产业开发区,定名为甲市高新技术产业开发区,实行现行的国家高新技术产业开发区的政策。2014年12月24日,中共甲市市委机构编制委员会作出《关于印发甲市高新技术产业开发区管理委员会机构编制方案的通知》(甲编发〔2014〕60号),决定设立甲市高新技术产业开发区管理委员会(以下简称高新区管委会),作为甲市政府的派出机构,具体负责辖区内的税收、招商引资、教育、科技等各项管理和发展工作。F公司的住所位于高新区管委会辖区范围内,开始接受高新区管委会的统筹管辖,高新区管委会从F公司分得的税收收入比例为增值税12.5%、企业所得税28%。

2014年9月3日,甲市中级人民法院受理了F公司的破产清算申请,并指定A清算事务有限公司担任F公司的破产管理人。在F公司存续经营期间,甲市政府均依照49号函的规定对F公司实施了税收返还,但自高新区管委会成立后,高新区管委会没有依照49号函的规定将其所分得的F公司的税收收入向F公司返还。因此,在F公司破产清算期间,破产管理人多次向高新区管委会发函要求其按照49号函的规定支付F公司剩余的税收返还款2421.20万元,高新区管委会亦多次书面或口头答复不予支付。

F公司不服高新区管委会不予支付的答复结果,向丙市人民法院(以下简称一审法院)提起行政诉讼,请求高新区管委会依照49号函的规定支付税收返还款2421.20万元。一审法院以F公司申请高新区管委会履行给付义务理由不成立为由判决驳回了F公司的诉讼请求。F公司不服,向S省甲市中级人民法院(以下简称二审法院)提起上诉。2016年9月13日,二审法院最终判决驳回上诉,维持原判。

(三)各方观点

1. F公司的主要观点

(1)F公司与甲市政府之间具有行政合同法律关系。F公司在成立之初,甲市政府及甲市乙区政府各有关部门多次与F公司投资方召开招商引资座谈会,明确承诺将按照甲市政府49号函的规定给予F公司税收等优惠政策。因此,尽管F公司与甲市政府没有签署书面的相关协议、文件,但F公司与甲市政府实际上存在行政法上权利义务内容的协议关系,并不能简单直接地将49号函理解为甲市政府单方面的意思表示。

(2)49号函并不违反现行税法规定,具有合法效力。49号函所规定的税收优惠政策并没有规定应纳税款的返还、减征、免征,而是规定了根据企业缴纳增值税、所得税的情况来给予优惠财政补贴,与《税收征收管理法》第3条之规定并不冲突,具有合法效力。

(3)高新区管委会应按照相关文件精神继续履行支付义务。根据国务院《关于税收等优惠政策相关事项的通知》(国发〔2015〕25号)第2条、第3条的规定,各地区、各部门已经出台的税收等优惠政策有规定期限的按规定期限执行;各地与企业已签订合同中的优惠政策继续有效,对已兑现的部分,不溯及既往。因此,高新区管委会作为甲市政府的派出机构,应当严格依照F公司与甲市政府之前达成的优惠政策协议履行支付财政返还款的义务。即便是法院认定F公司与甲市政府之间没有达成合同或协议的,根据上列规定49号函的内容也属有效,应在规定期限内继续履行。

2. 高新区管委会的主要观点

49号函属于甲市政府的单方行政允诺行为,其中关于税收返还的规定严重违反了《税收征收管理法》第3条的规定,不应得到执行。F公司基于49号函实际取得及预期取得的利益均属于非合法利益,不应受到法律保护。

3. 法院的裁判观点

(1)甲市政府49号函在性质上属于行政允诺。行政允诺行为是行政主体为履行好自己的职责,向特定或不特定相对人作出的,承诺在出现某种特定情形或者相对人完成某一特定行为后,由自己或自己所属的职能部门给予该相对人奖励或其他利益的单方意思表示。本案中甲市政府于2000年4月16日作出的49号函,发文对象是乙区政府、市政府有关部门、F公司,从内容上看是针对准备在乙区的高新区成立的年产1000吨以上多晶硅企业在技术、办事程序、税收返还等一系列优惠承诺,其性质属于行政允诺行为。

(2)49号函违反税法的禁止性规定,无法得到法院支持。根据《税收征收管理法》第3条的规定,税收的开征、停征以及减税、免税、退税、补税,依照法律的规定执行。任何机关、单位和个人不得违反法律、行政法规的规定,擅自作出税收开征、停征以及减税、免税、退税、补税和其他同税收法律、行政法规相抵触的决定。国务院《关于纠正地方自行制定税收先征后返政策的通知》(国发〔2000〕2号)第1条、

第2条也明确规定,各地区、各部门不得以先征后返或其他减免税手段吸引投资,更不得以各种方式变通税法和税收政策,损害税收的权威;先征后返政策作为减免税收的一种形式,审批权限属于国务院,各级地方人民政府一律不得自行制定税收先征后返政策。本案中49号函关于税收返还的规定在内容上属于先征后返的减免税形式,未得到国务院的审批,明显与《税收征收管理法》及国发〔2000〕2号文的规定相抵触,违反了法律的禁止性规定。因此F公司要求高新区管委会依照49号函兑现允诺的主张,法院不予支持。

(3)关于在本案中如何适用国发〔2015〕25号文的问题。国发〔2015〕25号文第2条规定,各地区、各部门已经出台的优惠政策,有规定期限的,按规定期限执行。F公司主张依照本条规定的内容,高新区管委会应当兑现其允诺。法院认为该条规定中所执行的优惠政策应当理解为符合现行税法规定且不违背法律的禁止性规定的优惠政策。而本案中49号函对于F公司尽管仍具有一定的执行期限和内容,但由于其本身违反了法律的禁止性规定,因而本条之规定对49号函不具有适用性。国发〔2015〕25号文第3条规定,各地与企业已签订合同中的优惠政策,继续有效;对已兑现的部分,不溯及既往。F公司主张其与甲市政府之间签有优惠政策合同或协议并要求高新区管委会依照本条之规定兑现其允诺。而F公司无法提交其与甲市政府等有关部门签署的协议或合同,对F公司的上列主张法院不予支持。

(四)争议焦点

甲市政府作出的49号函中关于税收返还的规定在性质上是单方行政允诺行为还是行政合同行为,该行政行为是否有效。

二、税务律师点评

(一)地方税收优惠政策面临合法性考验,企业面临税收利益损失风险

2014年11月27日,国务院发布《关于清理规范税收等优惠政策的通知》(国发〔2014〕62号),明确要求各地要全面开展各类税收优惠政策的排查和清理工作,对于违反国家法律法规的优惠政策、未经国务院批准的优惠政策以及不具有时效性但仍然执行的优惠政策一律停止执行。

考虑到各地实施地方性税收优惠政策的复杂情况,为了稳定地方层面经济社会的有序发展,2015年5月10日,国发〔2015〕25号文发布,中止了全面清理地方税收优惠政策的工作,转而采取了一种较为温和的"新老划断"的清理方法,即对于

各地已经出台的优惠政策,如果有规定期限的按照期限执行完毕后再进行清理或调整,如果没有规定期限的,在清理时发现需要调整的,可以设置一定的过渡期,在过渡期内执行完毕后再进行清理;对于各地已经与企业签订的合同,可继续履行,已兑现的部分不溯及既往;各地在制定出台新的优惠政策时,应严格按照法律的规定行使权力。

可以说,尽管国家放缓了对地方税收优惠政策的清理工作,但地方税收优惠政策无疑已经开始面临最大考验,即合法性问题。对于不具有合法性的地方税收优惠政策,尽管国家暂停了全面清理工作,但在极大程度上无法受到法律的保护,最终承担损失的还是企业等纳税人。例如,某地政府认识到其在之前作出的地方税收优惠政策不具有合法性而主动违约不兑现承诺的,那么企业申请启动司法救济要求政府履行其承诺则难以发挥效果。归根结底,法院将难以支持任何一项不具有合法性的地方税收优惠政策。本案的判决结果便体现了这一点。

(二)对于违法的税收行政允诺,企业的信赖利益是否应当得到保护

复杂、多样的地方税收优惠政策不外乎表现为两种情形,一种是政府单方面作出的税收优惠行政允诺,如本案中的甲市政府 49 号函;另一种是政府与企业等纳税人签订的税收优惠合同或协议。

对于单方面的税收行政允诺而言,其效力样态将会对纳税人的税收利益产生至关重要的影响。行政法学界认为,行政允诺的效力样态分为三类,分别是合法有效、可撤销和无效。所谓可撤销的行政允诺,是指行政允诺已经发生效力但其效力存在瑕疵的情况,如作出行政允诺的行政主体超越职权、滥用职权、允诺内容在根本上不可能实现等,具有一般违法性。所谓无效的行政允诺,是指行政允诺虽已作出但存在重大且明显的违法而可能被有权机关确认自始无效的情况,如行政主体行使了其他行政主体或其他国家机关的专有职权、允诺内容直接违反法律的禁止性规定或公序良俗等。无论是可撤销的行政允诺还是无效的行政允诺,都具有违法性的特点。由于税收行政允诺大多属于授益行政行为,违法税收行政允诺的效力被撤销或被确认自始无效的,必然将给纳税人等相对方的权益造成损害,在这种情况下纳税人所产生的信赖利益能否得到法律保护呢?

目前我国行政法并没有对违法行政允诺的法律救济作出明确规定,但《行政诉讼法》非常明确地吸纳了信赖保护原则的有关内涵。《行政诉讼法》第 76 条规定:“人民法院判决确认违法或者无效的,可以同时判决责令被告采取补救措施;给原告造成损失的,依法判决被告承担赔偿责任。”第 74 条规定:“行政行为有下列情形

之一的,人民法院判决确认违法,但不撤销行政行为:(一)行政行为依法应当撤销,但撤销会给国家利益、社会公共利益造成重大损害的;(二)行政行为程序轻微违法,但对原告权利不产生实际影响的。行政行为有下列情形之一,不需要撤销或者判决履行的,人民法院判决确认违法:(一)行政行为违法,但不具有可撤销内容的;(二)被告改变原违法行政行为,原告仍要求确认原行政行为违法的;(三)被告不履行或者拖延履行法定职责,判决履行没有意义的。"然而,对于明显违法的税收行政允诺行为,纳税人往往不会诉请法院判决确认其违法,因为税收行政允诺行为是授益行政行为,纳税人往往已经实际取得了税收利益,一旦法院判决确认税收行政允诺行为违法而自始无效的,则纳税人已经实际取得的税收利益将无法保障。通常情况下,纳税人将会与本案的F公司一样诉请行政机关履行其"违法"的税收行政允诺行为,这种情况下法院尽管会对所涉税收行政允诺行为的合法性进行审查,但并不会判决确认该行政允诺行为违法。由于纳税人在这种司法救济适用逻辑中无法提出信赖利益的保障问题,因而法院也无法以行政行为违法为由判决行政机关给予纳税人一定的补偿。因此,尽管企业具有法律所认可保护的信赖利益,但实现该信赖利益的司法风险较大。

三、本案启示

在地方税收优惠政策正在面临合法性考验的形势下,企业应做好风险防范和应对的举措,规避政府违约风险。对于目前正在适用或已经适用完毕的地方性税收优惠政策有必要进行自我排查,对于履行与政府签订的优惠政策合同或协议的部分有必要与政府部门重新开展风险应对谈判,根据合法有效的税收优惠政策重新签订协议。

纳税人因信赖地方政府以税抵债承诺实施零申报涉嫌逃税犯罪案

【导读】

Z市置业有限公司及范某犯行贿罪、逃税罪案于2014年8月8日由H省高级人民法院作出再审判决,就本案一审法院、二审法院认定的被告单位及被告人所犯逃税罪的犯罪事实部分作出了改判,减少了逃税的数额和量刑。这一案件事实复杂,其中关于地方政府所作出的以税抵债承诺之效力问题及其对构成逃税罪的影响问题尤为值得研究和深思。本节将简要介绍本案案情及各方观点,并就地方政府作出以税抵债承诺的效力进行分析,与读者一同探讨。

一、案情简介

(一)案件基本信息

案件类型:逃税罪

涉案金额:税款743.8万元

法律风险:政府以税抵债承诺是否有效,该部分能否作为逃税罪的评价对象

(二)案件详情

Z市某置业有限公司(以下简称置业公司)的实际控制人系范某。2005年,Z市政府想要修建两条马路,因财政资金方面存在困难,向置业公司提议由其先行垫资修复。2006年10月,Z市政府第六十一次常务会议作出决定,由置业公司负责大闸路南段工程的投资,其投资从应缴税款中逐步予以偿还,并形成了会议纪要。随后,置业公司与市城市公用事业管理局签订了投资协议;路修好后,市审计局确认置业公司垫付的投资款共计2493万元。之后,置业公司向Z市地方税务局提出应落实和履行会议纪要的决定内容,以置业公司的应纳税款抵扣其垫付的投资款,但Z市地方税务局迟迟没有作出明确答复。

2007年,置业公司在缴纳了部分税款后,因Z市政府未依约还债而出现资金困难。置业公司曾向主管税务机关书面说明情况并与政府积极协调,但协调未果,置业公司遂开始不进行纳税。申报主管税务机关对该事实知情并已核准置业公司延期申报申请,置业公司对其2008年度营业税作零申报也是按照Z市地方税务局

的工作人员的提示填写的。

2007年9月,范某因涉嫌逃税罪、行贿罪被公安机关立案侦查并采取强制措施,后Z市C区人民检察院向Z市C区人民法院提起公诉,指控置业公司、范某犯逃税罪、行贿罪、单位行贿罪。2010年3月15日,Z市C区人民法院(以下简称一审法院)对两被告作出有罪判决。被告人不服,提起上诉。2010年4月25日,Z市中级人民法院(以下简称二审法院)作出二审判决,对一审判决中有关逃税罪的部分内容作出了变更。置业公司仍不服,向H省高级人民法院(以下简称再审法院)提出申诉,2010年7月18日,再审法院作出再审决定,提审本案。2014年8月8日,再审法院作出再审判决,基于本案中Z市政府以税抵债承诺的事实,对被告单位Z市置业公司和被告人范某犯逃税罪的量刑部分作出了酌情处理。

(三)各方观点

置业公司认为:政府作出以税抵债承诺在先,并且其系按照税务机关的指导进行纳税零申报,因此其没有逃税故意和不申报或虚假申报行为。此外其已补缴所欠全部税款和滞纳金,不应当认定为逃税罪。

一审法院认为:(1)Z市政府欠置业公司修路垫资款客观存在,但是欠款和税收是两个不同的法律关系,不是同一属性,不能相互抵销。(2)Z市政府会议纪要明确确定对政府所欠置业公司修路垫资款从置业公司所缴税款中逐步偿还,不存在欠款和税款相互抵销的意思表示。(3)置业公司对其2008年度营业税进行了零申报,但公诉机关提供的证据证明,2008年其存在销售行为,依法应予纳税。据此,一审法院遂作出判决,认为置业公司少缴该部分所涉税款的行为符合逃税罪的构成要件,具体数额应计入其逃税的犯罪数额之中。

二审法院认为:置业公司在2008年度以零申报的方式进行虚假纳税申报的事实虽然存在,但由于其主观上不具有逃税的故意,不应将该部分税款计入犯罪数额。(1)经查,Z市政府的常务会议纪要是在2006年10月29日形成的,其对置业公司2006年10月29日之后的纳税行为在客观上产生了一定影响。(2)置业公司起初并没有主动实施零申报,而是与市政府积极协商,请求市政府履行承诺。(3)置业公司所实施的零申报行为是在Z市地方税务局工作人员的提示下进行的,Z市地方税务局的工作人员对这一事实是明知的,因此置业公司的行为并不具有欺骗、隐瞒、伪造等性质。(4)置业公司接受Z市地方税务局的指导后所实施零申报的目的是实现政府对其的欠债,而不是以欺骗的手段不缴或少缴税款,企图使国家税款减少或遭受损失。总之,针对该部分所涉争议税款,置业公司虽然在客观上以不申报的方式造成了少缴税款的事实，客观上也造成了国家税款的损失，但由于其主观上不具有逃税的故意，因而该部分税款所涉行为不应以逃税罪论处，该部分税额不应计入逃税犯罪总额。

H省人民检察院认为：现有证据可以确定置业公司、范某在2000年至2008年有逃税行为，但存在税务稽查报告对置业公司的逃税数额没有按年度计算问题，置业公司2008年延缓纳税是否影响该年度逃税故意的认定又存在争议，如果能够确定2007年以前有一个年度逃税数额较大且达到当年应纳税额的10%以上，就可以认定逃税罪成立。

再审法院认为：(1)置业公司2008年度进行虚假纳税申报，逃避应缴地方各税款6,621,596.28元的事实存在，但不应计入逃税犯罪总额。置业公司、范某及其辩护人关于政府承诺以债抵税及其无逃税故意的申诉理由及意见，经查，Z市政府常务会议纪要中"置业公司投资从应缴税款中逐步予以偿还"的内容是2006年10月29日形成的，其对置业公司2006年10月29日之后的纳税行为有影响，对此前的纳税行为无影响。2007年，置业公司在缴纳部分税款后，因政府未依约还债而致资金出现困难，置业公司曾向主管税务机关书面说明情况并与政府积极协调，但终因协调未果，开始不进行纳税申报。主管税务机关对该事实知情并已核准其延期申报申请，置业公司对2008年度营业税作零申报是按照Z市地方税务局工作人员的提示填写，而非置业公司为了逃税主动填写，其主观上没有以欺骗手段不缴或少缴税款，企图使国家税款减少或遭受损失的故意。置业公司和范某的行为虽然侵害了国家的税收征管活动，但不构成逃税罪。置业公司、范某及其辩护人关于2008年度无逃税故意的申诉理由和辩护意见成立。(2)原判认定置业公司采取不申报手段，逃避缴纳2007年1月至5月企业所得税、土地增值税、城建税、营业税共计6,382,026.64元的事实存在，但不应计入逃税犯罪总额。置业公司、范某及其辩护人提交了关于该部分未缴纳税款不应计入逃税总额，置业公司无逃税故意的申诉理由及辩护意见。经查，置业公司2007年申报缴纳了1000余万元的税款，接到税务机关的限期整改通知后，又缴纳了100余万元，但因Z市政府未按照会议纪要的承诺返还税款，造成上述600余万元税款没有缴纳，且其已请示Z市政府尽快还款，以便完税。此种情形与刑法所规定的采用不申报手段故意逃避应纳税款有本质区别，置业公司的该申诉理由和辩护意见成立。

（四）争议焦点

1. 置业公司因政府无法兑现其以税抵债承诺而实施的纳税零申报行为是否构

成逃税罪。

2. 所涉税款是否属于逃税罪的犯罪数额。

二、税务律师点评

一审法院、二审法院认定两被告的逃税数额为2200万余元,判决两被告缴纳罚金共计2400万余元。而再审法院经过改判,最终认定两被告的逃税数额为743万余元,判决两被告缴纳罚金783万余元,切实保障了被告人的合法权益。那么,在本案中地方政府以税抵债的承诺对本案判决结果的走向产生了何种影响呢?

(一)地方政府以税抵债承诺的效力分析

虽然本案中政府常务会议纪要在形式上只是政府的议事记录,但从性质上看是一种典型的具体行政行为,对政府自身及行政相对人的权利义务均能够产生影响。首先,它的作用在于其证明效果,该会议纪要清楚地证明了Z市政府委托置业公司代为投资修建公路的事实,又交代了Z市政府对于如何偿还置业公司垫付投资款这一债务问题的意思表示。其次,该会议纪要的意思表示内容决定了其构成行政承诺行为的本质,即市政府承诺“以税抵债”。

然而,由于我国《税收征收管理法》第3条第1款明确规定:“税收的开征、停征以及减税、免税、退税、补税,依照法律的规定执行;法律授权国务院规定的,依照国务院制定的行政法规的规定执行。”也就是说,除非法律规定或国务院经法律授权而作出的规定,地方政府没有任何权力决定税收减免。因此,虽然Z市政府明确承诺将从置业公司未来年度的应纳税款中逐步清偿其垫付的投资款,但并不能视之为一项合法的税收优惠,更不能免除置业公司的纳税义务。由此看来,Z市政府所作出的以税抵债承诺行为由于明显属于超越职权行为,其效力必然会存在严重缺陷,甚至是自始无效。因此,置业公司难以要求市政府履行其“以税抵债”的承诺。

但是,由于该行政承诺行为的证明效力并不因其承诺本身超越职权的问题而产生瑕疵,Z市政府仍然要及时、足额地偿付置业公司所垫付的投资款,而且要根据规定加算银行同期利息。

(二)行政承诺效力缺陷的法律救济分析

尽管Z市政府在本案中作出的行政承诺行为存在严重的效力缺陷,但却给置业公司带来了合理预期及信赖利益。税收和债务的法律属性尽管不同,不能相互抵销,但纳税人很明显地会误以为两者可以抵销,而且从Z市政府的会议纪要所记载的意思表示也能清楚地看到有关内容引导置业公司作出两者可以抵销的理解和判断。因此,置业公司基于该行政承诺产生了合理的信赖利益,并在Z市地方税务局消极对待其请求时擅自作出了零申报的自力救济决定和行为。

这意味着,尽管企业难以诉请政府履行其违法作出的税收减免承诺,但可以考虑诉诸行政赔偿之诉,要求政府补偿其财产损失。虽然目前司法实践中尚未出现法院判决支持这类诉讼请求的判决案例,但在类似案件中,纳税人的合理信赖利益如何保护的问题值得讨论,至少除纳税人应当承担的税款之外,纳税人所负担的滞纳金和罚款在一定程度上均是由于政府违法承诺所导致,考虑到政府具有一定的过错,应当要求政府对纳税人所负担的滞纳金和罚款承担一定程度上的补偿责任。

(三)地方政府以税抵债的承诺事实成为本案的关键性证据

本案中,置业公司在2008年度存在应税销售收入的情况下仍然作出零纳税申报的行为确实造成了国家税款的损失,但由于存在地方政府以税抵债的承诺事实,置业公司构成逃税罪的主观构成要件并不充分。逃税罪的主观要件系故意,即行为人明知其偷税的行为会造成国家税款损失的后果而仍然要追求这种后果的发生,其目的要素系非法占有国家税款。在本案中,置业公司实施零申报的主观目的并非非法占有国家税款,而是为了实现自己对政府的合法债权。在认识要素环节,置业公司根据Z市政府和Z市地方税务局工作人员的引导认为税款与债务可以相互抵销,没有认识到零申报的行为会造成国家税款损失;在意志要素环节,置业公司并没有积极追求国家税款损失的后果,而是积极追求实现其对政府债权的结果。因此,置业公司在主观上不具有偷税的故意,没有非法占有国家税款的目的,所涉税款不应作为逃税数额。

三、本案启示

根据我国《立法法》《税收征收管理法》的规定,地方政府作出的以税抵债、税收减免、先征后退、先征后返等单方承诺行为在效力上均存在严重缺陷,企业等纳税人均存在承诺无法兑现的法律风险。由于地方政府在作出违法税收承诺行为的事实中存在一定的过错,对于其给纳税人造成的损失应当承担一定的赔偿责任。纳税人在享受地方性税收优惠政策时务必关注其中的合法性风险,以免产生不利后果。

税收滞纳金能否超过税款一倍争议案

【导读】

自2012年1月1日《行政强制法》施行以来,《税收征收管理法》视域下的税收滞纳金与《行政强制法》视域下的滞纳金这两个概念引发了颇多争议。其中,税收滞纳金能否适用《行政强制法》的"封顶"条款便是其一。理论界多从税收滞纳金的性质论起,分析其与《行政强制法》中滞纳金的区别,从而得出税收滞纳金不能适用"封顶"的规定。但是,在2015年4月河南省的一个税务行政诉讼案件中,人民法院与税务机关均认可了税收滞纳金可以适用"封顶"的条款。笔者将结合本案对这一问题进行简要分析,与读者一同研究探讨《行政强制法》中滞纳金"封顶"的规定在税收征管中的适用。

一、案情简介

(一)案件基本信息

案件类型:税收滞纳金数额争议

涉案金额:税款1万元

法律风险:税收滞纳金的上限不受《行政强制法》的限制

(二)案件详情

2000年3月6日,来自河南省A市的任某购买了位于河南省A市的安居房一套,并且于当日缴纳了房款,房屋开发公司为任某开具了购房发票。2014年10月21日,标的房产被当地主管机关审批为经济适用房后,为了办理房屋产权证件,任某申请补缴购买标的房产的契税。2014年10月28日,任某共向A市地方税务局契税分局补缴契税2667.32元,同时缴纳契税滞纳金7276.32元。

任某补缴完契税及滞纳金后,对A市地方税务局契税分局征收滞纳金决定不服,向A市人民政府提起行政复议。2015年1月14日,A市人民政府作出复议维持的决定。任某不服复议决定将A市地方税务局契税分局诉至A市B县人民法院。

2015年4月21日,B县人民法院作出一审判决,认定A市地方税务局契税分局加收契税滞纳金符合我国《税收征收管理法》以及《契税暂行条例》的具体规定,判决驳回任某的诉讼请求。

庭审中，A 市地方税务局契税分局说明了滞纳金计算的期限系 2000 年 4 月 5 日至 2011 年 12 月 31 日。《税收征收管理法实施细则》第 75 条规定："税收征管法第三十二条规定的加收滞纳金的起止时间，为法律、行政法规规定或者税务机关依照法律、行政法规的规定确定的税款缴纳期限届满次日起至纳税人、扣缴义务人实际缴纳或者解缴税款之日止。"始于 2000 年 4 月 5 日是因为 2000 年 3 月 6 日任某的契税纳税义务发生，次日起 10 日内为申报期限，根据河南省彼时的规定，契税的缴纳期限为 20 日，从申报期限届满之后起算，因此从 2000 年 3 月 6 日延后 30 日的 4 月 5 日是任某契税缴纳期限的届满期限，亦即任某开始欠税的时间。

但是，《税收征收管理法》明确规定滞纳金的计算期限止于纳税人实际缴纳税款之日，本案中契税的滞纳金却只计算到了 2011 年 12 月 31 日，而不是 2014 年 10 月 28 日。针对这一问题，A 市地方税务局契税分局在庭审中辩称，由于任某的契税滞纳金算至 2011 年 12 月 31 日为 7276. 32 元，已经超过了 2667. 32 元的契税本数。根据《行政强制法》第 45 条第 2 款加处罚款或者滞纳金的数额不得超出金钱给付义务的数额的规定，由于《行政强制法》施行于 2012 年 1 月 1 日，因此进入 2012 年之后，就对任某的契税滞纳金终止计算。而且，A 市地方税务局契税分局在庭审中辩称，在征收任某以及其他纳税人的税款及滞纳金时，使用的电脑程序是由河南省地方税务局统一设定自动生成的，自己也无权修改和变动电脑程序。由于这一事实关系到任某应当补缴滞纳金的数额，但任某与税务机关之间对这一计算方法不存在争议，因此，B 县人民法院在一审判决书中确认了滞纳金计算的方法及数额事实，并认定"根据法不溯及既往的原则，被告收取原告滞纳金截至 2011 年 12 月 31 日即《行政强制法》施行前，不违反《行政强制法》的规定"。由此得出，B 县人民法院与 A 市地方税务局契税分局针对滞纳金的计算期限持相同观点。

（三）各方观点

任某认为：2000 年，其购买 A 市安居房一套，并没有签订购买合同。2001 年 3 月 19 日，取得 A 市房产确认注册登记凭证。2014 年 10 月 21 日，房屋被审批为经济适用房后，同月 28 日，原告及时缴纳契税 2667. 32 元，同时被被告加收契税滞纳金 7276. 32 元。而事实上，原告在当时根本没有违反任何税收相关法律，故被告作出的加收契税滞纳金决定无任何事实和法律依据。

A 市地方税务局认为：依据《税收征收管理法》、《税收征收管理法实施细则》、《契税暂行条例》、河南省财政厅《关于如何确定契税滞纳金计征时间的批复》（豫财办农税〔2005〕23 号)[1]及国家税务总局《关于农业税、牧业税、耕地占用税、契税征收管理暂参照〈中华人民共和国税收征收管理法〉执行的通知》(国税发〔2001〕110 号)[2]的规定,收取任某契税滞纳金事实清楚,法律适用恰当。原告认为自己是在 2014 年 10 月 28 日才取得其他具有土地、房屋权属转移合同性质凭证是对法律的误解。(1)任某是在 2000 年 3 月 6 日交纳了购房款,根据《契税暂行条例》第 8 条"契税的纳税义务发生时间,为纳税人签订土地、房屋权属转移合同的当天,或者纳税人取得其他具有土地、房屋权属转移合同性质凭证的当天"和《河南省契税实施办法》第 10 条"契税的纳税义务发生时间为纳税人签订土地、房屋权属转移合同的当天或纳税人取得其他土地、房屋权属转移合同效力的契约、协议、合约、单据、确认书凭证的当天"之规定可以看出,申请人的纳税时间应在 2000 年 3 月 6 日。(2)2012 年《行政强制法》实施之前,税务机关计算滞纳金到 2011 年 12 月 31 日。2012 年 1 月 1 日之后,未收取任某的滞纳金。(3)A 市地方税务局契税分局在收取税款和滞纳金时,使用的电脑程序都是由河南省地方税务局统一设定自动生成,其无权变动电脑程序。

法院对本案审理后认为:被告 A 市地方税务局契税分局作为《税收征收管理法》第 14 条规定的税务机关,依法享有对辖区内转移土地、房屋权属依法征收契税的职权。另外,根据《契税暂行条例》第 8 条"契税的纳税义务发生时间,为纳税人签订土地、房屋权属转移合同的当天,或者纳税人取得其他具有土地、房屋权属转移合同性质凭证的当天"和《契税暂行条例细则》第 18 条"条例所称其他具有土地、房屋权属转移合同性质凭证,是指具有合同效力的契约、协议、合约、单据、确认书及由省、自治区、直辖市人民政府确定的其他凭证"的规定,原告提供的 2000 年 3 月 6 日购房发票属于房屋权属转移合同性质凭证,被告据此认定原告作为纳税人其纳税义务发生时间为 2000 年 3 月 6 日并无不当。另原告主张该套房于 2014 年 10 月 21 日审批为经济适用房,纳税义务发生时间应为 2014 年 10 月 21 日,但根据法律规定,契税的纳税义务发生时间为纳税人签订房屋权属转移合同的当天,或纳税人取得其他具有房屋权属转移合同性质凭证的当天。而非所购房屋的性质确

〔1〕 根据河南省地方税务局《关于调整契税纳税期限的公告》(河南省地方税务局公告 2013 年第 5 号),自 2014 年 1 月 1 日起,契税纳税期限由纳税人完成纳税申报 20 日内缴纳税款调整为纳税人依法向土地管理部门、房产管理部门办理有关土地、房屋的权属变更登记手续之日前。2013 年 12 月 31 日前发生的契税纳税义务行为,仍按原规定执行。本案契税纳税义务发生时间为 2000 年,因此,仍适用旧规定。

〔2〕 该文件已于 2019 年 9 月 1 日被国家税务总局《关于耕地占用税征收管理有关事项的公告》(国家税务总局公告 2019 年第 30 号)废止。

定时间，故原告的上述主张不成立。根据《税收征收管理法》第 32 条的规定，纳税人未按照规定期限缴纳税款的，扣缴义务人未按照规定期限解缴税款的，税务机关除责令限期缴纳外，从滞纳税款之日起，按日加收滞纳税款万分之五的滞纳金。《行政强制法》第 45 条第 2 款规定，加处罚款或者滞纳金的数额不得超出金钱给付义务的数额。但《行政强制法》于 2012 年 1 月 1 日起施行，根据法不溯及既往的原则，被告收取原告滞纳金截至 2011 年 12 月 31 日即《行政强制法》施行前，不违反《行政强制法》的规定。

（四）争议焦点

1. 契税的纳税义务发生时间。

2. 税款的滞纳金是否适用《行政强制法》规定的上限。

二、税务律师点评

（一）何为“封顶”条款

《行政强制法》第 45 条规定：“行政机关依法作出金钱给付义务的行政决定，当事人逾期不履行的，行政机关可以依法加处罚款或者滞纳金。加处罚款或者滞纳金的标准应当告知当事人。加处罚款或者滞纳金的数额不得超出金钱给付义务的数额。”本条规定共有 2 款，其中第 1 款规定了滞纳金的产生条件，即行政机关向行政相对人作出金钱给付义务的行政行为以及行政相对人逾期不给付。其中的第 2 款便是“封顶”条款，即行政相对人应当承担的滞纳金数额不得超过其金钱给付行政义务的数额。

在上述案例中，B 县地方税务局契税分局计算任某的契税滞纳金止于 2011 年 12 月 31 日，就是因为适用了《行政强制法》第 45 条第 2 款的规定。由于《税收征收管理法》先于《行政强制法》施行，因此，B 县地方税务局契税分局持续计算了自 2000 年 4 月 5 日至 2011 年 12 月 31 日这段期限任某的滞纳金，即便是已经超过了应补缴的契税 2667.32 元，而从 2012 年 1 月 1 日起，也就是《行政强制法》施行之日，滞纳金终止计算。

但是，在税收征管实践中，存在大量的税务机关征收超过纳税人应补缴税额本数的滞纳金的案例。这一方面是由于《税收征收管理法》对滞纳金的比率规定过高，另一方面也是由于《税收征收管理法》并没有对税收滞纳金作出“封顶”的规定。因此，在实践中，存在税务机关执法不一的情形，导致了纳税人之间的不公平待遇，在一定程度上损害了纳税人的合法权益。在理论界，主流观点认为税收滞纳金因其性质不同于一般意义上的滞纳金，带有“税收利息”的鲜明特征，不能适用作为强制执行范畴的“封顶”条款。近年来，许多税法学者呼吁修改《税收征收管理法》关于滞纳金条款的规定，将带有税额孳息意义的“税收利息”与强制执行的“滞纳金”区分开，确保《税收征收管理法》与《行政强制法》的衔接。

（二）“性质”不融还是立法缺陷

无论是把税收滞纳金的内涵理解为“税收利息”还是“强制执行”，一个现实的问题是，在《税收征收管理法》修订之前，现阶段如何衔接《税收征收管理法》中的滞纳金与《行政强制法》中的滞纳金。由于《行政强制法》属于一般法，又属较新的法律，因此，应当从一般法的角度开始逐步地寻找答案。

在《行政强制法》中，滞纳金属于行政强制执行的一种，意在对行政相对人课以金钱给付行政义务，来敦促行政相对人履行其应当履行的金钱给付行政义务。同时，《行政强制法》对滞纳金的程序性规定较为完善，包括逾期催告程序、计算方法、决定形式、送达程序、中止、终结以及“封顶”。这些程序设置大多为了限制行政机关恣意执法，充分地保护了行政相对人的知情权以及程序性权益。反观《税收征收管理法》的规定，除规定有适用滞纳金的情形、计算期限等规定，其他程序性的规定大多流于立法空白，对纳税人的权益保障十分不充分。从维护纳税人合法权益的原则出发，应当允许《行政强制法》关于滞纳金的规定适用于税收滞纳金，来弥补税收滞纳金规定的不足。那么，《行政强制法》“反哺”《税收征收管理法》是否“有法可依”呢？我国的《立法法》对新法与旧法、特别法与一般法以及新的特别法与旧的一般法之间的冲突解决作出了规定。但是，单从“封顶”条款来看，作为新的一般法的《行政强制法》有此规定，而作为旧的特别法的《税收征收管理法》无此规定，这就不存在规范冲突问题，“封顶”条款作为一般性规定应当普遍适用于各种带有行政意义的滞纳金。因此，笔者认为，在《税收征收管理法》修订之前，似可径直将税收滞纳金理解为一种特殊的、产生条件不同于一般意义上的滞纳金的强制执行，让税收滞纳金也适用“封顶”条款，从而实现纳税人的公平。

本案中，A 市地方税务局契税分局的滞纳金计算方法值得肯定，这不仅是对纳税人公平的尊重，更是体现了税法谦抑和中性的特点。因此，笔者认为，从保障纳税人合法权益和税法公平的角度看，税收滞纳金应当适用“封顶”条款，在此基础上，欠税期跨越 2012 年 1 月 1 日的，其滞纳金的计算可以遵循以下方法：（1）欠税行为从 2012 年之前发生的，滞纳金从欠税之日起算，至 2011 年 12 月 31 日止滞纳金已经超过欠税本数的，欠税行为持续至 2012 年以后的期间不再计算滞纳金，滞纳金的计算期间始于欠税之日，止于2011年12月31日。(2)欠税行为从2012年之前发生的，滞纳金从欠税之日起算，至2011年12月31日止滞纳金尚未超过欠税本数的，欠税行为持续至2012年以后的，滞纳金继续计算。当纳税人实际缴纳之日，滞纳金仍然尚未超过本数的，滞纳金的计算期间始于欠税之日，止于实际缴税之日；当纳税人实际缴纳日之前，滞纳金达到欠税本数的，滞纳金即欠税本数。

三、本案启示

由此可以看到，国家税务总局2015年公布的《税收征收管理法修订草案征求意见稿》中已经把税收滞纳金拆分为税收利息条款与滞纳金条款。而且，新增加的滞纳金条款基本沿用了《行政强制法》关于滞纳金的规定。无疑，这一修订模式能够更好地解决税收滞纳金与《行政强制法》中滞纳金的规定的衔接问题。当然，在《税收征收管理法》修订之前，如何衔接目前的《税收征收管理法》与《行政强制法》中滞纳金的规定仍然是一个无法回避的问题。从税务机关角度看，"封顶"条款不论能否适用于税收滞纳金都会在一定程度上增加税务机关的税收执法风险。笔者认为，结合法不溯及既往的原则，有条件地适用"封顶"条款适当限制滞纳金的数额更符合维护纳税人合法权益的原则，同时会在一定程度上缓解纳税人与税务机关之间的争议和纠纷，但却也不免带来一定的执法"渎职"风险。因此，唯有尽快完善《税收征收管理法》关于滞纳金的具体规定，才能彻底解决这一问题。

后　　记

华税律师事务所作为中国第一家专业化税法律师事务所，自成立以来，亲身经历并办理了诸多具有社会影响力的涉税大案、要案，成为我国税收法治事业不断进步、完善的见证者、参与者。《中国税法疑难案件解决实务》（第四版）是华税律师事务所多年来办理实务案件的经验总结，我们力求展现案件原貌，为读者提供第一手案件资料，并将我们对案件的观点及实操经验与读者分享，以期能带给读者更多启发，也为国家税法的完善建言献策。由于编者水平所限，本书疏漏与不妥之处在所难免，真诚欢迎广大读者批评与指正，以供我们修订完善。联系邮箱：liutianyong@huashui.com。

编　者

2021 年 1 月

图书在版编目(CIP)数据

中国税法疑难案件解决实务／华税律师事务所编；
刘天永主编. --4 版. --北京：法律出版社，2021
ISBN 978-7-5197-5520-1

Ⅰ.①中… Ⅱ.①华… ②刘… Ⅲ.①税法-案例-
中国 Ⅳ.①D922.220.5

中国版本图书馆 CIP 数据核字(2021)第 062989 号

中国税法疑难案件解决实务(第四版)
ZHONGGUO SHUIFA YI'NAN ANJIAN JIEJUE SHIWU
(DI-SI BAN)

华税律师事务所 编
刘天永 主编

策划编辑 朱轶佳
责任编辑 朱轶佳
装帧设计 贾丹丹

出版 法律出版社
总发行 中国法律图书有限公司
经销 新华书店
印刷 中煤(北京)印务有限公司
责任校对 周 洁
责任印制 胡晓雅

编辑统筹 司法实务出版分社
开本 710 毫米×1000 毫米 1/16
印张 30.75
字数 498 千
版本 2021 年 4 月第 4 版
印次 2021 年 4 月第 1 次印刷

法律出版社／北京市丰台区莲花池西里 7 号(100073)
网址／www.lawpress.com.cn
投稿邮箱／info@lawpress.com.cn
举报维权邮箱／jbwq@lawpress.com.cn
销售热线／400-660-8393
咨询电话／010-63939796

中国法律图书有限公司／北京市丰台区莲花池西里 7 号(100073)
全国各地中法图分、子公司销售电话：
统一销售客服／400-660-8393/6393
第一法律书店／010-83938432/8433　西安分公司／029-85330678　重庆分公司／023-67453036
上海分公司／021-62071639/1636　深圳分公司／0755-83072995

书号:ISBN 978-7-5197-5520-1　**定价**:118.00 元
(如有缺页或倒装,中国法律图书有限公司负责退换)